全国高等院校土建类专业实用型系列教材

工程概预算

第2版

主　编　郭树荣

副主编　李文芳　李　文　丁杰东

参　编　马坤茹　郭红英　张　众

　　　　孙广伟　刘红芬

主　审　邢莉燕

中国电力出版社

CHINA ELECTRIC POWER PRESS

内 容 提 要

本书以《全国统一建筑工程基础定额》《建设工程工程量清单计价规范》（GB 50500—2013）、《房屋建筑与装饰工程工程量计算规范》（GB 50854—2013）为依据，结合地区建筑工程定额、地区建设工程工程量清单计价规范实施细则编写而成。

本书共 9 章，主要内容包括绪论，建设工程总投资的构成，工程概预算计价依据，投资估算，设计概算，施工图预算，建设工程工程量清单计价，招标控制价、投标价和承包合同价，工程结算和竣工决算等，重点介绍了施工图预算和建设工程工程量清单计价，强化了预算编制的实践过程，增强了实用性。

本书可作为普通高等院校土木工程专业本科教材，也可供工程技术人员作为培训教材和参考用书。

图书在版编目（CIP）数据

工程概预算/郭树荣主编. —2 版 . —北京：中国电力出版社，2015.8（2025.1重印）

全国高等院校土建类专业实用型规划教材

ISBN 978 - 7 - 5123 - 7814 - 8

Ⅰ.①工… Ⅱ.①郭… Ⅲ.①建筑工程－概算编制－高等学校－教材②建筑工程－预算编制－高等学校－教材 Ⅳ.①TU723.3

中国版本图书馆 CIP 数据核字（2015）第 113076 号

中国电力出版社出版发行

（北京市东城区北京站西街 19 号　100005　http：//www. cepp. sgcc. com. cn）

责任编辑：关童　未翠霞（010－63412611）

责任印制：杨晓东　　责任校对：常燕昆

北京天宇星印刷厂印刷·各地新华书店经售

2010 年 2 月第 1 版　2015 年 8 月第 2 版·2025 年 1 月第 12 次印刷

787mm×1092mm　1/16·19.25 印张·472 千字

定价：39.80 元

前　言

2010 年出版的第 1 版《全国高等院校土建类专业实用型规划教材　工程概预算》得到了许多高校的认可。由于规范更新与教学过程中的改进，本次进行第 2 版的出版工作。

"工程概预算"是土木工程专业的一门实践性很强的专业应用课，是培养土木工程实用型人才的核心课程，本教材的主要特色如下：

1. 章节清晰、结构严谨、阐述清楚。本教材前 3 章"绪论、建设工程总投资构成和工程概预算计价依据"主要是为后面章节打基础的；后面章节按照建设工程程序对应工程造价内容而展开，即从"投资估算、设计概算、施工图预算、建设工程工程量清单计价、承包合同价、工程价款结算到竣工决算"的顺序，这样编排使章节清晰、结构严谨，更有利于学生学习掌握。

2. 本版教材内容注重土木工程实用型本科的培养，突出实用性。在每章的编写中省略过多的理论性叙述，增强实际应用性知识。结合目前社会对土木工程人才的知识要求，加强了"施工图预算和建设工程工程量清单计价"章节的内容，结合工程实例进行介绍，做到了图文并茂，突出对学生实践能力的培养。

3. 教材编写依据时效性强。教材的编写过程中最大限度地以现行国家计价政策为依据，即以住房和城乡建设部新颁布的《建设工程工程量清单计价规范》（GB 50500—2013）、《房屋建筑与装饰工程工程量计算规范》（GB 50854—2013）、建筑安装工程费用构成和计算程序等最新文件为依据，时效性强。

4. 每章后均附有大量的紧扣本章内容的复习思考题，使学生能够通过做大量的习题，进一步巩固所讲内容，并有利于教师布置作业。

本书主编人员为郭树荣，副主编人员为李文芳、李文、丁杰东。具体编写分工为：第 1、2、4 章由山东理工大学郭树荣编写；第 3、5 章由河北科技大学马坤茹编写；第 6 章由长江学院李文芳、大庆石油学院李文合编；第 7 章由郭树荣、孙广伟和青岛农学院丁杰东合编；第 8 章由河南城建学院郭红英编写；第 9 章由大庆石油学院李文编写。另外，山东理工大学张众参加了第 1、6 章部分内容的编写；山东伟宸工程咨询有限公司刘红芬编写了第 6 章楼地面工程的第 6.8 节。全书由郭树荣统稿，山东建筑大学邢莉燕教授主审。

本书在编写过程中参阅了大量的国内教材和现行的规程规范，在此对有关作者一并表示感谢。限于编者水平有限，书中若有不足之处，欢迎读者批评指正。

编　者

第1版 前言

"工程概预算"是土木工程专业的一门实践性很强的专业应用课，是培养土木工程应用型人才的核心课程，本教材的主要特色如下：

1. 章节清晰、结构严谨、阐述清楚。本教材前3章"绪论、建设工程总投资构成和工程概预算计价依据"主要是为后边章节打基础的；后面章节按照建设工程程序对应工程造价内容而展开，即从"投资估算，设计概算，施工图预算，建设工程工程量清单计价，招标控制价、投标价和承包合同价，工程结算到竣工决算"的顺序，这样编排使章节清晰、结构严谨，更有利于学生学习掌握。

2. 教材内容突出实用性。在每章的编写中，删除过多的理论性叙述，增强实用型知识。结合目前社会对土木工程人才的知识要求，加强了"施工图预算和建设工程工程量清单计价"章节的内容，结合工程实例进行介绍，做到了图文并茂，突出对学生实践能力的培养。

3. 教材编写依据时效性强。教材的编写过程中最大限度地与现行国家颁布的计价政策为依据，即以住房和城乡建设部新颁布的《建设工程工程量清单计价规范》（GB 50500—2008）、建筑安装工程费用构成和计算程序等最新文件为依据。

4. 各章后均附有大量的紧扣本章内容的思考与练习题，使学生能够通过大量的习题，进一步巩固所讲内容，并有利于教师布置作业。

本书由郭树荣任主编，李文芳、李文、丁杰东任副主编。具体编写分工为：第1、2、4章由山东理工大学郭树荣编写；第3、5章由河北科技大学马坤茹编写；第6章由长江大学李文芳、大庆石油学院李文合编；第7章由郭树荣、孙广伟和青岛农业大学丁杰东合编；第8章由河南城建学院郭红英编写；第9章由李文编写；山东理工大学张众参加了第1、6章部分内容的编写；山东振业建设项目有限公司刘红芬编写了第6章楼地面工程的第6.8节。全书由郭树荣统稿，山东建筑大学邢莉燕教授主审。

本书在编写过程中参阅了大量的国内教材和规程规范，在此对有关作者一并表示感谢。限于编者水平有限，书中不足之处，欢迎读者批评指正。

编 者

目 录

第1章

绪　　论

工程概预算属于工程造价的范畴，为此有必要对工程造价的基本知识有所了解。本章简要介绍了工程建设含义、分类及其程序，重点介绍了工程造价基本概念、工程造价的特点及工程计价的基本特征。

1.1　工程建设基本知识

1.1.1　工程建设及其分类

1. 工程建设的含义

工程建设是指为了国民经济各部门的发展和人民物质文化生活水平的提高而进行的有组织、有目的的投资兴建固定资产的经济活动，即建造、购置和安装固定资产的活动以及与之相联系的其他工作。

工程建设是通过建筑业的勘察设计和施工活动，以及其他有关部门的经济活动来实行的。它是一种涉及生产、流通、分配等多个环节的综合性经济活动，其包括建筑安装工程、设备和工器具的购置以及与其相联系的土地征购、勘察设计、试验研究、技术引进、联合试运转、职工培训等其他建设工作。

2. 工程建设的分类

（1）按建设项目性质分为新建、扩建、改建、恢复建和迁建工程。

（2）按投资额构成分为建筑安装工程投资、设备工具投资和其他基本建设投资工程。

（3）按建设用途分为生产性建设项目，如工业建设、水利建设、运输建设等工程；非生产性建设项目，如住宅建设、卫生建设、公用事业建设等工程。

（4）按建设规模分为大型、中型、小型建设项目。

（5）按工程建设项目的组成划分为单项工程、单位工程、分部工程和分项工程等。

另外，还可以按资金来源和渠道不同进行划分等。

1.1.2　工程建设程序

1. 工程建设程序的概念

建设程序是指一个建设工程从设想、提出到决策，经过设计、施工、直到投产或交付使用的整个过程中，必须遵循的先后次序和相互关系。

按照建设工程的内在规律，投资建设一项工程应当经过投资决策、建设实施和交付使用三大时期，每个时期又可分为若干个阶段，各阶段以及每个阶段内的各项工作之间存在着不能随意颠倒的严格的顺序关系。

按现行规定，我国一般大中型及限额以上项目的建设程序中，将建设活动分成以下阶段：项目建议书阶段、可行性研究阶段、设计阶段、施工准备阶段、施工安装阶段和竣工验收交付使用阶段等。

2. 建设工程各阶段的工作内容

（1）项目建议书阶段。项目建议书是要求建设某一项目的建议文件，是工程建设程序中最初阶段的工作，是投资决策前对拟建项目的轮廓设想。项目建议书的主要作用是为了推荐一个拟建设项目的初步说明，论述其建设的必要性、条件的可行性和获利的可能性，以确定是否进行下一步工作。

项目建议书的基本内容包括以下几方面：

1）建设项目提出的必要性和依据。

2）产品方案、拟建规模和建设地点的初步设想。

3）资源情况、建设条件、协作关系等的初步分析。

4）投资估算和资金筹措设想。

5）经济效益和社会效益的估计。

项目建议书按要求编制完成后，按照现行的建设项目审批权限进行报批。

（2）可行性研究阶段。可行性研究是指在项目决策之前，通过调查、研究、分析与项目有关的工程、技术、经济等方面的条件和情况，对可能的多种方案进行比较论证，同时对项目建成后的经济效益、社会效益、环境状况等进行科学地预测和评价的一种投资决策分析。

1）可行性研究的作用。可行性研究是项目建设前期工作的重要组成部分，其主要作用是：为建设项目投资决策提供依据，是筹集资金和向银行申请贷款的依据，作为建设项目设计、申请开工建设、科研试验、机构设置、职工培训、生产组织的依据，作为向当地政府、规划部门、环境保护部门申请建设执照的依据，也是对该项目考核的依据。

2）可行性研究报告的内容。可行性研究报告是指对与项目有关的各个方面分析论证其可行性。包括工程项目在技术、财务、经济、商业、管理等方面的可行性。其中任何一方面的可行性，都有其特定的具体内容，并根据项目的性质、特点和条件情况的不同，而有所区别和侧重。不过，根据国内外可行性研究的工作实践，各类项目可行性研究的内容还是有很多相似之处。以工业企业建设项目为例，其可行性研究报告应包括的主要内容有：总论；市场需求预测和预定规模；资源、原材料、燃料、电及公用设施条件；建厂条件和厂址方案；项目的工程设计方案；环境保护、城市规划、土地规划、防震、防洪、节能等要求和采取的相应措施方案；生产组织管理、机构设置；项目的实施进度计划；投资估算和资金筹措；项目的经济评价、社会评价等。

可行性研究的成果是可行性研究报告。可行性研究报告经有关部门审查通过，拟建项目正式立项。

（3）设计阶段。设计是对拟建工程的实施在技术和经济上所进行的全面而详尽的安排，是工程建设计划的具体化，是组织施工的依据。设计质量直接关系着工程质量和将来的使用效果，是建设工程的决定性环节。

经批准立项的建设工程,一般应通过招标投标择优选择设计单位。

设计过程一般划分为初步设计和施工图设计两个阶段。重大项目和技术复杂项目,可根据不同行业的特点和需要,增加技术设计阶段。

(4) 施工准备阶段。项目在开工建设之前要切实做好各项准备工作,其主要内容包括:征地、拆迁和场地平整;完成施工用水、电、路、通信等工程;通过设备、材料公开招标投标订货;准备必要的施工图样;通过公开招标投标,择优选定施工单位和工程监理单位等。

按规定作好施工准备,具备开工条件以后,组织施工队伍,申请开工。经批准,项目进入施工安装阶段。

(5) 施工安装阶段。建设工程具备了开工条件并取得施工许可证后才能开工。

按照规定,工程新开工时间是指建设工程设计文件中规定的任何一项永久性工程(无论生产性或非生产性)第一次正式破土开槽开始为施工的日期。不需要开槽的工程,以正式打桩作为正式开工日期。铁道、公路、水库需要进行大量土石方工程的,以开始进行土方、石方工程作为正式开工日期。工程的地质勘察、平整场地、旧建筑物拆除、临时建筑或设施等的施工不算正式开工。

本阶段的主要任务是按设计图样进行施工安装,建成工程实体。

(6) 生产准备。工程投产前,建设单位应做好各项准备工作。生产准备阶段是由建设阶段转入经营阶段的重要衔接阶段。生产准备的主要内容有:招收和培训人员;生产组织准备;生产技术准备;生产物资的准备等。

(7) 竣工验收阶段。建设工程按设计文件规定的内容和标准全部完成,并按规定将工程内外全部清理完成后,达到竣工验收条件,建设单位即可组织勘察、设计、施工、监理等相关单位参加的竣工验收。竣工验收是工程建设过程的最后一环,是全面考核基本建设成果、检验设计和工程质量的重要步骤,也是基本建设转入生产或使用的标志。竣工验收合格后,建设工程方可交付使用。

竣工验收后,建设单位应及时向建设行政主管部门或其他有关部门备案并移交建设项目档案。

建设工程自办理竣工验收手续后,因勘察、设计、施工、材料等原因造成的质量缺陷,应由承包方及时修复,费用由责任方承担。保修期限、返修和损害赔偿应当遵照有关规定执行。

1.2　工程造价概述

1.2.1　工程造价的基本概念

1. 工程造价的含义

工程造价通常是指工程的建造价格。工程造价的本质上属于价格范畴,在市场经济条件下,由于所站的角度不同,工程造价的含义也不同。

(1) 第一种含义是从投资者(业主)的角度而言,工程造价是指建设一项工程预期开支或实际开支的全部固定资产投资费用。投资者选定一个投资项目,为了获得预期的效益,就需要对项目进行策划、项目决策、项目实施,直至竣工验收等一系列投资管理活动。在以上投资活动中所花费的全部费用就构成了工程造价。从这个意义上说，建设工程造价就是建设项目固定资产的总投资。

（2）第二种含义是从市场交易的角度而言，工程造价是建成一项工程，预计或实际在土地市场、设备市场、技术劳务市场，以及承包市场等交易活动中所形成的建筑安装工程的价格和建设工程总价格。显然，工程造价的第二种含义是指以建设工程这种特定的商品形式作为交易对象，通过招投标或其他交易方式，在进行多次预估的基础上，最终由市场形成的价格。在这里，工程的范围和内涵既可以是涵盖范围很大的一个建设项目，也可以是一个单项工程，甚至可以是整个建设工程中的某个阶段，如土地开发工程、建筑安装工程、装饰装修工程，或者其中的某个组成部分。随着经济发展中技术的进步、分工的细化和市场的完善，工程建设中的中间产品也会越来越多，商品交换会更加频繁，工程价格的种类和形式也会更为丰富。尤其值得注意的是，由于投资主体的多元化和资金来源的多种渠道，使相当一部分建设工程的最终产品作为商品进入了流通。如新技术开发区工业厂房、仓库、写字楼、公寓、商业设施和住宅开发小区的大批住宅、配套的公共设施等，都是投资者为销售而建造的工程。它们的价格是商品交易中现实存在的，是一种有加价的工程价格（通常被称为商品房价格）。

工程造价的两种含义是从不同角度把握同一事物的本质。从建设工程的投资者来说。工程造价就是项目投资，是"购买"项目要付出的价格，同时，工程造价也是投资者作为市场供给主体"出售"项目时确定的价格和衡量投资经济效益的尺度。对于规划、设计、承包商等来说，工程造价是他们出售商品和劳务的价格总和，或是特指范围的工程造价，如建筑安装工程造价。

区别工程造价的两种含义，其理论意义在于为投资者和以承包商为代表的供应商的市场行为提供理论依据。当政府提出降低工程造价时，是站在投资者的角度充当着市场需求主体的角色；当承包商提出要提高工程造价、获得更多的利润时，是要实现一个市场供给主体的管理目标。这是市场运行机制的必然，不同的利益主体绝不能混为一谈。区分工程造价的两种含义的现实意义在于，为实现不同的管理目标，不断充实工程造价的管理内容，完善管理方法，更好地为实现各自的目标服务，从而有利于推动经济的全面增长。

2. 工程造价的特点

（1）工程造价的大额性。能够发挥投资效用的任何一项工程，不仅实物形体庞大，而且造价高昂。一个建设项目少则几百万元，多则几亿元，乃至数百亿元。工程造价的大额性使其关系到有关各方面的重大经济利益，同时也会对宏观经济产生重大影响。

（2）工程造价的个别性。任何一项工程都有特定的用途、功能、规模。因此，对每一项工程的结构、造型、空间分割、设备配置和内外装饰都有具体的要求，从而使工程内容和实物形态都具有个别性、差异性。产品的差异性决定了工程造价的个别性差异。另外，由于工程项目所处地区的不同或不同的建造时间，工程造价也会有较大的差异。

（3）工程造价的动态性。任何一项工程从决策到竣工交付使用，都有一个较长的建设期间，而且由于不可控因素的影响，必然会引起工程造价的变动。在工程建设过程中，有许多影响工程造价的动态因素，如工程变更，设备材料价格上涨，工资标准以及费率、利率、汇率会发生变化，以上变化必然会影响到造价的变动。所以，工程造价在整个建设期中处于不确定状态，直至竣工结算才能最终确定工程的实际造价。

（4）工程造价的层次性。工程造价的层次性取决于工程的层次性。一个建设项目由若干个单项工程、单位工程组成。与此相适应的工程造价有三个层次：建设项目总造价、单项工程造价和单位工程造价。如果专业分工更细，单位工程的组成部分——分部分项工程也可以成为交换对象，如大型土方工程、基础工程、装饰工程等。这样，工程造价的层次就增加分部工程和分项工程而成为五个层次。

（5）工程造价的兼容性。工程造价的兼容性特点是其内容的丰富性决定的。首先工程造价具有两种含义，其次表现在工程造价构成因素的广泛性和复杂性。工程造价成本因素非常复杂。其中为获得建设工程用地支出费用、项目可行性研究和规划设计费用等占有相当份额。此外，盈利的构成也较为复杂，资金成本较大。

1.2.2　工程计价的特征

工程计价就是计算和确定建设工程项目的工程造价，简称工程计价，也称工程估价。具体是指工程造价专业人员在项目建设程序的各个阶段，根据各阶段的不同要求，遵循计价原则和程序，采用科学的计价方法，对投资项目最可能实现的合理价格作出科学的计算，确定出建设项目的工程造价，编制工程造价的经济文件。

工程项目和工程造价的特点决定了工程计价的特征。

1. 计价的单件性

建设工程产品的单件性、个别性决定了每项工程都必须单独计算造价。

2. 计价的多次性

建设工程周期长、规模大、造价高，因此，按建设程序要分阶段进行，相应地也要在不同阶段多次计价，以保证工程造价计算的准确性和控制的有效性。多次性计价是逐步深化、逐步细化和逐步接近实际造价的过程。对于建设项目，其计价过程如图 1-1 所示。

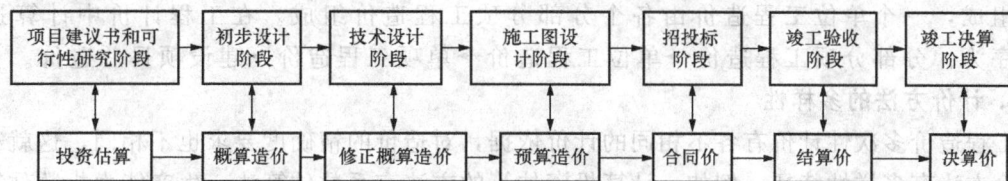

图 1-1　工程多次计价过程

注：竖向的双向箭头表示对应关系，横向的单向箭头表示多次计价流程及逐步深化过程。

（1）投资估算。在编制项目建议书和可行性研究阶段，根据投资估算指标、类似工程造价资料、现行的材料设备机械价格和特定的工程实际，对拟建项目所需投资额进行估算，或称估算造价。投资估算是项目建设前期编制项目建议书和可行性研究报告的重要组成部分，是项目决策、筹资和合理控制造价的主要依据。

（2）概算造价。是指在初步设计阶段，根据设计意图，通过编制工程概算文件预先测算和确定的工程造价。概算造价较投资估算造价准确性有所提高，但它受估算造价的控制。概算造价的层次性十分明显，分建设项目概算总造价、各个单项工程概算综合造价、各单位工程概算造价三个层次。

（3）修正概算造价。是指在采用三阶段设计的技术设计阶段，根据技术设计的要求，编制修正概算文件预先测算和确定的工程造价。修正概算是对初步设计阶段概算造价的修正和调整，比概算造价准确，但受概算造价控制。

（4）预算造价（又称施工图预算）。是指在施工图设计阶段，根据施工图样和各种计价依据，通过编制预算文件预先测算和确定的工程造价。它比概算造价或修正概算造价更为详尽和准确。但同样要受前一阶段所限定的工程造价的控制。

（5）合同价。是指在工程招投标阶段，通过签订总承包合同、建筑安装工程承包合同、设备材料采购合同，以及技术和咨询服务合同确定的价格。合同价属于市场价格，它是由承、发包双方根据市场行情共同议定和认可的成交价格，但它并不等同于最终决算的实际工程造价。根据计价方法的不同，建设工程合同有许多类型，不同类型的合同，其合同价的内涵也会有所不同。

（6）结算价。是指在工程竣工验收阶段，按合同调价范围和调价方法，对实际发生的工程量增减、设备和材料价差等进行调整后计算和确定的价格。结算价是该结算工程的实际价格。结算价一般由承包单位编制，由发包单位审查，也可委托相应资质的工程造价咨询单位进行审查。

（7）决算价。是指工程竣工决算阶段，以实物数量和货币指标为计量单位，综合反映竣工项目从筹建开始到竣工交付使用为止的全部建设费用，由建设单位编制，上报相关主管部门审查。

3. 计价的组合性

工程造价的计算是分部组合而成的。计价的组合性特征与建设项目的组合性有关。一个建设项目由若干个单项工程组成，单项工程由若干个单位工程组成，单位工程由若干个分部工程组成，分部工程由若干个分项工程组成。建设项目的这种组合性决定了计价过程是一个逐步组合的过程，同时也反映到合同价和结算价的确定过程中。工程造价的组合过程是一个建设项目总造价由各个单项工程造价组成，一个单项工程造价由各个单位工程组成，一个单位工程造价由各个分部分项工程造价组成。在工程计价中计算过程和顺序为：分部分项工程造价→单位工程造价→单项工程造价→建设项目总造价。

4. 计价方法的多样性

工程造价多次性计价有各不相同的计价依据，对造价的精确度要求也不相同，这就决定了计价方法有多样性特征。例如，计算投资估算的方法有系数估算法、生产能力指数估算法等。现阶段计算概预算造价的方法有工程量清单计价法和定额计价法等。不同的方法利弊不同，适应条件也不同，计价时要根据具体情况进行选择。

5. 计价依据的复杂性

由于影响工程造价的影响因素较多，决定了计价依据的复杂性。计价依据主要可分为以下七类：

（1）计算设备和工程量的依据。包括项目建议书、可行性研究报告、设计文件等。

（2）计算人工、材料、机械等实物消耗量的依据。包括投资估算指标、概算定额、预算定额等。

（3）计算工程单价的价格依据。包括人工单价、材料价格、机械台班单价等。

（4）计算设备单价的依据。包括设备原价（分进口设备和国产设备）、设备运杂费等。

（5）计算各种费用的依据，主要是相关的费用定额和指标。

（6）政府规定的税、费。

（7）物价指数和工程造价指数。

1.2.3　工程造价的相关概念

1. 静态投资

静态投资是以某一基准年、月的建设要素的价格为依据所计算出建设项目投资的瞬时值。静态投资包括：设备及工器具购置费、建筑安装工程费、工程建设其他费、基本预备费，以及因工程量误差而引起的工程造价的增减等。

2. 动态投资

动态投资是指为完成一个工程项目的建设，预计投资需要量的总和。动态投资除包括静态投资所含内容之外，还包括建设期贷款利息、涨价预备资金、固定资产投资方向调节税等。动态投资适应了市场价格运行机制的要求，使投资的计划、估算、控制等更加符合实际。

3. 建设项目总投资

建设项目总投资是投资主体为获取预期收益，在选定的建设项目上投入所需全部资金。所谓建设项目，一般是指在一个总体规划和设计的范围内，实行统一施工、统一管理、统一核算的工程，它往往由一个或数个单项工程所组成。建设项目按用途可分为生产性建设项目和非生产性建设项目。生产性建设项目总投资包括固定资产投资和流动资产投资两部分；非生产性建设项目总投资只包括固定资产投资，不包括流动资产投资。建设项目总造价是项目总投资中的固定资产投资总额。

4. 固定资产投资

固定资产投资是投资主体为达到预期收益（效益）的资金垫付行为。我国的固定资产投资包括基本建设投资、更新改造投资、房地产开发投资和其他固定资产投资四部分。其中，基本建设投资是指利用国家预算内拨款、自筹资金、国内外基本建设贷款以及其他专项资金进行的，以扩大生产能力（或新增工程效益）为主要目的的新建、扩建工程及有关的工程量。更新改造投资是通过以先进科学技术改造原有技术、以实现内涵扩大再生产为主的资金投资行为。房地产开发投资是房地产企业开发厂房、宾馆、写字楼、仓库和住宅等房屋设施和开发土地的资金投入行为。其他固定资产投资，是按规定不纳入投资计划和用专项资金进行基本建设和更新改造的资金投入行为。

建设项目的固定资产投资也就是建设项目的工程造价，两者在量上是相等的。其中，建筑安装工程投资也是建筑安装工程造价，两者在量上也是相等的。从这里也可以看出工程造价两种含义的同一性。

复　习　思　考　题

1-1　建设程序的概念和建设程序各阶段的内容是什么？

1-2　论述工程造价的基本含义与特点。

1-3　工程造价计价的特征有哪些？

1-4　不同建设阶段工程造价的含义如何？

1-5　区分静态投资与动态投资、固定资产投资与建设项目总投资不同点。

第 2 章

建设工程总投资构成

本章以我国现行建设项目总投资的构成内容为基础，详细介绍了设备及工具、器具购置费用的构成，建筑安装工程费构成，工程建设其他费用构成，预备费、建设期贷款利息，以及相应组成费用的计算。

建设项目投资是指在工程项目建设阶段所需要的全部费用的总和。我国现行建设项目投资构成中，生产性项目总投资包括建设投资、建设期贷款利息和流动资金三部分；非生产性建设项目总投资包括建设投资和建设期贷款利息两部分。其中，建设投资和建设期贷款利息之和构成固定资产投资，建设项目总投资中的固定资产投资与建设项目的工程造价在量上相等。工程造价的构成按工程项目建设过程中各类资金支出的性质、用途等来确定。工程造价基本构成中，包括用于购买工程项目所含各种设备的费用，用于建筑施工和安装施工所应支出的费用，用于委托工程勘察设计所需支付的费用，用于购置土地所需的费用，也包括用于建设单位自身进行项目筹建和项目管理所花费的费用等。总之，工程造价是按照确定的建设内容、建设规模、建设标准、功能和使用要求等，将建设项目全部建成并验收合格交付使用所需的全部费用。

我国现行工程造价的主要构成部分是建设投资。根据原国家发改委和建设部发表的《建设项目经济评价方法与参数（3 版）》的规定，建设投资包括工程费用、工程建设其他费用和预备费三部分。工程费用是指直接构成固定资产实体的各项费用，其分为建筑安装工程费和设备及工器具购置费；工程建设其他费用是指根据国家有关规定应在投资中支付，并列入建设项目总造价或单项工程造价的费用；预备费是为了保证建设项目顺利实施，避免在难以预料的情况下造成投资不足而预先安排的费用。建设项目总投资的具体构成内容如图 2-1 所示。

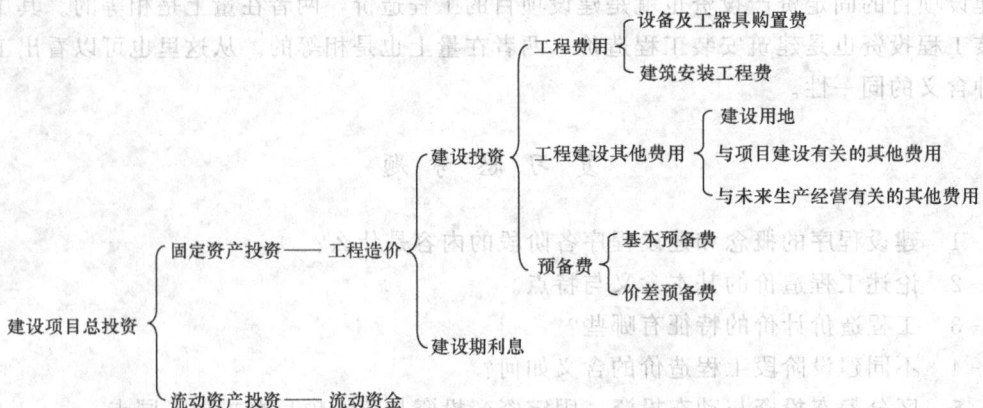

图 2-1　我国现行建设项目总投资构成

2.1 设备及工、器具购置费用的构成

设备及工、器具购置费用是由设备购置费和工具、器具及生产家具购置费组成的。它是固定资产投资中的积极部分。在生产性工程建设中，设备及工、器具购置费用占工程造价比重的增大，意味着生产技术的进步和资本有机构成的提高。

2.1.1 设备购置费的构成及计算

设备购置费是指为建设项目购置或自制的达到固定资产标准的各种国产或进口设备、工具、器具的购置费用。它由设备原价和设备运杂费构成。

$$设备购置费＝设备原价＋设备运杂费 \tag{2-1}$$

式（2-1）中，设备原价指国产设备或进口设备的原价；设备运杂费指除设备原价之外的关于设备采购、运输、途中包装及仓库保管等方面支出费用的总和。

1. 国产设备原价的构成及计算

国产设备原价一般指的是设备制造厂的交货价，或订货合同价。它一般根据生产厂商或供应商的询价、报价、合同价确定，或采用一定的方法计算确定。国产设备原价分为国产标准设备原价和国产非标准设备原价。

（1）国产标准设备原价。国产标准设备是指按照主管部门颁布的标准图样和技术要求，由我国设备生产厂商批量生产的，符合国家质量检测标准的设备。国产标准设备原价有两种，即带有备件的原价和不带有备件的原价。在计算时，一般采用带有备件的原价。国产标准设备一般有完善的设备交易市场，可通过查询相关交易市场价格或向设备生产厂询价得到国产标准设备原价。

（2）国产非标准设备原价。国产非标准设备是指国家尚无定型标准，各设备生产厂不可能在工艺过程中采用批量生产，只能按一次订货，并根据具体的设计图样制造的设备。非标准设备原价有多种不同的计算方法，如成本计算估价法、系列设备插入估价法、分部组合估价法、定额估价法等。但无论采用哪种方法，都应该使非标准设备计价接近实际出厂价，并且计算方法要简便。

2. 进口设备原价构成及计算

进口设备的原价是指进口设备的抵岸价，通常是由进口设备到岸价（CIF）和进口从属费构成。进口设备到岸价，即抵达买方边境港口或边境车站的价格。进口从属费包括银行财务费、外贸手续费、进口关税、消费税、增值税等，进口车辆的还需缴纳车辆购置税。在国际贸易中，交易双方所使用的交货类别不同，则交易价格的构成内容也有所差异。进口设备抵岸价的构成与进口设备的交货类别有关。

（1）进口设备的交易价格。在国际贸易中，较为广泛使用的交易价格有 FOB、CFR、CIF。以上交易价格均为装运港船上交货形成的。

1）FOB（Free on Board）价，是指装运港船上交货价（FOB），又称为离岸价格，是我国进口设备采用最多的一种货价。采用装运港船上交货价时，卖方的基本义务是负责办理出口清关手续，领取出口许可证及其他官方文件；在规定的期限内，负责在合同规定的装运港

口将货物装上买方指定的船只，并及时通知买方；承担货物在装运港越过船舷之前的一切费用和风险；向买方提供商业发票和证明货物已交至船上的装运单据或具有同等效力的电子单证。买方的基本义务是负责租船订舱，按时派船到合同约定的装运港接运货物，支付运费，并将船期、船名及装船地点及时通知卖方；承担货物在装运港越过船舷后的一切费用和风险；负责获取进口许可证或其他官方文件，以及办理货物入境手续；接受卖方提供的有关装运单据，并按合同规定支付货款。

2）CFR（Cost and Freight）价，意为成本加运费，又称为运费在内价。CFR价是指在装运港货物越过船舷卖方即完成交货价，并支付将货物运至指定的目的港所需的运输费用。交货后有货物灭失或损坏的风险，以及由于各种事件造成的任何额外费用，却由卖方转移到买方。

采用CFR价交易方式，卖方的基本义务是提供合同规定的货物，负责订立运输合同并租船订舱，在合同规定的装运港和规定的期限内，将货物装上船并及时通知买方，支付运至目的港的运费；承担货物在装运港越过船舷之前的一切费用和风险；负责办理出口清关手续，提供出口许可证及其他官方文件；按合同规定提供正式有效的运输单据、发票或具有同等效力的电子单证。买方的基本义务是承担货物在装运港越过船舷后的一切费用和风险；在合同规定的目的港受领货物，办理进口清关手续，交纳进口税；负责获取进口许可证或其他官方文件；接受卖方提供的各种约定的单证，并按合同规定支付货款。

3）CIF（Cost Insurance and Freight）价，意为成本加保险费、运费，习惯称到岸价格。采用CIF价交易方式，卖方除负有与CFR价相同的义务外，还应办理货物在运输途中最低险别的海运保险，并支付保险费。如果买方需要更高的保险险别，则需要与卖方达成协议加以明确，或者买方自行作出额外的保险安排。除保险这项义务之外，买方的义务与CFR相同。

（2）进口设备到岸价的构成及计算。进口设备到岸价的构成可概括为：

$$进口设备到岸价＝离岸价格（FOB）＋国际运费＋运输保险费$$
$$＝运费在内价（CFR）＋运输保险费 \quad (2-2)$$

1）货价。一般指装运港船上交货价（FOB）。设备货价分为原币货价和人民币货价。原币货价一律折算为美元表示，人民币货价按原币货价乘以外汇市场美元兑换人民币中间价确定。进口设备货价按有关生产厂商询价、报价、订货合同价计算。

2）国际运费。即从装运港（站）到达我国目的港（站）的运费。我国进口设备大部分采用海洋运输，小部分采用铁路运输，个别采用航空运输。进口设备国际运费计算公式为：

$$国际运费（海、陆、空）＝离岸价格（FOB）×运费率 \quad (2-3)$$
或
$$国际运费（海、陆、空）＝运量×单位运价 \quad (2-4)$$

其中，运费率或单位运价参照有关部门或进出口公司的规定执行。

3）运输保险费。对外贸易货物运输保险是由保险人（保险公司）与被保险人（出口人或进口人）订立保险契约，在被保险人交付议定的保险费后，保险人根据保险契约的规定对货物在运输过程中发生的承保责任范围内的损失给予经济上的补偿。这是一种财产保险。计算公式为：

$$运输保险费＝\frac{离岸价格（FOB）＋国外运费}{1－保险费率}×保险费率 \quad (2-5)$$

其中，保险费率按保险公司规定的进口货物保险费率计算。

（3）进口从属费的构成及计算。进口从属费的建设公式见式（2-6）。

进口从属费＝银行财务费＋外贸手续费＋关税＋消费税＋进口环节增值税＋车辆购置税

$$（2-6）$$

1）银行财务费。一般是指在国际贸易结算中，中国银行为进出口商提供金融结算服务所收取的费用，可按式（2-7）简化计算。

银行财务费用＝离岸价格（FOB）×人民币外汇汇率×银行财务费率　　　（2-7）

2）外贸手续费。指按对外经济贸易部规定的外贸手续费率计取的费用，外贸手续费率一般取 1.5%。计算公式为：

外贸手续费＝到岸价格（CIF）×人民币外汇汇率×外贸手续费率　　　（2-8）

3）关税。由海关对进出国境或关境的货物和物品征收的一种税。计算公式为：

关税＝到岸价格（CIF）×人民币外汇汇率×进口关税税率　　　（2-9）

到岸价格作为关税的计征基数，通常又称为关税完税价格。进口关税税率分为优惠和普通两种。优惠税率适用于与我国签订有关税互惠条款的贸易条约或协定的国家的进口设备；普通税率适用于与我国未签订有关税互惠条款的贸易条约或协定的国家的进口设备。进口关税税率按我国海关总署发布的进口关税税率计算。

4）消费税。对部分进口设备（如轿车、摩托车等）征收消费税，消费税一般计算公式为：

$$应纳消费税额＝\frac{到岸价格（CIF）×人民币外汇汇率＋关税}{1-消费税税率}×消费税税率　　（2-10）$$

其中，消费税税率根据规定的税率计算。

5）进口环节增值税。是对从事进口贸易的单位和个人，在进口商品报关进口后征收的税种。我国增值税条例规定，进口应税产品均按组成计税价格和增值税税率直接计算应纳税额。

即　　　　进口环节增值税额＝组成计税价格×增值税税率　　　　（2-11）

组成计税价格＝关税完税价格＋关税＋消费税　　　　（2-12）

增值税税率根据规定的税率计算。

6）车辆购置税。进口车辆需缴进口车辆购置税，其公式见式（2-13）。

进口车辆购置税＝（关税完税价格＋关税＋消费税）×车辆购置税率　　　（2-13）

例 2-1　某进口设备装运港船上交货价为 280 万美元，国际运费率 0.15%，运保费率 0.3%，银行财务费率 0.5%，外贸手续费 1.5%，关税率 20%，增值税率 17%，消费税税率为 10%，求进口设备原价。（银行外汇牌价为 1 美元＝7 元人民币）

解： 货价（FOB）＝280 万元×7＝1960 万元

国际运费＝1960 万元×0.15%＝2.94 万元

$$运输保险费＝\frac{（1960＋2.94）万元}{1-0.3\%}×0.3\%＝5.91 万元$$

进口设备到岸价（CIF）＝1960 万元＋2.94 万元＋5.91 万元＝1968.85 万元

银行财务费＝1960 万元×0.5%＝9.8 万元

外贸手续费＝1968.85 万元×0.15%＝29.53 万元

关税＝1968.85 万元×20％＝393.77 万元

$$消费税＝\frac{1968.85＋393.77}{1－10％}万元×10％＝262.51 万元$$

增值税＝(1968.85＋393.77＋262.51)万元×17％＝446.27 万元

进口从属费＝9.8 万元＋29.53 万元＋393.77 万元＋262.51 万元＋446.27 万元
＝1141.88 万元

进口设备原价＝1968.85 万元＋1141.88 万元＝3110.73 万元

3. 设备运杂费的构成及计算

(1) 设备运杂费的构成。设备运杂费通常由下列各项构成:

1) 运费和装卸费。国产设备由设备制造厂交货地点起至工地仓库(或施工组织设计指定的需要安装设备的堆放地点)止所发生的运费和装卸费;进口设备则由我国到岸港口或边境车站起至工地仓库(或施工组织设计指定的需安装设备的堆放地点)止所发生的运费和装卸费。

2) 包装费。在设备原价中没有包含的,为运输而进行包装支出的各种费用。

3) 设备供销部门的手续费。按有关部门规定的统一费率计算。

4) 采购与仓库保管费。指采购、验收、保管和收发设备所发生的各种费用,包括设备采购人员、保管人员和管理人员的工资、工资附加费、办公费、差旅交通费、设备供应部门办公和仓库所占固定资产使用费、劳动保护费、工具用具使用费、检验试验费等。这些费用可按主管部门规定的采购与保管费费率计算。

(2) 设备运杂费的计算。设备运杂费按设备原价乘以设备运杂费率计算,其公式为:

设备运杂费＝设备原价×设备运杂费率　　　　　(2-14)

其中,设备运杂费率按各部门及省、市等的规定计取。

2.1.2 工具、器具及生产家具购置费的构成及计算

工具、器具及生产家具购置费,是指新建或扩建项目初步设计规定的,保证初期正常生产必须购置的没有达到固定资产标准的设备、仪器、工卡模具、器具、生产家具和备品备件等的购置费用。一般以设备购置费为计算基数,按照部门或行业规定的工具、器具及生产家具费率计算。计算公式为:

工具、器具及生产家具购置费＝设备购置费×定额费率　　　(2-15)

2.2 建筑安装工程费用构成

2.2.1 建筑安装工程费用内容及构成概述

1. 建筑工程费用内容

(1) 各类房屋建筑工程和列入房屋建筑工程预算的供水、供暖、卫生、通风、煤气等设备费用及其装饰、油饰工程的费用,列入建筑工程预算的各种管道、电力、电信和电缆导线敷设工程的费用。

（2）设备基础、支柱、工作台、烟囱、水塔、水池、灰塔等建筑工程以及各种炉窑的砌筑工程和金属结构工程的费用。

（3）为施工而进行的场地平整，工程和水文地质勘察，原有建筑物和障碍物的拆除以及施工临时用水、电、气、路和完工后的场地清理，环境绿化、美化等工作的费用。

（4）矿井开凿、井巷延伸、露天矿剥离，石油、天然气钻井，修建铁路、公路、桥梁、水库、堤坝、灌渠及防洪等工程的费用。

2. 安装工程费用内容

（1）生产、动力、起重、运输、传动和医疗、试验等各种需要安装的机械设备的装配费用，与设备相连的工作台、梯子、栏杆等设施的工程费用，附属于被安装设备的管线敷设工程费用，以及被安装设备的绝缘、防腐、保温、油漆等工作的材料费和安装费。

（2）为测定安装工程质量，对单台设备进行单机试运转、对系统设备进行系统联动无负荷试运转工作的调试费。

2.2.2 我国现行建筑安装工程费用构成

我国现行建筑安装工程费用有两种构成形式，一是按照费用构成要素划分，由人工费、材料（包含工程设备，下同）费、施工机具使用费、企业管理费、利润、规费和税金组成；二是按照工程造价形成构成要素划分，由分部分项工程费、措施项目费、其他项目费、规费、税金组成。其中，人工费、材料费、施工机具使用费、企业管理费和利润包含在分部分项工程费、措施项目费、其他项目费中。其具体构成如图 2-2 和图 2-3 所示。以下分别介绍建筑安装工程费用两种构成形式的具体内容。

1. 按照费用构成要素划分

（1）人工费。人工费是指按工资总额构成规定，支付给从事建筑安装工程施工的生产工人和附属生产单位工人的各项费用。构成人工费的基本要素有两个，即人工工日定额消耗量和人工日工资单价。

1）人工工日定额消耗量，是指在正常施工条件下，生产单位合格建筑安装产品（分部分项工程或结构构件）必须消耗的某种技术等级的人工工日数量。它由分项工程所综合的各个工序的基本用工和其他用工两部分组成。

2）人工日工资单价，是指施工企业平均技术熟练程度的生产工人在每个工作日（国家法定工作时间内）按规定从事施工作业应得的日工资总额。

构成人工费的基本要素有两个，即人工工日消耗量和人工日工资单价。人工费的计算公式有两个：

①人工费的计算公式一：

$$人工费 = \sum(工日消耗量 \times 日工资单价) \qquad (2-16)$$

其中：

$$日工资单价 = \frac{生产工人平均月工资（计时、计件）+ 平均月（奖金 + 津贴补贴 + 特殊情况下支付的工资）}{年平均每月法定工作日}$$

$$(2-17)$$

```
                                   ┌─ 1.计时工资或计件工资
                                   ├─ 2.奖金
                      人工费 ───────┤ 3.津贴、补贴                                        ┌─ 1.分部分项工程费
                                   ├─ 4.加班加点工资
                                   └─ 5.特殊情况下支付的工资

                                   ┌─ 1.材料原价
                                   ├─ 2.运杂费
                      材料费 ───────┤
                                   ├─ 3.运输损耗费
                                   └─ 4.采购及保管费           ┌─ ①折旧费
                                                             ├─ ②大修理费
                                                             ├─ ③经常修理费
                                 ┌─ 1.施工机械使用费 ─────────┤ ④安拆费及场外运费
                  施工机具使用费 ─┤                           ├─ ⑤人工费
                                 │                           ├─ ⑥燃料动力费
                                 │                           └─ ⑦税费
                                 └─ 2.仪器仪表使用费                                     ├─ 2.措施项目费

  建                              ┌─ 1.管理人员工资
  筑                              ├─ 2.办公费
  安                              ├─ 3.差旅交通费
  装                              ├─ 4.固定资产使用费
  工   企业管理费 ────────────────┤ 5.工具用具使用费
  程                              ├─ 6.劳动保险和职工福利费
  费                              ├─ 7.劳动保护费
                                  ├─ 8.检验试验费
                                  ├─ 9.工会经费
                                  ├─ 10.职工教育经费
                                  ├─ 11.财产保险费
                                  ├─ 12.财务费
                                  ├─ 13.税金
                                  └─ 14.其他                                            ├─ 3.其他项目费

          利润

                                   ┌─ 1.社会保险费 ───────────┐ ①养老保险费
                                   │                          ├─ ②失业保险费
                      规费 ────────┤                          ├─ ③医疗保险费
                                   ├─ 2.住房公积金            ├─ ④生育保险费
                                   └─ 3.工程排污费            └─ ⑤工伤保险费

                                   ┌─ 1.营业税
                                   ├─ 2.城市维护建设税
                      税金 ────────┤
                                   ├─ 3.教育费附加
                                   └─ 4.地方教育附加
```

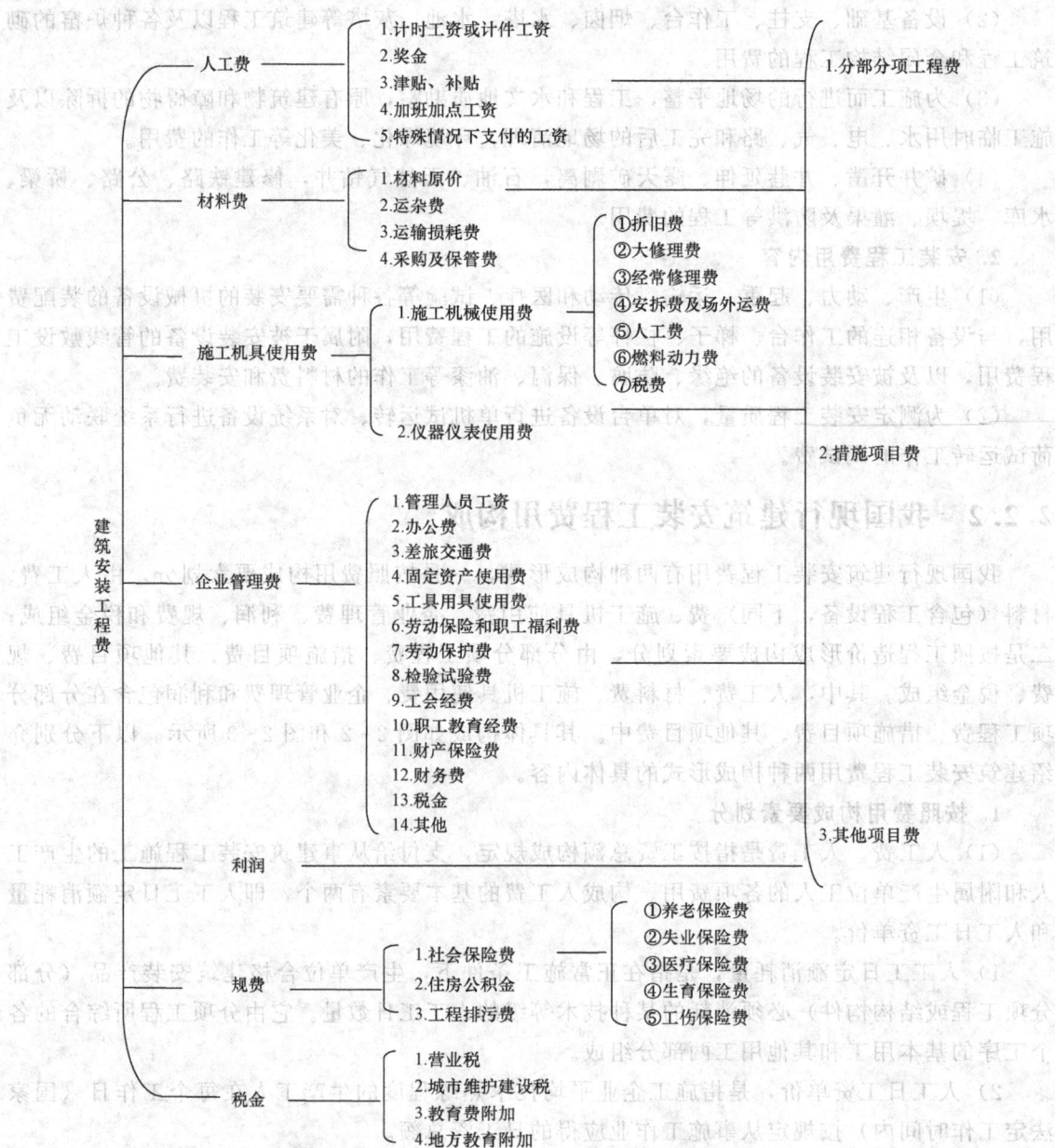

图 2-2 建筑安装工程费用按费用要素构成

公式一主要适用于施工企业投标报价时自主确定人工费，也是工程造价管理机构编制计价定额确定定额人工单价或发布人工成本信息的参考依据。

②人工费的计算公式二：

$$人工费 = \sum (工程工日消耗量 \times 日工资单价) \qquad (2-18)$$

日工资单价是指施工企业平均技术熟练程度的生产工人在每工作日（国家法定工作时间内）按规定从事施工作业应得的日工资总额。

工程造价管理机构确定日工资单价应通过市场调查、根据工程项目的技术要求，参考实

分部分项工程费
1.房屋建筑与装饰工程
①土石方工程
②桩基工程
2.仿古建筑工程
3.通用安装工程
4.市政工程
5.园林绿化工程
6.矿山工程
7.构筑物工程
8.城市轨道交通工程
9.爆破工程
……

1.人工费
2.材料费
3.施工机具使用费
4.企业管理费
5.利润

措施项目费
1．安全文明施工费
2．夜间施工增加费
3．二次搬运费
4．冬雨期施工增加费
5．已完工程及设备保护费
6．工程定位复测费
7．特殊地区施工增加费
8．大型机械进出场及安拆费
9．脚手架工程费
……

其他项目费
1.暂列金额
2.计日工
3.总承包服务费
……

规费
1.社会保险费
2.住房公积金
3.工程排污费

①养老保险费
②失业保险费
③医疗保险费
④生育保险费
⑤工伤保险费

税金
1.营业税
2.城市维护建设税
3.教育费附加
4.地方教育附加

建筑安装工程费

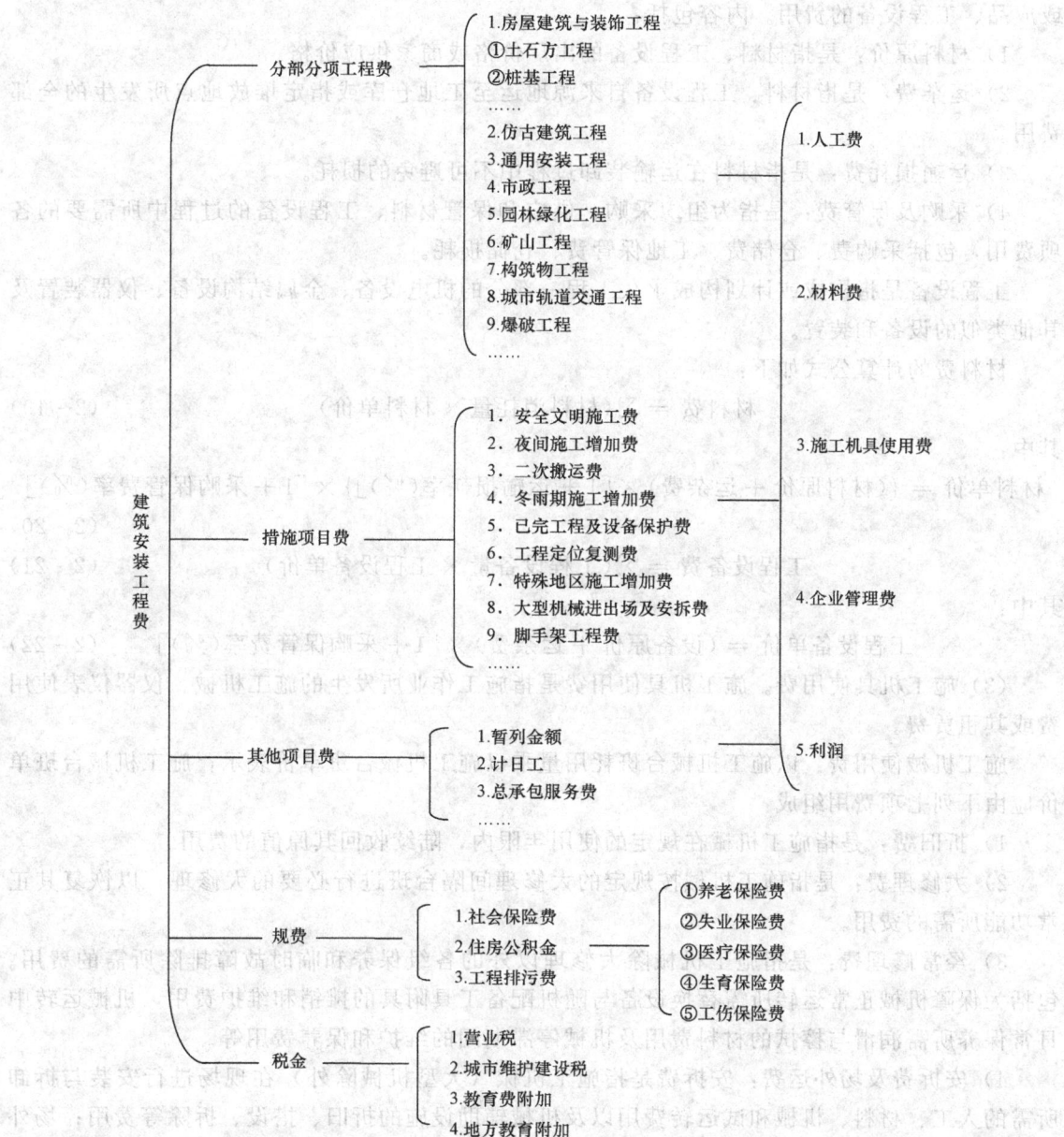

图 2-3 建筑安装工程费用按造价形成要素构成

物工程量人工单价综合分析确定，最低日工资单价不得低于工程所在地人力资源和社会保障部门所发布的最低工资标准的：普工 1.3 倍、一般技工 2 倍、高级技工 3 倍。

工程计价定额不可只列一个综合工日单价，应根据工程项目技术要求和工种差别适当划分多种日人工单价，确保各分部工程人工费的合理构成。

公式二适用于工程造价管理机构编制计价定额时确定定额人工费，是施工企业投标报价的参考依据。

（2）材料费。材料费是指施工过程中耗费的原材料、辅助材料、构配件、零件、半成品或成品、工程设备的费用。内容包括：

1) 材料原价：是指材料、工程设备的出厂价格或商家供应价格。

2) 运杂费：是指材料、工程设备自来源地运至工地仓库或指定堆放地点所发生的全部费用。

3) 运输损耗费：是指材料在运输装卸过程中不可避免的损耗。

4) 采购及保管费：是指为组织采购、供应和保管材料、工程设备的过程中所需要的各项费用，包括采购费、仓储费、工地保管费、仓储损耗。

工程设备是指构成或计划构成永久工程一部分的机电设备、金属结构设备、仪器装置及其他类似的设备和装置。

材料费的计算公式如下：

$$材料费 = \sum(材料消耗量 \times 材料单价) \tag{2-19}$$

其中：

$$材料单价 = \{(材料原价 + 运杂费) \times [1 + 运输损耗率(\%)]\} \times [1 + 采购保管费率(\%)] \tag{2-20}$$

$$工程设备费 = \sum(工程设备量 \times 工程设备单价) \tag{2-21}$$

其中：

$$工程设备单价 = (设备原价 + 运杂费) \times [1 + 采购保管费率(\%)] \tag{2-22}$$

(3) 施工机具使用费。施工机具使用费是指施工作业所发生的施工机械、仪器仪表使用费或其租赁费。

施工机械使用费：以施工机械台班耗用量乘以施工机械台班单价表示，施工机械台班单价应由下列七项费用组成：

1) 折旧费：是指施工机械在规定的使用年限内，陆续收回其原值的费用。

2) 大修理费：是指施工机械按规定的大修理间隔台班进行必要的大修理，以恢复其正常功能所需的费用。

3) 经常修理费：是指施工机械除大修理以外的各级保养和临时故障排除所需的费用。包括为保障机械正常运转所需替换设备与随机配备工具附具的摊销和维护费用，机械运转中日常保养所需润滑与擦拭的材料费用及机械停滞期间的维护和保养费用等。

4) 安拆费及场外运费：安拆费是指施工机械（大型机械除外）在现场进行安装与拆卸所需的人工、材料、机械和试运转费用以及机械辅助设施的折旧、搭设、拆除等费用；场外运费是指施工机械整体或分体自停放地点运至施工现场或由一施工地点运至另一施工地点的运输、装卸、辅助材料及架线等费用。

5) 人工费：是指机上司机（司炉）和其他操作人员的人工费。

6) 燃料动力费：是指施工机械在运转作业中所消耗的各种燃料及水、电等。

7) 税费：是指施工机械按照国家规定应缴纳的车船使用税、保险费及年检费等。

仪器仪表使用费：是指工程施工所需使用的仪器仪表的摊销及维修费用。

施工机械使用费的计算公式为：

$$施工机械使用费 = \sum(施工机械台班消耗量 \times 机械台班单价) \tag{2-23}$$

其中：机械台班单价＝台班折旧费＋台班大修费＋台班经常修理费＋台班安拆费及场外

运费＋台班人工费＋台班燃料动力费＋台班车船税费 (2-24)

租赁施工机械，公式为：

$$施工机械使用费 = \sum(施工机械台班消耗量 \times 机械台班租赁单价) \quad (2-25)$$

仪器仪表使用费的计算公式为：

$$仪器仪表使用费 = 工程使用的仪器仪表摊销费 + 维修费 \quad (2-26)$$

（4）企业管理费。企业管理费是指建筑安装企业组织施工生产和经营管理所需的费用。其内容包括：

1）管理人员工资：是指按规定支付给管理人员的计时工资、奖金、津贴补贴、加班加点工资及特殊情况下支付的工资等。

2）办公费：是指企业管理办公用的文具、纸张、账表、印刷、邮电、书报、办公软件、现场监控、会议、水电、烧水和集体取暖降温（包括现场临时宿舍取暖降温）等费用。

3）差旅交通费：是指职工因公出差、调动工作的差旅费、住勤补助费，市内交通费和误餐补助费，职工探亲路费，劳动力招募费，职工退休、退职一次性路费，工伤人员就医路费，工地转移费以及管理部门使用的交通工具的油料、燃料等费用。

4）固定资产使用费：是指管理和试验部门及附属生产单位使用的属于固定资产的房屋、设备、仪器等的折旧、大修、维修或租赁费。

5）工具用具使用费：是指企业施工生产和管理使用的不属于固定资产的工具、器具、家具、交通工具和检验、试验、测绘、消防用具等的购置、维修和摊销费。

6）劳动保险和职工福利费：是指由企业支付的职工退职金、按规定支付给离休干部的经费，集体福利费、夏季防暑降温、冬季取暖补贴、上下班交通补贴等。

7）劳动保护费：是企业按规定发放的劳动保护用品的支出，如工作服、手套、防暑降温饮料以及在有碍身体健康的环境中施工的保健费用等。

8）检验试验费：是指施工企业按照有关标准规定，对建筑以及材料、构件和建筑安装物进行一般鉴定、检查所发生的费用，包括自设试验室进行试验所耗用的材料等费用。不包括新结构、新材料的试验费，对构件做破坏性试验及其他特殊要求检验试验的费用和建设单位委托检测机构进行检测的费用，对此类检测发生的费用，由建设单位在工程建设其他费用中列支。但对施工企业提供的具有合格证明的材料进行检测不合格的，该检测费用由施工企业支付。

9）工会经费：是指企业按《工会法》规定的全部职工工资总额比例计提的工会经费。

10）职工教育经费：是指按职工工资总额的规定比例计提，企业为职工进行专业技术和职业技能培训，专业技术人员继续教育、职工职业技能鉴定、职业资格认定以及根据需要对职工进行各类文化教育所发生的费用。

11）财产保险费：是指施工管理用财产、车辆等的保险费用。

12）财务费：是指企业为施工生产筹集资金或提供预付款担保、履约担保、职工工资支付担保等所发生的各种费用。

13）税金：是指企业按规定缴纳的房产税、车船使用税、土地使用税、印花税等。

14）其他：包括技术转让费、技术开发费、投标费、业务招待费、绿化费、广告费、公证费、法律顾问费、审计费、咨询费、保险费等。

企业管理费通常是以计算基础乘以企业管理费费率进行计算，其计算基础有：分部分项工程费、人工费和机械费、人工费等，计算基础不同，企业管理费费率也不同，详细计算公式如下：

①以分部分项工程费为计算基础。

$$企业管理费费率(\%) = \frac{生产工人年平均管理费}{年有效施工天数 \times 人工单价} \times \begin{array}{c}人工费占分部分项\\工程费比例(\%)\end{array} \quad (2-27)$$

②以人工费和机械费合计为计算基础。

$$企业管理费费率(\%) = \frac{生产工人年平均管理费}{年有效施工天数 \times (人工单价 + 每一工日机械使用费)} \times 100\%$$
$$(2-28)$$

③以人工费为计算基础。

$$企业管理费费率(\%) = \frac{生产工人年平均管理费}{年有效施工天数 \times 人工单价} \times 100\% \quad (2-29)$$

说明：上述公式适用于施工企业投标报价时自主确定管理费，也是工程造价管理机构编制计价定额确定企业管理费的参考依据。工程造价管理机构在确定计价定额中企业管理费时应以定额人工费或（定额人工费+定额机械费）作为计算基数，其费率根据历年工程造价积累的资料，辅以调查数据确定，列入分部分项工程和措施项目中。

（5）利润。利润是指施工企业完成所承包工程获得的盈利。

1）施工企业根据企业自身需求并结合建筑市场实际自主确定，列入报价中。

2）工程造价管理机构在确定计价定额中利润时，应以定额人工费或（定额人工费+定额机械费）作为计算基数，其费率根据历年工程造价积累的资料，并结合建筑市场实际确定，以单位（单项）工程测算，利润在税前建筑安装工程费的比重可按不低于5%且不高于7%的费率计算。利润应列入分部分项工程和措施项目中。

利润的计算因计算基础的不同而不同：

1）以分部分项工程费为计算基础，利润的计算公式为：

$$利润 = (人工费 + 材料费 + 施工机具使用费) \times 相应利润率(\%) \quad (2-30)$$

2）以人工费和机械费为计算基础时，利润的计算公式为：

$$利润 = 直接费中的人工费和机械费合计 \times 相应利润率(\%) \quad (2-31)$$

3）以人工费为计算基础时，利润的计算公式为：

$$利润 = 直接费中人工费合计 \times 相应利润率(\%) \quad (2-32)$$

（6）规费。规费是指按国家法律、法规规定，由省级政府和省级有关权力部门规定必须缴纳或计取的费用。包括：

1）社会保险费。

①养老保险费：是指企业按照规定标准为职工缴纳的基本养老保险费。

②失业保险费：是指企业按照规定标准为职工缴纳的失业保险费。

③医疗保险费：是指企业按照规定标准为职工缴纳的基本医疗保险费。

④生育保险费：是指企业按照规定标准为职工缴纳的生育保险费。

⑤工伤保险费：是指企业按照规定标准为职工缴纳的工伤保险费。

2）住房公积金：是指企业按规定标准为职工缴纳的住房公积金。

3）工程排污费：是指按规定缴纳的施工现场工程排污费。

其他应列而未列入的规费，按实际发生计取。

规费的计算如下：

1）社会保险费和住房公积金。社会保险费和住房公积金应以定额人工费为计算基础，根据工程所在地省、自治区、直辖市或行业建设主管部门规定费率计算。

$$社会保险费和住房公积金 = \sum(工程定额人工费 \times 社会保险费和住房公积金费率) \tag{2-33}$$

式中，社会保险费和住房公积金费率可以每万元发承包价的生产工人人工费和管理人员工资含量与工程所在地规定的缴纳标准综合分析取定。

2）工程排污费。工程排污费等其他应列而未列入的规费应按工程所在地环境保护等部门规定的标准缴纳，按实计取列入。

（7）税金。税金是指国家税法规定的应计入建筑安装工程造价内的营业税、城市维护建设税、教育费附加以及地方教育附加。

1）营业税。营业税是按计税营业额乘以营业税税率确定的。其中，建筑安装企业营业税税率为3%。计算公式为：

$$应纳营业税 = 计税营业额 \times 3\% \tag{2-34}$$

计税营业额是含税营业额，指从事建筑、安装、修缮、装饰及其他工程作业收取的全部收入，还包括建筑、修缮、装饰工程所用原材料及其他物资和动力的价款。当安装设备的价值作为安装工程产值时，也包括所安装设备的价款。但建筑安装工程总承包方将工程分包或转包给他人的，其营业额中不包括付给分包或转包方的价款。营业税的纳税地点为应税劳务的发生地。

2）城乡维护建设税。城乡维护建设税是为筹集城市维护和建设资金，稳定和扩大城市、乡镇维护建设的资金来源，对有经营收入的单位和个人征收的一种税额。城乡维护建设税是按应纳营业税额乘以适用税率确定，计算公式为：

$$应纳税额 = 应纳营业税额 \times 适用税率 \tag{2-35}$$

其中，城乡维护建设税的纳税人所在地点在市区的，其适用税率为营业税的7%；所在地为县镇的，其适用税率为营业税的5%；所在地为农村的，其适用税率为营业税的1%。城建税的纳税地点与营业税纳税地点相同。

3）教育费附加。教育费附加是按应纳营业税额乘以3%确定，计算公式为：

$$教育费附加应纳税额 = 应纳营业税额 \times 3\% \tag{2-36}$$

建筑安装企业的教育费附加要与其营业税同时缴纳。

4）地方教育附加。地方教育附加是按应纳营业税额乘以2%确定，计算公式为：

$$教育费附加应纳税额 = 应纳营业税额 \times 2\% \tag{2-37}$$

5）税金的综合计算公式：

$$税金 = 税前造价 \times 综合税率(\%) \tag{2-38}$$

其中，综合税率的计算如下：

①纳税地点在市区的企业：

$$综合税率(\%) = \frac{1}{1-3\%-(3\%\times7\%)-(3\%\times3\%)-(3\%\times2\%)} - 1 \approx 3.48\% \tag{2-39}$$

②纳税地点在县城、镇的企业：

$$综合税率（\%）= \frac{1}{1-3\%-(3\%\times 5\%)-(3\%\times 3\%)-(3\%\times 2\%)} - 1 \approx 3.41\%$$

(2 - 40)

③纳税地点不在市区、县城、镇的企业：

$$综合税率（\%）= \frac{1}{1-3\%-(3\%\times 1\%)-(3\%\times 3\%)-(3\%\times 2\%)} - 1 \approx 3.28\%$$

(2 - 41)

④实行营业税改增值税的，按纳税地点现行税率计算。

2. 按照工程造价形成构成要素划分

（1）分部分项工程费。分部分项工程费是指各专业工程的分部分项工程应予列支的各项费用。

1）专业工程：是指按现行国家计量规范划分的房屋建筑与装饰工程、仿古建筑工程、通用安装工程、市政工程、园林绿化工程、矿山工程、构筑物工程、城市轨道交通工程、爆破工程等各类工程。

2）分部分项工程：指按现行国家计量规范对各专业工程划分的项目，如房屋建筑与装饰工程划分的土石方工程、地基处理与桩基工程、砌筑工程、钢筋及钢筋混凝土工程等。

各类专业工程的分部分项工程划分见现行国家或行业计量规范。

分部分项工程费的计算：

$$分部分项工程费 = \sum（分部分项工程量 \times 综合单价）$$

(2 - 42)

式中，综合单价包括人工费、材料费、施工机具使用费、企业管理费和利润以及一定范围的风险费用。

（2）措施项目费。措施项目费是指为完成建设工程施工，发生于该工程施工前和施工过程中的技术、生活、安全、环境保护等方面非工程实体的费用。所谓非实体性项目，是指其费用的发生和金额的大小与使用时间、施工方法或者两个以上工序相关，并且不形成最终的实体工程，如文明施工和安全保护、大型机械设备进出场及安拆、临时设施等。根据《建设工程工程量清单计价规范》（GB 50500—2013）和《房屋建筑与装饰工程工程量计算规范》（GB 50854—2013）的有关规定，措施项目划分划分为两类：一类是不能计算工程量的项目，如安全文明施工费、夜间施工增加费等，其费用计算是以"项"计算；另一类是可以计算工程量的项目，如脚手架、降水工程等，其费用计算是以"量"计价，以"量"计价的项目主要有脚手架、模板及支架（撑）、施工排水降水、垂直运输、超高施工增加等，计算规则详细见第 7 章相关内容。

国家计量规范规定不宜计量的措施项目费内容包括：

1）安全文明施工费。

①环境保护费：是指施工现场为达到环保部门要求所需要的各项费用。

②文明施工费：是指施工现场文明施工所需要的各项费用。

③安全施工费：是指施工现场安全施工所需要的各项费用。

④临时设施费：是指施工企业为进行建设工程施工所必须搭设的生活和生产用的临时建筑物、构筑物和其他临时设施费用，包括临时设施的搭设、维修、拆除、清理费或摊销

费等。

2）夜间施工增加费：是指因夜间施工所发生的夜班补助费、夜间施工降效、夜间施工照明设备摊销及照明用电等费用。

3）二次搬运费：是指因施工场地条件限制而发生的材料、构配件、半成品等一次运输不能到达堆放地点，必须进行二次或多次搬运所发生的费用。

4）冬雨期施工增加费：是指在冬期或雨期施工需增加的临时设施、防滑、排除雨雪，人工及施工机械效率降低等费用。

5）已完工程及设备保护费：是指竣工验收前，对已完工程及设备采取的必要保护措施所发生的费用。

6）工程定位复测费：是指工程施工过程中进行全部施工测量放线和复测工作的费用。

7）特殊地区施工增加费：是指工程在沙漠或其边缘地区、高海拔、高寒、原始森林等特殊地区施工增加的费用。

8）大型机械设备进出场及安拆费：是指机械整体或分体自停放场地运至施工现场或由一个施工地点运至另一个施工地点，所发生的机械进出场运输及转移费用及机械在施工现场进行安装、拆卸所需的人工费、材料费、机械费、试运转费和安装所需的辅助设施的费用。

措施项目费的计算：

1）国家计量规范规定应予计量的措施项目，其计算公式为：

$$措施项目费 = \sum(措施项目工程量 \times 综合单价) \qquad (2-43)$$

2）国家计量规范规定不宜计量的措施项目计算方法如下：

①安全文明施工费。

$$安全文明施工费 = 计算基数 \times 安全文明施工费费率(\%) \qquad (2-44)$$

计算基数应为定额基价（定额分部分项工程费＋定额中可以计量的措施项目费）、定额人工费或（定额人工费＋定额机械费），其费率由工程造价管理机构根据各专业工程的特点综合确定。

②夜间施工增加费。

$$夜间施工增加费 = 计算基数 \times 夜间施工增加费费率(\%) \qquad (2-45)$$

③二次搬运费。

$$二次搬运费 = 计算基数 \times 二次搬运费费率(\%) \qquad (2-46)$$

④冬雨期施工增加费。

$$冬雨期施工增加费 = 计算基数 \times 冬雨期施工增加费费率(\%) \qquad (2-47)$$

⑤已完工程及设备保护费。

$$已完工程及设备保护费 = 计算基数 \times 已完工程及设备保护费费率(\%) \qquad (2-48)$$

上述②～⑤项措施项目的计费基数应为定额人工费或（定额人工费＋定额机械费），其费率由工程造价管理机构根据各专业工程特点和调查资料综合分析后确定。

（3）其他项目费。

1）暂列金额：是指建设单位在工程量清单中暂定并包括在工程合同价款中的一笔款项。用于施工合同签订时尚未确定或者不可预见的所需材料、工程设备、服务的采购，施工中可能发生的工程变更、合同约定调整因素出现时的工程价款调整以及发生的索赔、现场签证确认等的费用。

2）计日工：是指在施工过程中，施工企业完成建设单位提出的施工图纸以外的零星项目或工作所需的费用。

3）总承包服务费：是指总承包人为配合、协调建设单位进行的专业工程发包，对建设单位自行采购的材料、工程设备等进行保管以及施工现场管理、竣工资料汇总整理等服务所需的费用。

其他项目费的计算：

1）暂列金额由建设单位根据工程特点，按有关计价规定估算，施工过程中由建设单位掌握使用、扣除合同价款调整后如有余额，归建设单位。

2）计日工由建设单位和施工企业按施工过程中的签证计价。

3）总承包服务费由建设单位在招标控制价中根据总包服务范围和有关计价规定编制，施工企业投标时自主报价，施工过程中按签约合同价执行。

（4）规费

参见本节第 18 页中"（6）规费"的相关内容，不再赘述。

（5）税金

参见本节第 19 页中"（7）税金"的相关内容，不再赘述。

2.3 工程建设其他费用构成

工程建设其他费用，是指从工程筹建起到工程竣工验收交付使用止的整个建设期间，除建筑安装工程费用和设备及工、器具购置费用以外的，为保证工程建设顺利完成和交付使用后能够正常发挥效用而发生的各项费用，包括建设用地费、与项目建设有关的其他费用和与未来生产经营有关的其他费用。

2.3.1 建设用地费

任何一个建设项目都固定于一定地点与地面相连接，必须占用一定量的土地，为获得建设用地而支付的费用，即为建设用地费。建设用地费是指为获得构成项目建设土地的使用权而在建设期内发生的各项费用，包括通过划拨方式取得土地使用权而支付的土地征用及迁移补偿费和通过土地使用权出让方式取得土地使用权而支付的土地使用权出让金。

1. 建设用地取得的基本方式

建设用地的取得，实质是依法获取国有土地的使用权。根据我国《房地产管理法》规定，获得国有土地使用权的基本方式有两种：一是划拨方式，二是出让方式。建设土地取得的其他方式还包括租赁和转让方式。

（1）通过划拨方式获得国有土地使用权。国有土地使用权划拨，是指县级以上人民政府依法批准，在土地使用者缴纳补偿、安置等费用后将该幅土地交付其使用，或者将土地使用权无偿交付给土地使用者的行为。

国家对划拨用地有着严格的规定，下列建设用地，经县级以上人民政府依法批准，可以以划拨方式取得：

1）国家机关用地和军事用地。

2）城市基础设施用地和公益事业用地。

3）国家重点扶持的能源、交通、水利等基础设施用地。

4）法律、行政法规规定的其他用地。

依法以划拨方式取得土地使用权的，除法律、行政法规另有规定外，没有使用期限的限制。因企业改制、土地使用权转让或者改变土地用途等不再符合本目录的，应当实行有偿使用。

（2）通过出让方式获得国有土地使用权。国有土地使用权出让，是指国家将国有土地使用权在一定年限内出让给土地使用者，由土地使用者向国家支付土地使用权出让金的行为。土地使用权出让最高年限按下列用途确定：

1）居住用地 70 年。

2）工业用地 50 年。

3）教育、科技、文化、卫生、体育用地 50 年。

4）商业、旅游、娱乐用地 40 年。

5）综合或者其他用地 50 年。

通过出让方式获得国有土地使用权有两种具体方式：一是通过招标、拍卖、挂牌等竞争出让方式获取国有土地使用权，二是通过协议出让方式获取国有土地使用权。

通过招标、拍卖、挂牌等竞争出让方式获取国有土地使用权。具体的竞争方式包括招标、竞拍和挂牌三种。按照国家相关规定，工业（包括仓储用地，但不包括采矿用地）、商业、旅游、娱乐和商品住宅等各类经营性用地，必须以招标、拍卖或者挂牌方式出让。上述规定以外用途特点的供地计划公布后，同一宗地有两个以上意向用地者的，也应采用招标、拍卖或者挂牌方式出让。

通过协议出让方式获取国有土地使用权。按照相关规定，出让国有土地使用权，除依照法律、法规和规章的规定应当采用招标、拍卖或者挂牌方式外，方可采取协议方式。以协议方式出让国有土地使用权出让金不得低于按国家规定所确定的最低价。协议出让底价不得以低于拟出让地块所在区域的协议出让最低价。

2. 建设用地取得的费用

建设用地如果通过行政划拨方式取得，则须承担征地补偿费用或对原用地单位或个人的拆迁补偿费用；若通过市场机制取得，则不承担以上费用，但须向土地所有者支付有偿使用费，即土地出让金。

（1）征地补偿费用。建设征用土地费用由以下几部分构成：

1）土地补偿费。土地补偿费是对农村集体经济组织因土地被征用而造成的经济损失的一种补偿费，为该耕地被征用前三年平均年产值的 6～10 倍，征用其他土地的补偿标准，由省、自治区、直辖市人民政府在此范围内制定。土地补偿费归农村集体经济组织所有。

2）青苗补偿费和地上附着物补偿费。青苗补偿费是因征地时对其苗壮生长的农作物受到损害而作出的一种补偿。在农村实行承包责任制后，农民自行承包土地的青苗补偿费应付给本人，属于集体种植的青苗补偿费可纳入当年集体收益。凡在协商征地方案后抢种的农作物、树木等，一律不予补偿。地上附着物是指房屋、水井、涵洞、桥梁、公路、水利设施、林木等地面建筑物、构筑物、附着物等。视协商征地方案前地上附着物价值与折旧情况确定，应根据"拆什么，补什么；拆多少，补多少，不低于原来水平"的原则确定。如果附着物产权属个人，则该项补助费付给个人。地上附着物的补助标准，由省、自治区、直辖市规定。

3）安置补助费。安置补助费应支付给被征地单位和安置劳动力的单位，作为劳动力安置于培训的支出，以及作为不能就业人员的生活补助。征用耕地的安置补助费，按照需要安置的农业人口数计算。需要安置的农业人口数，按照被征用的耕地数量除以征地前被征用单位平均每人占有耕地的数量计算。每个需要安置的农业人口的安置补助费为该地被征用前三年平均年产值的4～6倍。但是，每公顷被征用耕地的安置补助费，最高不得超过前三年平均年产值的15倍。土地补偿费和安置补助费，尚不能使需要安置的农民保持原有生活水平的，经省、自治区、直辖市人民政府批准，可以增加安置补助费。但是，土地补偿费和安置补助费的总和不得超过土地被征用前三年平均年产值的30倍。

4）新菜地开发建设基金。新菜地开发建设基金是指征用城市郊区商品菜地时支付的费用。这项费用交给地方财政，作为开发建设新菜地的投资。菜地是指城市郊区为供应城市居民蔬菜，连续三年以上常年种菜或养殖鱼、虾等商品菜地和精养鱼塘。一年只种一茬或因调整茬口安排种植蔬菜的，均不作为收取开发基金的菜地。征用尚未开发的规划菜地，不缴纳新菜地开发建设基金。在蔬菜产销放开后，能够满足供应，不再需要开发新菜地的城市，不收取新菜地开发基金。

5）耕地占用税。耕地占用税是对占用耕地建房或者从事其他非农业建设的单位和个人征收的一种税收，目的是合理利用土地资源、节约用地、保护农业耕地。耕地占用税征收范围，不仅包括占用耕地，还包括占用鱼塘、园地、菜地及农业用地建房或者从事其他非农业建设，均按实际占用的面积和规定的税额一次性征收。其中，耕地是指用于种植农作物的土地。占用前三年曾用于种植农作物的土地也视为耕地。

6）土地管理费。土地管理费主要作为征地工作中所发生的办公、会议、培训、宣传、差旅、借用人员工资等必要的费用。土地管理费的收取标准，一般是在土地补偿费、青苗费、地面附着物补偿费、安置补偿费四项费用之和的基础上提取2%～4%。如果是征地包干，还应在四项费用之和后再加上粮食价差、副食补贴、不可预见费等费用，在此基础上提取2%～4%作为土地管理费。

（2）拆迁补偿费用。拆迁补偿费是指在城市规划区内国有土地实施房屋拆迁，拆迁人应当对被拆迁人给予补偿、安置。

1）拆迁补偿。拆迁补偿的方式可以实行货币补偿，也可以实行房屋产权调换。货币补偿的金额，根据被拆迁房屋区位、用途、建筑面积等因素，以房地产市场评估价格确定。具体办法由省、自治区、直辖市人民政府制定。实行房屋产权调换的，拆迁人与被拆迁人按照计算得到的被拆迁房屋的补偿金额和所调换房屋的价格，结清产权调换的差价。

2）搬迁、安置补助费。拆迁人应当对被拆迁人或者房屋承租人支付拆迁补助费，对于在规定的搬迁期限届满前搬迁的，拆迁人可以付给提前搬家奖励费；在过渡期限内，被拆迁人或者房屋承租人自行安排住处的，拆迁人应当支付临时安置补偿费；被拆迁人或者房屋承租人使用拆迁人提供的周转房的，拆迁人不支付临时安置补助费。搬迁补助费和临时安置补助费的额标准，由省、自治区、直辖市人民政府制定。

（3）出让金、土地转让金。土地使用权出让金为用地单位向国家支付的土地使用权收益，出让金标准一般参考城市基准地价并结合其他因素制定。基准地价由市土地管理局会同市物价局、市国有资产管理局、房地产管理局等部门综合平衡后报市人民政府审查通过，它以城市土地综合定级为基础，用某一地价或地价幅度表示某一类别用地在某一土地级别范围的地价，以此作为土地使用权出让价格的基础。

在有偿出让和转让土地时，政府对地价不作统一规定，但应遵循以下原则：

1）地价对目前的投资环境不产生大的影响。

2）地价与当地的社会经济承受能力相适应。

3）地价要考虑已投入的土地开发费用、土地市场供求关系、土地用途和使用年限。

土地有偿出让和转让，土地使用者和所有者要签约，明确使用者对土地享有的权利和对土地所有者应承担的义务。

1）有偿出让和转让使用权，要向土地受让者征收契税。

2）转让土地如有增值，要向转让者征收土地增值税。

3）在土地转让期间，国家要区别不同地段、不同用途向土地使用者收取土地使用费。

土地使用权出让或转让，应先由地价评估机构进行价格评估后，再签订土地使用权出让和转让合同。

2.3.2　与项目建设有关的其他费用

1. 建设管理费

建设管理费是指建设项目从筹建开始直到工程竣工验收合格或交付使用为止发生的项目建设管理费用。其内容包括：

（1）建设单位管理费。建设单位管理费是指建设单位发生的管理性质的开支，包括工作人员工资、工资性补贴、职工福利费、施工现场补贴、住房基金、劳动保护费、基本养老保险费、基本医疗保险费、失业保险费、工伤保险费、办公费、差旅交通费、固定资产使用费、工具用具使用费、必要的办公设备、生活家具、用具、通信设备、交通工具等购置费用、零星固定资产购置费、生产人员招募费、技术图书资料费、业务招待费、工程招标费、合同契约公证费、工程质量监督检测费、工程咨询费、法律顾问费、审计费、排污费、竣工交付使用清理及竣工验收费、印花税和其他管理性质开支，不包括应计入设备、材料预算价格的建设单位采购及保管设备材料所需的费用。

建设单位管理费按照单项工程费用之和（包括设备工器具购置费和建筑安装工程费用）乘以建设单位管理费率计算。

$$建设单位管理费 = 工程费用 \times 建设单位管理费费率 \qquad (2-49)$$

建设单位管理费率按照建设项目的不同性质、不同规模确定。有的建设项目按照建设工期和规定的金额计算建设单位管理费。

（2）工程监理费。工程监理费是指建设单位委托工程监理单位对工程实施监理工作所需费用。此项费用应按国家发改委和建设部联合发布的《建设工程监理与相关服务收费管理规定》（发改价格〔2007〕670 号）计算。依法必须实行监理的建设工程施工阶段的监理收费实行政府指导价，其他建设工程施工阶段的监理收费和其他阶段的监理与相关服务收费实行市场调节价。

（3）工程造价咨询费。工程造价咨询费是指建设单位委托具有相应资质的工程造价咨询企业代为进行工程建设项目的投资估算、设计概算、施工图预算、标底、招标控制价、工程结算等，或进行工程建设全过程造价控制与管理所发生的费用。

（4）招标代理费。招标代理费是指建设单位委托招标代理机构进行工程、设备材料和服务招标支付的服务费用。

（5）工程质量监督费。工程质量监督费是指工程质量监督检验部门检验工程质量而收取的费用。

2. 可行性研究费

可行性研究费是指在建设项目投资决策阶段，依据调研报告对有关建设方案、技术方案或生产经营方案进行的技术经济论证，以及编制和评审可行性研究报告所需的费用。此项费用应依据前期研究委托合同确定，或参照国家有关规定计算。

3. 勘察设计费

勘察设计费是指委托勘察设计单位进行工程水文地质勘察、工程设计所发生的各项费用，包括工程勘察费、初步设计费、施工图设计费、设计模型制作费。此项费用应按《关于〈工程勘察设计收费管理规定〉的通知》（计价格〔2002〕10 号）的规定计算。

4. 研究试验费

研究试验费是指为建设项目提供和验证设计参数、数据、资料等所进行的必要的试验费用，以及设计规定在施工中必须进行试验、验证所需费用，包括自行或委托其他部门研究试验所需人工费、材料费、试验设备及仪器使用费等。这项费用按照设计单位根据本工程项目的需要提出的研究试验内容和要求计算。在计算时不包括以下项目：

（1）应由科技三项费用（即新产品试制费、中间试验费和重要科学研究补助费）开支的项目。

（2）应在建筑安装工程费用中列支的施工企业对建筑材料、构件和建筑物进行一般鉴定、检查所发生的费用及技术革新的研究试验费。

（3）应由勘察设计费或工程费用中开支的项目。

5. 环境影响评价费

环境影响评价费是指按照《中华人民共和国环境保护法》《中华人民共和国环境影响评价法》等规定，为全面、详细评价建设项目对环境可能产生的污染或造成的重点影响所需的费用，内容包括编制环境影响报告书（含大纲）、环境影响报告表以及对环境影响报告书（含大纲）、环境影响报告表进行评估等所需的费用。此项费用参照《关于规范环境影响咨询收费有关问题的通知》（计价格〔2002〕125 号）规定计算。

6. 劳动安全卫生评价费

劳动安全卫生评价费是指按照劳动部《建设项目（工程）劳动安全卫生监察规定》和《建设项目（工程）劳动安全卫生预评价管理办法》的规定，为预测和分析建设项目存在的职业危险、危害因素的种类和危险危害程度，并提出先进、科学、合理可行的劳动安全卫生技术和管理对策所需的费用。其内容包括：编制建设项目劳动安全卫生预评价大纲和劳动安全卫生预评价报告书，以及为编制上述文件所进行的工程分析和环境现状调查等所需的费用。必须进行劳动安全卫生预评价的项目包括：

（1）属于《国家计划委员会、国家基本建设委员会、财政部关于基本建设项目和大中型划分标准的规定》中规定的大中型建设项目。

（2）属于《建筑设计防火规范》（GB 50016—2006）中规定的火灾危险性生产类别为甲类的建设项目。

（3）属于劳动部颁布的《爆炸危险场所安全规定》中规定的爆炸危险场所等级为特别危险场所和高度危险场所的建设项目。

（4）大量生产或使用《职业性接触毒物危害程度分级》（GBZ 230—2010）规定的Ⅰ级、Ⅱ级危害程度的职业性接触毒物的建设项目。

（5）大量生产或使用石棉粉料或含有 10％以上的游离二氧化硅粉料的建设项目。

（6）其他由劳动行政部门确认的危险、危害因素大的建设项目。

7. 场地准备和建设单位临时设施费

（1）场地准备和建设单位临时设施费的内容。建设项目场地准备费是指建设项目为达到工程开工条件进行的场地平整和对建设场地余留的有碍于施工的设计进行拆除清理的费用。

建设单位临时设施费是指建设期间建设单位所需临时设施的搭设、维修、拆除、摊销费用或租赁费用，以及施工期间专用公路或桥梁的加固、养护、维修等费用。临时设施包括临时宿舍、文化福利及公用事业房屋与构筑物、仓库、办公室、加工厂以及规定范围内的临时道路、水、电、管线、气、通信等临时设施和小型临时设施。

（2）场地准备和建设单位临时设施费的计算。

1）场地准备和建设单位临时设施应尽量与永久性工程统一考虑。建设场地的大型土石方工程应进入工程费用中的总图运输费用中。

2）新建项目的场地准备和临时设施费应根据实际工程量估算，或按工程费用的比例计算。改建项目一般只计算拆除清理费。

$$\text{场地准备和建设单位临时设施费} = \text{工程费用} \times \text{费率} + \text{拆除清理费} \qquad (2-50)$$

3）发生拆除清理费时可按新建同类工程造价或主材费、设备费的比例计算。凡可回收材料的拆除工程采用以料抵工方式冲抵拆除清理费。

4）此项费用不包括已列入建筑安装工程费用中的施工单位临时设施费用。

8. 工程保险费

工程保险费是指建设项目在建设期间根据需要对建筑工程、安装工程、机器设备和人身安全等进行投保所发生的保险费用。包括以各种建筑工程及其在施工过程中的物料、机器设备为保险标的的建筑工程一切险，以安装工程中的各种机器、机械设备为保险标的的安装工程一切险，以及机器损坏保险和人身意外伤害险等。根据不同的工程类别，分别以其建筑、安装工程费乘以建筑、安装工程保险费率计算。民用建筑（住宅楼、综合性大楼、商场、旅馆、医院、学校）占建筑工程费的 0.2％～0.4％；其他建筑（工业厂房、仓库、道路、码头、水坝、隧道、桥梁、管道等）占建筑工程费的 0.3％～0.6％；安装工程（农业、工业、机械、电子、电器、纺织、矿山、石油、化学及钢铁工业、钢结构桥梁）占建筑工程费的 0.3％～0.6％。

9. 引进技术和进口设备其他费用

引进技术及进口设备其他费用，包括出国人员费用、国外工程技术人员来华费用、技术引进费、分期或延期付款利息、担保费以及进口设备检验鉴定费。

（1）引进项目图纸资料翻译复制费、备品备件测绘费。其计算方法可根据引进项目的具体情况计列或按引进货价（FOB）的比例估列。

（2）出国人员费用。出国人员费用是指为引进技术和进口设备派出人员在国外培训和进行设计联络，设备检验等的差旅费、制装费、生活费等。这项费用根据设计规定的出国培训和工作的人数、时间及派往国家，按财政部、外交部规定的临时出国人员费用开支标准及中国民用航空公司现行国际航线票价等进行计算，其中使用外汇部分应计算银行财务费用。

（3）国外工程技术人员来华费用。国外工程技术人员来华费用是指为安装进口设备，引进国外技术等聘用外国工程技术人员进行技术指导工作所发生的费用，包括卖方来华工程技术人员的现场办公费、往返现场交通费用、接待费用等。依据引进合同或协议有关条款及来华技术人员派遣计划进行计算。来华人员接待费用可按每人次费用指标计算。

（4）银行担保及承诺费。银行担保及承诺费是指引进项目由国内外金融机构出面承担风险和责任担保所发生的费用，以及支付贷款机构的承诺费用。其计算按担保或承诺协议计取。编制投资估算和概算时，可以担保金额或承诺金额为基数乘以相应的费率计算。

10. 市政公用设施费

市政公用设施费是指使用市政公用设施的建设项目，按照项目所在地省一级人民政府有关规定建设或缴纳的市政公用设施建设配套费用，以及绿化工程补偿费用。此项费用按照工程所在地人民政府规定标准计列。

11. 特殊设备安全监督检验费

特殊设备安全监督检验费是指在施工现场组装的锅炉及压力容器、压力管道、燃气设备、消防设备、电梯等特殊设备和设施，由安全监察部门按照有关条例和实施细则，以及设计技术要求进行安全检验，应由建设项目支付、向安全监察部门缴纳的费用。此项费用按照建设项目所在省（自治区、直辖市）安全监察部门的规定标准计算。无具体规定的，可在编制投资估算和概算时按受检设备现场安装费的比例估算。

2.3.3 与未来生产经营有关的其他费用

1. 联合试运转费

联合试运转费是指新建项目或新增加生产能力的工程，在交付生产前，按照设计规定的工程质量标准和技术要求，进行整个生产线或装置的负荷联合试运转或局部联动试车所发生的费用净支出（即试运转支出大于收入的差额部分费用）。试运转支出费用包括：试运转所需的原料、燃料、油料和动力的费用，机械使用费，低值易耗品及其他物品的购置费用和施工单位参加联合试运转人员的工资，以及专家指导费等。试运转收入包括试运转期间的产品销售收入和其他收入。联合试运转费不包括应由设备安装工程费用开支的单台设备调试费及试车费用，以及在试运转中暴露出来的因施工原因或设备缺陷等发生的处理费用。

2. 专利及专有技术使用费

（1）专利及专有技术使用费的主要内容。

1）国外设计及技术资料费，引进有效专利、专利技术使用费和技术保密费。

2）国内有效专利、专利技术使用费。

3）商标权、商誉和特许经营权费等。

（2）专利及专有技术使用费的计算时应注意的问题：

1）按专利使用许可协议和专有技术使用合同的规定计列。

2）专有技术的界定应以省、部级鉴定批准为依据。

3）项目投资中只计需在建设期支付的专利及专有技术使用费。协议和合同规定在生产期支付的使用费应在生产成本中核算。

4）一次性支付的商标权、商誉及特许经营权按协议或合同规定计列。协议或合同规定在生产期支付的商标权或特许经营权应在生产成本中核算。

5）为项目配套的专用设施投资，包括专用铁路线、专用公路、专用通信设施、地下管道、送变电站、专用码头等，如果由项目建设单位负责投资的但产权不归属本单位的，应作无形资产处理。

3. 生产准备及开办费

（1）生产准备及开办费的内容。生产准备及开办费是指建设单位为保证正常生产而发生的人员培训费、提前进厂费及投产使用必备的生产办公、生活家具用具及工器具等购置费用。其内容包括：

1）人员培训费及提前进厂费，包括自行组织培训或委托其他单位培训的人员工资、工资性补贴、职工福利费、劳动保护费、差旅交通费及学习资料费等。

2）为保证初期正常生产（或经营、使用）必需的第一套不够固定资产标准的生产工具、用具、器具购置费，不包括备品备件费。

3）为保证初期正常生产（或经营、使用）必需的生产办公、生活家具用具购置费。

（2）生产准备及开办费的计算。

1）新建项目按设计定员为基数计算，改扩建项目按新增设计定员为基数计算：

$$生产准备费 = 设计定员 \times 生产准备费指标（元/人） \qquad (2-51)$$

2）可采用综合的生产准备费指标进行计算，也可按费用内容的分类指标计算。

2.4 预备费、建设期贷款利息

2.4.1 预备费

按我国现行规定，预备费包括基本预备费和涨价预备费。

1. 基本预备费

基本预备费是指针对在项目实施过程中可能发生难以预料的费用支出，需要事先预留的费用，又称为工程建设不可预见费。主要指设计变更及施工过程中可能增加工程量的费用。基本预备费一般由以下三部分构成：

（1）在批准的初步设计范围内，技术设计、施工图设计及施工过程中所增加的工程费用；设计变更、材料代用、局部地基处理等增加的费用。

（2）一般自然灾害造成的损失和预防自然灾害所采取的措施费用。实行工程保险的工程项目费用应适当降低。

（3）竣工验收时为鉴定工程质量对隐蔽工程进行必要的挖掘、剥露和修复费用。

基本预备费是按工程费用和工程建设其他费用之和为计取基础，乘以基本预备费率进行计算。

$$基本预备费 ＝（工程费用＋工程建设其他费用）\times 基本预备费率 \qquad (2-52)$$

基本预备费率的取值应执行国家及部门的有关规定。在项目建议书阶段和可行性研究，基本预备费率一般取 $10\%\sim15\%$；在初步设计阶段，基本预备费率一般取 $7\%\sim10\%$。

2. 涨价预备费

涨价预备费是指建设项目在建设期间内由于材料、人工、施工机械、设备等价格等变化引起工程造价变化，而事先预留的费用，又称为价格变动不可预见费。涨价预备费的内容包括：人工、设备、材料、施工机械的价差费，建筑安装工程费及工程建设其他费用调整，利率、汇率调整等增加的费用。

涨价预备费的测算方法，一般根据国家规定的投资综合价格指数，按估算年份价格水平的投资额为基数，采用复利方法计算。计算公式为

$$PF = \sum_{t=1}^{n} I_t\left[(1+f)^m(1+f)^{0.5}(1+f)^{t-1}-1\right] \qquad (2-53)$$

式中　PF——涨价预备费；

　　　n——建设期年份数；

　　　I_t——建设期中第 t 年的静态投资额，包括设备及工器具购置费、建筑安装工程费、工程建设其他费用及基本预备费；

　　　f——年均投资价格上涨率；

　　　t——建设期第 t 年；

　　　m——建设前期年限（从编制估算到开工建设）。

例 2-2　某建设项目工程费用为 6000 万元，工程建设其他费用为 1200 万元，已知基本预备费费率为 6%，项目建设前期年限为 1 年，建设期为 2 年，各年计划投资额为第一年完成投资 40%，第二年完成投资 60%。年均投资价格上涨率为 5%，求建设项目建设期间涨价预备费。

解：基本预备费＝（6000＋1200）万元×6%＝432 万元

静态投资额＝6000 万元＋1200 万元＋432 万元＝7632 万元

建设期第一年完成投资＝7632 万元×40%＝3052.8 万元

第一年涨价预备费 $PF_1 = I_1\left[(1+f)(1+f)^{0.5}-1\right]$

$\qquad\qquad\qquad\quad ＝3052.8 万元 \times\left[(1+5\%)(1+5\%)^{0.5}-1\right]$

$\qquad\qquad\qquad\quad ＝231.80 万元$

第二年完成投资＝7632 万元×60%＝4579.2 万元

第二年涨价预备费 $PF_2 = I_2\left[(1+f)(1+f)^{0.5}(1+f)-1\right]$

$$=4579.2 \text{ 万元} \times [(1+5\%)(1+5\%)^{0.5}(1+5\%)-1]$$
$$=594.04 \text{ 万元}$$

所以，建设期的涨价预备费 $PF=231.80$ 万元$+594.04$ 万元$=825.84$ 万元。

2.4.2　建设期贷款利息

建设期贷款利息包括向国内银行和其他非银行金融机构贷款、出口信贷、外国政府贷款、国际商业银行贷款以及在境内外发行的债券等在建设期间应计的借款利息。建设期贷款利息实行复利计算。

贷款总额一次性在年初贷出且利率固定时，建设期贷款利率按下式计算：

$$I = P(1+i)^n - P \tag{2-54}$$

式中　I——贷款利息；

P——一次性贷款数额；

i——年利率；

n——贷款期限。

当总贷款是分年均衡发放时，建设期利息的计算可按当年借款在年中支用考虑，即当年贷款按半年计息，上年贷款按全年计息。计算公式为

$$q_j = \left(P_{j-1} + \frac{1}{2}A_j\right)i \tag{2-55}$$

式中　q_j——建设期第 j 年应计利息；

P_{j-1}——建设期第 $(j-1)$ 年末贷款累计金额与利息累计金额之和；

A_j——建设期第 j 年贷款金额；

i——年利率。

国外贷款利息的计算中，还应包括国外贷款银行根据贷款协议向贷款方以年利率的方式收取的手续费、管理费、承诺费；以及国内代理机构经国家主管部门批准的以年利率的方式向贷款单位收取的转贷费、担保费、管理费等。

例 2-3　某新建项目，建设期为 3 年，分年均衡进行贷款，第一年贷款 200 万元，第二年贷款 500 万元，第三年贷款 300 万元，年利率为 10%，建设期内利息只计息不支付，计算建设期贷款利息。

解： 在建设期，各年利息计算如下：

$$q_1 = \frac{1}{2}A_1 i = \frac{1}{2} \times 200 \text{ 万元} \times 10\% = 10 \text{ 万元}$$

$$q_2 = \left(P_1 + \frac{1}{2}A_2\right)i = \left(200 + 10 + \frac{1}{2} \times 500\right)\text{万元} \times 10\% = 46 \text{ 万元}$$

$$q_3 = \left(P_2 + \frac{1}{2}A_3\right)i = \left(210 + 500 + 46 + \frac{1}{2} \times 300\right)\text{万元} \times 10\% = 90.6 \text{ 万元}$$

所以，建设期利息$=10$ 万元$+46$ 万元$+90.6$ 万元$=146.6$ 万元。

复 习 思 考 题

2-1　我国现行的建设项目总投资由哪几部分组成？

2-2　建设项目总投资、固定资产投资及工程造价的概念有何不同？

2-3　我国现行的建筑安装工程费用的构成怎样？

2-4　简述进口设备原价的构成，用表格归纳总结。

2-5　基本预备费和涨价预备费的内容是什么？如何计算？

2-6　怎样计算建设期贷款利息？

2-7　某宾馆设计采用进口电梯一部，其数据分别如下（作答时计算结果保留 2 位小数，美元对人民币汇率按 1:6.7 计算）：

（1）每台毛重为 3t，离岸价格（FOB）每台 60 000 美元。

（2）海运费率 6%。

（3）海运保险费率为 2.66‰。

（4）关税率为 22%。

（5）增值税率为 17%。

（6）银行财务费率为 4%。

（7）外贸手续费率为 1.5%。

（8）到货口岸至安装现场为 300km，运输费为 0.60 元/(t·km)，安装费、卸装费均为 50 元/t。

（9）国内运输保险费率 1‰。

（10）现场保管费率 2‰。

问题：请计算进口电梯自出口国离岸运至安装现场的预算价格。

2-8　某进口设备 FOB 原价为 800 万美元，设备重 350t，海运费 2.5 美元/t，运输保险费率 2.66‰，银行财务手续费 0.5%，外贸手续费为 1.5%，关税率 20%，增值税率 17%，已知设备运杂费率 2%，经测算该项目工器具及生产购置费为设备费的 10%，求该进口设备购置费及项目的工器具购置费。

2-9　某建设项目，设备购置费为 5000 万元，工器具及生产家具定额费率 5%，建安工程费 580 万元，工程建设其他费 150 万元，基本预备费率 3%，项目建设前期年限为 1 年，建设期为 2 年，各年投资比例分别为 40%、60%，建设期内价格变动率为 6%，如果 3000 万元为银行贷款，其余为自有资金，各年贷款比例分别为 70%、30%，求建设期涨价预备费、建设期贷款利息。假设贷款年利率为 10%，求本工程造价。

2-10　某建设项目投资构成中，设备及工、器具购置费为 2000 万元，建筑安装工程费为 1000 万元，工程建设其他费为 500 万元，预备费为 200 万元，建设期贷款 1800 万元，应计利息 80 万元，流动资金贷款 400 万元，求该建设项目的工程造价。

第3章

工程概预算计价依据

本章在介绍工程建设定额的基本概念及分类的基础上，详细介绍了施工定额、预算定额、概算定额、工程造价指标及人工费单价、材料预算价格及施工机械台班单价的确定、工程造价资料积累和管理。

工程造价计价依据是计算工程造价的各类基础资料的总称。由于影响工程造价的因素很多，每一项工程的造价都要根据工程的用途、类别、规模尺寸、结构特征、建设标准、所在地区、建设地点、市场价格信息以及政府的有关政策等具体计算。因此，就需要确定与上述各项因素相关的各种量化的资料等作为计价基础。工程造价计价依据包括：

（1）计算设备数量和工程量的依据。计算设备数量和工程量的依据包括可行性研究资料；初步设计、扩大初步设计、施工图设计的图样和资料；工程量计算规则；施工组织设计或施工方案等。

（2）计算分部分项工程人工、材料、机械台班消耗量及费用的依据。计算分部分项工程人工、材料、机械台班消耗量及费用的依据包括概算指标、概算定额、预算定额；人工费单价、材料预算单价、机械台班单价；企业定额，市场价格。

（3）计算建筑安装工程费用的依据。计算建筑安装工程费用的依据是措施费费率、间接费费率、利润率、税率、工程造价指数和计价程序等。

（4）计算设备费的依据。计算设备费的依据包括设备价格和运杂费率等。

（5）计算工程建设其他费用依据。计算工程建设其他费用依据包括用地指标、各项工程建设其他费用定额等。

（6）与计算造价相关的法规和政策。与计算造价相关的法规和政策包括在工程造价内的税种、税率；与产业政策、能源政策、环境政策、技术政策和土地等资源利用政策有关的取费标准；利率和汇率；其他计价依据。

3.1 工程建设定额

3.1.1 工程建设定额的基本概念

工程建设定额是指在合理的劳动组织、合理地使用材料和机械的条件下，完成一定计量单位合格建筑产品所消耗资源的数量标准。工程建设定额是工程建设各类定额的总称，可以按照不同的原则和方法对它进行科学的分类。

3.1.2　工程建设定额的分类

工程建设定额是根据国家一定时期的管理体制和管理制度，根据不同定额的用途和适用范围，由指定的机构按照一定的程序制定的，并按照规定的程序审批和颁发执行。工程建设定额包括许多种类的定额，分别为按定额反映的生产要素消耗内容分类、按定额的内容分类、按适用范围分类、按主编单位和管理权限分类等。

1. 按定额反映的生产要素消耗内容分类

按定额反映的生产要素消耗内容，把工程建设定额划分为劳动消耗定额、机械消耗定额和材料消耗定额三种。

（1）劳动消耗定额。劳动消耗定额简称劳动定额，又称人工定额，是指完成一定数量的合格产品（工程实体或劳务）规定活劳动消耗的数量标准。劳动定额主要表现形式是时间定额，但同时也表现为产量定额。时间定额和产量定额互为倒数。

时间定额是指在正常的作业条件下，工人为完成单位合格产品所需要的劳动时间，以工日或工时进行计量。其表达式为：

$$时间定额 = \frac{劳动时间总和}{完成的合格产品总和}（工日 / 单位时间产品） \qquad (3-1)$$

产量定额是指在正常作业条件下，工人单位时间内应当完成的合格产品数量标准，以产品的计量单位表示，其表达式为：

$$产量定额 = \frac{完成的合格产品的和}{劳动时间总和}（产品数 / 工日） \qquad (3-2)$$

从表达式可以看出，时间定额和产量定额在数值上是倒数关系，只要知道其中一个，即可求出另外一个。

（2）机械消耗定额。机械消耗定额是以一台机械一个工作班为计量单位，所以又称机械台班定额。机械消耗定额是指为完成一定数量的合格产品（工程实体或劳务）所规定的施工机械消耗的数量标准。机械消耗定额的主要表现形式是机械时间定额，但同时也以产量定额表现。

机械时间定额是指在正常的机械使用和运转条件下，完成单位产品所消耗的机械设备作业时间，以"台班"表示。

即

$$机械时间定额 = \frac{机械消耗台班总量}{机械完成产品总数}（台班 / 单位产品） \qquad (3-3)$$

机械产量定额则指正常的机械使用和运转条件下，单位作业时间内应完成的合格产品的标准数量。以工程量计量单位表示。

即

$$机械产量定额 = \frac{机械完成产品总数}{机械消耗台班总量}（单位产品 / 台班） \qquad (3-4)$$

从表达式可以看出，机械时间定额与机械产量定额在数量上也是倒数关系。

（3）材料消耗定额。它简称材料定额，是指完成一定数量的合格产品所需消耗的原材料、成品、半成品、构配件、燃料以及水、电等动力资源的数量标准。材料作为劳动对象构成工程的实体，需用数量很大，种类繁多。所以材料消耗量多少，消耗是否合理，不仅关系到资源的有效利用，影响市场的供求状况，而且对建设工程的项目投资、建筑产品的成本控制都起着决定性影响。

材料消耗定额指标是指生产中的直接消耗量和不可避免的材料消耗量（如搬运堆放消耗、施工操作等）之和。材料消耗量使用规定的材料损耗率计算，则材料消耗定额指标计算式为：

$$材料消耗定额指标 = 材料净用量 + 损耗量 = 材料净用量 \times (1 + 损耗率) \quad (3-5)$$

其中损耗率为：

$$损耗率 = \frac{材料损耗量}{材料净用量} \times 100\% \quad (3-6)$$

不同材料的损耗率不相同，即使同种材料也会受到施工方法的影响而不同，其值由国家有关部门综合取定。材料定额是分析计算材料耗量、编制材料供应计划和限额领料的依据。

劳动消耗定额、机械消耗定额和材料消耗定额是工程建设定额的"三大基础定额"，是组成所有使用定额消耗内容的基础。

2. 按定额的用途分类

按定额的用途分类，可以把工程定额费为施工定额、预算定额、概算定额、概算指标、投资估算指标五种。

（1）施工定额。施工定额是以同一性质的施工过程——工序作为对象编制，表示生产产品数量与生产要素消耗综合关系的定额。它是施工企业（建筑安装企业）组织生产和加强管理在企业内部使用的一种定额，属于企业定额的性质，即为生产性定额，其以社会平均先进水平编制。为了适应组织生产和管理的需要，施工定额的项目划分很细，是工程建设定额中分项最细、定额子目最多的一种定额，也是工程建设定额中的基础性定额。

（2）预算定额。预算定额是以分项工程和结构构件为对象编制的定额，用来计算工程造价和计算工程中的劳动、材料和机械台班需要量的定额。预算定额是一种计价性的定额，定额水平为社会平均水平。从编制程序看，预算定额是以施工定额为基础综合扩大编制的，同时它是编制概算定额的基础。

（3）概算定额。概算定额是以扩大分项工程和或扩大结构构件为对象编制，计算和确定劳动、机械台班、材料消耗量所使用的定额，也是一种计价性定额。概算定额是编制扩大初步设计概算、确定建设项目投资额的依据。它的项目划分粗细，应与初步设计的深度相适应。它一般是在预算定额的基础上综合扩大而成的，每一综合分项概算定额都包含了数项预算定额。

（4）概算指标。概算指标是概算定额的扩大与合并，它是以整个建筑物和构筑物为对象，以更为扩大的计量单位编制的。概算指标是在编制初步设计概算的依据，概算指标的设计和扩大初步设计深度相适应。概算指标的内容包括劳动、机械台班、材料定额三个基本部分，同时还列出了各结构分部的工程量及单位建筑工程（以面积计或体积计）的造价，也是一种计价定额。

（5）投资估算指标。它是在项目建议书和可行性研究阶段编制投资估算、计算投资需要量时使用的一种定额。它比其他各种计价定额具有更大的综合性和概括性，往往以单项工程或完整的工程项目为对象，编制内容是所有项目费用之和。投资估算指标的概略程度与可行性研究阶段相适应。投资估算指标往往根据历史的预算、决算资料和价格变动等资料编制，其编制仍然离不开预算定额、概算定额。

3. 按适用范围分类

工程建设定额分为全国通用定额、行业通用定额和专业专用定额三种。

（1）全国通用定额是指在部门间和地区间都可以使用的定额。

（2）行业通用定额是指具有专业特点，在行业部门内可以通用的定额。

（3）专业专用定额是指特殊专业的定额，只能在指定范围内使用。

4. 按主编单位和管理权限分类

工程建设定额分为全国统一定额、行业统一定额、地区统一定额、企业定额和补充定额五种。

（1）全国统一定额。它是由国家建设行政主管部门，综合全国工程建设中技术和施工组织管理的情况编制，并在全国范围内执行的定额，如全国统一安装工程定额。

（2）行业统一定额。它是考虑各行业部门专业工程技术特点以及施工生产和管理水平编制的，一般是只在本行业和相同专业性质的范围内使用的专业定额，如矿井建设工程定额、铁路建设工程定额。

（3）地区统一定额。它包括省、自治区、直辖市定额。地区统一定额主要是考虑地区性特点和全国统一定额水平作适当调整补充编制的。

（4）企业定额。它是指由施工企业考虑本企业具体情况，参照国家、部门或地区定额的水平制定的定额。企业定额只在企业内部使用，是企业素质的一个标志。企业定额水平一般应高于国家现行定额，才能满足生产技术发展、企业管理和市场竞争的需要。在工程量清单计价方式下，企业定额作为施工企业进行工程投标报价的计价依据，正发挥着越来越大的作用。

（5）补充定额。它是指随着设计、施工技术的发展现行定额不能满足需要的情况下，为了补充缺项所编制的定额。补充定额只能在指定的范围内使用，可以作为以后修订定额的基础。

上述各种定额虽然适应于不同的情况和用途，但是它们是一个相互联系的、有机的整体，在实际工作中配合使用。

3.1.3　施工定额

1. 施工定额的概念

施工定额是以施工过程或专业工种为基础。它是指在正常的施工条件下，完成单位合格工程量所消耗的人工、材料、机械台班的数额。施工定额是企业内部根据自身生产技术水平和管理水平编制的定额，主要用于投标报价和企业内部的有效管理，属于企业定额性质，是工程建设定额中分项最细、定额子目最多的一种定额。

施工定额本身由劳动定额、材料定额、机械台班定额三个相对独立部分构成。其作为编制工程施工设计、施工预算、施工作业计划、签发施工任务单和结算计件工资等使用。

2. 施工定额的编制原则

（1）施工定额的水平必须遵循平均先进的原则。定额水平是对定额的高低、松紧程度的描述。它是对施工管理水平、生产技术水平、劳动生产率水平和职工素质的综合反映。使定额水平在正常条件下，具有多数企业或个人能够达到或超过少数较为落后的企业，或个人经过努力也能达到的鼓励先进、勉励中间和鞭策落后的平均先进原则。

（2）施工定额的内容和形式要贯彻简明适用的原则。施工定额是要直接在工人群众中执行的。这就要求它在内容和形式上做到简明实用，灵活方便，通俗易懂，便于理解和掌握。各项指标具有灵活性，以满足劳动组织、班组核算、计取劳动报酬和简化计算工作的要求，以及不同工程和地区的使用。并注明计量单位的选择，系数的利用，说明和附注的合理设计，防止执行中发生争议的现象。

3. 施工定额的编制依据

（1）现行的全国建筑工程统一劳动定额、材料消耗定额和机械台班消耗定额。

（2）现行的建筑工程施工验收规范、工程质量检查评定标准、技术安全操作规程等。

（3）有关建筑工程历史资料及定额测定资料。

（4）有关建筑工程标准图等。

4. 施工定额的编制步骤

（1）确定定额项目。不能把彼此逐日隔开的工序综合在一起；不能把不同专业的工人或小组完成的工序综合在一起；定额项目应具有一定的灵活性，可分可合。

（2）确定施工定额计量单位。施工定额项目的计量单位，必须能确切地、形象地反映该产品的形状特征，便于工程量与工料消耗的计算，同时又能保证一定的精确度，并便于基层人员掌握使用。

（3）制定表格。定额表格一般应包括：项目名称、工作内容、计量单位、定额编号、附注、人工、材料及机械台班的消耗量等内容。

（4）确定定额水平。定额水平应根据实际的资料，经认真的核实和计算，反复平衡后，才能把确定的各项数量标准填入定额表格。

（5）编写编制说明和附注。定额的说明包括总说明、分册说明和分节说明。总说明一般包括定额的编制依据和原则、定额的用途及适用范围、工程质量及安全要求、资源消耗的计算方法、有关规定的使用注意等。分册说明一般包括定额项目和工作内容、施工方法说明、有关规定的说明和工程量计算方法、质量及安全要求等。

（6）校核、汇编成册、审定、颁发。

3.1.4　预算定额

1. 预算定额的概念和作用

预算定额是以分项工程为基础，完成单位分项工程所消耗的各种人工、材料、机械台班、基价等标准指标数额。

预算定额的作用：预算定额是招标工程编制标底的基础；在施工图设计和施工准备阶段，是编制施工图预算、签订承建协议、实施工程拨款的依据；在施工实施阶段，是施工企业编制和考核施工计划、进行材料调拨和施工机械调度的依据；在工程竣工阶段，是编制施工图结算、决算的依据；也是编制概算定额的基础资料。

2. 预算定额的编制原则

预算定额的编制以社会平均先进水平、简明适用及统一性和差别性相结合为原则。预算定额的统一性，就是从全国统一市场规范计价行为出发，颁发有关工程造价管理的规章制度办法等。而其差别性，就是在统一性的基础上，各部门和省、自治区、直辖市主管部门可以在自己的管辖范围内，根据本部门和地区的具体情况，制定部门和地区性定额、补充性制度和管理办法，以适应我国幅员辽阔，地区间部门发展不平衡和差异大的实际情况。

3. 预算定额的编制依据

（1）现行的全国建筑工程统一劳动定额、材料消耗定额和机械台班消耗定额。

（2）现行的建筑工程施工验收规范、工程质量检查评定标准、技术安全操作规程等。

（3）有关建筑工程标准图等。

（4）成熟推广的新技术、新结构、新材料、新工艺。

（5）施工现场定额测定资料、材料实验资料和统计资料。

（6）现行的预算定额，现行的工资标准、材料预算价格及施工机械台班预算价格。

4. 预算定额的编制步骤

预算定额的编制一般分为三个阶段进行：

（1）准备阶段。主要工作是组建成立编制机构，拟订编制方案；收集各种编制依据的资料；确定定额的编制原则、适用范围；确定项目的划分及表格的形式。

（2）编制初稿阶段。主要任务是对收集到的各种依据资料，分别进行研究、测算，按编制方案确定的项目内容及要求，计算工程量，确定人工、材料、机械台班的耗量指标，进而确定基价，拟定文字说明，最后汇总编制预算定额初稿。

（3）征求意见，修改和审查定稿阶段。初稿编制完成后，要分别组织建设单位、施工单位、中介机构、行政主管部门等单位，讨论新定额，主要是对新编定额水平进行测算，并与旧定额水平进行主要项目的比较；对同一工程，用新、旧定额编制出两份预算，进行预算造价的比较；对施工现场工、料、机消耗水平测定，进行定额耗量与实际耗量的比较。根据测算和比较结果，分析定额水平提高或降低的原因，并对初稿进一步修改，组织有关部门讨论，再次广泛征求群众意见。最后修改定稿，编写编制说明和送审报告，连同预算定额一并呈送相关部门审批。

5. 预算定额消耗量指标确定

（1）预算定额人工消耗量的确定。预算定额中的人工消耗量是指完成某一计量单位的分项工程或结构构件所需的各种用工量的总和。定额人工工日不分工种、技术的等级以综合工日表示，内容包括基本用工、辅助用工、超运距用工和人工幅度差。

1）基本用工。基本用工指完成某一计量单位的分项工程或结构构件所需的主要用工量。按综合取定的工程量和施工劳动定额进行计算。

$$基本用工工日数量 = \sum（工序工程量 \times 时间定额） \qquad (3-7)$$

2）辅助用工。辅助用工指劳动定额中未包括的各种辅助工序用工，如材料加工等用工。

$$辅助用工工日数量 = \sum（加工材料数量 \times 时间定额） \qquad (3-8)$$

3）超运距用工。超运距用工指预算定额取定的预算材料、成品、半成品等运距超过施工定额规定的运距应增加的用工。

4）人工幅度差。人工幅度差是指在劳动定额时间未包括而在预算定额中应考虑的、在正常施工条件下所发生的无法计算的各种工时消耗。一般包括各工种交叉作业配合工作的停歇时间，工程质量检查和工程隐蔽、验收，机械临时维修、小修、移动等不可避免地影响时间的损失等所占用的时间。

人工幅度差的计算方法为：

$$人工幅度差 =（基本用工＋辅助用工＋超运距用工） \times 人工幅度差系数 \qquad (3-9)$$

国家现行的规定所规定的人工幅度差系数为 10% 左右。

（2）材料消耗指标的确定。预算定额内的材料，按其使用性质、用途和用量大小划分为主要材料、辅助材料、周转性材料及次要材料。主要材料是指直接构成工程实体的材料，其中也包括成品、半成品的材料，如钢筋、水泥、木材等；辅助材料也是指直接构成工程实体，但为使用量较小的一些材料，如垫木、钉子、铅丝等；周转性材料是指施工中多次使用但并不构成工程实体的材料，如模板、脚手架等；次要材料指用量小，价值不大，不便计算的零星用料，如油漆、麻等。

材料消耗指标的确定方法：建筑工程预算定额中的主要材料、成品或半成品的耗量，应以施工定额的材料消耗定额为计算基础，计算出材料的净用量，然后确定材料的损耗率，最后确定出材料的消耗量，并结合测定的资料，综合确定出材料的消耗指标。如果某些材料成品或半成品没有材料消耗定额时，则应选择有代表性的施工图样，通过分析、计算、求得材料消耗指标。

1) 非周转性材料消耗指标。

$$非周转性材料消耗量 = 材料净用量 + 材料损耗量 = 材料净用量 \times (1 + 材料损耗率)$$

$$(3 - 10)$$

其中，材料净用量一般可按材料消耗净定额或采用观察法、实验法、计算法确定；材料损耗量一般可按材料损耗定额或通过现场技术测定法确定；材料损耗率为材料损耗量与净用量的百分比。

即

$$材料损耗率 = \frac{损耗量}{净用量} \times 100\%$$

$$(3 - 11)$$

2) 周转性材料消耗量的确定。在预算定额中，周转性材料消耗指标分别用一次使用量和摊销量两个指标表示。一次使用量是指模板在不重复使用条件下的一次使用量，一般供建设单位和施工企业申请备料和编制施工作业计划之用。摊销量是按照多次使用，分次摊销的方法计算，定额表中规定的数量是使用一次应摊销的实物量。

周转性材料的摊销量，一般可按下式进行计算：

$$摊销量 = 周转使用量 - 回收量 \times \frac{回收折价率}{1 + 间接费率}$$

$$(3 - 12)$$

$$周转使用量 = \frac{一次使用量 + (一次使用量) \times (周转次数 - 1) \times 损耗率}{周转次数}$$

$$(3 - 13)$$

$$回收量 = \frac{一次使用量 - 一次使用量 \times 损耗率}{周转次数}$$

$$(3 - 14)$$

(3) 机械台班消耗指标的确定。预算定额中机械台班消耗量是指在正常施工条件下，生产单位合格产品预算定额某种型号机械台班的数量标准，机械台班消耗的单位是台班。按现行规定，每台机械工作 8h 为一个台班。预算定额机械台班消耗指标，应根据《全国统一建筑安装工程劳动定额》中的各种机械施工项目所规定的台班产量加机械幅度差进行编制。若按实际需要计算机械台班消耗量，不应再增加机械幅度差。

1) 按机械台班幅度差确定。机械幅度差是指在劳动定额（机械台班量）中未曾包括的，机械在合理的施工条件下所必需的停歇时间，在编制预算定额时应予以考虑。其中内容应包括施工机械转移工作面及配套机械互相影响损失的时间，在正常施工情况下机械施工中不可避免的工序间歇时间，检查工程质量影响机械操作时间，临时水电线路在施工中移动位置所发生的机械停歇时间，工程结尾时工作量不饱满所损失的时间。

$$预算定额机械台班耗用量 = 综合劳动定额机械耗用量 \times (1 + 机械幅度差系数)$$

$$(3 - 15)$$

2) 按综合工序台班确定。

综合劳动定额机械耗用台班 = $\sum$（各工序实物工程量 × 相应的施工机械台班定额）

$$(3-16)$$

6. 预算定额的应用

预算定额的应用通常有以下三种情况：定额的直接套用、换算和补充。

(1) 预算定额的直接套用。当施工图中的设计要求与预算定额中的项目内容完全一致或虽不一致但定额规定不允许换算时，应直接套用定额中人工、材料、机械的消耗量及各项费用。在编制施工图预算过程中，大多数项目均可直接套用定额。

(2) 预算定额的换算。当施工图样中的设计要求与预算定额中的项目内容不一致时，应对不一致处进行调整，于是就产生了定额的换算。预算定额的换算主要包括砌筑砂浆的换算、抹灰砂浆的换算、混凝土强度等级的换算以及定额乘系数换算几个方面。

1) 砌筑砂浆的换算。定额是按某一强度等级的砂浆单价计算的定额基价，当施工图样要求的砌筑砂浆强度等级与预算定额中取定不同时，应根据需要调整砂浆强度等级，求出新项目的各种消耗量、基价。

砌筑砂浆强度等级换算时，砂浆定额用量不变，所以人工费、机械费不变，只调整砂浆材料费。其换算公式为：

换算后定额基价 = 原定额基价 + 定额砂浆用量 × （换入砂浆单价 - 换出砂浆单价）

$$(3-17)$$

2) 抹灰砂浆的换算。定额中抹灰项目是按照目前通常采用某种抹灰砂浆配合比种类和抹灰厚度编制的，当施工图样要求的抹灰砂浆配合比或抹灰厚度与预算定额中内容不同时，就需要进行抹灰砂浆换算。抹灰砂浆换算分两种情况：

① 当抹灰砂浆厚度不变，只变换配合比时，则人工费、机械费不变，只调整材料费，与砌筑砂浆的换算相同。

② 当抹灰砂浆厚度变化时，砂浆用量随之发生改变，此时人工费、材料费、机械费均需要调整，详见表 3-1 抹灰砂浆厚度调整表。

表 3-1　　　　　　　　　　　　　　　　　抹灰砂浆厚度调整表

项　目	每增减 1mm 厚度消耗量调整			
	人工（工日）	机械（台班）	砂浆（m³）	水（m³）
石灰砂浆	0.35	0.014	0.11	0.01
水泥砂浆	0.38	0.015	0.12	0.01
混合砂浆	0.52	0.015	0.12	0.01
石膏砂浆	0.43	0.014	0.11	0.01
水泥 TG 胶砂浆	0.38	0.015	0.12	0.01
石英砂浆	0.51	0.015	0.12	0.01
水泥石子浆 水泥豆石浆 水泥石屑浆	0.41	0.015	0.12	0.01

换算公式可采用公式（3-17），使用时，公式中用量及价格套用抹灰砂浆项目。

例 3-1　求 1∶3 水泥砂浆打底 15mm 厚，1∶1 水泥砂浆面层 5mm 厚，抹砖墙面项目基价。

解： 计算时，首先将抹灰砂浆的配合比及厚度与定额规定对比。

查某省消耗量定额（2008）墙柱面工程中抹灰砂浆厚度取定表，标准砖墙面水泥砂浆抹灰水泥砂浆打底（底层＋中层）为 1∶3 水泥砂浆 15mm 厚，面层为 1∶2 水泥砂浆 5mm 厚。两者比较可知，底层配合比及厚度不变，面层厚度不变，只换算面层配合比。

查某省消耗量定额（2008）标准砖水泥砂浆抹面项目的定额编号为 B2—9，计量单位为 100m²。

原项目基价＝1045.55 元/100m²

底层 1∶3 水泥砂浆用量：1.812m³/100m²

面层 1∶2 水泥砂浆用量：0.578m³/100m²

换入、换出水泥砂浆单价从某省消耗量定额（2008）附录一第四部分抹灰砂浆配合比查出：

1∶1 水泥砂浆单价：192.88 元/m³

1∶2 水泥砂浆单价：158.76 元/m³

换算后项目基价＝1045.55 元/100m²＋[0.578m³×(192.88－158.76)元/m³]/100m²
　　　　　　　＝1065.27 元/100m²

其中，人工费＝684.8 元/100m²

材料费＝338.24 元/100m²＋[0.578m³×(192.88－158.76)元/m³]/100m²
　　　　＝357.96 元/100m²

机械费＝22.51 元/100m²

3）混凝土强度等级的换算：当施工图样要求的构件混凝土强度等级或楼地面混凝土强度等级在预算定额中无法直接查到时，就要进行混凝土强度等级的换算，或者定额内不含构件混凝土的主材费，则应增加构件混凝土主要材料费。

此种换算，混凝土用量不变，所以人工费、机械费不变，只换算混凝土强度等级、石子粒径，调整混凝土材料费或者只增加构件混凝土主要材料费。其换算公式为

换算后定额基价 ＝ 原定额基价＋定额混凝土用量×（换入混凝土单价－换出混凝土单价）

(3-18)

或者　　　　　　定额基价 ＝ 原定额基价＋定额混凝土用量×定额混凝土单价　　(3-19)

例 3-2　求现浇 C30 混凝土矩形柱项目基价，并计算出每 10m³ 混凝土的人工费、材料费、机械费以及各种材料耗量。

解： 查某省消耗量定额（2008）现浇 C30 混凝土矩形柱项目的定额编号为 A4—14，计量单位为 10m³，此项定额混凝强度等级为 C20，而实际混凝土强度等级为 C30。

原项目定额基价＝2339.33 元/10m³

项目混凝土 C20 用量＝9.8m³/10m³

人工费＝848.4 元/10m³

材料费＝1401.58 元/10m³

机械费＝89.35 元/10m³

C20、C30 混凝土单价从某省消耗量定额（2008）附录一第一部分普通混凝土（中砂碎石）配合比查出：

C30 混凝土（中砂碎石、粗骨料最大粒径 40mm）单价：140.98 元/m³

C20 混凝土（中砂碎石、粗骨料最大粒径 40mm）单价：135.02 元/m³

代入后的基价 $=2339.33$ 元/10m³ $+9.8$m³ $\times$（140.98 元/m³ -135.02 元/m³）/10m³

$=2397.74$ 元/10m³

代入后的人工费 $=848.4$ 元/10m³

代入后的材料费 $=1401.58$ 元/10m³ $+9.8$m³ $\times$（140.98 元/m³ -135.02 元/m³）/10m³

$=1459.99$ 元/10m³

代入后的机械费 $=89.35$ 元/10m³

各种材料的消耗量：

42.5 水泥 $=9.8$m³/10m³ $\times0.336$t/m³ $=3.29$t/10m³

中砂 $=9.8$m³/10m³ $\times0.605$t/m³ $=5.93$t/10m³

碎石 $=9.8$m³/10m³ $\times1.419$t/m³ $=13.91$t/10m³

水 $=9.8$m³/10m³ $\times0.18$t/m³ $=1.76$t/10m³

4）定额乘系数换算：是指在使用某些预算定额项目时，按定额有关规定，需要在原定额基础上部分或全部数据乘以一定的系数。

（3）预算定额的补充。随着科学技术的进步和建筑工艺的更新，如果遇到有的工程项目与定额项目完全不一致或无相似定额项目可参照时，则需要编制补充（临时）定额，一般是由施工单位提出，报定额主管部门审定公平合理后才能使用。

3.1.5 概算定额

1. 概算定额的概念和作用

概算定额是确定完成一定计量单位的质量合格的扩大分项工程或扩大结构构件所需消耗的人工、材料、机械台班及资金数量的标准，一般是在预算定额的基础上综合扩大而成的，主要用于初步设计或扩大初步设计阶段编制设计概算，也属于一种计价定额。

概算定额是初步设计阶段编制设计概算、技术设计阶段编制修正概算、设计方案比较、考核建设投资效果、编制主要材料需用量、编制概算指标和投资估算指标的依据。

2. 概算定额的编制原则

概算定额的编制原则同预算定额。

3. 概算定额的编制依据

（1）现行的设计规范、施工技术验收规范、建筑安装工程操作规程和安全规程等。

（2）国家各有关部委批准颁发的标准设计和有代表性的设计图样。

（3）现行的《全国统一预算定额》。

（4）国家的有关文件文献及规定等。

（5）现行的人工工资标准、材料和设备预算价格、机械台班预算价格等。

4. 概算定额的编制步骤

概算定额是在预算定额的基础上，综合其有关项目，以主体结构分布为主进行列项，结合国家规定，合理地确定出概算定额与预算定额两者之间的幅度差，最后计算出每个概算定额项目的人工费、材料费、机械使用费、基价以及主要材料消耗量。编制概算定额的步骤，一般可分为三个阶段，即准备工作阶段、编制初稿阶段、审查定稿审批阶段。

（1）准备工作阶段。本阶段主要是确定编制机构和人员组成。组织人员调查研究，收集有关如上所述的编制依据资料，了解现行概算定额的执行情况和存在的问题，明确编制目的，制定编制计划，确定定额项目。

（2）编制初稿阶段。根据所订计划和定额项目，深入进行调查研究，对收集的图样、资料，进行细致的研究。为了检验和确定所编制的定额水平，需从两个方面进行测算：一方面是测算新编概算定额和现行预算定额两者在水平上是否一致；另一方面是测算新编概算定额水平与原有概算定额水平的差值，若测算结果符合要求，则编制出概算定额初稿。

（3）审查定稿审批阶段。主要是组织相关单位及专家对调整后的概算定额初稿、编制说明进行审查并合理修改，将修改稿交主管部门审批。

5. 概算定额的应用

概算定额主要被用于编制概算。因此，使用前对定额的文字说明部分，应仔细阅读，并在熟悉图样的基础上，准确计算工程量、套用定额和确定工程的概算造价。概算定额项目的查阅方法、定额编号的表示法、计量单位的确定、定额中用语和符号的含义以及设计中有些项目的单项组成内容与定额不符时，要按定额规定进行换算等，与预算定额基本相同。

3.2 工程造价指标

3.2.1 概算指标

1. 概算指标的概念和作用

概算指标比概算定额更为综合和概括，是介于概算定额和投资估算指标之间的一种定额。它是以每 $100m^2$ 建筑面积或 $1000m^3$ 建筑体积或万元造价为计算单位（构筑物以座为计算单位，安装工程以成套设备装置的台或组为计算单位），整理出的所需人工、材料、机械消耗和资金数量的定额指标。

概算指标主要用于投资估价、初步设计阶段。其主要作用：概算指标是编制初步设计概算、确定工程概算造价、编制投资估算指标、建设单位编制基本建设计划及申请投资拨款和主要材料计划的依据；是设计单位进行设计方案的技术经济分析、衡量设计水平、考核投资效果的标准。

2. 概算指标编制原则

概算指标的编制原则与概算定额的编制原则相同。

3. 概算指标编制依据

（1）现行的设计标准，各种类型的典型工程设计和具有代表性的标准设计图样。

（2）国家颁发的建筑标准、设计规范、施工技术验收规范和有关规定。

（3）现行预算定额和概算定额。

（4）地区工资标准、材料价格、机械台班价格以及取费标准等。

（5）典型工程的结算资料和有代表性的概、预算资料。

（6）国家或地区的现行建设政策、法令和规章等。

4. 概算指标编制步骤

一般来讲，概算指标可按以下三步进行编制：

（1）确定编制成员并收集资料。首先成立编制成员，拟订工作方案，明确编制原则、方法、指标的内容及表现形式；确定基价所依据的人工工资单价、材料预算价格、机械台班单价；收集整理编制指标所必需的标准设计、典型设计以及有代表性的工程设计图样，设计预算等资料，充分利用有使用价值的已经审定的工程造价资料。

（2）按指标内容及表现形式的要求进行具体的分析计算，工程量尽可能利用经过审定的工程竣工结算的工程量以及可以利用的可靠的工程量数据。

（3）最后经过核对审核、平衡分析、水平测算、审查定稿，确定每 $100m^2$ 建筑面积的概算指标。

5. 概算指标的应用

概算指标的应用比概算定额具有更大的灵活性，由于它是一种综合性很强的指标，不可能与拟建工程的建筑特征、结构特征、自然条件、施工条件完全一致。因此，在选用概算指标时要十分慎重，选用的指标与设计对象在各个方面应尽量一致或接近，不一致的地方要进行调整换算，再用调整后的概算指标进行计算，以提高准确性。

概算指标的应用有两种情况：第一种情况，如果涉及对象的结构特征与概算指标一致时，可直接套用；第二种情况，如果涉及对象的结构特征与概算指标的规定局部不同时，要对指标的局部内容进行调整后再套用。

用概算指标编制工程概算比用概算定额编制工程概算的速度要快，但是准确性差一些。

3.2.2　投资估算指标

1. 投资估算指标的概念

投资估算指标是确定和控制建设项目全过程各项投资支出的技术经济指标。其范围涉及建设前期、建设实施期和竣工验收交付使用期等各个阶段的费用支出。内容因行业不同而各异，一般可分为建设项目综合指标、单项工程指标和单位工程指标三个层次。

2. 工程估算指标的作用

（1）投资估算是建设项目前期编制项目建议书、可行性研究报告的重要组成部分。在编制项目建议书和可行性研究报告阶段，估算指标是进行多方案比选、优化设计方案、正确编制投资估算、合理确定项目投资额的重要基础。

（2）在建设项目评价、决策过程中，估算指标是评价建设项目投资可行性、分析投资效益的主要经济指标，为建设项目进行经济评价，编制固定投资计划，筹措建设资金和控制资金使用提供依据。

（3）估算指标是实施阶段限额设计的依据。在工程设计中，通过限额设计，进行方案比选，选择布局合理、工艺先进、投资省的方案，确保最优设计方案付诸实施。

（4）估算指标是进一步完善工程造价的计价依据，使工程造价前期管理有章可循。

3. 工程估算指标的内容

（1）建设项目综合指标。指按规定应列入建设项目总投资的从立项筹建开始至竣工验收交付使用的全部投资额，包括单项工程投资、工程建设其他费用和预备费等。

建设项目综合指标一般以项目的综合生产能力单位投资表示，如元/t、元/kW；或以使用功能表示，如元/床（医院床位）。

（2）单项工程指标。指按规定应列入能独立发挥生产能力或使用效益的单项工程内的全部投资额，包括建筑工程费、安装工程费、设备、工器具及生产家具购置费和可能包含的其他费用。

（3）单位工程指标。单位工程指标按规定应列入能独立设计、施工的工程项目的费用，即建筑安装工程费用。单位工程指标一般以如下方式表示：房屋区别不同结构形式以"元/m³"；水塔区别不同结构层、容积以"元/座"等。

3.3　工程单价

3.3.1　人工费单价的组成

人工费是指按工资总额构成规定，支付给从事建筑安装工程施工的生产工人和附属生产单位工人的各项费用。其内容包括：

（1）计时工资或计件工资。是指按计时工资标准和工作时间或对已做工作按计件单价支付给个人的劳动报酬。

（2）奖金。是指对超额劳动和增收节支支付给个人的劳动报酬，如节约奖、劳动竞赛奖等。

（3）津贴补贴。是指为了补偿职工特殊或额外的劳动消耗和因其他特殊原因支付给个人的津贴，以及为了保证职工工资水平不受物价影响支付给个人的物价补贴。如流动施工津贴、特殊地区施工津贴、高温（寒）作业临时津贴、高空津贴等。

（4）加班加点工资。是指按规定支付的在法定节假日工作的加班工资和在法定日工作时间外延时工作的加点工资。

（5）特殊情况下支付的工资。是指根据国家法律、法规和政策规定，因病、工伤、产假、计划生育假、婚丧假、事假、探亲假、定期休假、停工学习、执行国家或社会义务等原因按计时工资标准或计时工资标准的一定比例支付的工资。

3.3.2　材料价格的组成

材料预算价格是指材料（包括构件、成品及半成品）由来源地或交货点到达工地仓库或施工现场指定堆放点后的出库价格。它由材料原价、材料运杂费、运输损耗以及采购及保管费组成。

材料预算价格根据国家价格法规和政策，充分考虑国家经济建设发展、材料供求关系的变化、地区建设工程的分布状况等多种因素，采用加权平均的方法，取定地区材料预算价格。此价格由工程造价管理部门编制，为建设单位和承包单位工程计价的依据。

（1）材料原价（或供应价格）。材料原价指材料的出厂价格，进口材料抵岸价或销售部门的批发牌价和市场采购价（或信息价）。在确定原价时，凡同一种材料因来源地、交货地、

供货单位、生产厂家不同，而有几种价格（原价）时，根据不同来源地供货数量比例，采取加权平均的方法确定其综合原价。即

$$加权平均原价 = \frac{K_1 C_1 + K_2 C_2 + \cdots + K_n C_n}{K_1 + K_2 + \cdots + K_n} \tag{3-20}$$

式中　K_1，K_2，$\cdots$，K_n——各不同供应地点的供应量或各不同使用地点的需要量；

C_1，C_2，$\cdots$，C_n——各不同供应地点的原价。

（2）材料运杂费。运杂费是指材料自来源地运至施工现场的仓库或工地存放地点所发生的全部费用。含外埠中转运输过程中所发生的一切费用和过境过桥费用，包括调车和驳船费、装卸费、运输费及附加工作费等。

同一品种的材料有若干个来源地时，应采用加权平均法计算材料运杂费。计算公式为

$$加权平均运杂费 = \frac{K_1 T_1 + K_2 T_2 + \cdots + K_n T_n}{K_1 + K_2 + \cdots + K_n} \tag{3-21}$$

式中　K_1，K_2，$\cdots$，K_n——各不同供应地点的供应量或各不同使用地点的需要量；

T_1，T_2，$\cdots$，T_n——各不同运距的运费。

（3）运输损耗。材料运输损耗是指材料在运输装卸过程中不可避免的损耗。在材料运输中应考虑一定的场外运输损耗费用。

$$运输损耗费用 = （材料原价 + 运杂费）\times 相应材料损耗率 \tag{3-22}$$

（4）采购及保管费。采购及保管费是指材料供应部门（包括工地仓库及其以上各级材料主管部门）在组织采购、供应和保管材料过程中所需的各项费用。包括采购费、仓储费、工地管理费和仓储损耗。采购及保管费一般按照材料到库价格以费率取定。材料采购及保管费计算公式为：

$$采购及保管费 = 材料运到工地仓库价格 \times 采购及保管费率 \tag{3-23}$$

或　　　$$采购及保管费 = （材料原价 + 运杂费 + 运输损耗费）\times 采购及保管费率 \tag{3-24}$$

综上所述，材料单价的计算公式为

$$材料单价 = [（材料原价 + 运杂费）\times （1 + 运输损耗费率）] \times （1 + 采购及保管的费率）$$
$$\tag{3-25}$$

3.3.3　施工机械台班单价的组成

施工机械预算价格以"台班"为计量单位，一个台班中为使施工机械正常运转所支出和分摊的各种费用之和，就是施工机械台班预算价格，或称为台班使用费。

根据《2001年全国统一施工机械台班费用编制规则》的规定，施工机械台班单价由七项费用组成，包括折旧费、大修理费、经常修理费、安拆费及场外运费、燃料动力费、人工费及其他费用等。

3.4　工程造价资料积累和管理

工程造价资料积累是工程造价管理的基础性工作，对于加强我国工程造价管理，合理确定和有效控制工程造价具有十分重要的作用。在新形势下，采用科学的方法、完整的管理体

系下形成的工程造价信息的收集、整理、发布以及工程造价的咨询、纠纷调解等已成为工程
造价管理的重要部分。各类工程建设定额、指标、指数的编制以及工程造价信息的发布都来
源于真实可靠的工程造价资料。包括各类建设工程的投资估算、概算、标底价、投标价、预
算、结算、竣工决算等造价资料；建设项目的决策资料；建设工程的人工价格、机械租赁价
格、材料价格、设备价格、工具器具及周转材料的租赁价格资料等。

3.4.1　工程造价资料的积累

工程造价资料积累是基本建设管理的一项基础工作。工程造价资料的收集、整理、发布
已成为工程造价管理的重要部分。

1. 工程造价资料的作用

工程造价资料是为工程造价管理服务的。它是工程造价宏观管理、决策的基础；是制定
修订投资估算指标、概预算定额和其他技术经济指标以及研究工程造价变化规律的基础；是
编制、审查、评估项目建议书、设计任务书（或可行性研究报告）投资估算、进行设计方案
比选、编制设计概算、投标报价的重要参考；也可作为核定固定资产价值，考核投资效果的
参考。

2. 工程造价资料积累的范围

工程造价资料的积累应贯穿于工程建设的全过程。按照基本建设程序以及工程造价多次
计价和定价的特点，造价资料积累的范围应包括经主管部门批准的设计任务书（或可行性研
究报告），投资估算，初步设计概算，修正概算；经有关单位审定或签订的施工图预算，合
同价，结算价和竣工决算。按照建设项目的组成，一般包括建设项目总造价、单项工程造价
和单位工程造价资料。

3. 工程造价资料积累的内容

工程造价资料积累的内容应包括"量"和"价"，以及对造价确定有重要影响的技术经
济条件，如工程的概况、建设条件等。

（1）建设项目和单项工程造价资料。

1）对造价有主要影响的技术经济条件。如建设标准、建设工期、建设地点等。

2）主要的工程量、主要材料量和主要设备的名称、型号、规格、数量等。

3）投资估算、概算、预算、竣工决算及造价指数等。

（2）单位工程造价资料。一般包括工程内容、建筑结构特征、主要工程量、主要设
备、人工工日及人工费、主要材料用量及单价、主要机械使用费及台班单价以及相应的
造价。

（3）其他。主要包括有关新材料、新工艺、新设备、新技术分部分项工程的人工工日及
人工费、主要材料用量及单价、主要机械使用费及台班单价以及相应的造价。

3.4.2　工程造价资料的管理

收集的工程造价资料经过整理加工后才能作为有用的工程造价信息。

1. 造价资料的收集

资料的收集有以下几个渠道：

（1）向施工企业收集。施工企业是工程造价资料使用最频繁、最直接的单位，它们的经营活动，依赖于各类工程造价信息。同时，通过自身的生产经营活动，在实践中积累了大量的工程建设资料。它们是工程资料收集的主要对象。

（2）向工程造价咨询单位收集。工程造价咨询单位是建筑市场改革发展的产物，它们在经营活动中积累了大量的工作经验和技术经济资料，经过整理是非常宝贵的资料，通过不断地总结消化，不仅为自身的发展积累了资本，而且可以为建筑市场提供服务。

（3）向建筑材料、机械租赁等供应单位收集。这些单位直接面对市场，最了解建筑市场的动态，可以提供大量的市场信息，从供应的角度来丰富工程造价管理资料，同时也可以通过了解已发布的工程造价信息，来提高在市场竞争中的地位。

2. 工程造价资料的分类

为合理、有序查询造价资料，同时为方便各种分析工作的设置进行，需对造价资料的内容进行分类。

（1）工程竣工决算资料。为便于比较分析，适应工程量清单报价的需要，收集的竣工决算资料，应是完全单价形式，包括人工费用、物资耗费、盈利三部分。人工费用应包括工人工资、管理人员工资等与人力消耗有关的费用。物资耗费包括材料消耗、机械台班消耗。盈利包括企业利润和税金两部分。其他不在以上内容的工程建设其他费用，可根据具体情况另列。工程竣工决算资料还应包括各种单项造价指数和综合造价指数等。

（2）经济特性参数。该部分内容从经济角度反映了工程造价情况，包括建筑系数、单位面积造价、工期耗用情况、工程质量鉴定、功能参数等。

（3）技术条件及特点。该部分内容包括影响工程造价较大的施工条件、技术使用、管理模式等因素及特点，为工程类比的合理确定及有关技术分析提供客观依据。

（4）工程建设基本情况。如工程名称、建设地点等。

3. 工程造价资料的整理方法

（1）典型测算：当收集的造价资料离散性较大不便于使用统计方法时，可以在规定的条件下对典型工程进行测算。

（2）统计方法：当造价资料一致性较好时，即从时间、标准、规模基本一致的情况下，可以通过统计的方法测算出平均结果。

（3）单项测算：对于特殊的项目，可以对某个单项按要求进行测算。

4. 工程造价资料的整理的手段

人工手段整理有价值的工程造价信息数据已经过于落后且效率不高，利用现代的计算机技术来整理数据是今后发展的方向。目前，对计算机技术在工程造价资料整理方面的广泛应用还很落后，应大力发展工程造价应用软件，建立工程造价资料数据库，提高工程造价管理的效率和标准化程度。此外，在计算机网络迅速发展的当前社会，可以通过网络提供各类工程造价资料，扩大收集范围和提高时效性，并且还可以通过专业的计算机网络对造价资料进行及时的处理和造价信息的及时发布以及实现资源共享。

复 习 思 考 题

3-1　建设工程的定额分类有哪些？说明各种定额的含义和作用。

3-2　时间定额和产量定额的含义是什么？两者有什么联系？

3-3　何为材料的损耗率？它在定额编制中有何意义？

3-4　什么是施工定额？它的作用有哪些？

3-5　什么是预算定额？它的作用有哪些？

3-6　怎样确定人工消耗量、材料消耗量和机械台班消耗量的定额指标？人工幅度差的含义是什么？

3-7　什么是概算定额、概算指标？它们的作用有哪些？

3-8　人工费单价、材料价格、施工机械台班的组成有哪些？

3-9　工程造价资料的作用和内容有哪些？如何收集工程造价资料？

3-10　计算 M10 水泥砂浆砌筑砖基础的基价，并计算出每 10m³ 砌体的人工费、材料费、机械费以及各种材料耗量。

第 4 章

投 资 估 算

本章介绍了投资估算的概念和作用、投资估算阶段划分与精度要求；从投资估算组成内容出发，全面详细介绍了建设投资静态投资部分的估算编制方法，对动态部分的估算及流动资金估算方法也作了简要介绍。

4.1 投资估算概述

4.1.1 投资估算的概念和作用

1. 投资估算的概念

投资估算是指在项目投资决策过程中，依据现有的资料和特定的方法，对工程项目的投资数额进行的估计。它是项目建设前期编制项目建议书和可行性研究报告的重要组成部分，是项目决策的重要依据之一。投资估算的准确与否不仅影响可行性研究工作的质量和经济评价结果，而且也直接关系到下一阶段设计概算和施工图预算的编制，对工程项目资金筹措方案也有直接的影响。因此，全面准确地估算建设项目的工程造价，是项目可行性研究乃至整个决策阶段造价管理的重要任务。在我国，投资估算分为项目规划阶段的投资估算、项目建议书阶段的投资估算、预可行性研究阶段的投资估算、可行性研究阶段的投资估算。

估算结果的精确程度，将直接影响项目投资决策的正确性，对其后期的工程造价管理工作影响重大，因此必须重视起来。

2. 投资估算的作用

(1) 项目建议书阶段的投资估算，是项目主管部门审批项目建议书的依据之一，并对项目的规划、规模起参考作用。

(2) 项目可行性研究阶段的投资估算，是项目投资决策的重要依据，也是研究、分析、计算项目投资经济效果的重要条件。

(3) 项目投资估算对工程设计概算起控制作用，设计概算不得突破批准的投资估算额，并应控制在投资估算额以内。

(4) 项目投资估算可作为项目资金筹措及制订建设贷款计划的依据，建设单位可根据批准的项目投资估算额，进行资金筹措和向银行申请贷款。

(5) 项目投资估算是核算工程项目固定资产投资需要额和编制固定资产投资计划的重要依据。

4.1.2　投资估算阶段的划分与精度要求

投资估算是在投资决策过程中所做的一项重要工作。由于投资决策过程可进一步划分为项目规划阶段、项目建议书阶段、预可行性研究阶段、可行性研究阶段，所以投资估算工作也相应分为四个阶段。不同阶段所具备的条件和掌握的资料不同，因而投资估算的准确程度不同，进而每个阶段投资估算所起的作用也不同。但是，随着阶段的不断发展，调查研究不断深入，掌握的资料越来越丰富，投资估算逐步准确，其所起的作用也越来越重要。

1. 项目规划阶段的投资估算

建设项目规划阶段是指有关部门根据国民经济发展规划、地区发展规划和行业发展规划的要求，编制一个建设项目的建设规划。此阶段是按项目规划的要求和内容，粗略地估算建设项目所需要的投资额。其对投资估算精度的要求为允许误差大于±30%。

2. 项目建议书阶段的投资估算

在项目建议书阶段，是按项目建议书中的产品方案、项目建设规模、产品主要生产工艺、初选建厂地点等，估算建设项目所需的投资额。其对投资估算精度的要求为误差控制在±30%以内。此阶段项目投资估算的意义是，可据此判断一个项目是否需要进行下一阶段的工作。

3. 预可行性研究阶段的投资估算

预可行性研究阶段，是在掌握了更详细、更深入的资料的条件下，估算建设项目所需的投资额。其对投资估算精度的要求为误差控制在±20%以内。此阶段项目投资估算的意义是，据以确定是否进行详细可行性研究。

4. 可行性研究阶段的投资估算

可行性研究阶段的投资估算是至关重要的，因为这个阶段的投资估算经审查批准之后，便是工程设计任务书中规定的项目投资限额，并可据此列入项目年度基本建设计划。其对投资估算精度的要求为误差控制在±10%以内。

4.2　投资估算的编制

4.2.1　投资估算的内容

根据国家规定，从满足建设项目投资设计和投资规模的角度，建设项目投资的估算包括建设投资估算、建设期利息估算和流动资金估算。

建设投资的内容按照费用的性质划分，包括建筑安装工程费、设备及工器具购置费、工程建设其他费用、基本预备费、涨价预备费。

建设期利息是债务资金在建设期内发生并计入固定资产原值的利息，包括借款利息及手续费、承诺费、管理费等。建设期利息单独估算，以便对建设项目进行融资前和融资后财务分析。

流动资金是指生产经营性项目投产后，用于购买原材料、燃料、支付工资及其他经营费用等所需的周转资金。它是伴随着建设投资而发生的长期占用的流动资产投资，流动资金等于流动资产减去流动负债。

4.2.2　投资估算的方法

由于投资估算不确定因素多，导致投资估算的方法也很多，包括资金周转率法、生产能力指数法、朗格系数法、设备费用百分比估算法、功能单元法以及造价指标估算法等。这些方法有的适用于整个工程项目的投资估算，有的适用于一套装置的投资估算。这些方法的共同点是比较简便、计算速度快，但精确度低，过于粗略。还有许多专家学者运用了神经网络、模糊数学、蒙特卡罗、数据库管理系统、专家系统等现代技术对工程进行更为准确的估算。

根据国家规定，建设项目投资估算包括建设投资估算、建设期利息估算和流动资金估算。

1. 建设投资静态投资部分的估算

（1）单位生产能力估算法。依据调查的统计资料，利用相近规模的单位生产能力投资乘以建设规模，即得拟建项目静态投资。

$$C_2 = \left(\frac{C_1}{Q_1}\right) Q_2 f \tag{4-1}$$

式中　C_1——已建类似项目的静态投资额；

　　　C_2——拟建项目静态投资额；

　　　Q_1——已建类似项目的生产能力；

　　　Q_2——拟建项目的生产能力；

　　　f——不同时期、不同地点的定额、单价、费用变更等的综合调整系数。

这种方法主要用于新建项目或装置的估算，计算简便迅速。由于只是粗略的估算，误差较大。

例 4-1　假定某小学校拟建一座 60 间教室的教学楼，另有一座教学楼在该校竣工，且掌握以下资料：它有 80 间教室，且每个教室都配有多媒体等设备，总造价为 1000 万元。请估算新建项目的总投资。

解：
$$C_2 = \left(\frac{C_1}{Q_1}\right) Q_2 f = \frac{1000\ 万元}{80\ 间} \times 60\ 间 = 750\ 万元$$

（2）生产能力指数法。这是从化工厂总结出来的设备投资估算方法。这种方法根据已建成的、性质类似的建设项目，或生产装置的投资额和生产能力及建设项目或生产装置的生产能力来概略估计不同规模拟建项目的投资额。计算公式为

$$C_2 = C_1 \left(\frac{Q_2}{Q_1}\right)^n f \tag{4-2}$$

式中　C_1——已建类似项目或装置的投资额；

　　　C_2——拟建项目或装置的投资额；

　　　Q_1——已建类似项目或装置的生产能力；

　　　Q_2——拟建项目或装置的生产能力；

　　　f——不同时期、不同地点的定额、单价、费用变更等的综合调整系数；

　　　n——生产能力指数，$0 \leqslant n \leqslant 1$。

在国外，n 采用历史数据的平均值，若已建类似项目或装置的规模和拟建项目或装置的

规模不大，生产规模比值为 0.5～2，则指数 n 的取值近似为 1。若已建项目或装置与拟建项目或装置的规模相差不大于 50 倍，且拟建项目规模的扩大仅靠增大设备规模来达到时，则 n 的取值为 0.6～0.7。若是靠增加相同规格设备的数量达到时，n 的取值为 0.8～0.9。

采用这种方法，计算简单、速度快；但要求类似工程的资料可靠，条件基本相同，否则误差就会增大。

例 4-2　已知建设年产 30 万吨某钢厂的投资额为 60 000 万元，试估算建设年产 70 万吨某钢厂的投资额（生产能力指数 $n=0.6$，$f=1.2$）。

解：　$C_2 = C_1 \left(\dfrac{Q_2}{Q_1} \right)^n f = 60\,000\ 万元 \times \left(\dfrac{70}{30} \right)^{0.6} \times 1.2 = 119\,706.73\ 万元$

（3）系数估算法。系数估算法是以拟建项目的主体工程费或主要设备购置费为基数，以其他工程费与主体工程费的百分比为系数估算项目的静态投资的方法。这种方法简单易行，但是精度较低，一般用于项目建议书阶段。系数估算法主要有设备系数法、主体专业系数法和郎格系数法三种。

1）设备系数法。已拟建项目或装置的设备费为基数，根据已建成项目或装置的建筑安装费和其他工程费等占设备费价值的百分比，求出相应的建筑安装费及其他工程费用等，再加上拟建项目的其他有关费用，综合几个项目或装置的投资。公式如下：

$$C = E(1 + f_1 p_1 + f_2 p_2 + f_3 p_3 + \cdots) + I \tag{4-3}$$

式中　　　C——拟建项目或装置的投资额；

$\qquad\quad E$——根据拟建项目或装置的设备清单按当时当地的价格计算的设备费（包括运杂费）总和；

p_1、p_2、p_3——已建项目中的建筑、安装及其他工程费用等站设备费百分比；

f_1、f_2、f_3——由于时间因素引起的定额、价格、费用标准等变化的综合调整系数；

$\qquad\quad I$——拟建项目的其他费用。

例 4-3　某套设备，估计设备购置费为 5027 万元。根据以往资料，与设备配套的建筑工程、安装工程和其他工程费占设备费用的百分比分别为 43%、15%、10%。假定各工程费用上涨与设备费用上涨是同步的。试估算该项目的投资额。

解：　$C = E(1 + f_1 p_1 + f_2 p_2 + f_3 p_3 + \cdots) + I$

$\qquad\quad = 5027\ 万元 \times (1 + 1 \times 43\% + 1 \times 15\% + 1 \times 10\%)$

$\qquad\quad = 8445.36\ 万元$

2）主体专业系数法。已拟建项目中投资比重较大，并以与生产能力直接相关的工艺设备投资（包括运杂费及安装费）为基数，根据同类型的已建项目的有关统计资料，计算出拟建项目的各专业工程（总图、土建、暖通、给排水、管道、电气及电信、自控及其他工程费用等）占工艺设备投资的百分比，据以求出各专业的投资，然后把各部分投资费用（包括工艺设备费）相加求和，再加上工程其他费用，即为项目的总费用。其表达式为

$$C = E(1 + f_1 p_1' + f_2 p_2' + f_3 p_3' + \cdots) + I \tag{4-4}$$

式中　p_1'、p_2'、p_3'——各专业工程费用占工艺设备费的百分比。

其他符号意义同公式（4-3）。

3）郎格系数法。这种方法是以设备费为基础，乘以适当系数来推算项目的建设费用。

这种方法是界银项目投资估算常采用的方法。基本公式为

$$C = E(1 + \sum k_i)K_c \qquad (4-5)$$

式中　　C——总建设费用；

　　　　E——主要设备费用；

　　　　k_i——管线、仪表、建筑物等费用的估算系数；

　　　　K_c——管理费、合同费、应急费等间接费在内的总估算系数。

总建设费用与设备费用之比为郎格系数 K_L。

$$K_L = (1 + \sum k_i)K_c \qquad (4-6)$$

（4）比例估算法。根据统计资料，先求出已有同类企业主要设备投资占项目静态投资的比例，然后再估算出拟建项目的主要设备投资，即可按比例求出拟建项目的静态投资。

$$I = \frac{1}{K} \sum_{i=1}^{n} Q_i P_i \qquad (4-7)$$

式中　　I——拟建项目的静态投资；

　　　　K——已建项目主要设备投资占拟建项目投资的比例；

　　　　n——设备种类数；

　　　　Q_i——第 i 种设备的数量；

　　　　P_i——第 i 种设备的单价（到厂价格）。

（5）指标估算法。这种方法是以建设项目的单项工程或单位工程为编制对象，按建设内容纵向划分为各个主要生产设施、公共及辅助设施、行政及福利实施，以及各项其他基本建设费用；按费用性质横向划分为建筑工程、安装工程、设备购置等，根据各种具体的投资估算指标，进行各单项工程或单位工程投资的估算，在此基础上汇总编制成拟建项目的各个单项工程费用和拟建项目的工程费用投资估算。再按相关规定工程建设其他费用、基本预备费等，形成拟建项目的静态投资。

投资估算指标的表示形式较多，如以元/m、元/m²、元/m³、元/t、元/（kV·A）表示。根据这些投资估算指标，乘以所需的面积、体积、容量等，就可以求出相应的土建工程、给排水工程、照明工程、采暖工程、变配电工程等各单位工程的投资。

指标估算法精度高，一般用于可行性研究阶段进行详细的投资估算的确定。

需要指出的静态投资的估算，要按某一确定的时间进行，一般以开工的前一年为基准年。一定要以这一年的价格为依据计算，否则就会失去基准作用，影响投资估算的准确性。

2. 建设投资动态投资部分的估算

建设投资动态部分主要包括价格变动可能增加的投资额，如果是涉外项目，还应该计算汇率影响。动态部分的估算应以基准年静态投资的资金使用计划为基础来计算，而不是以编制的年静态投资为基础计算。涨价预备费的估算可详见第 2 章有关内容。

3. 流动资金的估算方法

流动资金是指生产经营性项目投产后，为进行正常生产经营，用于购买原材料、燃料、支付工资及其他生产经营费用等所需的周转资金。流动资金的估算一般采用分项详细估算法，个别情况或小型项目采用扩大指标法。

复 习 思 考 题

4-1 投资估算的概念和作用是什么？

4-2 投资估算包括哪些内容？

4-3 熟悉投资估算的编制方法。

4-4 已知生产流程相似，年生产能力为 20 万吨的化工装置，三年前建成的固定资产投资为 4000 万元。拟建装置设计生产能力为 25 万吨，两年建成。投资生产能力指数为 0.72，近几年设备与物资的价格上涨率平均为 2%。用生产能力指数法估算拟建年生产能力 25 万吨装置的投资费用。

4-5 某拟建项目在进行投资估算时，有如下数据及资料：

（1）该拟建工业项目年生产能力为 500 万吨。与其同类型的某已建项目年生产能力为 300 万吨，设备投资额为 4000 万元，经测算，设备投资的综合调价系数为 1.2。该已建项目中，建筑工程、安装工程及其他费用等占设备投资的百分比分别为 60%、30% 和 6%，相应的综合调价系数为 1.2、1.1、1.05。

（2）已知拟建项目投资中的 4500 万元靠建设银行贷款解决，其余为自筹资金。建设期投资安排为：第一年投资额为 30%，第二年投资额为 50%，第三年投资额为 20%。建设银行贷款各年的发放比例也为 30%、50% 和 20%。贷款年利率为 10%，每半年计息一次。

（3）基本预备费按设备购置费、建设工程费、安装工程费和其他费用之和的 8% 计算；建设期内年平均价格上涨 5%，建设前期为 1 年。

（4）固定资产投资方向调节税不计取。

问题：

（1）用生产能力指数法估算拟建项目的设备投资额。已知生产能力指数 $n=0.5$。

（2）确定固定资产投资中的静态投资估算值。

第5章

设 计 概 算

设计概算分为单位工程概算、单项工程概算和建设项目总概算三级。编制设计概算步骤应先编单位工程概算，再依次编制单项工程概算和建设项目总概算。本章在了解设计概算的分类和编制依据基础上，详细介绍了单位工程概算的编制方法及设计概算的审查内容和审查方法。

5.1　设计概算编制

设计概算是在初步设计（或扩大初步设计）阶段，设计单位根据初步投资估算、设计要求以及初步设计图样（或扩大初步设计图样）、概算定额或概算指标、有关取费标准、建设地区自然、技术经济条件和设备、材料预算价格等资料，确定建设项目投资的经济文件，称为设计概算。

设计概算一经批准，将作为控制投资的最高限额。如果由于设计变更等原因，建设费用超过了概算，则必须重新审查批准。概算不仅为建设项目投资和贷款提供了依据，同时也是编制建设投资计划、签订承包合同、考核投资效果的重要依据。

5.1.1　设计概算的分类和编制依据

1. 设计概算的分类

设计概算可分为单位工程概算、单项工程概算和建设项目总概算三级。各级设计概算的相互关系如图 5-1 所示。

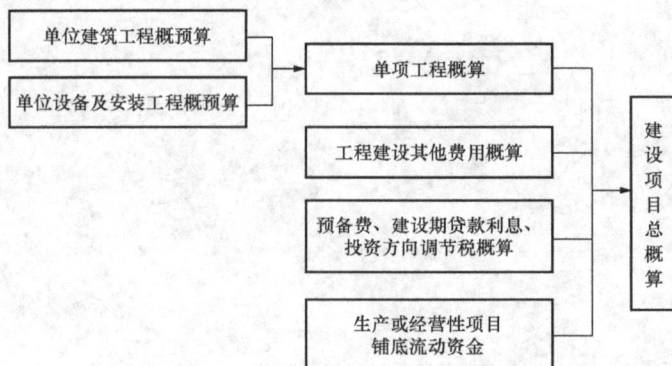

图 5-1　各级设计概算的相互关系

（1）单位工程概算。单位工程概算是一个独立建筑物中分专业工程计算费用的概算文件，如土建工程单位工程概算、暖通风工程概算、给水排水工程单位工程概算、电气工程单位工程概算以及其他专业工程单位工程概算。它是单项工程概算文件的组成部分。

（2）单项工程概算。单项工程概算是若干个单位工程概算和其他工程费用文件汇总而成的。若干个单项工程概算可汇总成为建设项目总概算。单项工程概算和总概算，仅是一种归纳，是汇总性文件，最基本的计算文件是单位工程概算书。

（3）建设项目总概算。建设项目总概算是确定整个建设项目从筹建到竣工验收所需全部费用的文件，它是由各个单项工程的综合概算、工程建设其他费用概算、预备费和建设期贷款利息概算等汇总编制而成。其中，投资方向调节税概算已不计取。建设项目总概算的具体组成如图 5-2 所示。

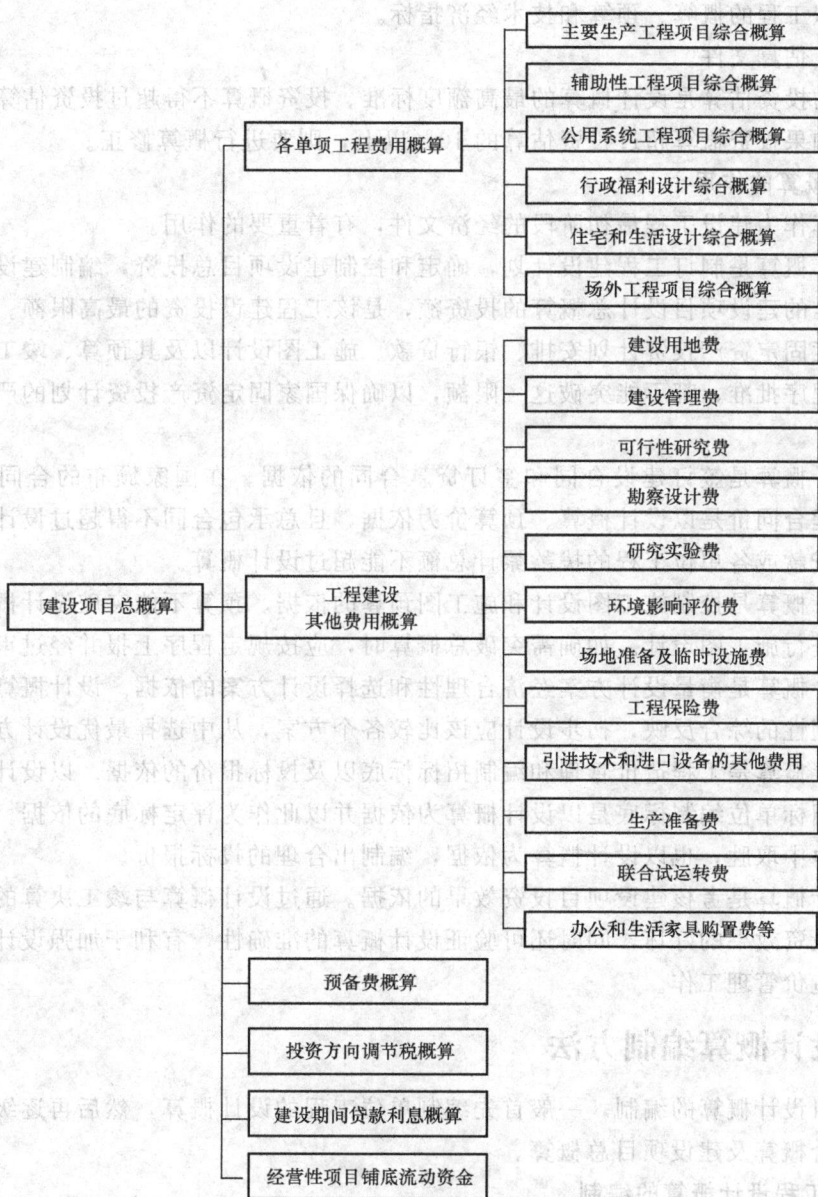

图 5-2　建设项目总概算组成内容

2. 设计概算的编制依据

（1）经批准的建设项目的可行性研究报告。

（2）概算定额、概算指标。

（3）能满足编制设计概算深度的初步设计或扩大的初步设计工程图样、文字说明和设备清单。

（4）地区的设备价格、材料价格、机械台班价格、工资标准。

（5）有关费用定额和取费标准。

（6）建设场地的工程地质资料和总平面图。

（7）类似工程的概算、预算和技术经济指标。

（8）投资估算文件。

经批准的投资估算是设计概算的最高额度标准。投资概算不得超过投资估算。根据国家有关规定，如果投资概算超过投资估算的 10% 以上，则要进行概算修正。

3. 设计概算的作用

设计概算作为建设工程最初阶段的经济文件，有着重要的作用。

（1）设计概算是制订工程建设计划，确定和控制建设项目总投资，编制建设投资计划的依据。经批准的建设项目设计总概算的投资额，是该工程建设投资的最高限额。在工程建设过程中，年度固定资产投资计划安排、银行贷款、施工图设计以及其预算、竣工决算等，未经按规定的程序批准，都不能突破这一限额，以确保国家固定资产投资计划的严格执行和有效控制。

（2）设计概算是签订建设合同和签订贷款合同的依据。在国家颁布的合同法中明确规定，建设工程合同价是以设计概算、预算价为依据，且总承包合同不得超过设计总概算的投资额。银行贷款或各单位工程的拨款累计总额不能超过设计概算。

（3）设计概算是控制施工图设计和施工图预算的依据。预算不能突破设计概算，因此必须按照概算进行施工图设计。如确需突破总概算时，应按规定程序上报并经过审批。

（4）设计概算是衡量设计方案经济合理性和选择设计方案的依据。设计概算是设计方案技术经济合理性的综合反映，初步设计应该比较各个方案，从中选择最优设计方案。

（5）设计概算是工程造价管理和编制招标标底以及投标报价的依据。以设计概算进行招标的工程，招标单位编制标底是以设计概算为依据并以此作为评定标底的依据。承包单位为了在投标竞争中取胜，也以设计概算为依据，编制出合理的投标报价。

（6）设计概算是考核建设项目投资效果的依据。通过设计概算与竣工决算的对比，可以分析和考核投资效果的好坏，同时还可验证设计概算的准确性，有利于加强设计概算管理和建设项目的造价管理工作。

5.1.2 设计概算编制方法

建设项目设计概算的编制，一般首先编制单位工程的设计概算，然后再逐级汇总，形成单项工程综合概算及建设项目总概算。

1. 单位工程设计概算的编制

单位工程概算分建筑工程概算和设备及安装工程概算两大类。建筑工程概算的编制方法有概算定额法、概算指标法、类似工程预算法等；设备及安装工程概算的编制方法有预算单价法、扩大单价法、设备价值百分比法和综合吨位指标法等。

单位工程概算是确定单位工程建设费用的文件，是单项工程综合概算的组成部分。它由直接费、间接费、利润和税金组成。

（1）概算定额法。概算定额法又叫扩大单价法或扩大结构定额法。它是采用概算定额编制建筑工程概算的方法，类似用预算定额编制建筑工程预算。其主要步骤是：

1）计算工程量。

2）套用概算定额。

3）计算直接费。

4）人工、材料、机械台班用量分析及汇总。

5）计算间接费、利润和税金。

6）最后汇总为概算工程造价。

概算定额法要求初步设计达到一定深度，建筑结构比较明确，能按照初步设计的平面、立面、剖面图样计算出楼地面、墙身、门窗和屋面等扩大分项工程（或扩大结构构件）项目的工程量时，才可采用。

（2）概算指标法。概算指标是采用直接工程费指标。概算指标法是用拟建的厂房、住宅的建筑面积（或体积）乘以技术条件相同或基本相同工程的概算指标，得出直接工程费，然后按规定计算措施费、间接费、利润和税金等，编制出单位工程概算的方法。

概算指标法的适用范围是当初步设计深度不够，不能准确地计算出工程量，但工程设计是采用技术比较成熟而又有类似工程概算指标可以利用时，可采用此法。

由于拟建工程往往与类似工程的概算指标的技术条件不尽相同，而且概算指标编制年份的设备、材料、人工等价格与拟建工程当时当地的价格也不会一样。因此，必须对其进行调整。其调整方法是设计对象的结构特征与概算指标有局部差异时的调整。

$$结构变化修正概算指标(元/m^2) = J + Q_1 P_1 - Q_2 P_2 \tag{5-1}$$

式中　J——原概算指标；

Q_1——换入新结构的含量；

Q_2——换出旧结构的含量；

P_1——换入新结构的单价；

P_2——换出旧结构的单价。

或　结构变化修正概算指标人工、材料、机械消耗量 = 原概算指标的人工、材料、机械消耗量

+ 换入结构构件工程量 × 相应定额人工、材料、机械消耗量

$$- 换出结构构件工程量 × 相应定额人工、材料、机械消耗量 \tag{5-2}$$

例 5-1　某地新建宿舍一栋，建筑物面积为 $5500m^2$，已建类似单身宿舍概算指标为 878.00 元/m^2。其中，一般土建工程为 735.00 元/m^2；采暖工程为 53.00 元/m^2；给水排水工程为 48.00 元/m^2；照明工程为 42.00 元/m^2。但新建宿舍设计资料与概算指标相比较其结构构造有部分改变，需要对概算指标进行调整。其中结构构件的变更和单价调整，见表 5-1。试计算新建宿舍楼的概算造价。

表 5 - 1 建筑工程概算指标修正表（每 100m² 建筑面积）

扩大结构序号	结构名称	单位	数量	单价（元）	合价（元）
换 出 部 分					
1	带形毛石基础（无地圈梁）	m³	19.8	142.551	2822.51
2	砖砌外墙（365mm）	m²	130	96.673 7	12 567.58
小 计					15 390.09
换 入 部 分					
1	带形毛石基础（无地圈梁）	m³	22.3	182.198	4063.015
2	砖砌外墙（365mm）	m²	163	96.673 7	15 757.81
小 计					19 820.83

解： 根据上述方法修正：

$$单位造价修正指数 = 878 \text{元}/\text{m}^2 - \frac{15\,390.09}{100}\text{元}/\text{m}^2 + \frac{19\,820.83}{100}\text{元}/\text{m}^2 = 922.31\text{元}/\text{m}^2$$

该建筑的概算造价为：$5500\text{m}^2 \times 922.31\text{元}/\text{m}^2 = 5\,072\,705$ 元

（3）用类似工程预算编制概算。

1）类似工程预算法的概念和适用范围。类似工程预算法是利用技术条件与设计对象相类似的已完工程或在建工程的工程造价资料来编制拟建工程设计概算的方法。

类似工程预算法适用于拟建工程初步设计与已完工程或在建工程的设计相类似又没有可用的概算指标时采用，但必须对建筑结构差异和价差进行调整。

2）差异调整方法。

①建筑结构差异。可参考修正概算指标方法进行修正。

②价格差异。价格差异的调整常有两种方法。

a. 类似工程造价资料有具体的人工、材料、机械台班的用量时，可按类似工程造价资料中的主要材料用量、工日数量、机械台班用量乘以拟建工程所在地的主要材料预算价格、人工单价、机械台班单价，计算出直接费，再按当地取费标准计取其他各项费用，即可得出所需的造价指标。

b. 类似工程造价资料只有人工、材料、机械台班费用和其他直接费、现场经费、间接费时，需编制修正系数。计算修正系数时，先求类似预算的人工工资、材料费、机械使用费、间接费在全部价值中所占比重，然后分别求其修正系数，最后求出总的修正系数。用总修正系数乘以类似预算的价值，就可以得到概算价值。可按下面公式调整：

$$D = AK \tag{5 - 3}$$

$$K = aK_1 + bK_2 + cK_3 + dK_4 + eK_5 \tag{5 - 4}$$

$$拟建工程概算造价 = DS \tag{5 - 5}$$

式中
D——拟建工程单方概算造价；

A——类似工程单方预算造价；

K——综合调整系数；

S——拟建工程建筑面积；

$a、b、c、d、e$——类似工程预算的人工费、材料费、机械台班费、措施费、间接费

占预算造价的比重，如 $a = \dfrac{类似工程人工费（或工资标准）}{类似工程预算造价} \times 100\%$，$b$、$c$、$d$、$e$ 类同；

K_1、K_2、K_3、K_4、K_5——拟建工程地区与类似工程预算造价在人工费、材料费、机械台班费、措施费和间接费之间的差异系数，如 $K_1 = \dfrac{拟建工程概算人工费（或工资标准）}{类似工程预算人工费（或地区工资标准）}$，$K_2$、$K_3$、$K_4$、$K_5$ 类同。

例 5-2　某拟建办公楼，建筑面积为 7000m²，试用类似工程预算编制概算。类似工程的建筑面积为 3800m²，预算造价 5 500 000 元，各种费用占预算造价的比重是：人工费 7%；材料费 60%；机械费 6%；其他直接费 4%；综合费 23%（已知各种修正系数为：$K_1 = 1.02$；$K_2 = 1.05$；$K_3 = 0.99$；$K_4 = 1.04$；$K_5 = 0.95$）。求某拟建办公楼的概算造价。

解：预算造价总修正系数 = 7% × 1.02 + 60% × 1.05 + 6% × 0.99
　　　　　　　　　　　　+ 4% × 1.04 + 23% × 0.95 = 1.020 9

修正后的类似工程预算造价 = 5 500 000 元 × 1.020 9 = 5 614 950 元

修正后的类似工程预算单方造价 = 5 614 950 元 / 3800m² = 1477.62 元 /m²

由此可得拟建办公楼概算造价 = 1477.62 元 × 7000m² = 10 343 340 元

（4）设备及安装工程概算的编制方法。

1）设备购置费概算的编制。设备购置费是根据初步设计的设备清单计算出设备原价，并汇总求出设备总原价，然后按有关规定的设备运杂费率乘以设备总原价，两项相加即为设备购置费概算，其公式为

$$设备购置费概算 = \sum（设备清单中的设备数量 \times 设备原价） \times （1 + 运杂费率）$$

$$(5-6)$$

或

$$设备购置费概算 = \sum（设备清单中的设备数量 \times 设备预算价格） \tag{5-7}$$

国产标准设备原价可根据设备型号、规格、性能、材质、数量及附带的配件，向制造厂家询价或向设备、材料信息部门查询或按主管部规定的现行价格逐项计算；非主要标准设备和工器具、生产家具的原价可按主要标准设备原价的百分比计算，百分比指标按主管部门或地区有关规定执行；进口设备的原价按抵岸价计算（详细见第 2 章有关内容）。

2）设备及安装工程概算的编制。设备及安装工程概算的编制方法是根据初步设计深度和要求所明确的程度来确定的，其主要编制方法有：

①预算单价法。当初步设计较深，有详细的设备清单时，可直接按安装工程预算定额单价编制安装工程概算，概算编制程序基本同安装工程施工图预算。该法具有计算比较具体，精确性较高的优点。

②扩大单价法。当初步设计深度不够，设备清单不完备，只有主体设备或仅有成套设备重量时，可采用主体设备、成套设备的综合扩大安装单价来编制概算。

上述两种方法的具体操作与建筑工程概算相类似。

③设备价值百分比法，又叫安装设备百分比法。当初步设计深度不够，只有设备出厂价而无详细规格、重量时，安装费可按占设备费的百分比计算。其百分比值（即安装费率）由

主管部门制定或由设计单位根据已完类似工程确定。该法常用于价格波动不大的定型产品和通用设备产品。

$$设备安装费 = 设备原价 \times 安装费率(\%) \qquad (5-8)$$

④综合吨位指标法。当初步设计提供的设备清单有规格和设备重量时，可采用综合吨位指标编制概算，其综合吨位指标由主管部门或由设计院根据已完类似工程资料确定。该法常用于设备价格波动较大的非标准设备和引进设备的安装工程概算。

$$设备安装费 = 设备重量 \times 每吨设备安装费指标(元/t) \qquad (5-9)$$

2. 单项工程概算的编制

单项工程综合概算是确定单项工程建设费用的综合性文件，它是由该单项工程各专业的单位工程概算汇总而成的，是建设项目总概算的组成部分。

单项工程综合概算文件一般包括编制说明（不编制总概算时列入）和综合概算表（含其所附的单位工程概算表和建筑材料表）两大部分。当建设项目只有一个单项工程时，此时综合概算文件（实为总概算）除包括上述两大部分外，还应包括工程建设其他费用、建设期利息、预备费的概算。

单项工程概算书需要单独提出时，应包括编制说明、概算汇总表、单位工程概算表和主要建筑材料表。

3. 建设项目总概算的编制

建设项目总概算是设计文件的重要组成部分，是确定整个建设项目从筹建到竣工交付使用所预计全部建设费用的总文件。它是由各单项工程综合概算、工程建设其他费、建设期利息、预备费和经营性项目的铺底资金概算所组成，按照主管部门规定的统一表格编制而成的。

设计总概算文件一般应包括：封面、目录、编制说明、总概算表、工程建设其他费用概算表、单项工程综合概算表、单位工程概算表、工程量计算表、分年度投资汇总表与分年度资金流量汇总表以及主要材料汇总表与工日数量表等。

5.2　设计概算审查

5.2.1　设计概算审查的内容

1. 审查设计概算的编制依据

编制设计概算的依据很多，主要是对编制依据的"三性"进行审查。

（1）合法性。设计概算采用的各种编制依据必须经过国家和授权机关的批准，符合国家的编制规定，未经批准的不能采用。

（2）时效性。设计概算编制的各种依据，如概算定额、概算指标、预算价格和各种取费标准等，都应根据国家有关部门的现行规定进行。特别注意有无新的规定，如果有，应按新的规定执行。

（3）适用性。概预算的各种编制依据都有规定的适用范围，如定额有国家定额、部门定额和地方定额之分。各主管部门规定的各种专业定额和取费标准，只适用于该部门的专业工程；各地区规定的定额及其取费标准，只适用于该地区的范围之内，特别是地区的材料预算价格区域性更强，不能跨区域取价，概预算的各种编制依据都必须符合上述规定。

2. 审查设计概算的构成

（1）单位工程概算的审查。审查单位工程概算，首先要熟悉各地区和各部门编制概算的有关规定，了解其项目划分及其取费规定，掌握其编制依据、工程量计算标准、编制程序和编制方法。其次，要从分析技术经济指标入手，选好审查重点，依次进行。

1）建筑工程概算的审查内容：审查工程量、审查采用的定额或指标、审查材料的价格、审查其他各项费用等。

2）设备及安装工程概算的审查。审查设备及安装工程概算时，应把注意力集中在设备清单和安装费用的计算方面。

（2）单项工程概算和总概算的审查。审查概算的编制是否符合国家的方针、政策的要求，审查概算文件的组成，审查总设计图和工艺流程，审查各项技术经济指标是否经济合理，审查建设项目的建筑面积和造价指标，审查项目的"三废"治理、审查经济效果等。

5.2.2　设计概算审查方法

采用合理方法审查设计概算，是确保审查质量，提高审查效率的关键。审查设计概算时，应根据工程项目的投资规模、工程类型性质、结构复杂程度和概算编制质量，来确定审查方法。审查方法有以下几种：

（1）对比分析法。对比分析法主要通过建设项目的建设规模、建设标准与建设项目的立项批文的对比；工程量与设计图样的对比；概算的综合范围、内容与概算的编制方法、规定的对比；各项取费与规定标准对比；材料、人工单价与统一信息对比；引进设备、技术投资与报价要求的对比；技术经济指标与同类工程的对比等，发现设计概算存在的主要问题和偏差。因此，对比分析法能较快、较好地判别设计概算的偏差程度和准确性。

（2）查询核实法。查询核实法是对一些关键设备和设施、重要装置、引进工程图样不全、难以核算的较大投资进行多方查底核对、逐项落实的方法。主要设备的市场价向设备供应部门或招标公司查询核实；重要生产装置、设施向同类企业或工程查询了解；引进设备价格及有关费税向进出口公司调查核实；复杂的建筑安装工程向同类工程的建设、承包、施工单位征求意见；深度不够或不清楚的问题直接向原概算编制人员、设计者询问核对。

（3）重点审查法。重点审查法是指对概算价格较大、工程量数值大而计算又复杂，关键设备、生产装置或投资较大的项目，或概算单价存在调整换算的分部分项工程，进行重点的全面审查，即对所占造价权重较大的项目进行审查，而其他一般的分项工程就不进行审查的方法。

（4）联合会审法。联合会审前，可先采取多种形式分头审查，包括设计单位自审，主管、建设、承包单位初审，工程造价咨询公司评审，邀请同行专家预审，审批部分复审等，经层层审查把关后，由有关单位和专家进行会审。在会审大会上，由设计单位介绍概算编制情况及有关问题，各有关单位、专家汇报初审和预审意见。然后进行认真分析、讨论，结合对各专业技术方案的审查意见所产生的投资增减，逐一核实原概算出现的问题。认真听取设计单位的意见，经过充分协商，实事求是地处理问题。

复 习 思 考 题

5-1　设计概算的概念、作用是什么？

5-2　设计概算如何进行分类？各类的编制对象是什么？

5-3　设计概算与施工图预算主要有哪些区别？

5-4　单位工程的设计概算一般有几种编制方法？各种方法的特点是什么？

5-5　单项工程概算是如何编制的？

5-6　建设项目总概算有哪几部分？各部分包括哪些内容？

5-7　设计概算的审查内容和方法有哪些？

5-8　拟建某砖混结构住宅工程3420m²，结构形式与已建成的某工程相同，只有外墙保温贴面不同，其他部分均较为接近。类似工程外墙为珍珠岩板保温、水泥砂浆抹面，每平方米建筑面积消耗量分别为0.044m³、0.842m²，珍珠岩板153.1元/m³、水泥砂浆8.95元/m²；拟建工程外墙为加气混凝土保温、外贴釉面砖，每平方米建筑面积消耗量分别为0.08m³、0.82m²，加气混凝土185.48元/m³，贴釉面砖49.75元/m²。类似工程单方造价588元/m²，其中，人工费、材料费、机械费、措施费、规费、企业管理费、利润和税金占单方造价比例分别为11%、62%、6%、3.6%、5.0%、5%、4%和3.5%，拟建工程与类似工程预算造价在这几方面的差异系数分别为2.01、1.06、1.92、1.54、1.02、1.01、0.87和1.0。拟建工程除直接工程费以外费用的综合取费费率为20%。

问题：应用类似工程预算法确定拟建工程的单位工程概算总造价。

第 6 章

施 工 图 预 算

本章在介绍了施工图预算作用、编制方法和步骤的基础上，以《全国统一建筑工程基础定额》为依据，详细介绍了建筑面积、土石方工程、桩基础工程、砌筑工程、钢筋混凝土工程、金属结构工程、楼地面工程、屋面防水工程、门窗工程、防腐保温隔热工程、装饰工程及措施项目（包括脚手架工程、模板工程、构件运输工程、构件安装工程及垂直运输过程等）的计算规则和计算实例。

在我国现阶段，按照计算方式和管理方式的不同，施工图预算可以划分为两种计价模式，即传统计价模式（即定额计价模式）和工程量清单计价模式。建筑工程工程量清单计价将在本书第 7 章详细介绍。传统计价模式下，施工图预算的编制方法有单价法和实物法。施工图预算由单位工程施工图预算、单项工程施工图预算和建设项目施工图预算三级逐级编制综合汇总而成。单位工程施工图预算是编制基础。本章重点介绍传统计价模式下的单位工程施工图预算。

6.1 施工图预算概述

6.1.1 施工图预算及其作用

1. 施工图预算

施工图预算是施工图设计预算的简称，又叫设计预算，是在施工图设计完成后，根据已批准的施工图、费用定额和地区人工、材料、设备与机械台班等资源价格，在施工方案或施工组织设计已大致确定的前提下，按照规定的计算程序计算直接工程费、措施费，并计取间接费、利润、税金等费用，确定单位工程造价的技术经济文件。

2. 施工图预算的作用

（1）施工图预算对建设单位的作用。

1）施工图预算是施工图设计阶段确定建设工程项目造价的依据，是设计文件的组成部分。

2）施工图预算是建设单位在施工期间安排建设资金计划和使用建设资金的依据。

3）施工图预算是招投标的重要基础，既是工程量清单的编制依据，也是标底编制的依据。

4）施工图预算是拨付进度款及办理结算的依据。

（2）施工图预算对施工单位的作用。

1）施工图预算是确定投标报价的依据。

2）施工图预算是施工单位进行施工准备的依据。

3）施工图预算是控制施工成本的依据。

3. 施工图预算的编制依据

（1）经批准和会审的施工图设计文件及有关标准图集。

（2）现行预算定额及单位估价表。

（3）建筑安装工程费用定额。

（4）材料、人工、机械台班预算价格及调价规定。

（5）施工组织设计或施工方案。

（6）经批准的拟建项目的概算文件。

（7）建设场地中的自然条件和施工条件。

（8）工程承包合同、招标文件等。

6.1.2　施工图预算的编制方法和步骤

目前施工图预算的编制方法主要是采用工料单价法。工料单价法是指分部分项工程的单价为直接工程费单价，以分部分项工程量乘以对应分部分项工程单价后的合计为单位直接工程费，直接工程费汇总后另加措施费、间接费、利润、税金生成施工图预算造价。按照分部分项工程单价产生方法的不同，工料单价法又可以分为预算单价法和实物法。

（1）预算单价法。预算单价法是用地区统一单位估价表中的各分项工料预算单价乘以相应的各分项工程的工程量，求和后得到包括人工费、材料费和机械使用费在内的单位工程直接工程费。措施费、间接费、利润和税金可根据统一规定的费率乘以相应的计取基数求得。将上述费用汇总后得到单位工程的施工图预算。

预算单价法编制施工图预算的基本步骤如下：

1）准备资料，熟悉施工图纸。

2）计算分部分项工程量。

3）套用预算单价计算直接工程费。

4）编制工料分析表。

5）按计价程序计取其他费用，并汇总造价。

6）复核。

7）编制说明、填写封面。

（2）实物法。实物法编制施工图预算是指根据施工图计算各分项工程量，并分别乘以地区定额中的人工、材料、施工机械台班的定额消耗量，然后分别汇总得出该单位工程所需的全部人工、材料、施工机械台班消耗量，再乘以当时当地人工工日单价、各种材料单价、施工机械台班单价，求出相应的人工费、材料费、机械使用费，最后加上措施费，求出该工程的直接费。间接费、利润和税金等费用的计算方法与预算单价法相同，然后汇总各项费用，得到单位工程造价。

实物法编制施工图预算的步骤如下：

1）准备资料，熟悉施工图纸，全面收集人工、各种材料及不同机械的当时当地实际价格。

2）计算分部分项工程量。

3）套用消耗量定额计算人工、材料、机械台班消耗量。

4）计算并汇总人工费、材料费、机械使用费。

5）计算其他各项费用，汇总造价。

6）复核。

7）编制说明、填写封面。

本章下面各节，依据《全国统一建筑工程预算工程量计算规则》，介绍各分部分项工程的工程量计算规则和应用。

6.2　建筑面积的计算

6.2.1　建筑面积的概述

建筑面积也称建筑展开面积，是指建筑物各层面积之和。建筑面积包括使用面积、辅助面积和结构面积。使用面积是指建筑物各层平面布置中，可直接为生产或生活使用的净面积之和。居室净面积在民用建筑中，也称"居住面积"。辅助面积，是指建筑物各层平面布置中为辅助生产或生活所占净面积的总和。使用面积与辅助面积的总和称为"有效面积"。结构面积是指建筑物各层平面布置中的墙体、柱等结构所占面积的总和。

建筑面积是一项重要的技术经济指标，起着衡量基本建设规模、投资效益、建设成本等重要尺度的作用。因此，必须保证其计算结果的准确性。根据国家标准《建筑工程建筑面积计算规范》（GB/T 50353—2005）的规定，对新建、扩建、改建的工业与民用建筑工程的建筑面积的计算，包括工业厂房、仓库，公共建筑、居住建筑，农业生产使用的房屋、粮种仓库、地铁车站等建筑面积的计算。

建筑面积计算的作用：建筑面积是确定建设规模的重要指标，是确定各项技术经济指标的基础，是选择概算指标和编制概算的主要依据等。

6.2.2　建筑面积的计算

（1）单层建筑物的建筑面积，应按其外墙勒脚（图6-1）以上结构外围水平面积计算，并应符合下列规定：

1）单层建筑物高度在 2.20m 及以上者应计算全面积；高度不足 2.20m 者应计算 1/2 面积。

2）利用坡屋顶内空间时，顶板下表面至楼面的净高超过 2.10m 的部位应计算全面积；净高在 1.20～2.10m 的部位应计算 1/2 面积；净高不足 1.20m 的部位不应计

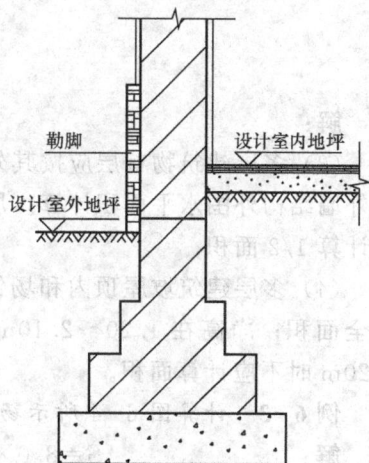

图 6-1　勒脚

算面积。

例 6-1　计算图 6-2 所示单层建筑的建筑面积。

解：
$$S = 5.4 \times (6.9 + 0.24)$$
$$+ 2.7 \times (6.9 + 0.24) \times 0.5 \times 2$$
$$= 57.83 (\text{m}^2)$$

（2）单层建筑物内设有局部楼层者，局部楼层的二层及以上楼层，有围护结构的应按其围护结构外围水平面积计算，无围护结构的应按其结构底板水平面积计算。层高在 2.20m 及以上者应计算全面积；层高不足 2.20m 者应计算 1/2 面积。

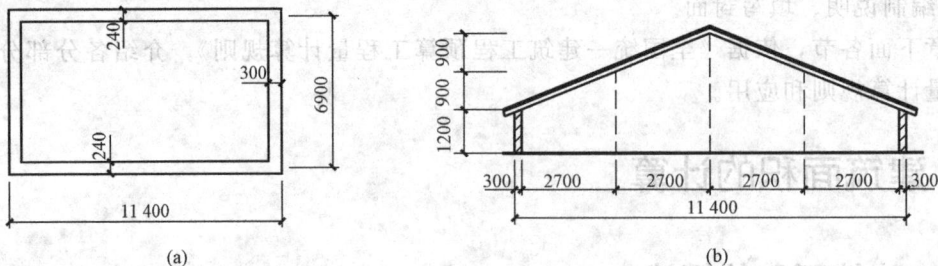

(a)   (b)

图 6-2　单层建筑平面与剖面

例 6-2　计算图 6-3 所示的建筑面积，建筑层高 3m。

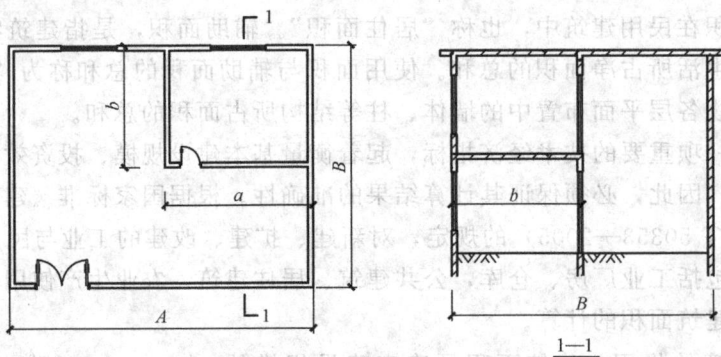

图 6-3　单层建筑局部楼层

解：
$$S = AB + ab$$

（3）多层建筑物首层应按其外墙勒脚以上结构外围水平面积计算；二层及以上楼层应按其外墙结构外围水平面积计算。层高在 2.20m 及以上者应计算全面积；层高不足 2.20m 者应计算 1/2 面积。

（4）多层建筑坡屋顶内和场馆看台下，当设计加以利用时净高超过 2.10m 的部位应计算全面积；净高在 1.20～2.10m 的部位应计算 1/2 面积；当设计不利用或室内净高不足 1.20m 时不应计算面积。

例 6-3　计算图 6-4 所示场馆看台下的建筑面积。

解：
$$S = 8.0 \times 5.3 + 8.0 \times 1.6 \times 0.5 = 48.8 (\text{m}^2)$$

（5）地下室、半地下室（车间、商店、车站、车库、仓库等），包括相应的有永久性顶

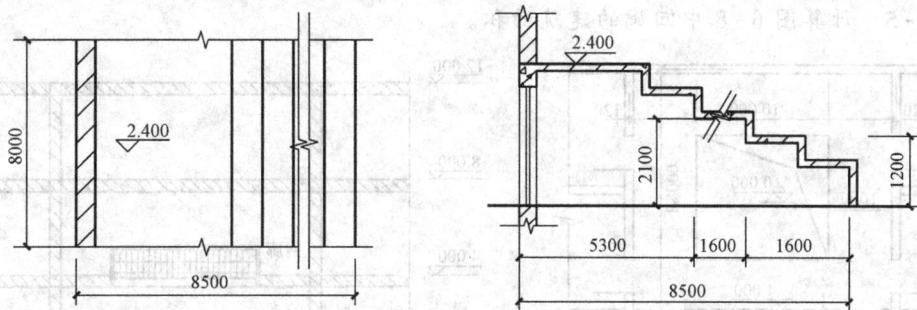

图 6-4 场馆看台平面与剖面

盖的出入口，应按其外墙上口（不包括采光井、外墙防潮层及其保护墙，如图 6-5 所示）外边线所围水平面积计算。层高在 2.20m 及以上者应计算全面积；层高不足 2.20m 者应计算 1/2 面积。

（6）坡地的建筑物深基础架空层（图 6-6）、吊脚架空层（图 6-7），设计加以利用并有围护结构的，层高在 2.20m 及以上的部位应计算全面积；层高不足 2.20m 的部位应计算 1/2 面积。设计加以利用、无围护结构的建筑吊脚架空层，应按其利用部位水平面积的 1/2 计算；设计不利用的深基础架空层、坡地吊脚架空层、多层建筑坡屋顶内、场馆看台下的空间不应计算面积。

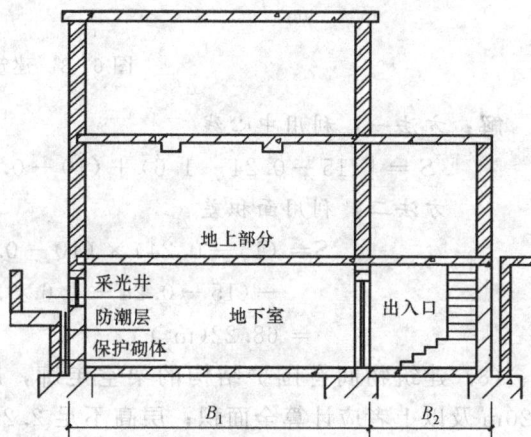

图 6-5 地下室

例 6-4 图 6-6 所示利用深基础做架空层，平面轴线尺寸为 4200mm×6000mm，墙厚为 240mm，计算此架空层的建筑面积。

解： $$S = (4.2 + 0.24) \times (6.0 + 0.24) = 27.71 (\text{m}^2)$$

（7）建筑物的门厅、大厅按一层计算建筑面积。门厅、大厅内设有回廊时，应按其结构底板水平面积计算。回廊层高在 2.20m 及以上者应计算全面积；层高不足 2.20m 者应计算 1/2 面积。

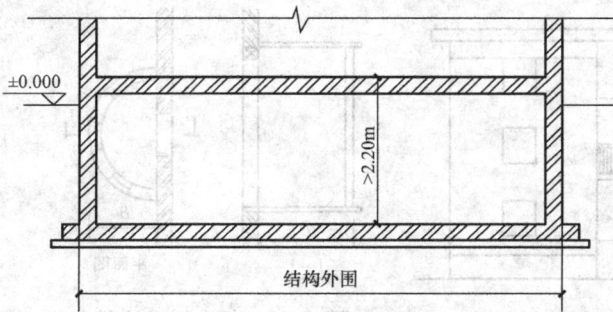

图 6-6 深基础架空层

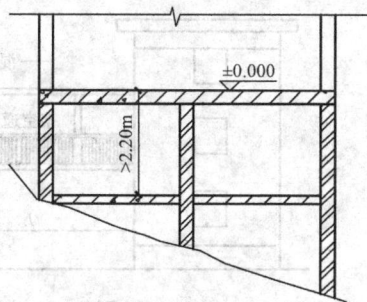

图 6-7 吊脚架空层

例 6 - 5　计算图 6 - 8 中回廊的建筑面积。

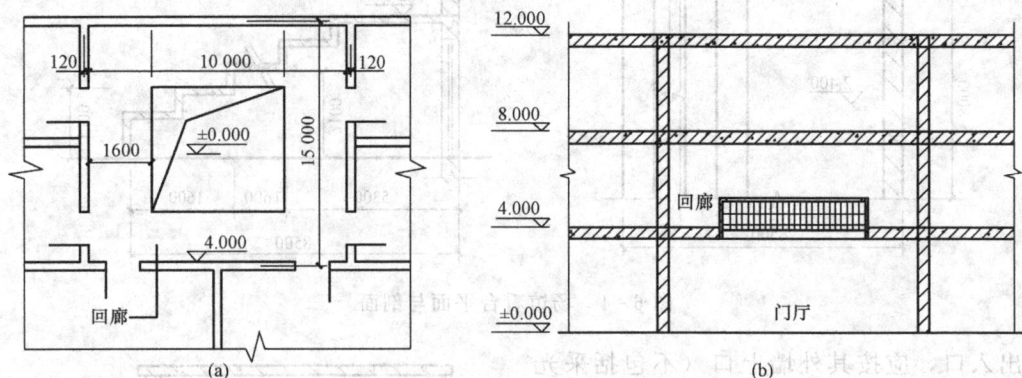

图 6 - 8　建筑门厅及回廊

解：方法一：利用中心线

$$S=[(15-0.24-1.6)+(10-0.24-1.6)]\times 2\times 1.6=68.22(\text{m}^2)$$

方法二：利用面积差

$$S=(15-0.24)\times(10-0.24)$$
$$-(15-0.24-1.6\times 2)\times(10-0.24-1.6\times 2)$$
$$=68.22(\text{m}^2)$$

(8) 建筑物间有围护结构的架空走廊，应按其围护结构外围水平面积计算，层高在 2.20m 及以上者应计算全面积；层高不足 2.20m 者应计算 1/2 面积。有永久性顶盖无围护结构的应按其结构底板水平面积的 1/2 计算。

例 6 - 6　图 6 - 9 连接两栋建筑的架空走廊长 l 为 10m，底板宽度为 3m，计算其建筑面积。

解：
$$S=10\times 3\times 0.5=15\ (\text{m}^2)$$

(9) 立体书库、立体仓库、立体车库，无结构层的应按一层计算，有结构层的应按其结构层面积分别计算。层高在 2.20m 及以上者应计算全面积；层高不足 2.20m 者应计算 1/2 面积。

(10) 有围护结构的舞台灯光控制室，应按其围护结构外围水平面积计算。层高在 2.20m 及以上者应计算全面积；层高不足 2.20m 者应计算 1/2 面积。

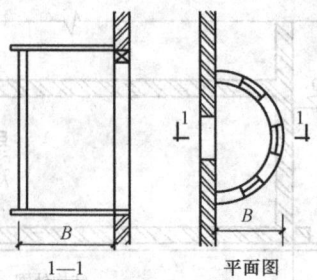

例 6 - 7　图 6 - 10 为舞台灯光控制室，层高 2.8m，外围半径 $B=2$m，计算其建筑面积。

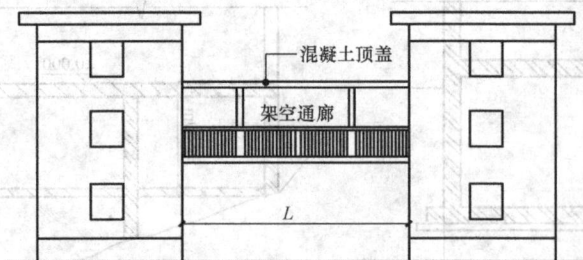

图 6 - 9　架空走廊　　　　　　　图 6 - 10　舞台灯光控制室

解：
$$S=\pi B^2/2=3.14\times2^2/2=6.28\;(\text{m}^2)$$

（11）建筑物外有围护结构的落地橱窗、门斗、挑廊、走廊、檐廊（图 6-11），应按其围护结构外围水平面积计算。层高在 2.20m 及以上者应计算全面积；层高不足 2.20m 者应计算 1/2 面积。有永久性顶盖无围护结构的应按其结构底板水平面积的 1/2 计算。

例 6-8　图 6-11 建筑层高 2.8m，挑廊底板宽 2.5m，长 10m，计算其建筑面积。

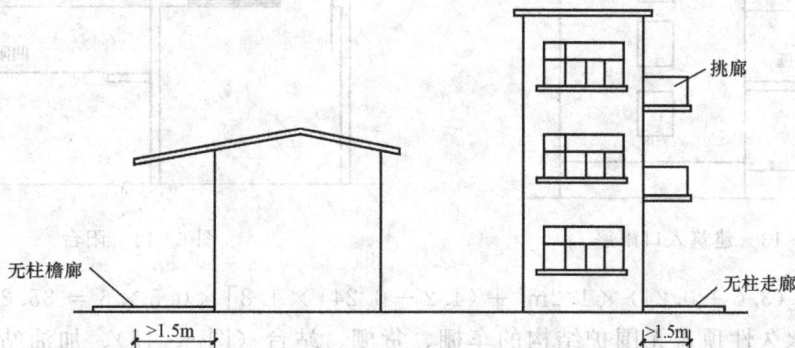

图 6-11　建筑物的挑廊、走廊

解：
$$S=10\times2.5\times0.5=12.5\;(\text{m}^2)$$

（12）有永久性顶盖无围护结构的场馆看台应按其顶盖水平投影面积的 1/2 计算。

（13）建筑物顶部有围护结构的楼梯间、水箱间、电梯机房等，层高在 2.20m 及以上者应计算全面积；层高不足 2.20m 者应计算 1/2 面积。

（14）设有围护结构不垂直于水平面而超出底板外沿的建筑物，应按其底板面的外围水平面积计算。层高在 2.20m 及以上者应计算全面积；层高不足 2.20m 者应计算 1/2 面积。

（15）建筑物内的室内楼梯间、电梯井、观光电梯井、提物井、管道井、通风排气竖井、垃圾道、附墙烟囱应按建筑物的自然层计算。

例 6-9　如图 6-12 所示六层建筑，层高为 2.8m，电梯井尺寸 2400mm×2400mm（轴线），墙厚 240mm，利用深基础做下沉式电梯间，层高 1.8m，计算其建筑面积。

解：
$$\begin{aligned}S=&(2.4+0.24)\times(2.4+0.24)\times6\\&+(2.4+0.24)\times(2.4+0.24)\times0.5\\=&45.30(\text{m}^2)\end{aligned}$$

（16）雨篷结构的外边线至外墙结构外边线的宽度超过 2.10m 者，应按雨篷结构板的水平投影面积的 1/2 计算。

例 6-10　如图 6-13 所示建筑混凝土雨篷，宽度为 6m，伸出墙外 $B=3$m，计算其建筑面积。

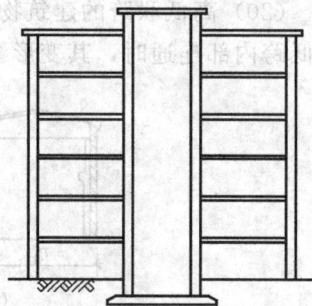

图 6-12　建筑物内电梯井

解：
$$S=6\times3\times0.5=9(\text{m}^2)$$

（17）有永久性顶盖的室外楼梯，应按建筑物自然层的水平投影面积的 1/2 计算。

（18）建筑物的阳台均应按其水平投影面积的 1/2 计算，如图 6-14 所示。

例6-11　如图6-14所示建筑六层，混凝土阳台，挑阳台轴线长度为3.6m，伸出墙外1.2m，封闭凹阳台轴线长度为4.2m，轴线宽为1.8m，建筑墙厚为240mm，轴线居中，计算阳台的建筑面积。

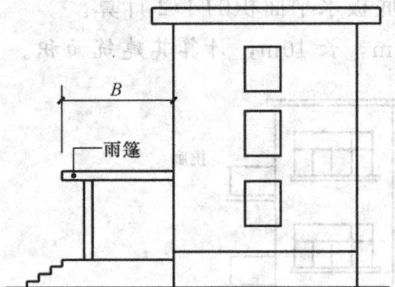

图6-13　建筑入口雨篷

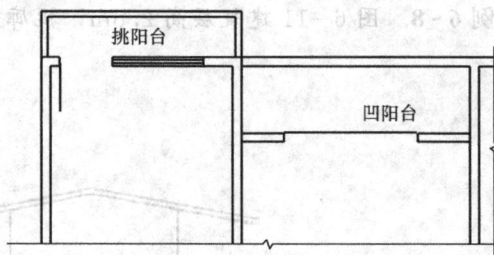

图6-14　阳台

解： $S = [(3.6+0.24) \times 1.2 \text{m}^2 + (4.2-0.24) \times 1.8] \times 0.5 \times 6 = 35.21 (\text{m}^2)$

（19）有永久性顶盖无围护结构的车棚、货棚、站台（图6-15）、加油站、收费站等，应按其顶盖水平投影面积的1/2计算。

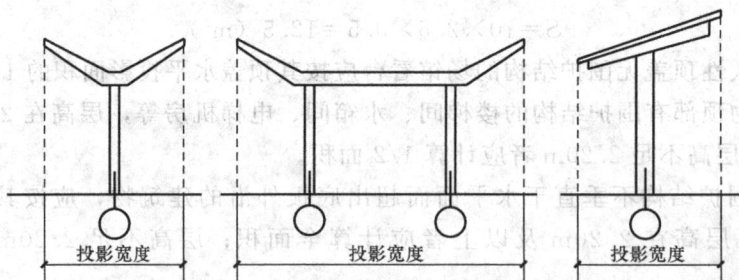

图6-15　车棚、站台

（20）高低联跨的建筑物（图6-16），应以高跨结构外边线为界分别计算建筑面积；其高低跨内部连通时，其变形缝应计算在低跨面积内。

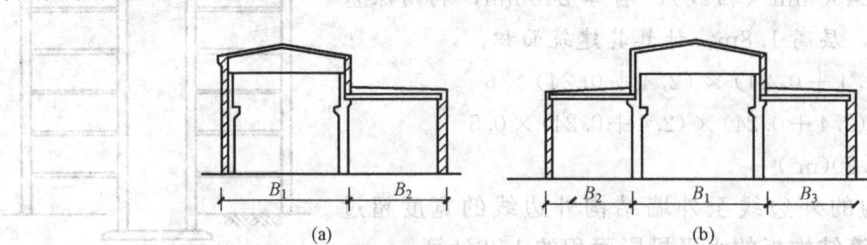

图6-16　高低跨建筑
(a) 两跨的单层厂房；(b) 三跨的单层厂房

例6-12　如图6-16所示两跨的单层厂房和三跨的单层厂房，为高低连跨单层建筑，厂房总长为L（总面宽），分别计算其建筑面积。

解： (1) 图6-16 (a) 高跨面积　　　$S = B_1 L$

低跨面积 $S = B_2 L$

$$S = (B_1 + B_2)L$$

(2) 图 6-16 (b) 高跨面积 $S = B_1 L$

低跨面积 $S = B_2 L + B_3 L$

$$S = (B_2 + B_3)L + B_1 L$$

（21）以幕墙作为围护结构的建筑物，应按幕墙外边线计算建筑面积。

（22）建筑物外墙外侧有保温隔热层的，应按保温隔热层外边线计算建筑面积。

（23）建筑物内的变形缝，应按其自然层合并在建筑物面积内计算。

（24）下列项目不应计算面积：

1）建筑物通道（骑楼、过街楼的底层）。

2）建筑物内的设备管道夹层。

3）建筑物内分隔的单层房间，舞台及后台悬挂幕布、布景的天桥、挑台等（图6-17）。

4）屋顶水箱、花架、凉棚、露台、露天游泳池。

5）建筑物内的操作平台、上料平台、安装箱和罐体的平台（图6-18）。

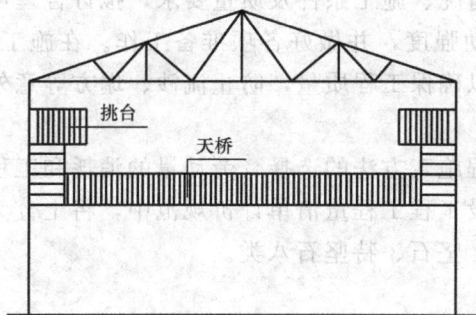

图 6-17　舞台布景天桥、挑台

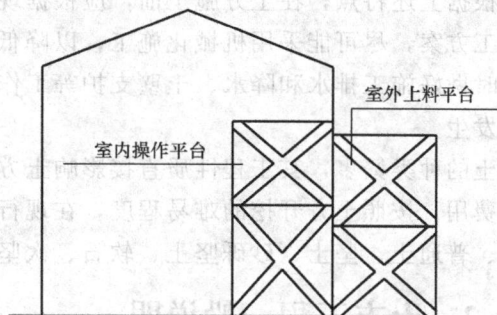

图 6-18　室内外操作平台

6）勒脚、附墙柱、垛、台阶［图6-19（a）］、墙面抹灰、装饰面、镶贴块料面层、装饰性幕墙、空调室外机搁板（箱）、飘窗、构件、配件、宽度在 2.10m 及以内的雨篷［图6-19（b）］以及与建筑物内不相连通的装饰性阳台、挑廊。

7）无永久性顶盖的架空走廊，室外楼梯和用于检修、消防等的室外钢楼梯、爬梯［图6-19（b）］。

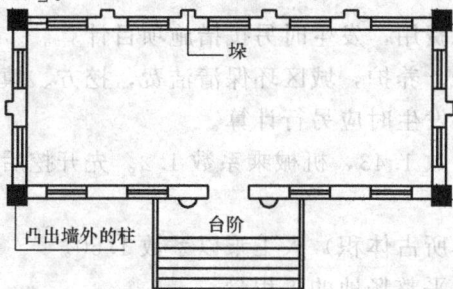

(a)

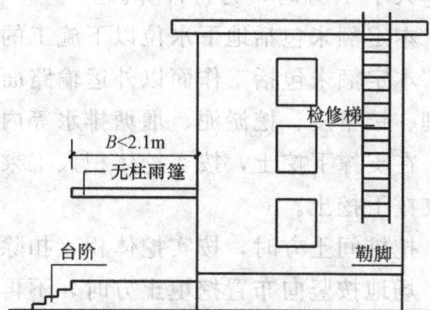

(b)

图 6-19　室外建筑构造

8）自动扶梯、自动人行道。

9）独立烟囱、烟道、地沟、油（水）罐、气柜、水塔、储油（水）池、储仓、栈桥、地下人防通道、地铁隧道。

6.3　土石方工程

6.3.1　土石方工程概述

土石方工程是土木工程施工的主要工种工程之一。土石方工程施工具有以下特点：

（1）面广量大、劳动繁重。一个大型建设项目的施工，其场地平整及基础，道路、管线等的土方施工面积可达几平方千米至几十平方千米，土方量可达数万立方米乃至数百万立方米。

（2）施工条件复杂。土方工程多为露天作业，施工受当地的气候条件影响大，且土的种类繁多、成分复杂，工程地质及水文地质变化多，也对施工影响较大。

根据上述特点，在土方施工前，应根据现场情况、施工条件及质量要求，拟订合理可行的施工方案，尽可能采用机械化施工，以降低劳动强度，并做好各项准备工作。在施工中，应及时做好施工排水和降水、土壁支护等工作，以确保工程质量，防止流沙、塌方等意外事故的发生。

土的种类繁多，其工程性质直接影响土方工程施工方法的选择、劳动量的消耗和工程的施工费用。按照土方开挖的难易程度，在现行建设工程工程量清单计价规范中，将土分为松软土、普通土、坚土、砂砾坚土、软石、次坚石、坚石、特坚石八类。

6.3.2　土方工程一般说明

（1）人工挖土方、沟槽、基坑，定额深度超过 6m 的，按 6m 以内的相应项目基价，每加深 1m 乘以 1.25。如 7m 以内，采用 6m 以内的项目基价乘系数 1.25；8m 以内采用 7m 以内的项目基价乘系数 1.25，以此类推。

（2）干湿土的划分，应根据地质勘测资料以地下常水位为准划分，地下常水位以上为干土，以下为湿土，含水率大于或等于 25% 为湿土，如挖湿土时，人工和机械乘系数 1.18。若含水率大于 40% 时，另行计算。

（3）本定额未包括地下水位以下施工的排水费用，发生时另按措施项目计算。

（4）本定额未包括工作面以外运输路面维修、养护，城区环保清洁费，挖方、填方区的障碍清理、铲草皮、挖淤泥、堰塘排水等内容，发生时应另行计算。

（5）在支护下挖土，按实挖体积人工乘以系数 1.43，机械乘系数 1.2。先开挖后支护的不属于支护下挖土。

（6）挖桩间土方时，按实挖体积（扣除桩体所占体积）人工乘以系数 1.50。

（7）场地按竖向布置挖填土方时，不再计算平整场地的工程量。

（8）挖土中遇含碎石、砾石体积为 31%~50% 的密实黏性土或黄土时，按挖四类土相应项目基价乘以 1.43。碎石、砾石含量超过 50% 时，另行处理。

（9）机械挖土方工程量，按施工组织设计分别计算机械和人工挖土工程量。无施工组织设计时可按机械挖土方 90％，人工挖土方 10％计算。人工挖土部分按相应定额项目人工乘系数 2.0。

（10）推土机推土或铲运机铲土，土层平均厚度小于 30cm 时，推土机台班用量乘以系数 1.25，铲运机台班用量乘以系数 1.17。

（11）挖掘机在垫板上进行作业时，人工、机械乘以系数 1.25，定额内不包括垫板铺设所需的工料、机械消耗。

（12）挖密实的钢碴，按挖四类土人工乘系数 2.5，机械乘系数 1.5。

（13）0.2m³ 抓斗挖土机挖土、淤泥、流沙，按 0.5m³ 抓铲挖掘机挖土、淤泥、流沙定额消耗量乘以系数 2.5 计算。

6.3.3　土方工程量计算

1. 土方工程量计算一般规定

（1）土方体积均以天然密实体积为准计算。如果是虚方体积、夯实体积或松填体积，必须折算成天然密实体积时，可按表 6-1 所列数值换算。

表 6-1　　　　　　　　　　　　　　　土 方 体 积 折 算 表

虚方体积	天然密实度体积	夯实后体积	松填体积
1	0.77	0.67	0.83
1.3	1	0.87	1.08
1.5	1.15	1	1.25
1.2	0.92	0.8	1

（2）建筑物挖土以设计室外地坪标高为准计算。

（3）土方工程量按图示尺寸计算，修建机械上、下坡的便道土方量并入土方工程量内。

（4）清理土堤基础按设计规定以水平投影面积计算，清理厚度为 30cm 内，废土运距按 30m 计算。

（5）人工挖土堤台阶工程量，按挖前的堤坡斜面积计算，运土应另行计算。

（6）管道接口作业坑和沿线各种井、室所需增加开挖的土方工程量：排水管道按 2.5％ 计算；排水箱涵不增加；给水管道按 1.5％ 计算。

（7）竖井挖土方，按设计结构外围水平投影面积乘以竖井高度以 m³ 计算，其竖井高度指实际自然地面标高至竖井底板下表面标高之差。

2. 土方工程的计算规则

（1）挖沟槽、基坑的划分。

1）凡图示沟槽底宽在 3m 以内，且沟槽长大于槽宽三倍以上的为沟槽 [图 6-20 (a)]。

2）凡图示基坑底面积在 20m² 以内的为基坑 [图 6-20 (b)]。图中 a、b 为基础设计尺寸，c 为工作面。

3）沟槽底宽 3m 以外，坑底面积 20m² 以外，平整场地挖土厚度在 30cm 以外，均按挖土方计算。

（2）挖沟槽、基坑土方工程量计算。

1）沟槽、基坑加宽工作面放坡系数按设计图示尺寸计算，无明确规定时，按表 6-2 的规定计算。

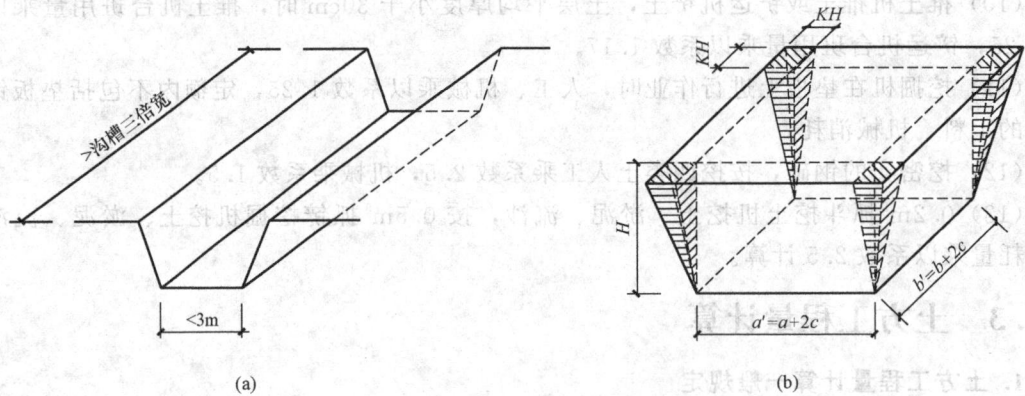

（a）　　　　　　　　　　　　（b）

图 6-20　沟槽、基坑的划分

表 6-2　　　　　　　　　　　　　放 坡 系 数

土壤类别	放坡起点（m）	人工挖土	机 械 挖 土	
			在坑内作业	在坑上作业
一、二类土	1.2	1：0.50	1：0.33	1：0.65
三 类 土	1.5	1：0.33	1：0.2	1：0.5
四 类 土	2	1：0.3	1：0.10	1：0.3

2）挖沟槽、基坑需支挡土板时，其挡土板按各专业施工技术措施项目中相应子目计算。凡放坡部分不得再计算挡土板，支挡土板后不得再计算放坡。

3）基础、构筑物施工所需工作面按表 6-3、表 6-4 的规定计算。

表 6-3　　　　　　　　基础、构筑物施工所需工作面宽度　　　　　　　（单位：cm）

基础、构筑物、材料	每边各增加工作宽度	基础、构筑物、材料	每边各增加工作宽度
砖基础	20	基础垂直面做防水层	80（防水层面）
浆砌毛石、条石基础	15	构筑物（无防潮层）	40
混凝土基础垫层支模板	30	构筑物（有防潮层）	60
混凝土基础支模板	30		

表 6-4　　　　　　　　　　管沟底部每侧工作面宽度　　　　　　　　（单位：cm）

管道结构宽	混凝土管道基础角度90°	混凝土管道基础角度大于90°	金属管道	塑料管道
50 以内	40	40	30	30
100 以内	50	50	40	40
250 以内	60	50	40	40
250 以外	60	50	40	40

建筑物沟槽、基坑工作面放坡，自垫层上表面开始计算。管道沟槽、给排水构筑物沟槽基坑工作面及放坡，自垫层下表面开始计算。

管道结构宽：无管座按管道外径计算，有管座按管道基础外缘计算，构筑物按基础外缘计算，如设挡土板、打钢板桩，则每侧增加 10cm。

挖土交接处产生的重复工程量（图 6 - 21）不扣除。如在同一断面内遇有数类土壤，其放坡系数可按各类土占全部深度的百分比加权计算。

图 6 - 21　挖土交接处的重复工程量

（3）挖沟槽、基坑的土方量计算公式见表 6 - 5。

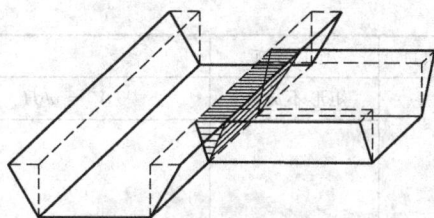

表 6 - 5　　　　　　　　　挖沟槽、基坑的土方量计算公式

项目	施工措施	计 算 公 式	图 示
挖基槽	无工作面不放坡	$V = aHL$	
	有工作面不放坡	$V = (a + 2c)HL$	1. 外墙按图示中心线长度计算；内墙按图示基础底面之间净长度计算；内外突出部分（垛、附墙烟囱等）体积并入沟槽土方工程量内计算 2. 挖管道沟槽按管道中心线长度计算 3. 地下连续墙挖土成槽土方量按连续墙设计长度、宽度和槽深（加超深 0.5m）以 m³ 计算 注： V——土方体积 c——工作面宽 K——放坡系数 L——基槽长度
	有工作面放坡	$V = (a + 2c + KH)HL$	
	有工作面垫层上表面放坡	$V = [a_1 H_2 + (a_2 + 2c + KH)H_1]L$	
	有工作面支撑挡土板	$V = (a + 2c + 2 \times 0.1)HL$	

项目	施工措施	计 算 公 式	图 示
挖地坑	矩形不放坡	$V = abH$	
	有工作面矩形放坡	$V = (a + 2c + KH)(b + 2c + KH)H + 1/3(KH)^2$	
	圆形不放坡	$V = \pi r^2 H$	
	圆形放坡	$V = 1/3\pi H[r^2 + (r + KH)^2 + r(r + KH)]$	

6.3.4　石方工程

1. 石方工程的一般说明

石方爆破定额是按炮眼法松动爆破和无地下渗水积水考虑，防水和覆盖材料未在定额内。采用火雷管可以换算，雷管数量不变。扣除定额中的胶质导线用量，增加导火索用量，导火索的长度按每个雷管 2.12m 计算（抛掷和定向爆破另行处理）。打眼爆破若要达到石料粒径要求，则增加的费用另计。

2. 石方工程的计算规则

（1）石方工程量，按图示尺寸加允许超挖量以 m³ 计算。

（2）沟槽和基坑的深度、宽度每边允许超挖量：较软岩、较坚硬岩为 200mm，坚硬岩为 150mm。

（3）机械拆除混凝土障碍物，按被拆除构件的体积以 m³ 计算。

（4）人工凿钢筋混凝土桩头，按桩截面积乘以被凿断的桩头长度以 m³ 计算。

6.3.5　土石方运输工程

1. 土石方运输工程的一般说明

（1）汽车、重车上坡降效因素，已综合在相应的运输定额项目中，不再另行计算。

（2）汽车运土，运输道路是按一、二、三类道路综合确定的，已考虑了运输过程中，道路清理的人工，如需要铺筑材料时，另行计算。

（3）人工装土、汽车运土时，汽车运土定额乘系数 1.1。

（4）自卸汽车运土，如系反铲挖掘机装土，则自卸汽车运土台班数量乘以系数 1.1；拉铲挖掘机装车，自卸汽车运土台班数量乘以系数 1.2。

（5）自卸汽车运淤泥、流沙，按自卸汽车运土台班数量乘以系数 1.2。

（6）本定额未包括由于河道清理施工封航发生的其他费用和外租设备、船只途中的调遣费。

2. 土石方运输工程的计算规则

（1）土石方运距，应以挖土重心至填土重心或弃土重心最近距离计算，挖土重心、填土重心、弃土重心按施工组织设计确定。如遇下列情况应增加运距：

1）人力及人力车运土石方上坡，坡度在 15％以上，推土机推土、推石碴，铲运机铲运土重车上坡时，如果坡度大于 5％时，其运距按坡度区段斜长乘以表 6 - 6 中系数计算。

表 6 - 6　　　　　　　　　　　　坡度区段斜长系数

项目	推土机、铲运机				人力及人力车
坡度（％）	5～10	15 以内	20 以内	25 以内	15 以上
系　数	1.75	2	2.25	2.5	5

2）采用人力垂直运输土石方，垂直深度每 1m 折合水平运距 7m 计算。

3）拖式铲运机 3m³ 加 27m 转向距离，其余型号铲运机加 45m 转向距离。

（2）余土或取土工程量可按下式计算：

余土外运体积 ＝ 挖土总体积 － 回填土总体积（或按施工组织设计计算）

式中计算结果为正值时为余土外运体积，负值时为取土体积。

6.3.6　土石方回填工程的计算规则

（1）回填土区分夯填、松填，按图示回填体积并依据下列规定，以 m³ 计算：

1）建筑物沟槽、基坑回填土（图 6 - 22）体积，以挖方体积减去设计室外地坪以下埋设砌筑物（包括基础垫层、基础等）体积计算。

$$V ＝ 挖方体积 － 设计室外地坪以下埋设砌筑物$$

或　　　　　$$V ＝ 挖方体积 － 基础垫层体积 － 混凝土体积 － 砖基础体积 ＋$$
$$高出设计室外地坪砖基础体积$$

2）管道沟槽回填，应扣除管径在 200mm 以上的管道、基础、垫层和各种构筑物所占体积。

3）室内回填土，按主墙之间的面积乘以回填土厚度计算。

$$V ＝ 室内净面积 ×（室内外高差 － 地面面层厚 － 地面垫层厚）$$
$$＝ 室内净面积 × 回填土厚度$$

（2）平整场地及碾压工程量计算。

1）平整场地（图 6 - 23），是指建筑场地以设计室外地坪为准±30cm 以内的挖、填土方及找平。平整场地工程量按建筑物外墙外边线每边各加 2m，以 m² 计算。

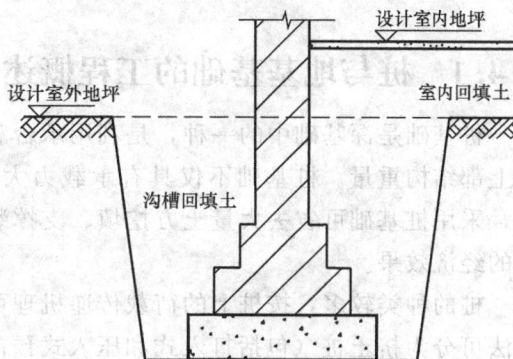

图 6 - 22　沟槽及室内回填

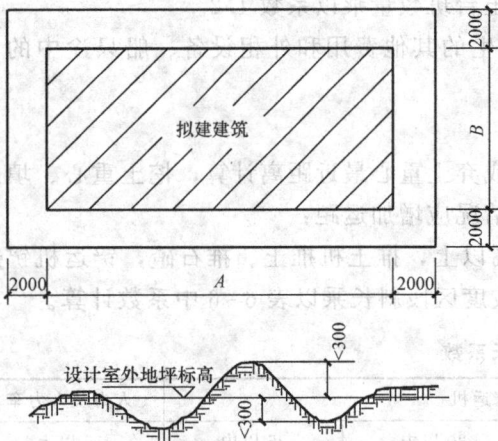
图 6-23 平整场地

基础总长 220m。室外设计地坪以下基础的体积为 227m³，垫层体积为 31m³，基础断面如图 6-24 所示，计算人工挖土、运土、基础回填土及基底钎探的工程量。

解：（1）人工挖基槽：$220 \times [1.4 + 2 \times 0.3 + (1.4 + 2 \times 0.3 + 2 \times 0.33 \times 1.8)] \times 1.8/2 = 1027.4 (\text{m}^3)$

（2）回填土：$1027.4 - (227 + 31) = 769.4 (\text{m}^3)$

（3）弃土外运：$1027.4 - 769.4 = 258 (\text{m}^3)$

（4）基底钎探：$220 \times (1.4 + 2 \times 0.3) = 440 (\text{m}^2)$

2）原土碾压，按图示碾压面积以 m² 计算；填土碾压，按图示填土体积以 m³ 计算。

（3）基底钎探，按图示基底面积以 m² 计算。

（4）围墙、挡土墙、窨井、化粪池等都不计算平整场地。

（5）人工开挖地面需分不同厚度按 m² 计算。

6.3.7 土石方工程计算实例

例 6-13 某住宅楼工程，土质为三类土，基础为 C25 混凝土带形基础，垫层为 C15 混凝土，垫层宽度为 1400mm，挖土深度 1800mm，

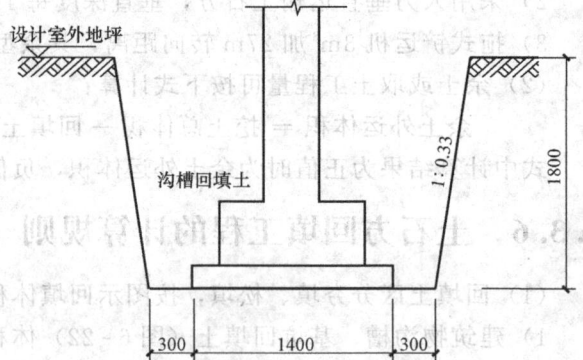
图 6-24 基础断面

6.4 桩与地基基础工程

6.4.1 桩与地基基础的工程概述

桩基础是深基础中的一种，是利用承台和基础梁将深入土中的桩联系起来，以便承受整个上部结构重量。桩基础不仅具有承载力大、沉降量小的特点，而且更便于实现机械化施工，采用桩基础可省去大量土方挖填、支撑装拆及降水排水设施布设等工序，因而能获得较好的经济效果。

桩的种类较多，按桩上的荷载传递机理可分为端承桩和摩擦桩两种类型。按沉桩的施工方法可分为挤土桩（包括打入式和压入式预制桩）、部分挤土桩（包括预钻孔打入式预制桩和部分挤土灌注桩）、非挤土桩（各种非挤土灌注桩）和混合桩等四种类型。按桩的制作方

法可分为预制桩和灌注桩。

6.4.2　桩与地基基础工程的一般说明

（1）桩基础工程属于地下隐蔽工程。其应用范围较为广泛，如建筑、水工、交通、道路、桥梁等工程中。建筑工程预算定额中桩基础工程适用于一般工业与民用建筑工程的桩基基础，不适用于水工建筑、公路桥梁等工程。

（2）桩基础工程定额土壤级别的划分，应根据工程地质资料中的土层构造和土壤物理、力学性能的有关指标，参考纯沉桩时间确定。凡遇有砂夹层者，应首先按砂层情况确定土级；无砂层者，按土壤物理力学性能指标并参考每米平均纯沉桩时间确定。用土壤力学性能指标鉴别土壤级别时，桩长在 12m 以内，相当于桩长的 1/3 的土层厚度应达到所规定的指标。12m 以外，按 5m 厚度确定。定额中未区别土壤级别的项目已综合考虑，在执行中不得另行换算。土质鉴别见表 6-7。

表 6-7　　　　　　　　　　　　　　　土质鉴别表

内　　　容		土 壤 级 别	
		一 级 土	二 级 土
砂夹层	砂层连续厚度	<1m	>1m
	砂层中卵石含量	—	<15%
物理 性能	压缩系数	>0.02	<0.02
	孔隙比	>0.7	<0.7
力学 性能	静力触探值	<50	>50
	动力触探击数（次）	<12	>12
每米纯沉桩时间平均值		<2min	>2min
说　明		桩经外力作用较易沉入的土，土壤中央有较薄的砂层	桩经外力作用较难沉入的土，土壤夹有不超过3m的连续厚度砂层

（3）定额中打预制钢筋混凝土方桩、液压静力压预制钢筋混凝土方桩，未包括接桩费用，如需接桩，应另按接桩定额计算。静力压预应力钢筋混凝土管桩定额已经包括接桩费用，不另行计算。

（4）预应力管桩按购入成品构件考虑。桩头灌芯部分填混凝土的，按人工挖孔桩红砖护壁内灌桩芯定额执行，设计要求设置的钢骨架、钢托板另计，分别按钢筋笼、预埋铁件定额执行。

（5）人工挖孔桩、钻（冲）孔桩，对于岩层划分微风化岩、中风化岩、强风化岩三类。强风化岩不作入岩计算；中风化岩和微风化岩作入岩计算。岩石风化程度的划分见

表6-8。

表 6-8 　　　　　　　　　　　　　　　岩石风化程度的划分

风化程度	特　征
微风化	岩石新鲜，表面稍有风化迹象
中等风化	1. 结构和构造层理清晰
	2. 岩体被节理、裂隙分割成块状（20～50cm），裂缝中填充少量风化物，撞击声脆，且不易击碎
	3. 用镐难挖掘，用岩心钻方可钻进
强风化	1. 结构和构造层理不甚清晰，矿物成分已显著变化
	2. 岩质被节理、裂隙分割成碎石状（2～20cm），碎石用手折断
	3. 用镐可以挖掘，手摇钻不易钻进

（6）单位工程打（灌）桩工程量在表6-9规定数量以内时，其人工、机械量按相应定额项目乘以系数1.25计算。

表 6-9 　　　　　　　　　　　单位工程打（灌）桩工程量规定数量

项　　目	单位工程的工程量（m³）	项　　目	单位工程的工程量（m³）
钢筋混凝土方桩	150	钻孔灌注混凝土桩	60
预应力混凝土管桩	50	打孔灌注、砂、石桩	100
打孔灌注混凝土桩	60	灰土挤密桩	100

（7）焊接桩接头钢材用量，设计与定额用量不同时，可按设计用量换算。

（8）打试验桩，按相应定额项目的人工、机械乘以系数2计算。

（9）打桩打孔，桩间净距离小于4倍桩径（桩边长），按相应定额项目中的人工、机械乘以系数1.13。

（10）定额以打直桩为准，如打斜桩，斜度在1∶6以内者，按相应定额项目乘以1.25，如斜度大于1∶6者，按相应定额项目人工、机械乘以系数1.43。

（11）定额以平地（坡度小于15°）打桩为准，如在堤坡上（坡度大于15°）打桩时，按相应定额项目人工、机械乘以系数1.15；如在基坑内（基坑深度大于1.5m）打桩或在地坪上打坑槽内（坑槽深度大于1m）桩时，按相应定额项目人工、机械乘以系数1.11。

（12）定额各种灌注的材料用量中，均已包括表6-10规定的充盈系数和材料损耗。充盈系数与定额规定不同时可以调整。

表 6-10 　　　　　　　　　　灌注混凝土桩充盈系数和材料损耗

项目	充盈系数	损耗率（%）	项目	充盈系数	损耗率（%）
打孔灌注混凝土桩	1.15	1.5	打孔灌注砂桩	1.15	3
钻孔灌注混凝土桩	1.15	1.5	打孔灌注砂石桩	1.15	3

其中灌注砂石桩除上述充盈系数和损耗率外，还包括级配密实系数1.334。

（13）在桩间补桩或强夯后的地基打桩时，按相应定额项目人工、机械乘以系数1.15。

（14）金属周转材料中，包括桩帽、送桩器、桩帽盖、活瓣桩尖、钢管、料斗等属于周转性使用的材料。

（15）定额未包括送桩后孔洞填孔和隆起土壤的处理费用，如发生时另行计算。

（16）定额未包括施工场地和桩机行驶路面的平整夯实，如发生时另行计算。

（17）场内发生运方桩、管桩，套用运距 400m 以内子目，超过 400m，按混凝土及钢筋混凝土工程有关规定，套相应的定额子目。

（18）预制钢筋混凝土方桩、预应力管桩的价格，包括模板，混凝土、钢筋价格。

（19）预制钢筋混凝土桩端钢帽的制作，按设计图示另行计算，套用预埋铁件有关定额子目。

（20）所有钢筋笼制作和安装、吊焊、锚杆、钢管锚杆制作和安装及 H 型钢焊接等，均按混凝土及钢筋混凝土工程相关规定执行。基坑大型钢支撑安装、拆除，按施工技术措施项目相关规定执行。

6.4.3 桩与地基基础工程的计算规则

（1）预制钢筋混凝土桩。

1）预制钢筋混凝土桩的体积，按设计桩长（不扣除桩尖）乘以桩截面面积计算。管桩的空心体积应扣除。如果管桩的空心部分按设计要求灌注混凝土或其他填充材料时，应另行计算。

2）液压静力压方桩的体积，按设计桩长（不扣除桩尖）乘以桩截面面积计算。

3）液压静力压管桩，按设计桩长（不扣除桩尖）乘以桩截面面积计算。桩头灌芯按设计尺寸以灌注实体积计算。

（2）送桩。按桩截面面积乘以送桩长度（即自设计桩顶面至设计室外地坪面另加 0.5m）计算。

（3）接桩。焊接接桩按设计接头以个计算；硫磺胶泥接桩按桩断面乘以接头个数以平方米计算。

（4）打孔灌注桩。

1）砂桩、碎石桩、砂石桩的体积，按设计规定的桩长（不扣除桩尖）乘以钢管管箍外径截面面积计算。

2）打孔前先埋入预制混凝土桩尖再灌注混凝土者，桩尖按混凝土及钢筋混凝土工程有关规定以 m³ 计算。打孔灌注桩、振动沉管灌注桩，按设计桩长（自桩尖顶面至桩设计顶面高度）增加 0.25m，乘以钢管管箍外径截面面积计算。

3）复打桩体积，按灌注桩设计桩长增加空段长度（自设计室外地面至设计桩顶距离）乘以钢管管箍外径截面面积计算，套相应的复打定额子目。复打前的工程量按 2）款计算，套用打孔灌注桩相应子目。

（5）钻孔灌注桩。

1）按设计桩长（包括桩尖）增加 0.25m，乘以设计断面面积计算。

2）泥浆池建造、拆除及泥浆运输工程量，均按钻孔体积以 m³ 计算。

（6）人工挖孔桩（混凝土护壁），按设计桩芯加混凝土护壁的横断面面积乘以挖孔深度，

以 m^3 计算（设计桩为圆柱体或分段圆台体）。如设计混凝土强度等级及种类与定额不同时可以换算。挖孔深度与设计桩长不同时，另行计算。

（7）人工挖孔桩（红砖护壁，不含桩芯），按设计桩芯加红砖护壁的横断面面积乘以挖孔深度以挖土体积计算（设计桩为圆柱体或分段圆台体）。

（8）红砖护壁内浇混凝土桩芯，按设计混凝土桩芯的横断面面积乘以桩芯设计长度以 m^3 计算，混凝土桩芯如设计强度等级及种类与定额不同时可以换算。

（9）人工挖孔桩的入岩增加费，按设计入岩部分的体积计算，竣工结算时，按实调整。

（10）夯扩桩单桩体积为 ［设计桩长＋（夯扩投料长度－0.2×夯扩次数）×0.88］＋0.25m 乘以外钢管管箍外径截面面积，以 m^3 计算。夯扩投料长度为夯扩次数的投料累计长度。

（11）粉喷桩，按设计桩长乘以设计断面面积计算。

（12）粉喷桩复喷，按设计复喷桩长乘以设计断面面积计算。

（13）灰土挤密桩，按设计桩长（不扣除桩尖）乘以钢管下端最大外径截面面积计算。

（14）高压旋喷水泥桩，按设计长度以延长米计算，空孔部分另行计算。

（15）现浇混凝土导墙，按图示尺寸实体体积以 m^3 计算，不扣除构件内钢筋、预埋铁件及墙中 $0.3m^2$ 内的孔洞所占的体积，现浇混凝土模板的制作、安拆，按施工措施技术项目有关规定执行。

（16）地下连续墙体积按设计长度×宽度×槽深（加超深 0.5m）以 m^3 计算。

（17）锁口管和清底置换，以段为单位（段指槽壁单元槽段），锁口管吊拔，按连续墙段数加 1 段计算，定额中已包括锁口管的摊销费用。

（18）SMW 工法地下连续隔渗墙工程量，按墙长×桩直径×墙深×1.134 5（折算系数）计算。

（19）锚杆护壁计算。

1）锚杆钻孔，不分孔径按入土长度以延长米计算；入岩增加费不分孔径按入岩长度以延长米计算。

2）喷射混凝土工程量，按设计图样以 m^2 计算，定额中未包括搭设平台的费用。

3）护坡砂浆土钉，按设计图样以吨计算。

（20）深层水泥搅拌桩，按桩径截面面积乘桩长计算。桩长按设计桩顶标高至桩底长度另加 0.5m 计算；若设计桩顶标高至设计室外地坪小于 0.5m 或已达设计室外地坪时，另加长度应小于 0.5m 或不计。空搅部分的长度，按设计桩顶标高至设计室外地坪的长度减去另加长度计算。

（21）钢桩尖，按设计图示尺寸以重量计算。

（22）压力灌浆微型桩，按设计区分不同直径按主杆桩体长度计算。

6.4.4　桩与地基基础工程计算实例

例 6-14　某工程用截面 400mm×400mm、长 12m 的预制钢筋混凝土方桩 560 根（现场制作），设计桩长 24m（包括桩尖），采用轨道式柴油打桩机，土壤级别为一级土，采用包钢板焊接接桩，已知桩顶标高为 -4.1m，室外设计地面标高为 -0.30m，试计算桩基础的直接工程费。

解：（1）计算分部分项工程量。

1）预制方桩制作

$$V = 0.4 \times 0.4 \times 24 \times 280 \times 1.02 \text{m}^3 = 1096.7 \text{m}^3$$

2）轨道式柴油打桩机打预制方桩（一级土，12m 桩长）

$$V = 0.4 \times 0.4 \times 24 \times 280 \times 1.015 \text{m}^3 = 1091.33 \text{m}^3$$

3）预制方桩运输

$$V = 0.4 \times 0.4 \times 24 \times 280 \times 1.019 \text{m}^3 = 1095.63 \text{m}^3$$

4）柴油打桩机送桩（桩长 12m，送桩深度 4m 以外）

$$V = 0.4 \times 0.4 \times (4.1 - 0.3 + 0.5) \times 280 \text{m}^3 = 192.64 \text{m}^3$$

5）预制桩包钢板焊接接桩

$$N = 280 \text{个}$$

（2）计算直接工程费（以湖北省建筑工程预算定额为例）。

根据分部分项工程名称，查找相应定额子目，计算直接工程费，计算结果见表 6 - 11。

表 6 - 11　　　　　　　　　　　　　单位工程概预算表

项目文件：预算书 1

序号	定额编号	子 目 名 称	工程量		价值（元）		其中	
			单位	数量	单价	合价	人工费（元）	材料费（元）
1	A4-62	预制混凝土构件方桩 C30	10m³	109.67	2492.51	273 354	43 758	205 263
2	A2-1	轨道式柴油打桩机打预制方桩桩长在（米以内）12 一级土	10m³	109.13	7561.96	825 259	41 940	662 187
3	A2-33	场内运方桩、管桩运距 400m 以内	10m³	109.56	944.94	103 530	39 443	
4	A2-11	柴油打桩机送预制方桩桩长在 12m 以内送桩深度（一级土）4m 以外	10m³	19.26	2547.27	49 071	12 362	996
5	A2-83	电焊接桩连接件（包钢板）	10 个	28.00	6205.93	173 766	16 094	62 916
6		合计				1 424 980	153 597	931 362

6.5　砌筑工程

6.5.1　砌筑工程的概述

砌体工程是土木施工中的主要工种工程之一。砌体工程是指用砂浆砌筑烧结普通砖和多孔砖、蒸压灰砂和粉煤灰砖、普通混凝土和轻骨料混凝土小型砌块以及石材等。

砌筑工程按施工部位和砌体材料分为砖基础，砖砌体，砖构筑物，砌块砌体，石砌体，砖散水、地坪、地沟。

6.5.2 砌筑工程的一般说明

1. 砌砖、砌块

（1）定额中砖的规格，是按标准砖编制的；各种砖砌体的砖、砌块是按表6-12中的规格编制的，规格不同时，可以换算。

表6-12　　　　　　　　　　　　　　　　砖砌体的砖、砌块规格

砖名称	长（mm）×宽（mm）×高（mm）
页岩模数多孔砖	190×240×90；140×240×90；90×240×90；190×120×90
硅酸盐空心砌块（双孔）	390×190×190
硅酸盐空心砌块（单孔）	190×190×190；190×190×190
蒸压灰砂砖	240×115×53
膨胀珍珠岩小型空心砌块	390×140×190；390×190×190；390×90×190；390×115×190
膨胀珍珠岩小型实心砌块	240×180×120；390×90×90
陶粒砌块	A型 390×190×190；B型 190×190×190；C型 390×90×190；D型 190×90×190
蒸压粉煤灰砖	240×115×53
页岩标准砖	240×115×53
混凝土小型砌块	390×190×190
泡沫混凝土砌块	390×90×190；190×90×190；390×190×190；190×190×190

（2）混凝土小型砌块墙已包括镶砌标准砖及填灌细石混凝土。

（3）砖墙定额中已包括先立门窗框的调直用工，以及腰线、窗台线、挑檐等一般出线用工。

（4）砖砌体均包括了原浆勾缝用工，加浆勾缝时，另按相应定额计算。

（5）填充墙以填炉渣、炉渣混凝土为准，如实际使用材料与定额不同时允许换算，其他不变。

（6）硅酸盐砌块、加气混凝土砌块墙，是按水泥混合砂浆编制的，如设计使用水玻璃矿渣等胶粘剂为胶合料时，应按设计要求另行换算。

（7）圆形烟囱基础，按砖基础定额执行，人工乘以系数1.20。

（8）砖砌挡土墙，2砖以上执行砖基础定额；2砖以内执行砖墙定额。

（9）项目中砂浆系按常用规格、强度等级列出，如与设计不同时，可以换算。

如采用商品混凝土砂浆时，商品混凝土砂浆价格与定额子目中相应的砂浆价格的差额作价差处理，另商品混凝土砂浆价格中每立方米砂浆应扣减：人工（普工）0.429工日，灰浆搅拌机200L 0.165台班。

（10）围墙按实心砖砌体编制，如砌空花、空斗等其他砌体围墙，可分别按墙身、压顶、砖柱等套用相应定额。

（11）砖砌圆弧形空花墙、空心砖墙及圆弧形砌块砌体墙，按直形墙相应定额项目人工乘以系数1.1。

（12）砖砌明沟，净空断面（深×宽）是按190mm×260mm编制的，断面不同时，材

料可按实际换算，人工、机械不变。

2. 砌石

（1）定额中粗、细料石（砌体）墙按 400mm×220mm×200mm 规格编制，柱按 450mm×220mm×200mm 规格编制，踏步石按 400mm×220mm×100mm 规格编制。

（2）毛石墙镶砖墙身是按内背镶 1/2 砖编制的，墙体厚度为 600mm。

（3）毛石护坡高度超过 4m 时，定额人工乘以系数 1.15。

（4）毛石护坡定额中已综合计入了勾缝用工料。

（5）砌筑圆弧形石砌体基础、墙（含砖石混合砌体），按定额项目人工乘以系数 1.10。

3. 地下管道的敷设

地下管道的敷设未包括土方工日及管底垫层，发生时按相应子目计算。

6.5.3　砌筑工程的计算规则

1. 基础与墙身（柱身）的划分

（1）基础与墙（柱）身使用同一种材料时，以设计室内地面为界（有地下室者，以地下室室内设计地面为界），以下为基础，以上为墙（柱）身 [图 6-25（b）、图 6-25（c）]。

（2）基础与墙身使用不同材料时，位于设计室内地面为±300mm 以内时，以不同材料为界线，超过±300mm 时，以设计室内地面为界线 [图 6-25（a）]。

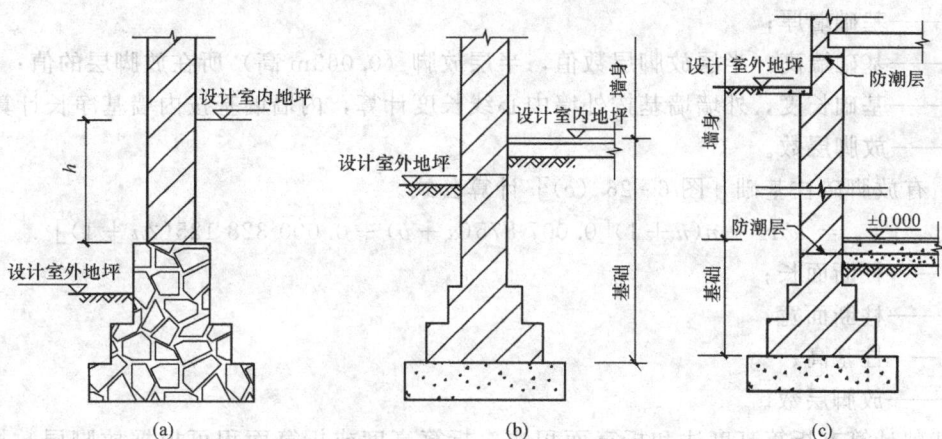

图 6-25　基础与墙身的划分

（3）砖、石围墙以设计室外地坪为分界线，以下为基础，以上为墙身。

2. 砖砌基础的工程量计算

砖基础不分墙厚和高度，按图示尺寸以 m³ 计算。

基础长度：外墙墙基按外墙中心线长度计算，内墙墙基按内墙基净长计算。基础大放脚 T 形接头处的重叠部分以及嵌入基础的钢筋、铁件、管槽、基础防潮层，以及单个面积在 0.3m² 以内孔洞所占体积不予扣除，但靠墙暖气沟的挑砖也不增加。附墙垛基础宽出部分体积应并入基础工程量内。

砖基础大放脚有等式和不等高式两种砌法，计算公式是：

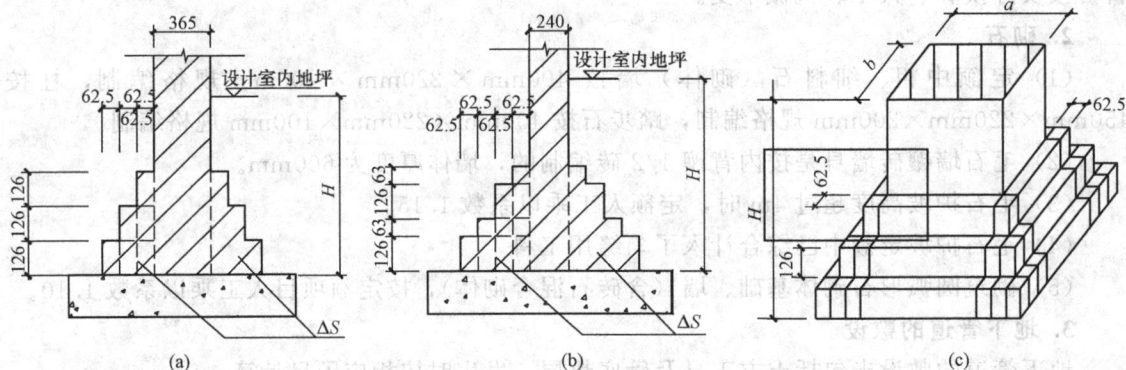

图 6 - 26 大放脚砖基础

(a) 等高式；(b) 不等高式；(c) 砖柱放脚

(1) 等高式放脚砖基础 [图 6 - 26 (a)] 计算公式。

$$V_基 = (基础墙厚 \times 基础墙高 + 放脚增加面积) \times 基础长$$
$$= [bH + 0.126 \times 0.062\,5n(n+1)]L \qquad (6-1)$$

(2) 不等高式放脚砖基础 [图 6 - 26 (b)] 计算公式。

$$V_基 = \{bH + 0.126 \times 0.062\,5[n(n+1) - \sum 半层放脚层数值]\}L \qquad (6-2)$$

式中 b——基础墙厚；

H——基础墙高，半层放脚层数值，半层放脚（0.063m 高）所在放脚层的值；

L——基础长度，外墙墙基按外墙中心线长度计算，内墙墙基按内墙基净长计算；

n——放脚层数。

(3) 有放脚砖柱基础 [图 6 - 26 (c)] 计算公式。

$$V_{砖基} = abH + n(n+1)[0.007\,875(a+b) + 0.000\,328\,125(2n+1)] \qquad (6-3)$$

式中 a——柱断面长；

b——柱断面宽；

H——柱基高；

n——放脚层数。

砖基础计算有折算高度法和折算面积法，折算高度或折算面积可根据放脚层数按表 6 - 13 查取。

表 6 - 13   折算高度法和折算面积法数据表

放脚层数	折加高度（m）								增加断面面积（m²）	
	1/2 砖		1 砖		1.5 砖		2 砖			
	等高	不等高	等高	不等高	等高	不等高	等高	不等高	等高	不等高
1	0.137	0.137	0.066	0.066	0.043	0.043	0.032	0.032	0.015 75	0.015 75
2	0.411	0.342	0.197	0.164	0.129	0.108	0.096	0.08	0.047 25	0.039 38
3			0.394	0.328	0.259	0.216	0.193	0.161	0.094 5	0.078 75
4			0.656	0.525	0.432	0.345	0.321	0.253	0.157 5	0.126
5			0.984	0.788	0.647	0.518	0.482	0.38	0.236 3	0.189

续表

放脚层数	折加高度（m）								增加断面面积（m²）	
	1/2 砖		1 砖		1.5 砖		2 砖			
	等高	不等高	等高	不等高	等高	不等高	等高	不等高	等高	不等高
6			1.378	1.083	0.906	0.712	0.672	0.58	0.330 8	0.259 9
7			1.838	1.444	1.208	0.949	0.9	0.707	0.441	0.346 5
8			2.363	1.838	1.553	1.208	1.157	0.9	0.567	0.441 1

3. 砖砌墙体工程的计算规则

1）计算墙体时，应扣除门窗洞口、过人洞，空圈、嵌入墙身的钢筋混凝土柱、梁（包括过梁、圈梁、挑梁）、砖平拱、钢筋砖过梁和暖气包壁龛的体积。不扣除梁头、内外墙板头、檩头、垫木、木楞头、沿椽木、木砖、门窗走头、砖墙内的加固钢筋、木筋、铁件、钢管及每个面积在 0.3m² 以下的孔洞等所占的体积。突出墙面的窗台虎头砖、压顶线、山墙泛水、烟囱根、门窗套及三皮砖以内的腰线和挑檐等体积也不增加。

2）砖垛、三皮砖以上的腰线和挑檐等体积，并入墙身体积内计算。

3）附墙烟囱（包括附墙通风道，垃圾道）按其外形体积计算，并入所依附的墙体积内，不扣除每一个孔洞横截面在 0.1m² 以下的体积，但孔洞内的抹灰工程量也不增加。

4）女儿墙高度自外墙顶面至图示女儿墙顶面，分别不同墙厚并入外墙计算。

$$墙体体积＝（墙体长度×墙体高度－门窗洞口面积）×墙厚－嵌入墙体$$
$$内的钢筋混凝土柱、圈梁、过梁体积＋砖垛、女儿墙等体积 \qquad (6-4)$$

（1）墙的长度：外墙长度按外墙中心线长度计算，内墙长度按内墙净长线计算。

（2）墙身高度按下列规定计算：

1）外墙墙身高度。斜（坡）屋面无檐口顶棚者算至屋面板底；有屋架，且室内外均有顶棚者，算至屋架下弦底面另加 200mm；无顶棚者算至屋架下弦底加 300mm，出檐宽度超过 600mm 时，应按实砌高度计算；平屋面算至钢筋混凝土板面。

2）内墙墙身高度。位于屋架下者，其高度算至屋架底；无屋架者算至顶棚底另加 100mm。有钢筋混凝土楼板隔层者算至板面；有框架梁时算至梁底面。

3）内、外山墙墙身高度。按其平均高度计算。

（3）墙的厚度：按设计图示尺寸计算，不同厚度的墙体工程量分别计算和汇总。

1）标准砖以 240mm×115mm×53mm 为准，其砌体计算厚度，按表 6-14 计算。

表 6-14　　　　　　　　　　　**标准砖砌体计算厚度表**

砖数（厚度）	1/4	1/2	3/4	1	1.5	2	2.5	3
计算厚度（mm）	53	115	180	240	365	490	615	740

2）使用非标准砖时，其砌体厚度应按砖实际规格和设计厚度计算。

4. 围墙工程的计算规则

定额中，已综合了柱、压顶、砖拱等因素，不另计算。围墙以设计长度乘以高度计算。高度以设计室外地坪至顶面：

（1）有砖压顶算至压顶顶面。

（2）无压顶算至围墙顶面。

（3）其他材料压顶算至压顶底面。

5. 其他砌体工程的计算规则

（1）框架间砌体，以框架间的净空面积乘以墙厚计算，框架外表镶贴砖部分也并入框架间砌体工程量内计算。

（2）空花墙按空花部分外形体积以 m³ 计算，空花部分不予扣除，其中实砌体部分以 m³ 另行计算。

（3）空斗墙按外形尺寸以 m³ 计算，墙角、内外墙交接处、门窗洞口立边、窗台砖及屋檐处的实砌部分已包括在定额内，不另行计算。但窗间墙、窗台下、楼板下、梁头下等实砌部分，应另行计算，套零星砌体定额项目。

（4）多孔砖墙、空心砖墙、硅酸盐空心砌块、硅酸钙空心砌块等，按图示尺寸以 m³ 计算，不扣除其本身孔、空心部分体积。

（5）填充墙按外形尺寸以 m³ 计算，其中实砌部分已包括在定额内，不另计算。

（6）加气混凝土墙、硅酸盐砌块墙、水泥煤渣空心墙，按图示尺寸以 m³ 计算。按设计规定需要镶嵌砖砌体部分已包括在定额内，不另计算。

（7）毛石墙、方整石墙、料石墙，按图示尺寸以 m³ 计算，如有砖砌门窗口立边、窗台虎头砖、腰线等，按图示尺寸以零星砌体计算。

（8）毛石墙勾缝、料石墙勾缝、水池墙面开槽勾缝，以垂直投影面积计算。

6. 砖平拱、钢筋砖过梁工程的计算规则

砖平拱、钢筋砖过梁，按图示尺寸以 m³ 计算。如设计无规定时，砖平拱按门窗洞口宽度两端共加 100mm，乘以高度（门窗洞口宽小于 1500mm 时，高度为 240mm；洞口宽大于 1500mm 时，高度为 365mm）计算；钢筋砖过梁按门窗洞口宽度两端共加 500mm，高度按 440mm 计算。

7. 砖柱工程的计算规则

砖柱按实砌体积以 m³ 计算，柱基套用相应基础项目。

8. 零星砖砌体工程的计算规则

（1）砖砌锅台、炉灶不分大小，均按图示外形尺寸以 m³ 计算，不扣除各种空洞的体积。

（2）砖砌台阶（不包括梯带）按水平投影面积以 m² 计算。

（3）地垄墙按实砌体积套用砖基础定额。

（4）厕所蹲台、水槽腿、煤箱、暗沟、台阶挡墙或梯带、花台、花池及支撑地楞的砖墩、房上烟囱及毛石墙的门窗立边、窗台虎头砖等，按实砌体积，以 m³ 计算。可套用零星砌体定额项目。

（5）砖砌地沟按墙基、墙身合并以 m³ 计算。料石砌地沟按其中心线长度以延长米计算。

（6）沟铸铁盖板安装按实铺长度以延长米计算。

（7）砌体内的钢筋加固，应根据设计规定，以 t 计算。套用砌体加固项目。

（8）地下管道敷设，分不同管径按图示尺寸以长度计算。

9. 砖砌构筑物工程的计算规则

（1）砖烟囱。

1）其筒身圆形、方形均按图示筒壁平均中心线周长乘以厚度乘以高度，并扣除筒身各种孔洞、钢筋混凝土圈梁、过梁等体积以 m³ 计算，其筒壁周长不同时可按下式分段计算：

$$V = \sum HC\pi D \tag{6-5}$$

式中　V——筒身体积；

　　　H——每段筒身垂直高度；

　　　C——每段筒壁厚度；

　　　D——每段筒壁中心线的平均直径。

2）砖基础与砖筒身以砖基础大放脚的扩大顶面为界。砖基础以下的混凝土或混凝土底板，按相应的定额计算。

3）烟道、烟囱内衬，按不同内衬材料并扣除孔洞后，以图示实体积计算。

4）烟囱内衬填料，按烟囱内衬与筒身之间的中心线平均周长乘以图示宽度和筒高，并扣除各种孔洞所占体积（但不扣除连接横砖及防沉带的体积）后以 m³ 计算（填料所需人工已包括在砌内衬子目内，填料根据不同设计材料按实计计算）。

5）烟囱内表面涂抹隔热层，套用《防腐、隔热、保温工程》中相应子目计算。

6）烟道砌砖，烟道与炉体的划分以第一道闸门为界，炉体内的烟道部分列入炉体工程量计算。

（2）砖砌水塔。

1）水塔基础与塔身划分，以砖砌体的扩大部分顶面为界，以上为塔身，以下为基础，分别套用相应的基础砌体定额计算。

2）塔身以图示实砌体积计算，并扣除门窗洞口和混凝土构件所占的体积，砖平拱及砖出檐等并入塔身体积内计算，套水塔砌筑定额。

3）砖水箱内外壁，不分壁厚均以图示实砌体积计算，可套用相应的砖墙及其他定额计算。

6.5.4　砌筑工程的计算实例

例 6-15　根据图 6-27 所示基础工程施工图的尺寸，计算砖基础的工程量。

解：计算砖基础工程量：

$$V_基 = 基础断面积 \times 基础长 - V_扣$$

（1）外墙砖基础长 $L_外$（$L_中$）。

$$L_外 = [(4.5 + 2.4 + 5.7) + (3.9 + 6.9 + 6.3)] \times 2 = 59.40(m)$$

（2）内墙砖基础长 $L_内$。

$$L_内 = (5.7 - 0.24) + (8.1 - 0.12) + (4.5 + 2.4 - 0.24)$$
$$+ (6.0 + 4.8 - 0.24) + (6.3 - 0.12)$$
$$= 36.84(m)$$

（3）扣除占砖基础内其他构件的工程量 $V_扣$。

$$V_{扣柱} = 0$$

（4）砖基础的工程量 $V_{砖基}$。

$$V_{砖基} = (dh + \Delta s)L = (0.24 \times 1.5 + 0.094\,5) \times (59.4 + 36.84) = 43.74(m^3)$$

或

$$V_{砖基} = d(h + \Delta h)L = 0.24 \times (1.5 + 0.394) \times$$
$$(59.4 + 36.84) = 43.74(m^3)$$

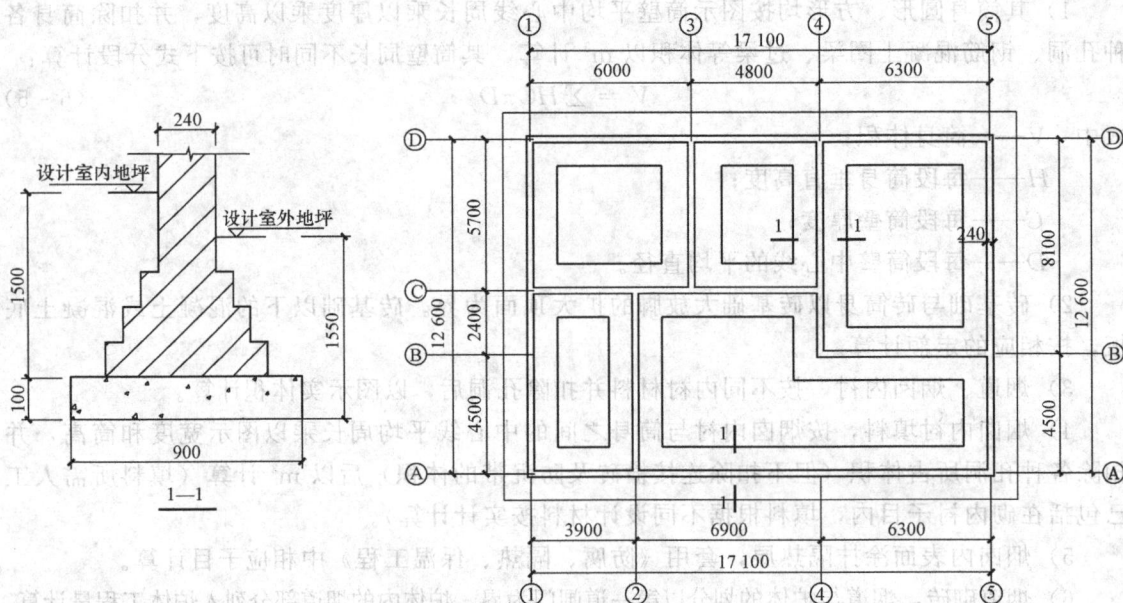

图 6-27 基础平面及断面图

6.6 钢筋混凝土工程

6.6.1 钢筋混凝土工程的概述

混凝土结构是土木工程结构的主要形式之一。混凝土结构工程由模板工程、钢筋工程和混凝土工程三个主要工种工程组成。

在钢筋混凝土工程施工的三个工种工程中，钢筋工程和混凝土工程是依据施工图（主要是结施图中设计表达的内容）应完成的实体项目，而模板工程是为完成实体项目而采取的措施。目前，在建设工程工程量清单计价规范和定额计价中均把模板工程归为措施项目，这部分内容在后面论述。

6.6.2 钢筋混凝土工程的一般说明

（1）捣制基础圈梁，套用捣制圈梁的定额。箱式满堂基础按部位拆成三个部分，分别套用相应的满堂基础、墙、板定额计算。

（2）构造柱只适用先砌墙后浇柱的情况，如构造柱为先浇柱后砌墙者，不论断面大小，均按周长 1.2m 以内捣制矩形柱定额执行。墙心柱按构造柱定额及相应说明执行。

（3）杯口基础顶面低于自然地面，填土时的围笼处理按实结算。

（4）捣制整体楼梯，如休息平台为预制构件，仍套用捣制整体楼梯，预制构件不另计算；阳台为预制空心板时，应计算空心板体积套用空心板相应子目。

（5）毛石混凝土，系按毛石占混凝土体积 20% 计算的，如设计要求不同时，可以换算。

（6）现浇混凝土构件中零星构件项目，是指每件体积在 0.05m^3 以内的未列定额项目的构件。小立柱是指周长在 48cm 内、高度在 1.5m 内的现浇独立柱。

（7）依附于柱上的悬挑梁为悬臂结构件，依附在柱上的牛腿可支承吊车梁或屋架等。

（8）预应力构件中的非预应力钢筋按预制钢筋相应项目计算。

（9）设计图样（含标准图集）未注明的钢筋接头和施工损耗已综合在定额项目内。

（10）非预应力钢筋不包括冷加工，如设计要求冷加工时，另行计算。

（11）预应力钢筋如设计要求人工时效处理时，应另行计算。

6.6.3　钢筋混凝土工程的计算规则

1. 现浇混凝土构件的计算规则

计算现浇混凝土工程量，除另有规定者外，均按图示尺寸实体体积以 m^3 计算。不扣除构件内钢筋、预埋铁件及墙、板中 0.3m^2 内的孔洞所占体积。

混凝土基础与墙或柱现浇时，均按基础扩大顶面为界划分（图 6-28），基础扩大顶面以下以基础计量，以上以墙或柱计量。

（1）现浇混凝土基础的计算规则。现浇混凝土基础按形式可分为条形基础、独立基础、筏形基础、设备基础。

1）条形基础。

①墙（柱）下钢筋混凝土条形（带形）基础 [图 6-29（a）]。

$$V = \left(Bh_1 + \frac{B+b}{2}h_2\right)(L_{中} + L_{内}) \qquad (6-6)$$

②有梁式（带肋）带形基础（$h_3 \leqslant 4b$）[图 6-29（b）]。

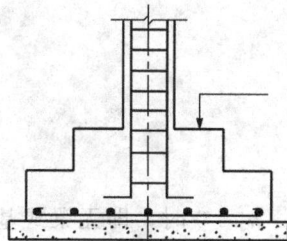

图 6-28　基础与柱（或墙）的划分

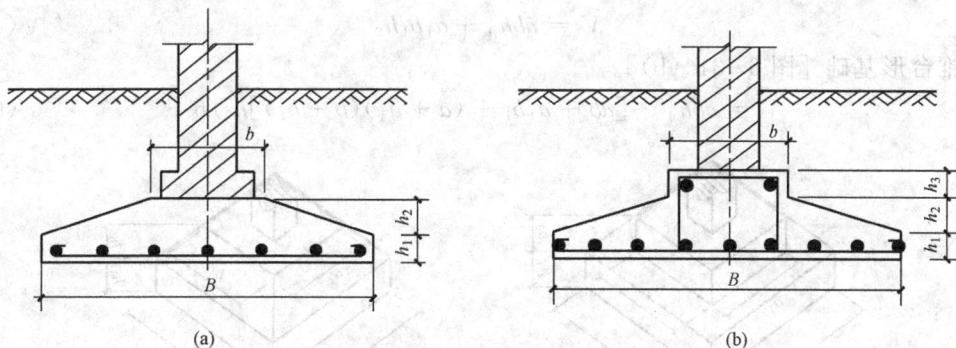

图 6-29　带形基础设计断面图
(a) 墙下带形基础断面；(b) 有梁式带形基础断面

有肋式带形基础，肋高与肋宽之比在 4：1 以内的按有肋式带形基础计算；肋高与肋宽之比超过 4：1 的，其底板按板式带形基础计算，以上部分按墙计算。

$$V = \left(Bh_1 + \frac{B+b}{2}h_2 + bh_3\right)(L_{中} + L_{内}) \qquad (6-7)$$

式（6-6）、式（6-7）中，B、b、h_1、h_2、h_3均为图示设计尺寸，$L_{中}$、$L_{内}$分别为外墙中心线长和内墙净长，依据基础平面布置图中的设计尺寸计算。

在计算相交的条形基础混凝土工程量时，应注意基础搭接处的工程量计算（图6-30）。

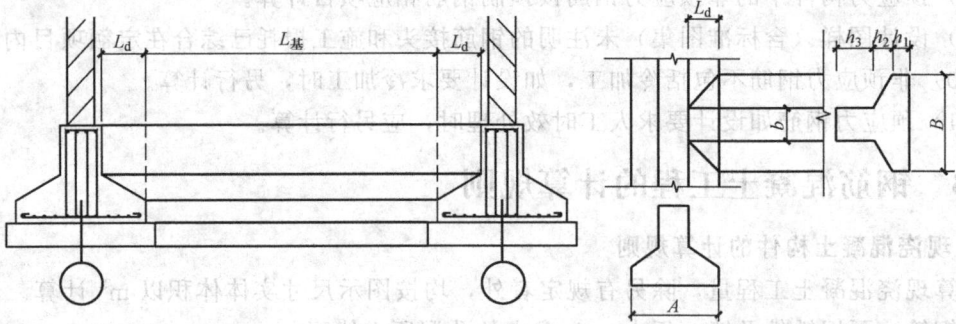

图6-30　垂直相交的条形基础

$$V_d = L_d h_2 \frac{B+2b}{6} \tag{6-8}$$

$$V_d = L_d \left(b h_3 + h_2 \frac{B+2b}{6} \right) \tag{6-9}$$

式中　$h_3=0$时，即无梁式基础。

需要注意的是，在同一横截面有一阶使用了模板的条形基础，均按带形基础相应定额项目执行；未使用模板而沿槽浇灌的带形基础，按混凝土基础垫层执行；使用了模板的混凝土垫层按相应定额执行。

2）单独基础。

①阶台形基础［图6-31（a）］。

$$V = abh_1 + a_1 b_1 h_2 \tag{6-10}$$

②锥台形基础［图6-31（b）］。

$$V = abh_1 + [ab + a_1 b_1 + (a+a_1)(b+b_1)]h_2/6 \tag{6-11}$$

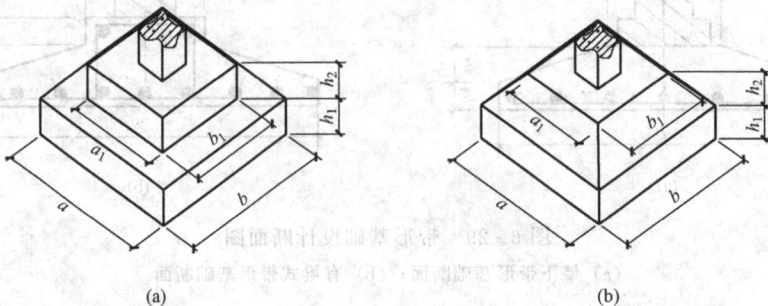

(a)　　　　　　　　　(b)

图6-31　独立基础

3）筏形基础——满堂基础。

①无梁式筏形基础［图6-32（a）］。

$$V = 底板长 \times 宽 \times 板厚 + 柱墩体积 \times 柱墩个数 \qquad (6-12)$$

②有梁式筏形基础 [图 6-32 (b)]。

$$V = 底板长 \times 宽 \times 板厚 + \sum (梁断面面积 \times 梁长) \qquad (6-13)$$

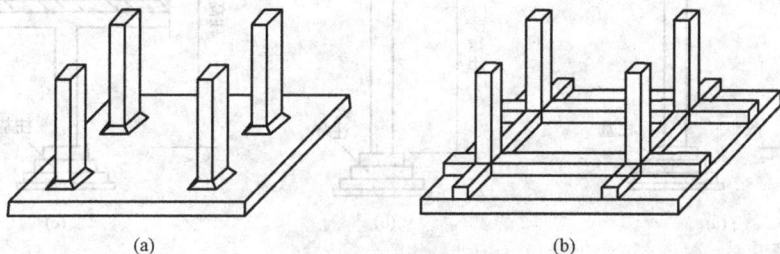

(a)　　　　　　　　　　　　　(b)

图 6-32　筏形基础

(a) 无梁式筏形基础；(b) 有梁式筏形基础

4) 杯形基础 (图 6-33)。杯形基础的颈高大于 1.2m 时（基础扩大顶面至杯口底面 $H\text{-}h$），按柱的相应定额执行，其杯口部分和基础合并按杯形基础计算。

5) 设备基础。设备基础除块体外，其他类型设备基础分别按基础、梁、柱、板、墙等有关规定计算。框架式设备基础应分别按基础、柱、梁、板相应定额以体积计算工程量。楼层上的设备基础，以梁板体积和套用有梁板定额执行。

6) 箱形基础的工程量应分解计算。底板按无梁满堂基础定额项目以 m^3 计算。顶板按现浇板体积执行板定额。内外纵横墙体或柱按体积分别执行墙体或柱定额。

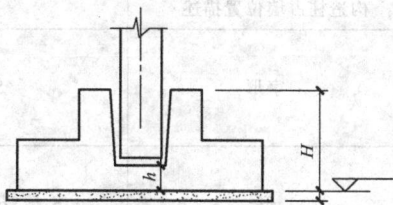

图 6-33　杯形基础

7) 承台。承台按形式分为带形承台和独立承台，其计算方法同带形基础和独立基础，组价时按相应的带形承台和独立承台子目执行。

(2) 现浇混凝土柱的计算规则。

1) 现浇混凝土柱从外观形式和受力特点分为矩形柱、圆形柱、异形柱及构造柱。计算工程量时，按照类型及混凝土标号分别计算和汇总工程量。工程量计算以图示尺寸以体积计算，按图示断面尺寸乘以柱高计算。

$$V = 柱截面面积 \times 柱高 \qquad (6-14)$$

柱高按下列规定确定：

①有梁板的柱高按基础上表面或楼板上表面至楼板上表面 [图 6-34 (a)]。

②无梁板的柱高按基础上表面或楼板上表面至柱帽下表面计算 [图 6-34 (b)]。

③框架柱的柱高应自柱基上表面至柱顶高度计算 [图 6-34 (c)]。

④依附柱上的牛腿，并入柱内计算。

⑤单面附墙柱并入墙内计算；双面附墙柱按柱计算。

2) 构造柱按全高计算，与砖墙嵌接部分的体积并入柱身体积内计算。

$$V = 柱折算横截面面积 \times 柱高 \qquad (6-15)$$

①构造柱高。由于构造柱根部一般锚固在地圈梁内，因此，柱高应自地圈梁的顶部至柱顶部高度计算。有梁时按梁间的高度（不含梁高）计算，无梁时按全高计算。

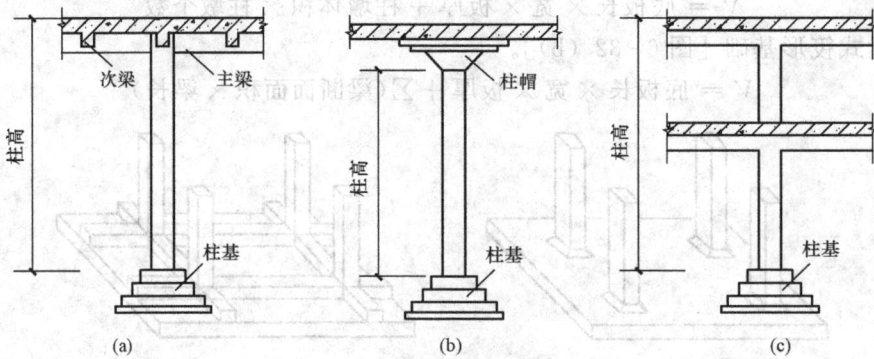

图 6-34　柱高的确定

②构造柱横截面面积。构造柱一般是先砌砖后浇混凝土。在砌砖时，一般每隔五皮砖（约 300mm）两边各留一马牙槎，槎口宽度为 60mm。其截面面积根据构造柱占墙位置不同，按表 6-15 中相应公式计算。

表 6-15　　　　　　　　　　　　　构造柱断面面积的计算

构造柱占墙位置描述	面积计算公式	图　　示
一字形	$S = (d_1 + 0.06)d_2$	
L 形	$S = (d_1 + 0.03)d_2 + d_1 \times 0.03$	
T 形	$S = (d_1 + 0.06)d_2 + d_1 \times 0.03$	
十字形	$S = (d_1 + 0.06)d_2 + d_1 \times 0.03 \times 2$	

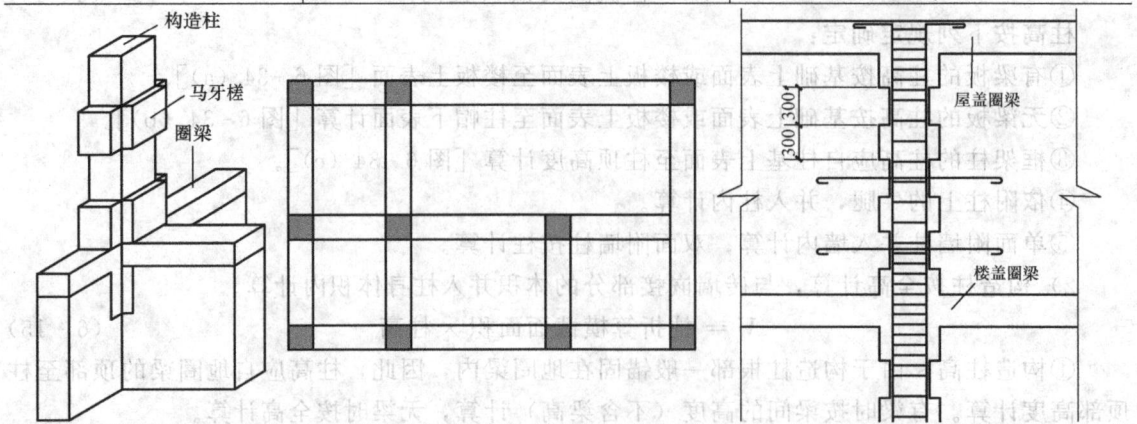

（3）现浇混凝土梁的计算规则。现浇混凝土梁从外观形式和受力特点以及所在位置分为基础梁、单梁、连系梁、异形梁、圈梁、过梁。计算工程量时按照类型及混凝土标号分别计算和汇总工程量。工程量计算以 m^3 为计量单位，按图示断面尺寸乘以梁长以 m^3 计算。

$$V = 梁长 \times 梁断面面积 \tag{6-16}$$

梁长按下列规定确定：

1）主、次梁与柱连接时（图 6-35），梁长算至柱侧面；次梁与柱子或主梁连接时，次梁长度算至柱侧面或主梁侧面；伸入墙内的梁头应计算在梁长度内，梁头有捣制梁垫者（图 6-36），其体积并入梁内计算。

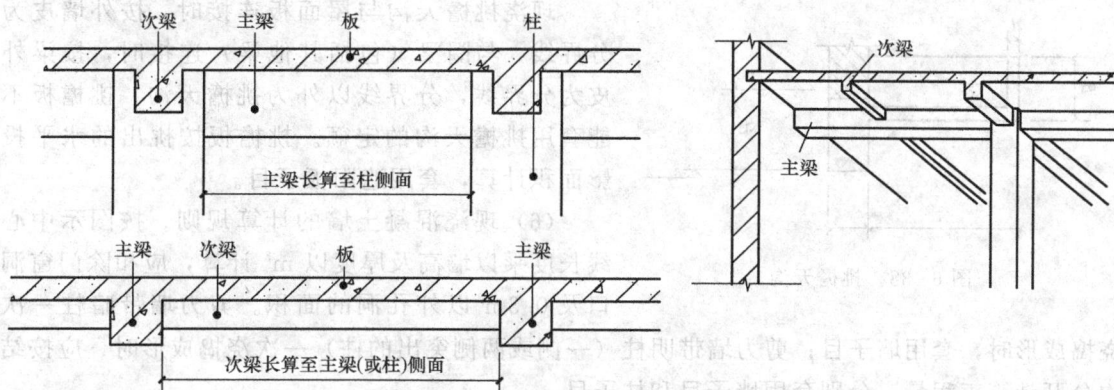

图 6-35　主梁与柱、次梁连接

2）圈梁与过梁连接时，分别套用圈梁、过梁定额，其过梁长度按门、窗洞口宽度两端共加 50cm 计算（图 6-37）。

3）现浇挑梁的悬挑部分按单梁计算，嵌入墙身部分分别按圈梁、过梁计算。

（4）现浇混凝土板的计算规则。区分板的类型、混凝土标号及板厚，分别按图示面积乘以板厚以 m^3 计算和汇总。

$$V = 板长 \times 板宽 \times 板厚 \tag{6-17}$$

1）有梁板系指梁（包括主，次梁）与板构成一体，其工程量应按梁、板总和计算，与柱头重合部分体积应扣除。

2）无梁板系指直接用柱帽支承的板，其体积按板与柱帽之和计算。

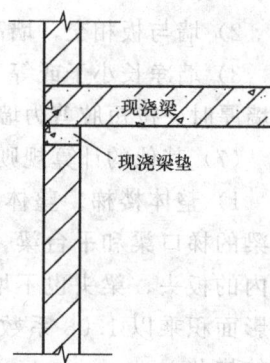

图 6-36　现浇梁垫

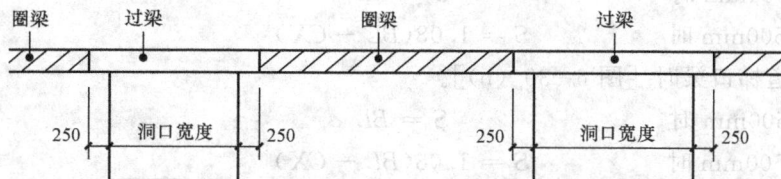

图 6-37　圈梁与过梁连接

3）平板系指无柱、梁，直接有墙支承的板。平板与圈梁、过梁连接时，板算至梁的侧面。

4）有多种板连接时，以墙的中心线为界，伸入墙内的板头并入板内计算。

5）预制板缝宽度在 60mm 以上时，按现浇平板计算；60mm 宽以下的板缝已在接头灌缝的子目内考虑，不再列项计算。

6）现浇框架梁和现浇板连接在一起时，按有梁板计算。

（5）现浇挑檐天沟与挑檐板的计算规则。挑檐天沟（图 6-38）按图示尺寸以体积计算。

$$V = [L_{外}(A+B) + 4(A+B)^2 - 4B^2]t \tag{6-18}$$

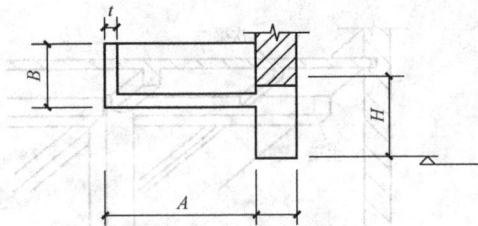

图 6-38　挑檐天沟

现浇挑檐天沟与屋面板连接时，按外墙皮为分界线，与圈梁（包括其他梁）连接时，按梁外皮为分界线，分界线以外为挑檐天沟。挑檐板不能套用挑檐天沟的定额。挑檐板按挑出的水平投影面积计算，套用遮阳板子目。

（6）现浇混凝土墙的计算规则。按图示中心线长度乘以墙高及厚度以 m³ 计算，应扣除门窗洞口及 0.3m² 以外孔洞的面积。剪力墙带暗柱一次浇捣成形时，套用墙子目；剪力墙带明柱（一侧或两侧突出的柱）一次浇捣成形时，应按结构分开计算工程量，分别套用墙子目和柱子目。

1）墙与梁重叠，当墙厚等于梁宽时，墙与梁合并按墙计算；当墙厚小于梁宽时，墙梁分别计算。

2）墙与板相交，墙高算至板的底面。

3）墙净长小于或等于 4 倍墙厚时，按柱计算；墙净长大于 4 倍墙厚，而小于或等于 7 倍墙厚时，按短肢剪力墙计算。

（7）其他的计算规则。

1）整体楼梯。整体楼梯包括楼梯间两端的休息平台、梯井斜梁、楼梯板及支承梯井斜梁的梯口梁和平台梁，按水平投影面积计算。不扣除宽度小于 500mm 的楼梯井，伸入墙内的板头、梁头也不增加。当梯井宽度大于 500mm 时，按整体楼梯混凝土结构净水平投影面积乘以 1.08 系数计算。圆弧形楼梯按水平投影面积计算，不扣除小于 500mm 直径的梯井。

①有两道梯口梁时［图 6-39（a）］。

a. 当 $C \leqslant 500mm$ 时　　　　　　　　　$S = BL$ 　　　　　　　　　　　　　　(6-19)

b. 当 $C > 500mm$ 时　　　　　　$S = 1.08(BL - CX)$ 　　　　　　　　　(6-20)

②仅有一道梯口梁时［图 6-39（b）］。

a. 当 $C \leqslant 500mm$ 时　　　　　　　　　$S = BL$ 　　　　　　　　　　　　　　(6-21)

b. 当 $C > 500mm$ 时　　　　　　$S = 1.08(BL - CX)$ 　　　　　　　　　(6-22)

2）阳台、雨篷、遮阳板。阳台、雨篷、遮阳板均按伸出墙外的水平投影面积计算，其中伸出墙外的悬臂梁已包括在定额内，不另计算，但嵌入墙内的梁按相应定额另行计算。雨篷侧面挑起高度超过 200mm 时，按栏板项目以全高计算。

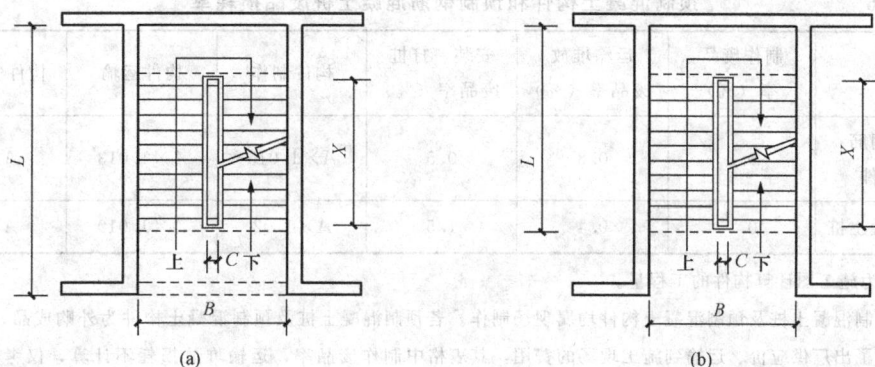

图 6 - 39　现浇楼梯平面图

3）栏板、扶手。栏板、扶手按延长米计算，包括伸入墙内部分。楼梯的栏板和扶手长度，如图集无规定时，按水平长度乘以 1.15 系数计算。

4）现浇池、槽按实际体积计算。

5）台阶按水平投影面积计算，如台阶与平台连接时，其分界线应以最上层踏步外沿加 300mm 计算。架空式现浇室外台阶按整体楼梯计算。

6）预制钢筋混凝土框架柱现浇接头（包括梁接头），按现浇接头设计规定断面乘以长度以 m³ 计算，按二次灌浆定额执行。

7）后浇墙带、后浇板带（包括主、次梁）混凝土，按设计图样以 m³ 计算。

2. 混凝土构筑物工程的计算规则

（1）构筑物混凝土工程量除另有规定者外，均以图示尺寸扣除门窗洞口及 0.3m² 以外孔洞所占体积以实体积计算。

（2）预制倒锥壳水塔水箱组装、提升、就位，按不同容积以座计算。

（3）水塔。

1）筒身与槽底以槽底连接的圈梁底为界，以上为槽底，以下为筒身。

2）筒式塔身及依附于筒身的过梁、雨篷、挑檐等并入筒身体积内计算；柱式塔身，柱、梁合并计算。

3）塔顶及槽底。塔顶包括顶板和圈梁，槽底包括底板挑出的斜壁板和圈梁等合并计算。

（4）储水（油）池不分平底、锥底、坡底，均按池底计算；壁基梁、池壁不分圆形壁和矩形壁，均按池壁计算；其他项目均按现浇混凝土部分相应项目计算。

（5）烟囱钢筋混凝土烟囱基础包括基础底板和筒座，筒座以上为筒身。

3. 预制混凝土工程的计算规则

（1）预制混凝土构件工程的制作。

1）混凝土工程量除另有规定者外，均按图示尺寸实体积以 m³ 计算，不扣除构件内钢筋、铁件及小于 300mm×300mm 以内孔洞的面积。预制混凝土构件和预制钢筋混凝土桩，应按表 6 - 16 增加废品损耗率。

表 6-16 预制混凝土构件和预制钢筋混凝土桩废品损耗率

名称	制作废品率（%）	运输堆放废品率（%）	安装、打桩废品率（%）	构件制作	构件运输	构件安装、打桩
各类预制钢筋混凝土构件	0.2	0.8	0.5	$A×1.015$	$A×1.013$	$A×1.005$
预制钢筋混凝土桩	0.1	0.4	1.5	$A×1.02$	$A×1.019$	$A×1.015$

注：1. A 为施工图计算构件的工程量。

2. 预制混凝土桩及预制混凝土构件均属现场制作。若预制混凝土桩及预制混凝土构件为外购成品，成品价中包括了出厂供应价、运输到施工现场的费用，其表格中制作废品率，运输堆放损耗不计算，仅考虑构件安装，打桩废品率。

2）预制桩按桩全长（包括桩尖）乘以桩断面以 m^3 计算。

3）露花按外围面积乘以厚度以 m^3 计算，不扣除孔洞的面积。

4）预制柱上的钢牛腿按铁件计算。

5）窗台板、隔板、栏板的混凝土套用小型构件混凝土子目。

（2）预制混凝土构件工程的运输。

1）预制混凝土构件运输及安装，除注明者外均按构件图示尺寸，以实体积计算，并按表 6-16 增加废品损耗率。

2）预制混凝土构件运输的最大运输距离取 50km 以内，超过时另行补充。

（3）预制混凝土构件安装。

1）焊接形成的预制钢筋混凝土框架结构，其柱安装按框架柱体积计算，梁安装按框架梁体积计算。节点浇注成形的框架，按连体框架梁、柱体积之和计算。

2）预制钢筋混凝工字形柱、矩形柱、空腹柱、双肢柱、空心柱、管道支架等安装，均按实体积以柱安装计算。

3）组合屋架安装，以混凝土部分实体体积计算，钢杆件部分不另计算。

4）预制钢筋混凝土多层柱安装，首层柱以实体积按柱安装计算，二层及二层以上按每节柱实体积套用柱接柱子目。

（4）钢筋混凝土构件接头灌缝。钢筋混凝土构件接头灌缝，包括构件坐浆、灌缝、堵板孔、塞板缝、塞梁缝等，均按预制钢筋混凝土构件实体积以 m^3 计算。

4. 钢筋工程的计算规则

（1）钢筋工程应区别现浇、预制构件不同钢种和规格，分别按设计长度（指钢筋中心线）乘以单位重量，以吨计算。

$$钢筋工程量 = 钢筋下料长度(m) × 相应单根钢筋理论重量(kg/m) \qquad (6-23)$$

其中

$$钢筋下料长度(m) = 构件图示尺寸 - 混凝土保护层厚度 + 钢筋弯钩增加长度 +$$
$$弯起钢筋弯起部分的增加长度 - 量度差（钢筋弯曲调整值） +$$
$$图中已经注明的搭接长度 \qquad (6-24)$$

钢筋理论重量见表 6-17。

表 6-17   钢筋的公称直径及理论重量（GB 50010—2002）

直径（mm）	理论重量（kg/m）	直径（mm）	理论重量（kg/m）	直径（mm）	理论重量（kg/m）
6	0.222	14	1.21	28	4.83
6.5	0.26	16	1.58	32	6.31
8	0.395	18	2	36	7.99
8.2	0.432	20	2.47	40	9.87
10	0.617	22	2.98	50	15.42
12	0.888	25	3.85		

①钢筋的混凝土保护层厚度。受力钢筋的混凝土保护层厚度，应符合设计要求，当设计无具体要求时，不应小于受力钢筋直径，并应符合表 6-17 的要求。纵向受力的普通钢筋及预应力钢筋，其混凝土保护层厚度（钢筋外边缘至混凝土表面的距离）不应小于钢筋的公称直径，且应符合表 6-18 的规定。

表 6-18   现浇混凝土保护层最小厚度   （单位：mm）

环境类别		板、墙、壳			梁			柱		
		≤C20	C25~C45	≥C50	≤C20	C25~C45	≥C50	≤C20	C25~C45	≥C50
一		20	15	15	30	25	25	30	30	30
二	a	—	20	20	—	30	30	—	30	30
	b	—	25	20	—	35	30	—	5	30
三		—	30	25	—	40	35	—	40	35

注：基础中纵向受力钢筋的混凝土保护层厚度不应小于 40mm；当无垫层时不应小于 70mm。

②钢筋的弯钩长度（表 6-19）。Ⅰ级钢筋末端需要做 180°、135°、90°弯钩时，其圆弧弯曲直径 D 不应小于钢筋直径 d 的 2.5 倍，平直部分长度不宜小于钢筋直径 d 的 3 倍；HRB335 级、HRB400 级钢筋的弯弧内径不应小于钢筋直径 d 的 4 倍，弯钩的平直部分长度应符合设计要求，如图 6-40 所示。

表 6-19   钢 筋 的 弯 钩 长 度

弯 钩 形 式		180°	90°	135°
增加长度	Ⅰ级钢筋	6.25d	3.5d	4.9d
	Ⅱ级钢筋	—	$X+0.9d$	$X+2.9d$
	Ⅲ级钢筋	—	$X+1.2d$	$X+3.6d$

注：X 为平直段长度，按设计要求取定。

③弯起钢筋的增加长度。弯起钢筋的弯起角度一般有 30°、45°、60°三种，其弯起增加值是指钢筋斜长与水平投影长度之间的差值。弯起钢筋的斜长及增加长可按表 6-20 计算，表中 h 为钢筋弯起前后的外包间距，等于梁高与梁上下保护层厚度之差。

④弯曲调整值（表 6-21）。钢筋弯曲后的外包尺寸与其下料前的直线长度（轴线长度）之间存在一个差值，称量度差及弯曲调整值。

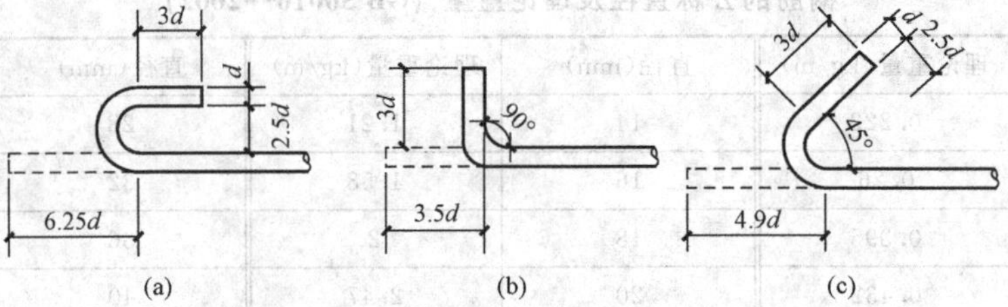

图 6-40 钢筋弯钩

(a) 180°半圆弯钩；(b) 90°直弯钩；(c) 135°斜弯钩

表 6-20 弯起钢筋的斜长及增加长计算表

形 状		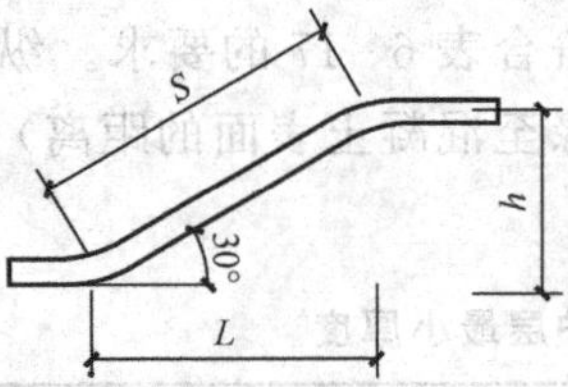	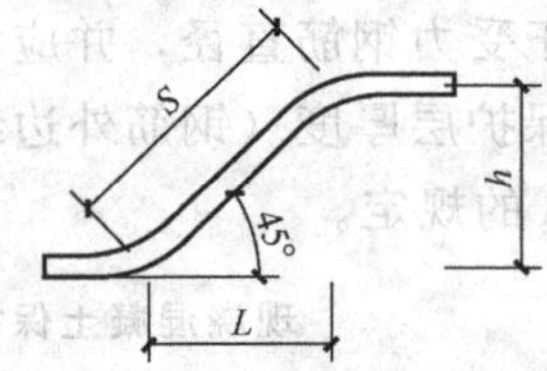	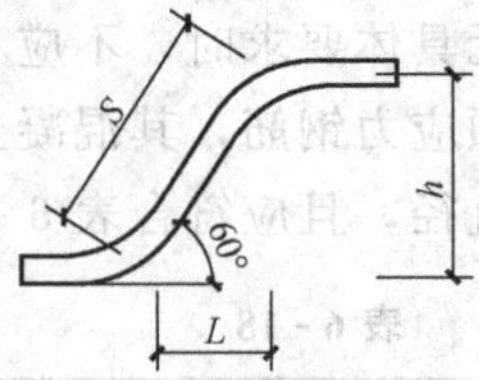
计算方法	斜长	2h	1.414h	1.155h
	增加长度 $S-L=\Delta l$	0.268h	0.414h	0.577h

表 6-21 钢筋弯曲调整值

钢筋弯曲角度	30°	45°	60°	90°	135°
弯曲调整值	0.35d	0.5d	0.85d	2.0d	2.5d

⑤箍筋长度。箍筋的末端应做弯钩，弯钩形式应符合设计要求。当设计无具体要求时，用Ⅰ级钢筋或冷拉低碳钢丝制作的弯钩，其弯钩的弯曲直径应大于受力钢筋直径，且不小于箍筋直径的 2.5 倍；箍筋弯钩平直部分的长度非抗震结构为箍筋直径的 5 倍；有抗震要求的结构为箍筋直径的 10 倍，且不小于 75mm。

箍筋长度，可按构件断面外边周长减 8 个混凝土保护层厚度再加弯钩长计算，也可按构件断面外周长加上增减值计算（表 6-22）：

箍筋长度 =（构件断面周长＋箍筋增减值）× 箍筋根数

= （构件断面周长＋箍筋增减值）×［（配筋范围长度／箍筋间距）＋1］

(6-25)

表 6-22 箍筋长度调整值

形 状		直径 d(mm)						备 注
		4	6	6.5	8	10	12	
		Δl(mm)						
抗震结构	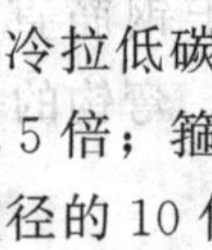	−88	−33	−20	22	78	133	$\Delta l=200-27.8d$

续表

形　状	直径 d(mm)						备　注
	4	6	6.5	8	10	12	
	Δl (mm)						
一般结构	−133	−100	−90	−66	−33	0	$\Delta l = 200 - 16.75d$
	−140	−110	−103	−80	−50	−20	$\Delta l = 200 - 15d$

注：本表根据《混凝土结构工程施工及验收规范》（GB50204—2002）第 5.3.2 条编制，保护层厚度按 25mm 考虑。

　　混凝土结构施工图平面整体表示方法简称为平法，其表达形式，概括来讲，是把结构构件的尺寸和配筋等，按照平面整体表示方法制图规则，整体直接表达在各类构件的结构平面布置图上，再与相应的"结构设计总说明"和梁、柱、墙等构件的"标准构造详图"相配合，构成一套完整的结构设计。根据平法标注结构构件的特点，钢筋长度也可用式（6-26）计算。

　　钢筋长度 ＝ 净长（或净高）＋ 节点锚固长度 ＋ 搭接长度 ＋ 钢筋弯钩增加长度

$$(6-26)$$

　　式中的节点锚固长度见表 6-23。

表 6-23　　　　　　　　　　　　　受拉钢筋抗震锚固长度 L_{aE}

混凝土强度等级与抗震等级			C20		C25		C30		C35		≥C40	
钢筋种类与直径			一、二级抗震等级	三级抗震等级	一、二级抗震等级	三级抗震等级	一、二级抗震等级	三级抗震等级	一、二级抗震等级	三级抗震等级	一、二级抗震等级	三级抗震等级
HRB235 Ⅰ 级钢筋	普通钢筋		36d	33d	31d	28d	27d	25d	25d	23d	23d	21d
HRB335 Ⅱ 级钢筋	普通钢筋	$d \leqslant 25$	44d	41d	38d	35d	34d	31d	31d	29d	29d	26d
		$d > 25$	49d	45d	42d	39d	38d	34d	34d	31d	32d	29d
	环氧树脂涂层钢筋	$d \leqslant 25$	55d	51d	48d	44d	43d	39d	39d	36d	36d	33d
		$d > 25$	61d	56d	53d	48d	47d	43d	43d	39d	39d	36d
HRB400 Ⅲ 级钢筋	普通钢筋	$d \leqslant 25$	53d	49d	46d	42d	41d	37d	37d	34d	34d	31d
		$d > 25$	58d	53d	51d	46d	45d	41d	41d	38d	38d	34d
HRB400 Ⅳ 级钢筋	环氧树脂涂层钢筋	$d \leqslant 25$	66d	61d	57d	53d	51d	47d	47d	43d	43d	39d
		$d > 25$	73d	67d	63d	58d	56d	51d	51d	47d	47d	43d

　　例如，现浇混凝土框架梁（图 6-41～图 6-43），其钢筋计算长度公式见表 6-24。

　　（2）计算钢筋工程量时，设计（含标准图集）已规定钢筋搭接长度的，按规定搭接长度表 6-25 计算；设计未规定搭接长度的已包括在钢筋的损耗率之内，不另计算搭接长度。钢筋电渣压力焊接、锥螺纹连接以个计算。预制构件钢筋应增加废品损耗率。

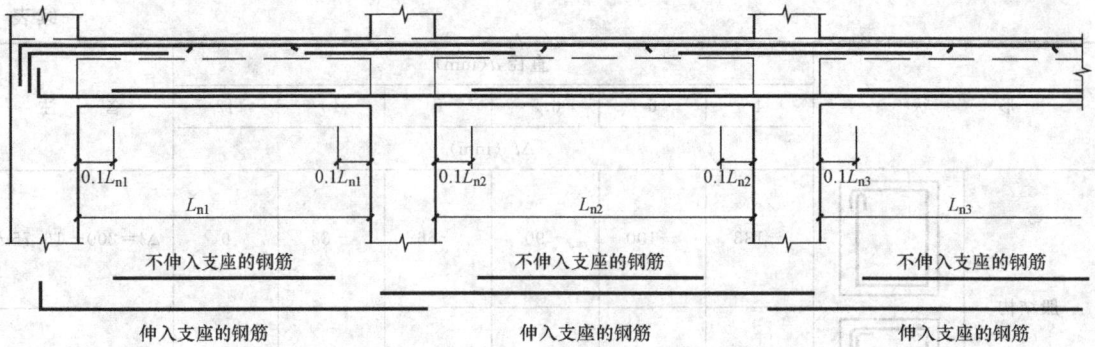

图 6 - 41   不伸入支座的梁下部纵向钢筋断点位置

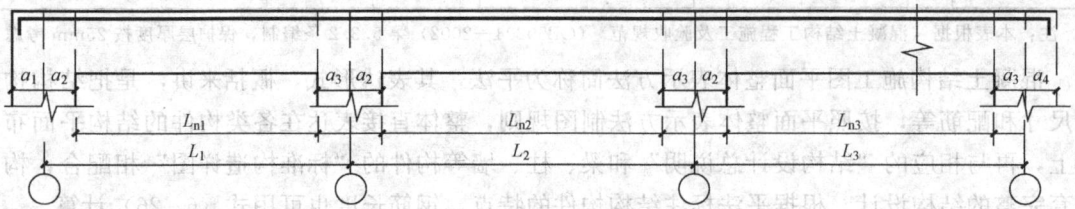

图 6 - 42   框架梁上部通长筋

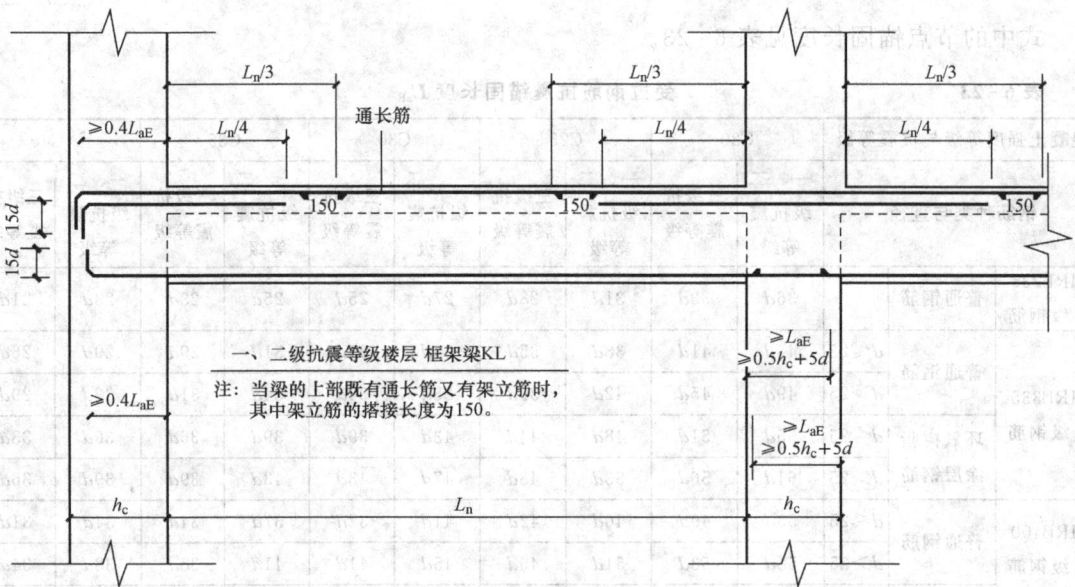

一、二级抗震等级楼层 框架梁KL

注：当梁的上部既有通长筋又有架立筋时，
其中架立筋的搭接长度为150。

图 6 - 43   现浇钢筋混凝土框架

表 6 - 24   平法标注梁钢筋计算（部分）

钢筋部位及其名称	计 算 公 式	附 图
下部通长筋	长度＝各跨长之和－左支座内侧 a_2 －右支座内侧 a_3 ＋左锚固＋右锚固	图 6-41、图 6-42
下部非通长钢筋	长度＝净跨长度＋左锚固＋右锚固	

续表

钢筋部位及其名称	计 算 公 式	附 图
下部不伸入支座筋	净跨长度$-2\times0.1L_n$（L_n为本跨净跨长度）	图 6 - 41
端支座负筋	第一排钢筋长度＝本跨净跨长/3＋锚固	图 6 - 43
	第二排钢筋长度＝本跨净跨长/4＋锚固	图 6 - 43
中间支座负筋	第一排钢筋长度＝$2\times L_n/3$＋支座宽度	图 6 - 43
	第二排钢筋长度＝$2\times L_n/4$＋支座宽度	图 6 - 43
架立筋	长度＝本跨净跨长－左侧负筋伸入长度－右侧负筋伸入长度＋$2\times$搭接	图 6 - 42
上部通长筋	长度＝各跨长之和－左支座内侧a_2－右支座内侧a_3＋左锚固＋右锚固	图 6 - 42

表 6 - 25　　　　　　　纵向受拉钢筋绑扎搭接长度 L_{lE}、L_l

纵向受拉钢筋绑扎搭接长度 L_{lE} 与 L_l		注：
抗震	非抗震	1. 当不同直径的钢筋搭接时，其 L_{lE} 与 L_l 值按较小的直径计算
		2. 在任何情况下 L_l 不得小于 300mm
$L_{lE}=\xi L_{aE}$	$L_l=\xi L_a$	3. 式中 ξ 为搭接长度修正系数

纵向受拉钢筋搭接长度修正系数 ξ

纵向钢筋搭接接头面积百分率（%）	$d\leqslant25mm$	$d\leqslant50mm$	$d\leqslant100mm$
ξ	1.2	1.4	1.6

注：L_{aE}为受拉钢筋抗震锚固长度，L_a 受拉钢筋的最小锚固长度，L_{lE}纵向钢筋抗震受拉钢筋绑扎长度，L_l非抗震绑扎长度。

（3）坡度大于等于 $26°34'$ 的斜板屋面，钢筋制作安装工日乘以系数 1.25。

（4）先张法预应力钢筋，按构件外形尺寸计算长度，后张法预应力钢筋按设计图规定的预应力钢筋预留孔道长度，并区别不同的锚具类型，分别按下列规定计算：

1）低合金钢筋两端采用螺杆锚具时，预应力的钢筋按预留孔道长度减 0.35m，螺杆另行计算。

2）低合金钢筋一端采用镦头插片，另一端采用帮条锚具时，预应力钢筋增加 0.15m，两端采用帮条锚具时预应力钢筋共增加 0.3m 计算。

3）低合金钢筋一端采用镦头插片，另一端螺杆锚具时，预应力钢筋长度按预留孔道长度计算螺杆另行计算。

4）低合金钢筋采用后张混凝土自锚时，预应力钢筋长度增加 0.35m 计算。

5）低合金钢筋或钢绞线采用 JM、XM、QM 型锚具，孔道长度在 20m 以内时，预应力钢筋长度增加 1m；孔道长度在 20m 以上时，预应力钢筋长度增加 1.8m 计算。

6）碳素钢丝采用锥形锚具，孔道在 20m 以内时，预应力钢筋长度增加 1.8m 计算。

7）碳素钢丝两端采用镦粗头时，预应力钢丝长度增加 0.35m 计算。

8）灌注混凝土桩的钢筋笼制作、安装按设计规定以 t 计算。

（5）钢筋混凝土构件预埋钢件，以 t 计算。

6.6.4 混凝土工程计算实例

例 6 - 16　如图 6 - 44 所示预制混凝土单梁 30 根，试运用定额计价模式计算其工程直接工程费（本例应用湖北省消耗量定额）。

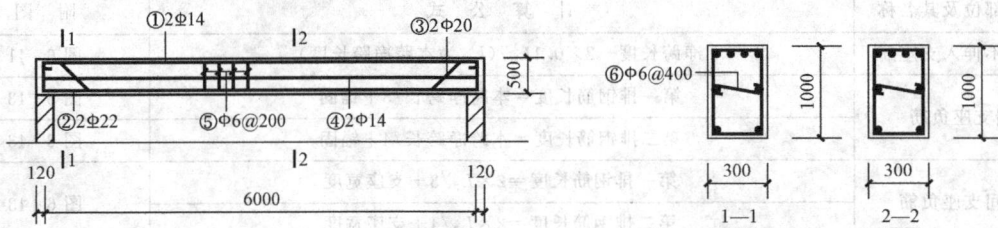

图 6-44　预制混凝土单梁

解：（1）混凝土预制构件工程量计算。

1）预制混凝土梁制作：$6.24 \times 0.3 \times 1.0 \times 30 \times 1.015 = 57.00$（m³）

2）预制混凝土梁运输：$6.24 \times 0.3 \times 1.0 \times 30 \times 1.013 = 56.89$（m³）

3）预制混凝土梁安装：$6.24 \times 0.3 \times 1.0 \times 30 \times 1.005 = 56.44$（m³）

4）预制混凝土梁灌缝：$6.24 \times 0.3 \times 1.0 \times 30 = 56.16$（m³）

5）预制混凝土梁钢筋：各种规格钢筋计算见表 6-26。

表 6-26　　　　　　　　　　　预制混凝土梁钢筋计算表

编号	简图	直径	单根长度（m）	根数	总长度（m）	构件损耗	重量（kg）
1		14	$6.19 + 6.25 \times 0.014 \times 2 = 6.365$	60	381.90		468.27
2		22	$6.19 + 0.25 \times 2 = 6.69$	60	401.40		1215.75
3		20	$6.19 + 0.4 + 0.45 \times 0.414 \times 2 = 6.936$	60	417.76		1045.65
4		14	6.19	60	371.40	1.015	455.38
5		6	$(0.3 + 0.5) \times 2 = 1.6$	960	1536.00		346.10
6		6	$0.25 + 0.006 \times 2 + 0.006 + 2 \times 0.05 \times 2 = 0.368$	510	187.68		42.30

（2）套定额，计算定额直接费。根据分部分项工程名称，查找定额子目，计算直接工程费。计算结果见表 6-27。

表 6-27　　　　　　　　　　　单位工程概预算表

项目文件：预算书1

序号	定额编号	子 目 名 称	工程量		价值（元）		其中（元）	
			单位	数量	单价	合价	人工费	材料费
1	A4-66	预制混凝土构件矩形梁 C20	10m³	5.70	2192.62	12 498.37	1961	9272
2	A4-271	二类预制混凝土构件 运距（km 以内）1	10m³	5.69	661.25	3761.85	369	157
3	A4-393	楼板梁安装高度（三层以内）每个构件单体（m³ 以内）1.6 塔式起重机	10m³	5.64	208.77	1178.32	530	309

序号	定额编号	子目名称	工程量		价值（元）		其中（元）	
			单位	数量	单价	合价	人工费	材料费
4	A4-626	钢筋混凝土构件接头灌缝 托架梁	10m³	5.62	146.91	825.05	126	666
5	A4-668	预制构件圆钢筋（mm以内）ϕ6	t	0.39	3696.93	1435.89	272	1052
6	A4-672	预制构件圆钢筋（mm以内）ϕ14	t	0.92	3067.51	2833.46	217	2535
7	A4-686	预制构件螺纹钢筋（mm以内）ϕ20	t	1.05	3130.69	3273.76	193	2982
8	A4-687	预制构件螺纹钢筋（mm以内）ϕ22	t	1.22	3098.01	3766.56	201	3465
9		合计				29 573.26	3869	20 437

例 6-17 图 6-45 所示现浇钢筋混凝土单层厂房，屋面板顶面标高 5.0m，柱基础顶面标高 -0.5m，柱截面尺寸为 $Z_1 = 300 \times 400$，$Z_2 = 400 \times 500$，$Z_3 = 300 \times 400$，柱中心线与轴线重合，屋面板厚 100mm，设计采用 C20 混凝土，碎石 40mm，现场搅拌，试计算混凝土工程量。

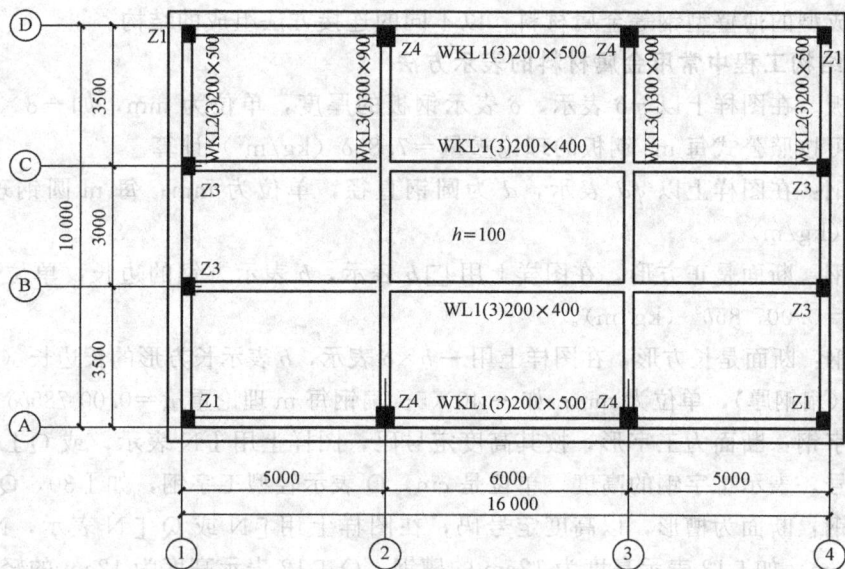

图 6-45 屋顶平面结构布置图

解： 计算工程量。

（1）现浇柱。

工程量为　Z1：$0.3 \times 0.4 \times 5.5 \times 4 = 2.64$（m³）

　　　　　　Z2：$0.4 \times 0.5 \times 5.5 \times 4 = 4.40$（m³）

　　　　　　Z3：$0.3 \times 0.4 \times 5.5 \times 4 = 2.64$（m³）

　　　小计：9.68m³

（2）现浇有梁板。

工程量为　WKL1：$(16 - 0.15 \times 2 - 0.4 \times 2) \times 0.2 \times (0.5 - 0.1) \times 2 = 2.38$（m³）

WKL1：(16－0.15×2－0.3×2)×0.2×(0.4－0.1)×2＝1.82（m³）

WKL2：(10－0.2×2－0.4×2)×0.2×(0.5－0.1)×2＝1.41（m³）

WKL3：(10－0.25×2)×0.3×(0.9－0.1)×2＝4.56（m³）

板：[(10＋0.2×2)×(16＋0.15×2)－(0.3×0.4×8＋0.4
×0.5×4)]×0.1＝16.77（m³）

小计：26.94m³

(3) 现浇挑檐板。

{[0.3×(16＋0.35×2)]＋[0.2×(11－0.3×2)]}×2×0.1＝1.42(m³)

6.7 金属结构工程

6.7.1 金属结构工程的概述

金属结构工程是指由各种型钢（如角钢、工字钢、槽钢等）、钢板、钢管和圆钢等热轧钢材或冷弯成型的薄壁型钢等金属材料，以不同的连接方法组成的结构。

1. 金属结构工程中常用金属材料的表示方法

(1) 钢板。在图样上以－δ表示，δ表示钢板的厚度，单位为 mm，如－8×400×120；钢板的重量可按照公式每 m² 钢板的理论重量＝7.85δ（kg/m²）计算。

(2) 圆钢。在图样上以ϕd表示，d为圆钢直径，单位为 mm；每 m 圆钢理论重量＝0.006 17d^2（kg/m）。

(3) 方钢：断面是正方形，在图样上用□b表示，b表示方钢的边长，单位为 mm；每 m 理论重量＝0.007 85b^2（kg/m）。

(4) 扁钢：断面是长方形，在图样上用－$b×\delta$表示，b表示长方形的长边长（扁钢宽），δ表示短边长（扁钢厚），单位为 mm；如－40×5；扁钢每 m 理论重量＝0.00 785$b\delta$（kg/m）。

(5) 工字钢：断面为工字形，按其高度定号码，图样上用 I N 表示，或 Q I N 表示，N 为工字钢钢号，表示工字钢的高度，单位是 cm，Q 表示轻型工字钢，如 I 30，Q I 30 等。

(6) 槽钢：断面为槽形，以高度定号码，在图样上用 [N 或 Q [N 表示，N 为槽钢钢号，单位为 cm，如 [12 表示高度为 12cm 的槽钢，Q [12 表示高度为 12cm 的轻型槽钢。

(7) 角钢：断面是∟形，等边角钢以∟$b×\delta$表示，不等边角钢以∟$B×b×\delta$表示，如∟90×9，表示两边长为 90mm、边厚为 9mm 的等边角钢；∟100×75×8 表示长边为 100mm、短边为 75mm、边厚为 8mm 的不等边角钢。

圆钢、工字钢、槽钢、角钢的每 m 重量均可查阅五金手册，钢板的每 m² 重量也可查阅五金手册。

2. 钢结构的连接

钢结构的连接方式有铆钉连接、螺栓连接以及焊接三种。

建筑工程中常见的金属构件有金属柱、吊车梁、网架、屋架、屋架梁、天窗、拉杆、支撑、檩条、扶梯、操作台、门窗及烟囱紧固圈、信号灯台、围栏、车挡板、栏杆、零星构件等。定额中，金属结构工程包括一般工业与民用建筑常用金属结构制作、拼装、安装、运输项目。

6.7.2 金属结构工程的一般说明

1. 金属结构的制作

（1）定额适用于现场钢构件加工制作，也适用于在专业加工厂加工制作的钢构件。

（2）定额钢构件的制作，均按焊接编制。

（3）定额除特殊注明外，均包括现场内（工厂内）的材料运输、号料、加工、喷砂、除锈、组装及成品堆放等全部工序。

（4）定额构件的制作过程中，均已包括了一遍防锈漆及工厂内构件拼装中所需螺栓的工料。

（5）对于一般钢结构材料的损耗系数按 1.06 计算。

2. 金属构件的运输

（1）定额适用于构件堆放场地或构件加工厂至施工现场的运输。

（2）定额按构件的外形和尺寸划分为三类（表 6 - 28）。

表 6 - 28 金属结构构件分类表

类别	项 目
1	钢柱、钢屋架、钢梁、钢轨、托架梁、钢桁架
2	钢吊车梁、型钢檩条、钢支撑、上下挡、钢拉杆栏杆、盖板、垃圾出灰门、倒灰门、箅子、爬梯、零星构件平台、操作台、走道休息台、扶梯（包括爬式）、钢吊车梯台、烟囱紧固箍
3	墙架、挡风架、天窗架、组合檩条、轻型屋架、钢煤斗、网架、滚动支架、悬挂支架、管道支架、车挡、钢门、钢窗及其他零星构件

（3）定额综合考虑城镇、现场运输道路等级，重车上下坡等各种因素，除特殊情况，一般不得调整。

3. 金属构件的安装

（1）定额适用于一般工业建筑和安装高度在 32m 以内的钢结构安装。

（2）安装高度在 32m 以上的钢构件，应根据专项施工方案和具体情况计算机械费和措施费等。

（3）定额施工机械是按履带式起重机、汽车式起重机、塔式起重机分别编制的，其中塔式起重机子目中未含塔式起重机的台班费及安拆和进出场费，其发生机械费执行相关章节。

（4）定额不包括起重机、运输机械行驶道路修整、铺垫工作的人工费、材料费、机械费，发生时另行计算。

6.7.3 金属结构工程的计算规则

1. 金属结构制作

（1）金属结构制作，按图示钢材尺寸以吨计算，不扣除工艺性孔眼、切边的重量，焊条、铆钉、螺栓等重量已包括在定额内，不另行计算。在计算不规则或多边形钢连接重量时，均以其最大对角线乘最大宽度（图 6-46 中）AB 的矩形面积计算。

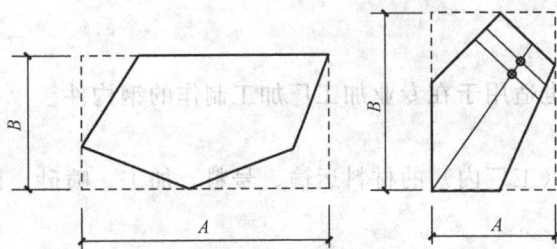

图 6-46　计算不规则构件

（2）对实腹柱、吊车梁、H 型钢成形的构件按图示尺寸计算。

（3）制动梁的制作工程量包括制动梁、制动桁架、制动板重量；墙架的制作工程量包括墙架柱、墙架梁及连系拉杆重量；钢柱制作工程量包括柱上的牛腿及悬臂梁重量。

（4）轨道制作工程量，只计算轨道本身重量，不包括轨道垫板、压板、斜垫、拉钩、夹板及连接角钢等附件重量。

（5）钢煤斗和漏斗制作工程量，矩形按图示分片，圆形按图示展开尺寸，并依钢板宽度分段计算。每段均以其上口（圆形以分段展开上口长度）与钢板宽度，按矩形计算，依附煤斗和漏斗的型钢并入漏斗重量内计算。

2. 金属结构运输及安装

金属结构运输及安装工程量同金属结构制作工程量。

6.7.4　金属结构工程计算实例

例 6-18　空腹钢柱施工图如图 6-47 所示，求其制作、运输及安装工程量。

解：（1）钢柱制作。

[32 号槽钢：$[0.14+(1+0.1)\times3]\times43.25\times2=297.6$（kg）

∟ 100×8 号角钢：$(0.32-0.005\times2)\times12.276\times6=22.83$（kg）

∟ 100×8 号角钢：$(1-0.01)\times2+(0.32-0.01)\times2\times12.276\times6=76.38$（kg）

∟ 140×10 号角钢：$(0.32+0.02)\times4\times21.488=29.22$（kg）

— 12 钢板：$0.7\times0.7\times94.2=46.16$（kg）

合计：472.15kg。即该空腹钢柱工程量为 472.15kg。

考虑材料损耗，钢柱的制作工程量为 $472.15\times1.06=500.5$（kg）$=0.5005$（t）

（2）钢柱运输：0.5005t。

（3）钢柱安装：0.5005t。

例 6-19　某工程钢屋架如图 6-48 所示 10 榀，计算钢屋架工程量。

解：计算钢屋架工程量。

上弦重量 $=3.40\times2\times2\times7.398=100.61$（kg）

下弦重量 $=5.60\times2\times1.58=17.70$（kg）

立杆重量 $=1.70\times3.77=6.41$（kg）

斜撑重量 $=1.50\times2\times2\times3.77=22.62$（kg）

①号连接板重量 $=0.7\times0.5\times2\times62.80=43.96$（kg）

②号连接板重量 $=0.5\times0.45\times62.80=14.13$（kg）

③号连接板重量 $=0.4\times0.3\times62.80=7.54$（kg）

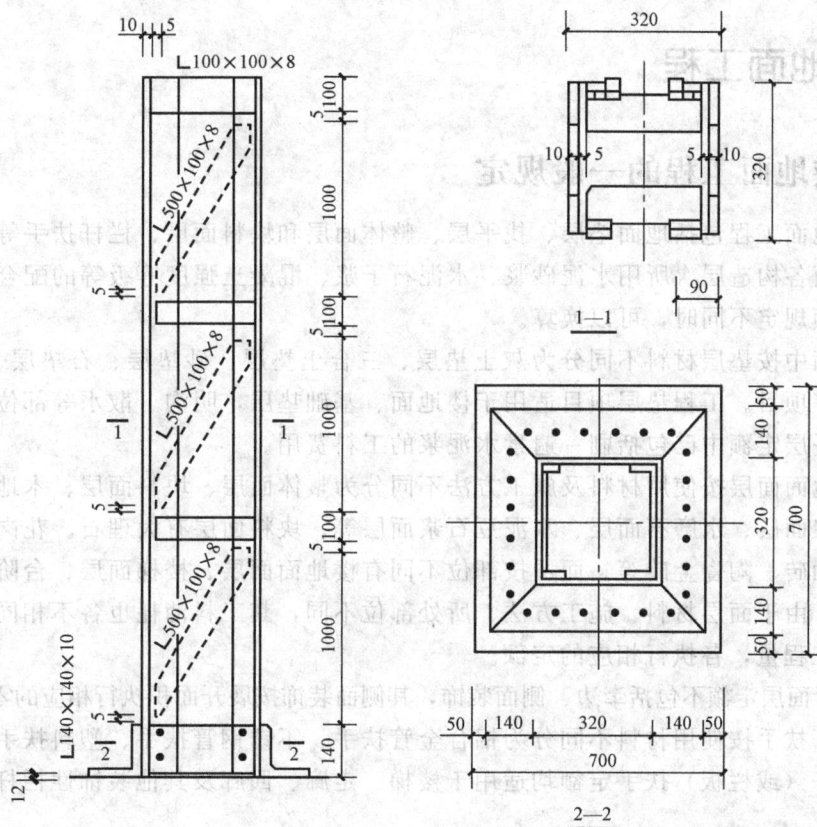

图 6-47　钢柱施工图

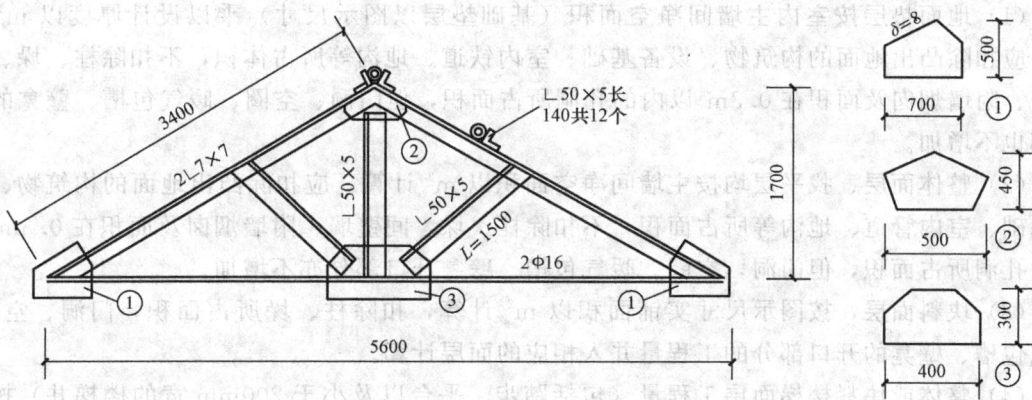

图 6-48　轻钢屋架施工图

檩托重量＝0.14×12×3.77＝6.33（kg）

屋架工程量＝（100.61＋17.70＋6.41＋22.62＋43.96＋14.13

　　　　　＋7.54＋6.33）×10×1.06

　　　　＝2193.0×1.06

　　　　＝2324.58（kg）

6.8　楼地面工程

6.8.1　楼地面工程的一般规定

（1）楼地面工程包括地面垫层、找平层、整体面层和块料面层、栏杆扶手等定额项目。

（2）地面各构造层次所用水泥砂浆、水泥石子浆、混凝土强度等级等的配合比，如果设计要求与定额规定不同时，可以换算。

（3）定额中按垫层材料不同分为灰土垫层、三合土垫层、砂垫层、石垫层、碎砖垫层、混凝土垫层等项目。工程垫层项目适用于楼地面、基础垫层，明沟、散水等部位的垫层。

（4）找平层定额中已包括刷一遍素水泥浆的工料费用。

（5）楼地面面层按使用材料及施工方法不同分为整体面层、块料面层、木地板。整体面层有水泥砂浆面层、水磨石面层、水泥豆石浆面层等；块料面层有大理石、花岗岩、预制水磨石块、彩釉砖、陶瓷金砖等。面层按部位不同有楼地面层、楼梯面层、台阶面层和踢脚线（板）等。由于面层材料、施工方法、所处部位不同，其工料消耗也各不相同，所以应分别列项计算工程量，各执行相应的定额。

（6）台阶面层定额不包括牵边、侧面装饰，其侧面装饰按展开面积执行相应的零星项目。

（7）栏杆扶手按使用材料不同分为铝合金管扶手、不锈钢管扶手、塑料扶手、硬木扶手等。各种栏杆（或栏板）扶手定额均适用于楼梯、走廊、回廊及其他装饰性栏杆（或栏板）。

6.8.2　楼地面工程的计算规则

（1）地面垫层按室内主墙间净空面积（基础垫层以图示尺寸）乘以设计厚度以 m^3 计算，应扣除凸出地面的构筑物、设备基础、室内铁道、地沟等所占体积，不扣除柱、垛、间壁墙、附墙烟囱及面积在 $0.3m^2$ 以内的孔洞所占面积，但门洞、空圈、暖气包槽、壁龛的开口部也不增加。

（2）整体面层、找平层均按主墙间净空面积以 m^2 计算，应扣除凸出地面的构筑物、设备基础、室内管道、地沟等所占面积，不扣除柱、垛、间壁墙、附墙烟囱及面积在 $0.3m^2$ 以内的孔洞所占面积，但门洞，空圈、暖气包槽、壁龛开口部分亦不增加。

（3）块料面层，按图示尺寸实铺面积以 m^2 计算，扣除柱、垛所占面积，门洞、空圈、暖气包槽、壁龛的开口部分的工程量并入相应的面层计算。

（4）整体或块料楼梯面层工程量（包括踏步、平台以及小于 200mm 宽的楼梯井）按楼梯间水平投影面积计算；楼梯间与走廊连接的，算至楼梯梁的外侧。

（5）台阶面层（包括踏步及最上一层踏步沿 300mm）按水平投影面积计算。

（6）其他。

1）整体面层踢脚线（板）、块料面层踢脚线（板）、木踢脚线（板）均按延长米计算，不扣除洞口、空圈所占长度，洞口、空圈、垛、附墙烟囱等侧壁长度不增加。

2）散水、防滑坡道按图示尺寸以 m^2 计算。

3）栏杆、扶手包括弯头长度按延长米计算。其中弯头制、安另按相应项目以个计算。

4）防滑条按楼梯踏步两端距离减 300mm，以延长米计算。

5）明沟按图示尺寸以延长米计算。明沟定额中包括了明沟土方、混凝土垫层、砌砖或浇捣混凝土、水泥砂浆面层的工料机用量。

6.8.3　楼地面工程计算实例

例 6-20　某建筑平面如图 6-49 所示，墙厚 240mm，室内铺设 500mm×500mm 中国红大理石，室内贴 150mm 高中国红大理石踢脚线的工程量。试计算大理石地面的工程量和踢脚线工程量。

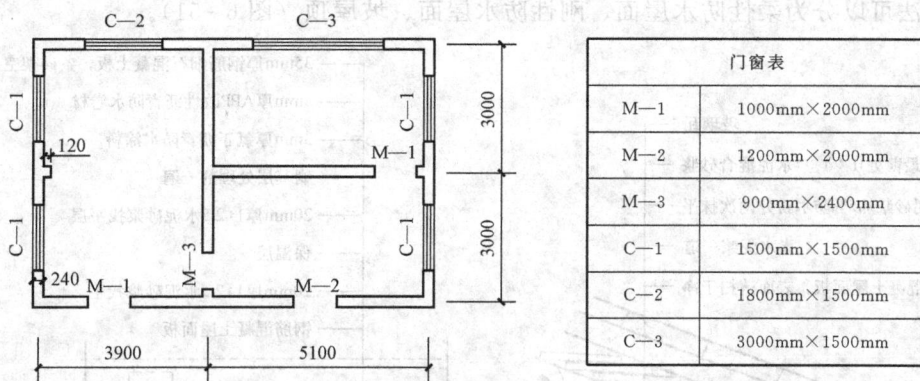

门窗表	
M—1	1000mm×2000mm
M—2	1200mm×2000mm
M—3	900mm×2400mm
C—1	1500mm×1500mm
C—2	1800mm×1500mm
C—3	3000mm×1500mm

图 6-49　某建筑平面图

解：（1）块料面层的工程量＝地面工程量＋门洞部分增加的工程量－柱、垛占的面积。

$$工程量＝(3.9-0.24)\times(3+3-0.24)+(5.1-0.24)\times(3-0.24)\times2-0.12\times0.24+[0.9$$
$$\times0.24(M—3 处)+1\times0.24\times2(M—1 处)+1.2\times0.24(M—2 处)]$$
$$＝21.082+26.827-0.0288+0.984$$
$$＝48.86(m^2)$$

（2）踢脚线的工程量。

$$踢脚线的长度＝(3.9-0.24+3\times2-$$
$$0.24)\times2+(5.1-0.24$$
$$+3-0.24)\times2\times2$$
$$＝9.42\times2+7.62\times4$$
$$＝49.32(m)$$

例 6-21　某学院办公楼入口台阶如图 6-50 所示，花岗石贴面，试计算其台阶工程量。

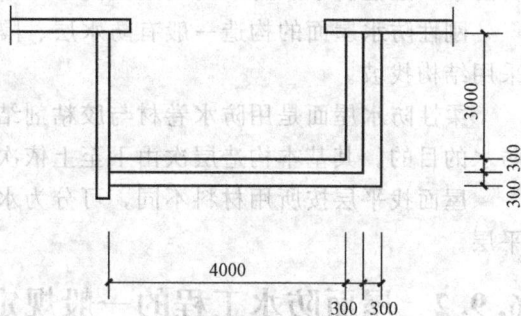

解：$工程量＝(4+0.3\times2)\times(0.3\times2+0.3)$
$+(3.0-0.3)\times(0.3\times2+0.3)$
$＝4.6\times0.9+2.7\times0.9$
$＝6.57(m^2)$

图 6-50　某办公楼台阶图

6.9 屋面防水工程

6.9.1 屋面工程的概述

通常屋面按坡度可以分为平屋顶（屋面坡度小于5％的屋顶，常用坡度为2％~3％）和坡屋顶（指屋面坡度较陡的屋顶，其坡度一般大于10％）。形成屋面坡度可采用材料找坡和结构找坡两种方式。

屋面按做法可以分为柔性防水屋面、刚性防水屋面、坡屋顶（图6-51）。

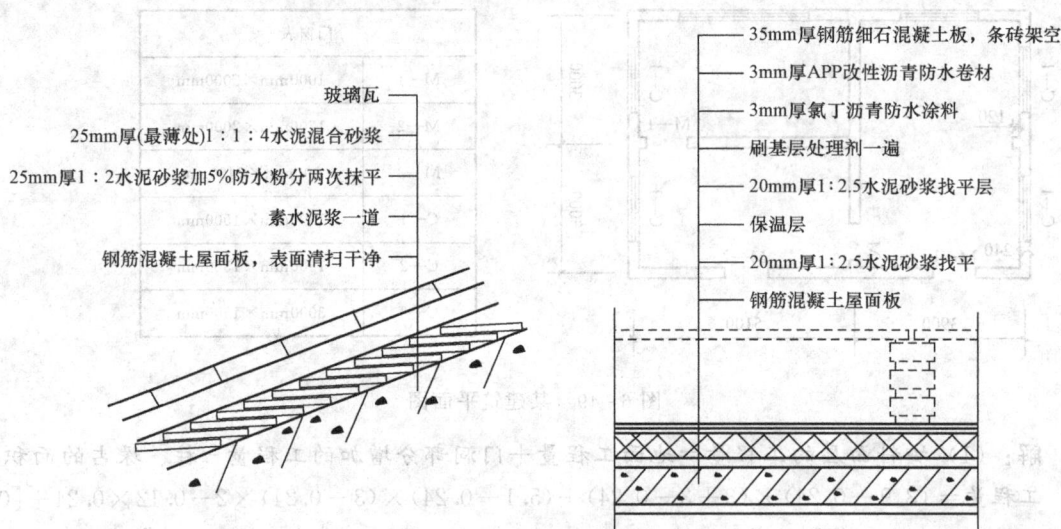

图6-51 屋面做法

防水工程按其构造做法可分为两大类，即结构构件自防水和采用各种防水层防水。其中防水层又可分为刚性防水层（如防水砂浆等）和柔性防水层（如各种防水卷材）。结构构件自防水和刚性防水层防水均属刚性防水，柔性防水层属柔性防水。

刚性防水屋面的构造一般有防水层、隔离层、找平层、结构层等，刚性防水屋面应尽量采用结构找坡。

柔性防水屋面是用防水卷材与胶粘剂结合在一起的，形成连续致密的构造层，从而达到防水的目的。其基本构造层次由下至上依次为结构层、找平层、结合层、防水层、保护层。

屋面找平层按所用材料不同，可分为水泥砂浆找平层、细石混凝土找平层和沥青砂浆找平层。

6.9.2 屋面防水工程的一般规定

（1）屋面木基层（包括檩木、屋面板、椽板、顺水条、挂瓦条）的制作方法、木种分类、含水率的规定同木结构工程有关说明。

（2）檩木木种如采用三、四类木种时，相应项目的人工、机械乘以系数1.35。

（3）定额中所注明的木材断面或厚度及含量均以毛料为准，刨光损耗同木结构工程有关说明。

（4）黏土瓦、小青瓦、石棉瓦、西班牙瓦规格与定额不同时，瓦材数量可以换算，其他不变。

（5）防水工程适用于楼地面、墙基、墙身、构筑物、水池、水塔及室内厕所、浴室等防水，建筑物±0.000以下的防水、防潮工程按墙、地面防水工程相应项目计算。

（6）防水卷材的附加层、接缝、收头、找平层嵌缝、冷底子油等工、料均已计入定额内，不另计算。

（7）刚性屋面、屋面砂浆找平层、水泥砂浆或细石混凝土保护层均按装饰装修定额楼地面工程中相应子目计算。

（8）钢檩条和膜结构屋面的支柱（网架）制作、安装，按《金属结构工程》定额项目计算。

6.9.3　屋面防水工程的计算规则

1. 瓦屋面、金属压型板屋面

瓦屋面、金属压型板屋面（包括挑檐部分）均按屋面的水平投影面积乘以屋面坡度系数（表 6-29）以 m^2 计算，不扣除房上烟囱、风帽底座、风道、屋面小气窗、斜沟及 $0.3m^2$ 以内孔洞等所占面积，屋面小气窗的出檐部分亦不增加。屋面挑出墙外的尺寸，按设计规定计算，如设计无规定时，彩色水泥瓦按水平尺寸加 70mm 计算。彩钢夹心板屋面按实铺面积以 m^2 计算，支架、铝槽、角铝等均已包含在定额内。

表 6-29　屋面坡度系数表

坡 度			延尺系数	隔延尺系数
B (A=1)	B/2A	角度 α	C (A=1)	D (S=A=1)
1	1/2	45°	1.414 2	1.732 1
0.75	—	36°52′	1.25	1.600 8
0.7	—	35°	1.220 7	1.577 9
0.666	1/3	33°40′	1.201 5	1.563 5
0.65	—	33°01′	1.192 6	1.556 4
0.6	—	30°58′	1.166 2	1.536 2
0.577	—	30°	1.154 7	1.527 4
0.55	—	28°49′	1.141 3	1.517 4
0.5	1/4	26°34′	1.118	1.5
0.45	—	24°14′	1.096 6	1.483 9
0.4	1/5	21°48′	1.077	1.469 7
0.35	—	19°17′	1.059 4	1.456 9
0.3	—	16°42′	1.044	1.445 7
0.25	—	14°02′	1.030 8	1.436 2

（续表）

坡　　度			延尺系数	隅延尺系数
B (A=1)	B/2A	角度 α	C (A=1)	D (S=A=1)
0.2	1/10	11°19′	1.019 8	1.428 3
0.15	—	8°32′	1.011 2	1.422 1
0.125	—	7°8′	1.007 8	1.419 7
0.1	1/20	5°42′	1.005	1.417 7
0.083	—	4°45′	1.003 5	1.416 6
0.066	1/30	3°49′	1.002 2	1.415 7

2. 卷材屋面工程量

卷材屋面按图示尺寸的水平投影面积乘以规定的坡度系数（表 6 - 28）以 m² 计算，但不扣除房上烟囱、风帽底座、风道、屋面小气窗和斜沟所占的面积，屋面的女儿墙、伸缩缝和天窗等处的弯起部分，按图示尺寸并入屋面工程量计算。如图样无规定时，伸缩缝、女儿墙的弯起部分可按 250mm 计算，天窗弯起部分可按 500mm 计算。

3. 涂膜屋面

涂膜屋面的工程量同卷材屋面。涂膜屋面的油膏嵌缝、玻璃布盖缝、屋面分格缝，以延长米计算。

4. 檩木

檩木按毛料尺寸体积以 m³ 计算，简支檩长度按设计规定计算。如设计无规定者，按屋架或山墙中距增加 200mm；如两端出山墙，檩条长度算至博风板；连续檩条的长度按设计长度计算，其接头长度按全部连续檩木总体积的 5% 计算。檩条托木已计入相应的檩木制作安装项目中，不另计算。

5. 屋面木基层

屋面木基层按屋面的斜面积计算，天窗挑檐重叠部分按设计规定计算，屋面烟囱及斜沟部分所占面积不扣除。

6. 防水工程量

（1）建筑物地面防水、防潮层，按主墙间净空面积计算，扣除凸出地面构筑物、设备基础等所占的面积，不扣除柱、垛、间壁墙、烟囱及 0.3m² 以内孔洞所占面积。与墙面连接处高度在 500mm 以内者按展开面积计算，并入平面工程量内；超过 500mm 时，按立面防水层计算。

（2）建筑物墙基防水、防潮层，外墙长度按中心线，内墙按净长，乘以宽度以 m² 计算。

（3）构筑物防水层及建筑物地下室防水层，按实铺面积计算，但不扣除 0.3m² 以内的孔洞面积。平面与立面交接处的防水层，其上卷高度超过 500mm 时，按立面防水层计算。

7. 变形缝

变形缝按延长米计算。JC—103 嵌缝剂嵌缝以展开面积计算。

8. 屋面排水工程量

（1）铁皮排水按图示尺寸以展开面积计算，如图样没有注明尺寸时，可按折算表（表

6-30)计算，咬口和搭接等已计入定额项目中，不另计算。

表6-30　　　　　　　　　铁皮排水单体零件折算表

名　称		单位	水落管(m)	檐沟(m)	水斗(个)	漏斗(个)	下水口(个)	
铁皮排水	水落管、檐沟、水斗、漏斗、下水口	m²	0.32	0.3	0.4	0.16	0.45	
	天沟、斜沟、天窗窗台泛水、天窗侧面泛水、烟囱泛水、通气管泛水、滴水檐头泛水、滴水	m²	天沟(m)	斜沟天窗窗台泛水(m)	天窗侧面泛水(m)	烟囱泛水(m)	通气管泛水(m)	滴水檐头泛水(m)	滴水(m)
			1.3	0.5	0.7	0.8	0.22	0.24	0.11

（2）铸铁、玻璃钢水落管区别不同直径按图示尺寸延长米计算，雨水口、水斗、弯头、短管以个计算。

$$水落管长 = 檐口标高 + 室内外高差 - 0.2m（规范要求水落管离地0.2m）$$

$$(6-27)$$

（3）彩板屋脊、天沟、泛水、包角、山头按设计长度以延长米计算，堵头已包括在定额内。

（4）阳台PVC落水管按组计算。每组阳台出水口至水落管中以线斜长按1m计算（内含135°弯头两只，异径三通一只）。

（5）PVC阳台排水管以组计算。

（6）屋面检修孔以块计算。

6.9.4　屋面防水工程计算实例

例6-22　某办公楼屋面240女儿墙轴线尺寸12m×50m，平屋面构造做法如图6-52所示，试计算屋面工程量。

解：屋面工程量计算。

屋面坡度系数：$k = \sqrt{1 + 0.02^2} = 1.000\,2$

屋面水平投影面积：

$$S = (50 - 0.24) \times (12 - 0.24)$$
$$= 49.76 \times 11.76 = 585.18(m^2)$$

（1）20厚1:3水泥砂浆找平层。

$$S = 585.18 \times 1.000\,2 = 585.29(m^2)$$

（2）泡沫珍珠岩保温层。

$$V = 585.15 \times (0.03 + 2\% \times 11.76/2/2)$$
$$= 51.96(m^3)$$

（3）15厚1:3水泥砂浆找平层。

$$S = 585.29m^2$$

混凝土架空隔热层
二毡三油一砂卷材层面
冷底子油一道
15mm厚1:3水泥砂浆找平层
水泥珍珠岩保温层（最薄处30mm）
20mm厚1:3水泥砂浆找平层
120mm厚现浇板

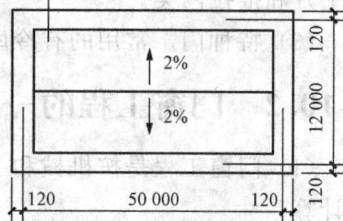

图6-52　屋面平面图

（4）二毡三油一砂卷材屋面。

$$S = 585.29 + (49.76 + 11.76) \times 2 \times 0.25 = 616.05(\text{m}^2)$$

（5）架空隔热层。

$$S = (49.76 - 0.24 \times 2) \times (11.76 - 0.24 \times 2) = 555.88(\text{m}^2)$$

例 6 - 23 某建筑物 1.5 砖厚外墙，长度 178m；1 砖厚内墙，长度 256m，计算墙基水泥砂浆防潮层工程量。

解：$S = 178 \times 0.365 + 256 \times 0.24 = 126.41(\text{m}^2)$

例 6 - 24 某厂房屋面如图 6 - 53 所示，设计要求：水泥珍珠岩块保温层 80mm 厚，1 : 3 水泥砂浆找平层 20mm 厚，三元乙丙橡胶卷材防水层（满铺）。试编制屋面防水工程量。

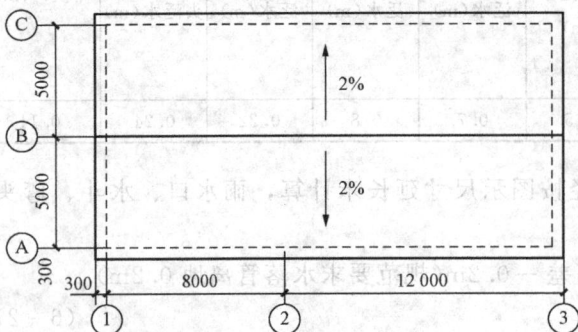

解：计算其工程量。

（1）三元乙丙橡胶屋面卷材防水层：$(20 + 0.2 \times 2) \times (10 + 0.2 \times 2) = 212.16(\text{m}^2)$

（2）1 : 3 水泥砂浆找平层：$(20 + 0.2 \times 2) \times (10 + 0.2 \times 2) = 212.16(\text{m}^2)$

图 6 - 53　屋面平面图

6.10　门窗工程

6.10.1　门窗工程的概述

1. 木窗

窗的开关方式有平开窗、固定窗、中悬窗、上悬窗、下悬窗、推拉窗、提拉窗。一般民用建筑多用外平开窗与内平开窗。

2. 木门

门可用不同材料制成各种类型门，按使用要求分类有普通门、厂库房大门、特种门。

（1）普通木门。根据制作材料和结构形式不同，又分胶合板门、纤维板门、镶板门、半截玻璃门、拼板门、百叶门等。

（2）仓库大门。仓库大门按其使用材料分为木板大门和钢木大门两类。其中钢木大门分为平开和推拉两类。

（3）特种门。常用的有冷库门、防火门、保温隔声门。

6.10.2　门窗工程的一般规定

（1）门窗工程是按机械和手工操作综合编制的，不论实际采取何种操作方法，均按本规定计算。

（2）设计采用的木种与本规定取定不同时，应按本节有关规定计算。

（3）木材断面或厚度，均以毛料为准。如设计注明断面或厚度为净料时，应增加刨光损耗；板方材一面刨光加 3mm，两面刨光加 5mm，圆木刨光按每立方米木材增加 $0.05m^2$ 计算。

（4）所列玻璃为普通平板玻璃，如厚度和品种与设计规定不同时，应按设计规定换算，其他不变。

（5）所列门窗五金零件参考表，如与设计规定不同时，应以设计规定为准。

（6）各种木门窗框、扇制作安装项目，不包括从加工厂的成品堆放场至现场堆放场的场外运输。如实际发生时，按构件运输相应项目计算。

（7）各种钢门的五金铁件（如折页、普通门轴、门口插锁等）均综合在制作项目内，但推拉钢门、射线防护门的金属滑轨、滑轮、阻偏轮或轴承等五金配件，应按设计图样另列项目计算。

（8）凡购买成品门扇需安装时，按相应项目计算，成品门按实计算。

（9）铝合金门窗、塑钢门窗、塑钢隔断是按成品编制的。

6.10.3　门窗工程的计算规则

1. 木门窗制作、安装工程的计算规则

（1）各类木门、窗制作、安装工程量，均按门、窗洞口面积以 m^2 计算。

（2）普通木窗上部带有半圆窗的工程量，应分别按半圆窗和普通窗计算，并以普通窗和半圆窗之间是横框上接口线为分界线。

（3）普通木门窗框及工业窗框区分单、双裁口，分别计算。余长和伸入墙内部分及安装用木砖已包括在项目内，不另计算。若设计框料断面与附注规定不同时，项目中烘干木材含量，应按比例换算，其他不变，换算时以立边断面为准。

（4）普通木门窗、工业木窗，如设计规定为部分框上安装玻璃者，扇的制作、安装与框上安玻璃的工程量应分别列项计算，框上安玻璃的工程量应以安装玻璃部分的框外围面积计算。

（5）门连窗的窗扇和门扇制作、安装应分别列项计算，但门窗相连的框可并入木门框工程量内，按普通木门框制作、安装项目计算。

（6）木门窗扇包镀锌铁皮按门、窗洞口面积以 m^2 计算；门、窗框包镀锌铁皮钉橡皮条，钉毛毡，按图示门窗洞尺寸以延长米计算。

（7）门、窗盖口条、贴脸、披水条均按图示尺寸以延长米计算，执行木装修定额项目。

木门窗扇安装项目中未包括装配单、双弹簧合页或地弹簧、暗插销、大型拉手、金属踢、推板及铁三角等用工。计算工程量时应另列项目，按门窗扇五金安装相应项目计算。

2. 金属门窗制作、安装工程的计算规则

（1）铝合金门窗制作、安装，铝合金、不锈钢门窗、彩板组角钢门窗、塑料门窗、钢门窗安装，均按设计门窗洞口面积以 m^2 计算。

（2）卷闸门安装，按洞口高度增加 600mm 乘以门实际宽度以 m^2 面积计算。电动装置安装以套计算；小门安装以"个"计算。

（3）不锈钢片包门框，按框外表面面积以 m^2 计算；彩板组角钢门窗附框安装，按延长米计算。

（4）普通钢门窗上安玻璃按框外围面积计算。当钢门仅有部分安玻璃时，按安玻璃部分的框外围面积计算。

3. 其他木制作工程的计算规则

（1）木窗台板按面积计算，如图样未注明窗台板长度和宽度时，编制预算时可按窗框的外围宽度两边共加 10cm 计算，凸出墙面的宽度按抹灰面外加 5cm 计算。

（2）窗帘盒和窗帘棍按图示尺寸以米计算，如设计无规定时，可按窗框的外围宽度两边共加 30cm 计算。

（3）挂镜线按 m 计算，如与门窗贴脸或窗帘盒连接时，应扣除门窗框宽度或窗帘盒的长度。

（4）暖气罩按边框外围尺寸以垂直投影面积计算。

（5）木间壁墙按面积以 m² 计算，其高度按图示尺寸，长度按净尺寸计算，应扣除门窗洞口面积，但不扣除面积在 0.3m² 以内的孔洞。

（6）浴厕木隔断、胶合板隔断以 m² 计算（门扇面积并入隔断面积内），其高度自下横枋底面算至上横枋顶面。

（7）木楼梯工程量，按水平投影面积计算，不扣除宽度小于 300mm 楼梯井所占面积，其踢脚板、平台和伸入墙内部分不另计算。

（8）木栏杆的扶手均以延长米（不包括伸入墙内部分的长度）计算。楼梯栏杆、扶手按设计规定计算，如设计无规定时，其长度可按全部投影长度乘以 1.15 系数计算。

6.10.4 门窗工程计算实例

例 6-25 试计算某办公楼底层铝合金双扇地弹门（M1：1 樘，有侧亮、上亮，2700mm×3000mm；M2：2 樘，有上亮，1500mm×3000mm）的工程量及铝合金型材用料量。

解： 工程量及用料计算方法和结果如表 6-31 所示。

表 6-31　　　　　　　　　　　工程量及用料计算方法和结果

序号	名　称	定额编号	单位	数量	计算式	铝合金型材用量（kg）
1	有侧上亮双扇地弹门	7-264	m²	8.1	2.7×3=8.1	50.09
2	有上亮双扇地弹门	7-263	m²	9	1.5×3×2=9	54.82
3	铝合金门五金配件	7-408	樘	3		国产地弹簧6个，门锁3把 铝合金拉手6对，门插6套

例 6-26 计算如图 6-54 所示铝合金卷帘门安装工程量。

解： 如图 6-54 所示，其安装工程量应按导槽固定位置不同分别计算。

（1）若导轨（导槽）焊在墙和柱脊面饰面上，其工程量按下式计算：

$$S_1 = (h+0.6)(b_1+b_2+c)$$

（2）若导轨焊在墙和柱两侧正中心装饰面上，其工程量按下式计算：

$$S_2 = (h+0.6)(b_1+b_2)$$

例 6-27 某住宅楼阳台铝合金门连窗（图 6-55），共 18 樘，洞口尺寸为：门高

2400mm，窗高1400mm；门宽900mm，窗宽1000mm。试计算门连窗的制作安装工程量。

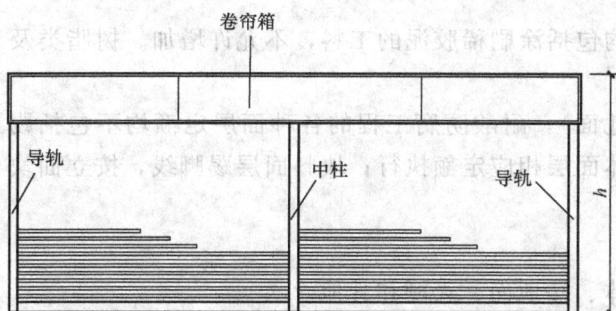

图 6-54　铝合金卷帘门

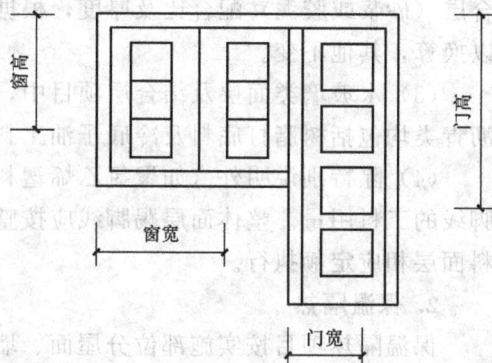

图 6-55　门连窗

解：门连窗工程量应分别计算，套相应定额。

①窗的工程量：1.4×1×18＝25.2（m²）

②门的工程量：2.4×0.9×18＝38.88（m²）

6.11　防腐、保温隔热工程

6.11.1　防腐、保温隔热工程概述

防腐、保温隔热工程按其物理、化学、作用功能部位及材料不同，分为防腐工程、保温隔热工程等三大部分设列子目。其中防腐工程划分为整体面层、隔离层、块料面层（平面）、池、沟、槽块料面层和耐酸防腐涂料五节。保温隔热按保温隔热的部位分为屋面保温、墙体保温、楼地面隔热、顶棚保温和其他保温。第三部分为特定构筑物烟囱、烟道设置的具有特定专业功能的内部涂刷隔绝层与填充项目。

耐酸防腐项目适用于平面、立面以及池槽沟槽有耐酸防腐要求的工程。由于耐酸防腐工程所具有的特殊要求，所以对于耐酸防腐项目所需要的材料，选用的都是有较强防腐性质材料，如胶泥、砂浆，块板料也是具有耐酸性能的块料。

保温、隔热项目适用于中温、低温及恒温要求的工业厂房（库房、车间）的保温、隔热以及一般的建筑物、构筑物的保温工程项目。

6.11.2　防腐、保温隔热的一般规定

1. 耐酸防腐

以不同的材料、形态、部位划分为五部分，即整体面层、隔离层、平面块料面层、池沟槽砌块料及耐酸防腐涂料。

（1）整体面层、隔离层适用于平面、立面的防腐耐酸（包括沟、坑、槽）工程。定额中块料面层是以平面砌设置项目。如果砌立面时，考虑施工的难度，执行基价时按相应项目，人工应乘以（规定）系数1.38；如果是镶砌踢脚板，其人工乘以系数1.56，其他不做调整。

（2）各种胶泥、砂浆、混凝土的配合比，以及各种整体面层的厚度，各种块料面层的结合层（砂浆或胶泥）配合比及厚度，根据基价编制原则，如设计与定额项目取定不同时，可以换算，其他不变。

（3）水玻璃类面层及结合层项目中，均包括涂刷稀胶泥的工料，不允许增加。树脂类及沥青类均包括树脂打底料及冷底子油工料。

（4）除特别说明外（如聚氯乙烯塑料地面），耐酸防腐工程的各种面层定额均不包括踢脚线的工料用量。整体面层踢脚线应按整体面层相应定额执行；块料面层踢脚线，按立面块料面层相应定额执行。

2. 保温隔热

保温隔热项目按实施部位分屋面、墙体、楼地面、天棚和其他。

（1）本部分适用于中温、低温及恒温的工业厂（库）房隔热工程及一般保温工程。当保温层材料的各种配合比与强度基价取定与设计规定不同时，可以换算。

（2）只包括了保温材料的铺贴，不包括隔气防潮、保护层和衬墙等，发生时应按相应项目另行计算。

（3）聚苯乙烯泡沫板附墙铺贴（胶浆粘结）、混凝土板下粘贴（无龙骨胶浆粘结）项目中聚苯乙烯泡沫板不分厚度，均按相应项目计算。

（4）干铺珍珠岩、干铺蛭石、石灰锯屑保温，也适用于顶棚填充保温。

（5）零星隔热工程。

1）池壁、池底隔热分别套用墙体隔热及地面隔热的相应项目。

2）门口周围的隔热部分，按图示部位分别套用墙体或地面的相应项目，以 m³ 计算。

3）梁头、连系梁等其他零星隔热工程，套用墙体隔热的相应项目。

4）柱帽贴软木、泡沫塑料板，按混凝土板下铺贴项目计算。

（6）聚苯乙烯泡沫板附墙铺贴（胶浆粘结）、混凝土板下粘贴（无龙骨胶浆粘结）项目，按图示尺寸以 m² 计算，扣除门窗洞口和 0.3m² 以上的孔洞所占面积。

6.11.3　防腐、保温隔热工程的计算规则

1. 耐酸防腐

（1）防腐工程项目应区分不同防腐材料种类及厚度，按设计实铺面积以 m² 计算，应扣除凸出地面的构筑物、设备基础等所占的面积，垛等凸出墙面部分按展开面积计算并入墙面防腐工程量之内。

（2）踢脚板防腐工程量按实铺长度乘以踢脚板高度以 m² 计算，应扣除门洞所占面积，并相应增加侧壁展开面积。

（3）平面砌筑双层耐酸块料时，按单层面积乘以 2 计算。

（4）防腐卷材接缝、附加层、收头等人工、材料，已计入在定额中，不再另行计算。

2. 保温隔热

（1）保温隔热层应区分不同保温隔热材料，除另有规定者外，均设计实铺厚度以 m³ 体积计算。

（2）保温隔热层的厚度，按隔热材料（不包括胶结材料）净厚度计算。

（3）地面隔热层按围护结构墙体间净面积乘以设计厚度以 m³ 计算，不扣除柱、垛所占的体积。

（4）墙体隔热层工程量，外墙按隔热层中心线，内墙按隔热层净长乘以图示尺寸的高度及厚度以 m³ 计算，应扣除冷藏门洞口和管道穿墙洞口所占的体积。

（5）柱包隔热层的工程量，按图示柱的隔热层中心线的展开长度乘以图示尺寸的高度及厚度以 m³ 计算。

（6）其他保温隔热。

1）池、槽隔热层工程量按图示池、槽保温隔热层的长、宽及其厚度以 m³ 计算。其中池壁按墙面计算，池底按地面计算。

2）门洞口侧壁周围的隔热部分，按图示隔热层尺寸以 m³ 计算，并入墙的保温隔热工程量内。

3）柱帽保温隔热层工程量按图示保温隔热层体积并入天棚保温隔热层工程量内。

6.11.4 防腐、保温隔热工程计算实例

例 6 - 28 如图 6 - 56 所示，试计算图中（a）方案所示 70mm 厚耐酸沥青混凝土面层工程量；图中（b）方案所示 25mm 厚耐酸沥青砂浆工程量和它们的工料用量（本例题所用定额为黑龙江省的定额）。

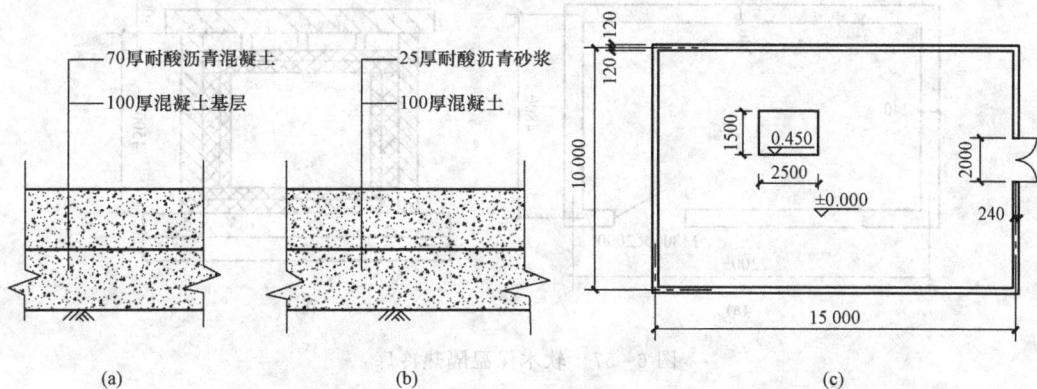

图 6 - 56 例 6 - 28 图

解： 按计算规则，地面防腐工程量可用计算公式表示为

$$S_{ff} = 图示墙体间净空面积 - S_R + S_{ti}$$

式中 S_{ff}——实铺防腐工程量（m²）；

S_R——应扣除的凸出地面物所占面积（m²）；

S_{ti}——踢脚板实铺面积（m²）。

（1）耐酸沥青混凝土 ［（a）方案］工程量。

$$S_{ff} = (15 - 0.24) \times (10 - 0.24) - 1.5 \times 2.5 + 0.24 \times 2$$
$$= 140.79 (m²)$$
$$= 1.407\ 9 (100m²)$$

（2）耐酸沥青砂浆［（b）方案］工程量。

$$S_{\text{ff}} = (15 - 0.24)(10 - 0.24) - 1.5 \times 2.5 + 0.24 \times 2$$
$$+ 0.15 \times [(15 - 0.24 + 10 - 0.24) \times 2 + 0.12 \times 2 - 2]$$
$$= 147.88(\text{m}^2) = 1.478\,8(100\text{m}^2)$$

（3）计算两个方案的工料用量。设计混凝土面层及砂浆涂抹厚度与定额基本项目不同，应利用增减项进行调整。（a）方案耐酸沥青混凝土厚度为 70mm，应按定额 10—5 加 10—6 计算；（b）方案耐酸沥青砂浆厚度为 25mm，应按定额 10—3 减 10—4 计算。两个方案的工料用量计算结果列于表 6 - 32 中。

表 6 - 32　　　　　　　　　　　耐酸项目工料用量

名称	人工	耐酸沥青混凝土	沥青梅胶泥	冷底子油 30：70	耐酸沥青砂浆	木柴	混凝土搅拌机 400L	平板振捣器
单　位	工日	m³	m³	kg	m³	kg	台班	台班
方案（a）	38.04	9.95	0.28	67.58	—	4246.23	2.0	4.0
方案（b）	23.42	—	0.30	70.98	3.73	2246.30		

例 6 - 29　如图 6 - 57 所示为冷库平面图，设计采用软木保温层，厚度为 0.1m，天棚做带木龙骨保温层，试计算该冷库室内软木保温隔热层工程量及工料用量。

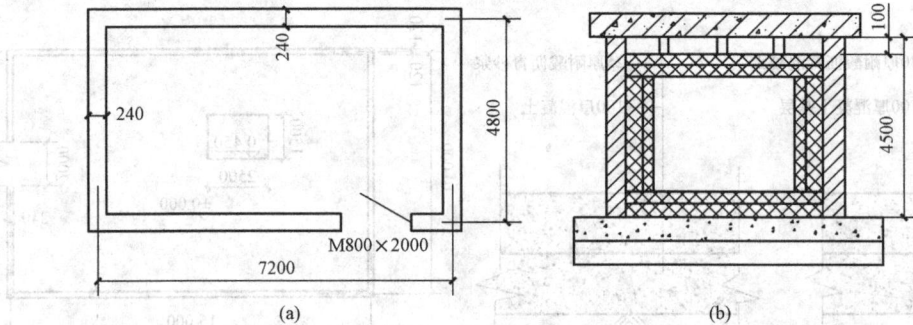

图 6 - 57　软木保温隔热冷库

解：（1）地面保温隔热层工程量，按照公式：

地面隔热层工程量(m³) = 墙体间净面积(m²) × 设计隔热层厚度(m)

可得

$$[(7.2 - 0.24) \times (4.8 - 0.24) + 0.8 \times 0.24] \times 0.1 = 3.19(\text{m}^3)$$

（2）钢筋混凝土板下软木保温层工程。

$$(7.2 - 0.24) \times (4.8 - 0.24) \times 0.1 = 3.17(\text{m}^3) = 0.317(10\text{m}^3)$$

（3）墙体按附墙铺贴软木考虑，工程量按照公式：

墙体隔热工程量(m³) = 墙长(m) × 隔热层面积(m²) − 应扣除体积(m³)

可得

$$墙体隔热工程量 = [(7.2 - 0.24 - 0.1 + 4.8 - 0.24 - 0.1) \times 2$$
$$- (4.5 - 0.3) \times 0.8] \times 2 \times 0.1$$

$$= 9.43(\text{m}^3)$$
$$= 0.943(10\text{m}^3)$$

（4）冷库保温层工料用量。

地面保温层按定额 10—219，天棚按 10—207，附墙按 10—209，其工料用量汇总在表 6-33 中。

表 6 - 33　　　　　　　　　　冷库软木保温工程工料用量表

名　　称	定额编号	人工	软木板 1000×50	石油沥青 30#	木柴	一等板方材	铁件	防腐油	竹钉 5×40
单　　位		工日	m³	kg	kg	m³	kg	kg	百个
地面层保温	10—219	11.67	3.35	372.13	170.98	—	—	—	—
顶棚保温	10—207	17.05	3.12	280.8	14.41	0.24	14.41	3.52	0.4
附墙保温	10—209	35.85	9.9	890.52	409.64	—	—	—	1.19
合　　计	—	64.57	16.37	1543.45	595.03	0.24	14.41	3.52	1.59

例 6 - 30　图 6 - 58 所示冷库内加设两根直径为 0.5m 的圆柱，上带柱帽，尺寸如图所示，采用软木保温，试计算其工程量。

解：（1）柱身保温层工程量。

$$V_1 = 0.6\pi \times (4.5 - 0.8) \times 0.1 \times 2$$
$$= 1.39(\text{m}^3)$$
$$= 0.139(10\text{m}^3)$$

（2）柱帽保温工程量，按空心圆锥体计算。

$$V_2 = \frac{1}{2}\pi(0.7 + 0.73) \times 0.6 \times 0.1 \times 2$$
$$= 0.27(\text{m}^3)$$
$$= 0.027(10\text{m}^3)$$

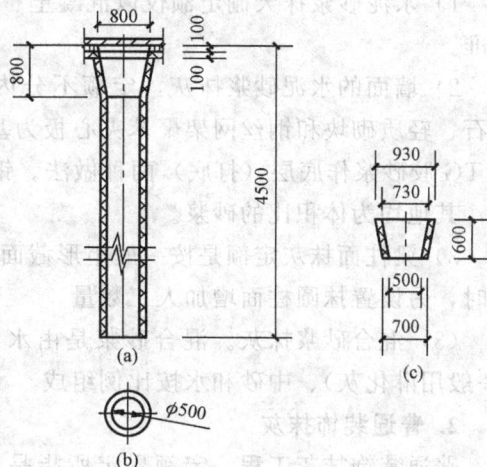

图 6 - 58　柱保温层结构图

6.12　装饰工程

6.12.1　装饰工程概述

1. 抹灰工程的分类

抹灰工程的类别划分方法有很多，一般按使用的材料和装饰效果可分为两类，即一般普通抹灰和装饰抹灰；而按工程部位可以分为三类，即墙面抹灰（即内墙、外墙）、天棚抹灰和其他（梁柱面等）零星抹灰。一般抹灰又按建筑物的标准可分三级。

2. 抹灰饰面构造组成

（1）通常抹灰分为底层、中层及面层，各层的作用与厚度和使用砂浆品种应视基层部位材料、质量标准及气候情况决定。

（2）抹灰层的总厚度应按设计规范和具体的工程项目设计确定。

6.12.2　装饰工程的一般规定

1. 一般抹灰（建筑物最基本的装修做法）

按不同的砂浆种类、不同的部位、不同的作用，进一步划分了石灰砂浆、水泥砂浆、混合砂浆、其他砂浆、石膏保温砂浆，不同材料做法及抹灰基层的界面处理。几种材料做法基本是同样的施工程序和操作方法。工作内容均包括了基层处理（清理、修补、湿润）、调运砂浆、分层抹灰、找平、罩面压光、清理落地灰等全部操作过程，其中石灰砂浆包括了护角抹灰。

（1）石灰砂浆。墙面石灰砂浆抹灰分普通、中级、高级。

1）普通抹灰：一遍底层，一遍面层。

2）中级抹灰：一遍底层，一遍中层，一遍面层。

3）高级抹灰：一遍底层，一遍中层，二遍面层。

（2）水泥砂浆抹灰。

1）水泥砂浆抹天棚定额仅以混凝土、钢板（丝）网基面设置项目，不考虑抹灰的级别标准。

2）墙面的水泥砂浆抹灰，定额不分内墙、外墙，以混凝土、钢板（丝）网、标准砖、毛石、轻质砌块和钢丝网架聚苯夹心板为基面设置项目，其轻质砌块分为水泥石灰砂浆和水泥 TG 胶砂浆作底层（打底）两种做法。钢丝网架聚苯夹心板所用为 M10（重量比）水泥砂浆，其他均为体积比的砂浆。

3）梁柱面抹灰定额是按一般矩形截面考虑，分标准砖和混凝土两种基面，如果抹圆柱面时，另设置抹圆柱面增加人工数量。

（3）混合砂浆抹灰。混合砂浆是由水泥（一般抹灰用强度等级为 32.5 的水泥）、白灰（一般用淋化灰）、中砂和水按比例组成。

2. 普通装饰抹灰

普通装饰抹灰工程，定额界定所指是对面层材料做法而言，一般都属于室外饰面工程（除水磨石可应用于室内外），其材料做法有水刷石（分白石、色石子和豆石）、干粘石、斩假石（取定为 1：1.25 水泥石屑浆）、水磨石、拉毛、喷漆、滚涂和弹涂。

3. 镶贴块料面层

现行定额镶贴块料面层饰面所取定的面层材料（块料）是按常规、普通做法考虑的，有陶瓷锦砖（马赛克）、内墙瓷砖、外墙面砖（有时外墙面砖与内墙瓷砖调换使用）、预制水磨石。

4. 油漆、涂料

油漆、涂料一节，是将需涂刷的基层面，按材料划分为四部分，即木材面油漆、金属面油漆和抹灰面油漆和喷刷浆。

定额按普通的调合漆（含无光调合漆）、防火漆（涂料）、乳胶漆、水泥漆、防锈漆考虑。

（1）木材面油漆。定额项目施工，包括了清扫、磨砂纸、刮腻子、润油、涂刷油漆、磨退上光等全部操作过程。

（2）金属面油漆。金属面油漆定额项目工作内容包括了基层处理、除锈、刷漆清理的全部操作施工程序，包括材料的调制。

（3）抹灰面油漆。抹灰面油漆定额取定的油漆材质品种是调和漆、乳胶漆、水泥漆、仿瓷涂料等。

（4）喷刷浆。喷刷浆工程是建筑施工中的最后一道施工工序。喷刷项目所采用的材料大部分为水质涂料，也有部分油质涂料，其工作内容包括基层处理、调配腻子和灰浆、刮腻子、磨砂纸、遮盖不应喷刷处、喷刷和清理全部操作程序。

6.12.3 装饰工程工程量计算规则

装饰工程量计量单位，一般抹灰中除天棚装饰（石灰砂浆）线和装饰线条（石膏砂浆）按延长米计量外，均以 m² 计算。普通装饰抹灰、镶贴块料面层和喷刷浆均按 m² 计算套用相应项目。油漆施工项目工程量计算，除木扶手按延长米、其他金属面（钢构件、铁件）按重量计量外，均是以 m² 计量，区别仅是计量方法不同而已。

1. 内墙抹灰工程量的计算规则

（1）内墙面抹灰工程量，等于内墙长度乘以内墙面的抹灰高度以 m² 计算，应扣除门窗洞口和空圈所占的面积，不扣除踢脚板、挂镜线、0.3m² 以内的孔洞和墙与构件交接处的面积，洞口侧壁和顶面也不增加。墙垛和附墙烟囱侧壁面积与内墙抹灰工程量合并计算。

（2）内墙面抹灰的长度，以主墙间的图示净长尺寸计算。其高度确定如下：

1）无墙裙的，其高度按室内地面或楼面至顶棚底面之间的距离计算。

2）有墙裙的，其高度按墙裙顶至顶棚底面之间的距离计算。

3）有吊筋的装饰天棚的内墙面抹灰，其高度按室内地面或楼面至顶棚底面另加 100mm 计算。

（3）内墙裙抹灰工程量，按内墙裙的净长度乘以内墙裙的高度以 m² 计算，应扣除门窗洞口和空圈所占的面积，门窗洞口和空圈的侧壁面积不另增加，墙垛、附墙烟囱侧壁面积并入墙裙抹灰面积内计算。

2. 外墙抹灰工程量的计算规则

（1）外墙抹灰面积，按外墙面的垂直投影面积以平方计算，应扣除门窗洞口，外墙裙和大于 0.3m² 孔洞所占面积，洞口侧壁面积不另增加。附墙垛、梁、侧面抹灰面积并入外墙面抹灰工程量内计算。栏板、窗台线、门窗套、扶手、压顶、挑檐、遮阳板突出墙外的腰线等，另按相应规定计算。

（2）外墙裙抹灰面积按其长度乘以高度计算，扣除门窗洞口和大于 0.3m² 孔洞所占的面积，门窗洞口及孔洞的侧壁不增加。

（3）窗台线、门窗套、挑檐、腰线、遮阳板等展开宽度在 300mm 以内者，抹灰工程量按装饰线长度以延长米计算，如果展开宽度超过 300mm 以上时，按图示尺寸以展开面积计算，套"零星抹灰"定额项目。

（4）栏板、栏杆（包括立柱、扶手或压顶等）抹灰工程量按立面垂直投影面积乘以系数 2.2 以 m² 计算。

（5）阳台底面抹灰工程量按水平投影面积以 m^2 计算，并入相应天棚抹灰的工程量内计算。阳台如带悬臂梁者，其工程量乘以系数 1.30。

（6）雨篷底或顶面抹灰工程量，分别按水平投影面积以 m^2 计算，并入相应天棚抹灰的工程量内。雨篷顶面带翻沿或反梁者，其工程量乘以系数 1.20；底面带悬臂梁者，其工程量乘以系数 1.20。雨篷外边线按相应装饰或零星项目执行。

（7）墙面勾缝工程量，按垂直投影面积以 m^2 计算，应扣除墙裙和墙面抹灰的面积，不扣除门窗洞口、门窗套、腰线等零星抹灰所占面积，附墙垛和门窗洞口侧面的勾缝面积也不增加。独立柱、房上烟囱勾缝，按图示尺寸以 m^2 计算。

3. 外墙装饰抹灰工程量的计算规则

（1）外墙各种装饰抹灰工程量，均按图示尺寸以实抹面积以 m^2 计算，应扣除门窗洞口、空圈的面积，其侧壁面积不另增加。

（2）挑檐、天沟、腰线、栏杆、栏板、门窗套、窗台线、压顶等装饰抹灰工程量，均按图示尺寸展开面积以 m^2 计算，并入相应的外墙装饰抹灰工程量内计算。

4. 块料面层工程量的计算规则

（1）墙面镶贴块料面层均按图示尺寸的实贴面积以 m^2 计算。

（2）墙裙镶贴块料面层以高度在 1500mm 以内为准，超过 1500mm 按墙面计算，高度低于 300mm 以内时，按踢脚板镶贴块料面层计算。

5. 木隔断、墙裙、护壁板工程量的计算规则

木隔断、墙裙、护壁板均按图示尺寸长度乘以高度按实铺面积以 m^2 计算。

6. 玻璃隔墙工程量的计算规则

玻璃隔墙按上横档顶面至下横档底面之间的高度乘以宽度以两边立梃外边线之间的宽度，以 m^2 计算。

7. 浴厕木隔断工程量的计算规则

浴厕木隔断按下横档底面至上横档顶面之间高度乘以图示隔断长度以 m^2 计算，隔断上的门扇面积并入隔断面积内计算。

8. 铝合金、轻钢隔墙、幕墙工程量的计算规则

铝合金、轻钢隔墙、幕墙按四周框外围面积以 m^2 计算。

9. 独立柱装饰工程量的计算规则

（1）独立柱一般抹灰、装饰抹灰工程量，按结构断面周长乘以柱的高度以 m^2 计算。

（2）独立柱面镶贴块面层、龙骨及饰面工程量，按柱外围饰面尺寸乘以柱的高度以 m^2 计算。

10. 各种"零星项目"工程量的计算规则

各种"零星项目"均按图示尺寸以展开面积计算。

11. 天棚抹灰工程量的计算规则

（1）天棚抹灰面积工程量，按主墙间的净面积以 m^2 计算，不扣除间壁墙、垛、柱，附墙烟囱，检查口和管道所占面积。带梁天棚，梁两侧抹灰面积，并入天棚抹灰工程内计算。

（2）密肋梁和井字梁天棚抹灰面积，按展开面积以 m^2 计算。

（3）天棚抹灰如带有装饰线时，区别按三道以内或五道线以内按延长米计算。线角的道数以一个凸出的棱角为一道线。

（4）檐口天棚（即挑檐底）的抹灰面积，并入相同的天棚抹灰工程量内计算。

（5）天棚中折线、灯槽线、圆弧形线等艺术形式的抹灰工程量，按展开面积以 m² 计算。

12. 各种吊顶天棚龙骨工程量的计算规则

各种吊顶天棚按主墙间净空面积以 m² 计算，不扣除间壁墙、检查口、附墙烟囱、附墙垛和管道的占面积，但天棚中折线、迭落等圆弧形、高低吊灯槽也不展开计算。

13. 天棚面装饰工程量的计算规则

（1）天棚装饰面积，按主墙间实铺面积以 m² 计算，不扣除间壁墙，检查口、附墙烟囱、附墙垛和管道所占面积，应扣除独立柱及天棚相连的窗帘盒、0.3m² 以上灯饰等所占面积。

（2）天棚中的折线、迭落等圆弧形、拱形、高低灯槽及其他艺术形式天棚面，均按展开面积计算。

14. 喷涂、油漆、裱糊工程量的计算规则

（1）楼地面、天棚、墙、柱、梁面的喷（刷）涂料、抹灰面油漆及裱糊工程，均按上述楼地面、天棚面、墙、柱、梁面装饰工程相应的工程量计算规则规定计算。

（2）木材面、金属面油漆工程量，分别按计算规则中的规定查表计算，并乘以表列系数以 m² 计算。

6.12.4　装饰工程工程量计算实例

例 6-31　计算如图 6-59 所示小型住宅的外墙抹灰工程量及工料消耗量，设计外墙抹灰要求为 20mm 厚 1:1:6 混合砂浆打底及面层，室内外高差为 0.3m。

解：（1）计算工程量。

1）计算应扣除面积。

门 M1：$1.0 \times 2 \times 2 = 4$（m²）

窗 C1～C3：$(1.8 \times 2 + 1.1 \times 2 + 1.6 \times 6) \times 1.5 = 23.1$（m²）

2）外墙长 $= [(14.4 + 0.24) + (4.8 + 0.24)] \times 2 = 39.36$（m）

抹灰高度 $= 2.9 + 0.3 = 3.2$（m）

3）外墙抹灰面积 $= 39.36 \times 3.2 - 4 - 23.1 = 98.85$（m²）

4）窗台线。按延长米计算为 $1.8 \times 2 + 1.1 \times 2 + 1.6 \times 6 = 15.4$（m）

（2）计算工料消耗量。

1）外墙抹灰部分。由定额 11-36 可见，项目抹灰总厚度与定额规定相同，因此定额中 1:1:4 混合砂浆用量 0.69m³ 即为 4mm 厚 1:1:6 混合砂浆的用量，只要将其组成材料换算即可。抹灰工料为：

人工：$13.73 \times 0.9885 = 13.75$（工日）

1:1:6 混合砂浆：$(1.62 + 0.69) \times 0.9885 = 2.28$（m³）

水：$0.69 \times 0.9885 = 0.68$（m³）

松厚板：$0.005 \times 0.9885 = 0.005$（m³）

M1=1.0×2.0m² M2=0.9×2.2m²
C1=1.1×1.5m² C2=1.6×1.5m² C3=1.8×1.5m²

(a)

(b)

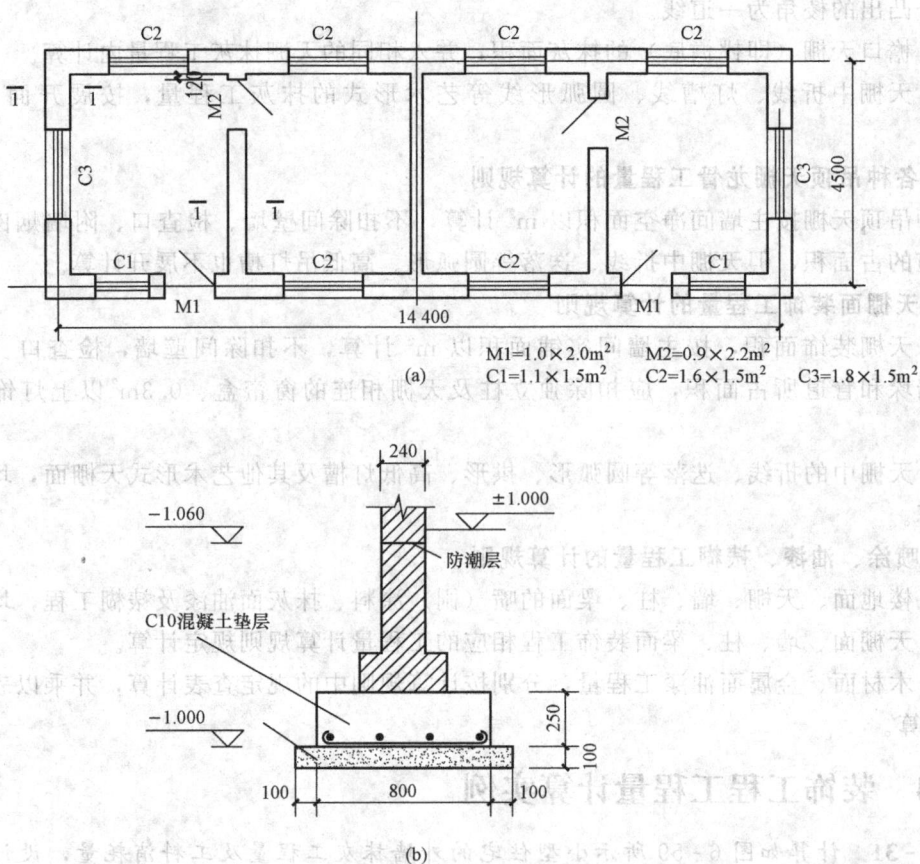

图 6-59 某 A 型住宅图

(a) 平面；(b) 1—1 剖面

200L 砂浆搅拌机 0.39×0.988 5＝0.39（台班）

2）窗台线抹灰工料，按定额 11—42 计算。

人工：15.76×0.154＝2.43（工日）

1∶1∶6 混合砂浆（0.36＋0.13）×0.154＝0.075（m³）

水：0.18×0.154＝0.03（m³）

200L 砂浆搅拌机：0.08×0.154＝0.01（台班）

3）工料用量汇总见表 6-34。

表 6-34   工 料 用 量 汇 总 表

人工（工日）	42.5级水泥（kg）	石灰膏（m³）	粗砂（m³）	松厚板（m³）	200L灰浆搅拌机（台班）	水（m³）
16	480	0.38	2.43	0.005	0.4	2.12

例 6-32 计算如图 6-60 所示小型住宅的外墙裙镶贴无釉面砖的工程量及面砖用量。外墙裙做至窗台下，其标高为 1.0m，面砖规格 150mm×75mm，砂浆粘贴，灰缝 10mm，

室内外高差 0.3m。

解： 外墙裙块料面层按实贴面积计算。

（1）外墙外边线总长 $L = [(14.4+0.24)+(4.8+0.24)] \times 2 = 39.36(\text{m})$

（2）扣除门洞面积 $S_洞 = 1.0 \times 1 \times 2 = 2.0(\text{m}^2)$

（3）加门侧壁面积 $S_侧 = (1 \times 0.15 \times 4)/2 = 0.3(\text{m}^2)$

墙面镶贴面层面积（m^2）＝图示墙面面层长度（m）×图示墙面面层高度（m）－门窗
洞口、空圈所占面积（m^2）＋门窗洞、空圈侧壁面积（m^2）

外墙裙面积为

$$S = 39.36 \times (1+0.3) - 2.0 + 0.3 = 49.47(\text{m}^2)$$

按定额 11—175 可得：面砖用量＝$7.54 \times 0.4947 = 3.73$（千块）

例 6-33　试计算如图 6-60 所示小型住宅方木天棚龙骨工程量。

解： 根据公式：

天棚龙骨工程量（m^2）＝天棚主墙间净长度（m）×天棚主墙间净宽（m）

吊顶天棚龙骨工程量按主墙间净空面积计算，则

$$S = (14.4 - 0.24 \times 4) \times (4.8 - 0.24) = 61.29(\text{m}^2)$$

例 6-34　根据图 6-60 的尺寸，计算从底层到二层的楼梯抹灰面积。

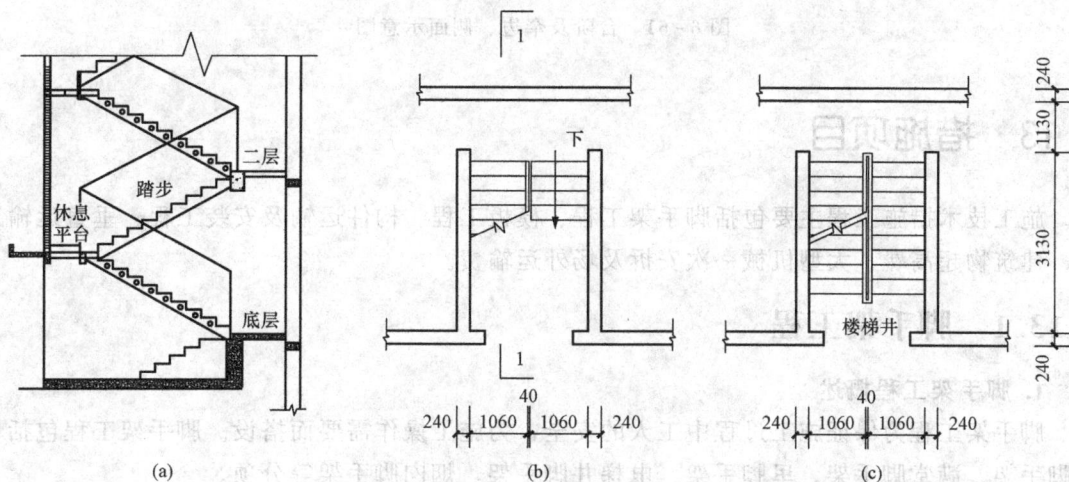

图 6-60　建筑物的平面、剖面、立面

（a）1—1 剖面；（b）底层楼梯平面图；（c）二层楼梯平面图

解： 根据楼梯水平投影面积＝楼梯间净长×楼梯间净宽－宽度大于 500mm 楼梯井面
积，可得

$$楼梯水平投影面积 = (1.06 \times 2 + 0.04) \times 3.13 = 6.86(\text{m}^2)$$

例 6-35　根据图 6-61 计算台阶水平投影面积和牵边及侧面面积。

解： $S_{台阶} = 1.80 \times (0.3 \times 4) = 2.16(\text{m}^2)$

$$S_{牵边} = [\sqrt{(0.15 \times 3 + 0.05)^2 + (0.30 \times 3 + 0.05)^2} + 0.30] \times 0.3 \times 2(边)$$

$$+ [(0.30 + 0.30 \times 4 + 0.05) \times \frac{1}{2} \times (0.15 \times 3 + 0.05) + 0.15 \times 1.25] \times 4(面)$$

$$-0.30 \times 0.15 \times 10(块) \times 2(面) + 0.30 \times 0.15 \times 2(块)$$
$$= 0.824 + 1.40 + 0.09$$
$$= 2.31(m^2)$$

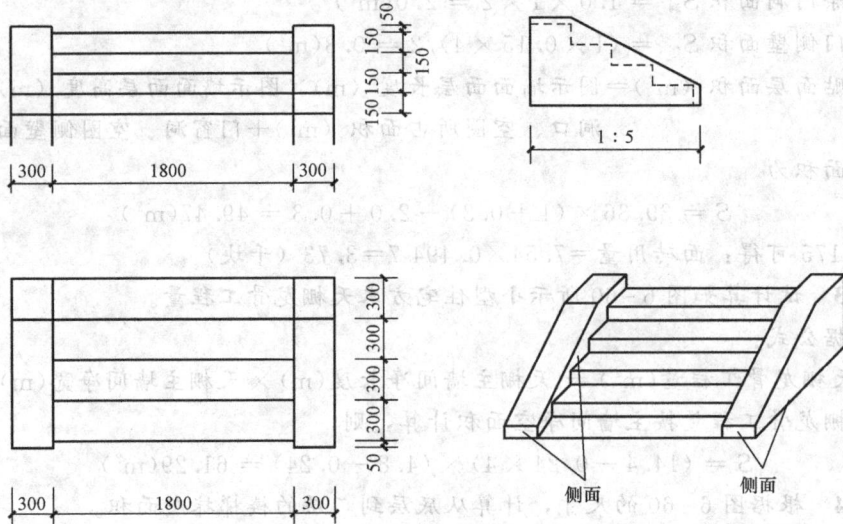

图 6-61 台阶及牵边、侧面示意图

6.13 措施项目

施工技术措施工程主要包括脚手架工程、模板工程、构件运输及安装工程、垂直运输工程、建筑物超高费、大型机械一次安拆及场外运输费。

6.13.1 脚手架工程

1. 脚手架工程概述

脚手架工程为保证施工过程中工人的安全，为施工操作需要而搭设。脚手架工程包括单项脚手架、满堂脚手架、里脚手架、电梯井脚手架、烟囱脚手架等分项。

（1）脚手架的分类。

1）按使用材料不同分为木脚手架、竹脚手架、金属脚手架（钢筋、角钢）。

2）按搭设形式不同分为单排脚手架和双排脚手架。

3）按搭设位置或使用范围不同分为外墙脚手架、内墙脚手架、满堂脚手架、吊顶架、井字架、上料平台等。

4）按构造形式分为多立杆式、框式、吊式、桥式、挂式、挑式、工具式脚手架。

（2）脚手架的有关概念。

1）外脚手架：是指搭设在建筑物四周墙外边供外墙体砌筑和抹灰使用的脚手架。按搭设方式分为双排和单排。

①双排脚手架，是指在墙外面有里、外两排立杆，其大小横杆直接搁在里外两排横杆上

的脚手架。主要用于外墙砌筑、捣制外轴线柱及外墙外面的装饰等工程。

②单排脚手架，是指墙外编制有一排立杆，小横杆的一端与大横杆相连，而另一端搁在墙上的脚手架。单排脚手架一般在 15m 以下使用。多用于外墙局部的个别部位或个别构件、构筑物的施工。

2）里脚手架，又称内墙脚手架，是指搭设在建筑物内部供各楼层内墙体砌筑和墙面抹灰使用的架子。里脚手架常用的有折叠式钢脚手架、钢管脚手架等。

3）满堂脚手架，是指为室内天棚的安装和装饰等而搭设的一种棋盘井格式脚手架。

4）挑脚手架，是指从建筑物内部通过窗洞口向外挑出的一种脚手架。

5）上料平台，是指供应高层建筑物施工上料的专用架子，用于放置小型起重机和卸料、堆料。

2. 脚手架工程量计算的一般规定

(1) 建筑物外墙脚手架，凡设计室外地坪至檐口（或女儿墙上表面）的砌筑高度在 15m 以下的按单排脚手架计算；砌筑高度在 15m 以上的或砌筑高度虽不足 15m 但外墙门窗及装饰面积超过外墙表面积 60% 以上时，均按双排脚手架计算。

采用竹制脚手架时，按双排计算。

(2) 建筑物内墙脚手架，凡设计室内地坪至顶板下表面（或山墙高度的 1/2 处）的砌筑高度在 3.6m 以下的，按里脚手架计算；砌筑高度超过 3.6m 以上时，按单排脚手架计算。

(3) 石墙砌体，凡砌筑高度超过 1.0m 以上时，按外脚手架计算。

(4) 计算内、外脚手架时，均不扣除门窗洞口、空圈洞口等所占的面积。

(5) 同一建筑物高度不同时，应按不同高度分别计算。

(6) 现浇钢筋混凝土框架柱、梁按双排脚手架计算。

(7) 室内天棚装饰面距设计室内地坪在 3.6m 以上时，应计算满堂脚手架，计算满堂脚手架后，墙面装饰工程则不再计算脚手架。

(8) 滑升模板施工的钢筋混凝土烟囱：筒仓不另计算脚手架。

(9) 砌筋储仓按双排外脚手架计算。

(10) 储水（油），大型设备基础，凡距地坪高度超过 1.2m 以上的，均按双排脚手架计算。

(11) 整体满堂钢筋混凝土基础，凡其高度超过 3m 以上时，按其底板面积计算满堂脚手架。

3. 砌筑脚手架工程量的计算规则

(1) 外脚手架的工程量按外墙外围长度乘以外墙高度以 m^2 计算。外墙高度是指设计室外地坪至檐口滴水的高度；山墙部分按山墙平均高度计算；带女儿墙的建筑物，其高度算到女儿墙顶。突出墙外宽度在 24cm 以内的墙垛、附墙烟囱等，其脚手架已包括在墙体脚手架内不再另计；宽度超过 24cm 时，按图示尺寸展开计算，并入外墙脚手架工程量内。

(2) 里脚手架按墙面垂直投影面积计算。

(3) 砌筑高度超过 1.2m 的砖基础脚手架，按砖基础的长度乘以砖基础的砌筑高度以 m^2 计算；内墙、地下室内外墙砌筑脚手架，按外墙中心线、内墙净长线乘以高度以 m^2 计算，高度从室内地坪或楼面算至板下或梁下（不包括圈梁）。高度在 3.6m 以内时，按 3.6m

以内里脚手架计算；高度超过 3.6m 时，按相应高度的单排外脚手架计算。

（4）现浇混凝土独立柱（外墙柱除外）脚手架，按柱的周长加 3.6m 乘以高度（由室内地坪或楼面算起）以 m² 计算；独立砖、石柱脚手架，按柱的周长加 3.6m 乘以柱高以 m² 计算；高度在 3.6m 以内时，按 3.6m 以内里脚手架计算；高超过 3.6m 时，按相应高度的单排外脚手架计算。

4. 现浇钢筋混凝土框架脚手架工程量计算规则

（1）现浇钢筋混凝土柱，按柱图示周长尺寸另加 3.6m，乘以柱高以 m² 计算，套用相应外脚手架定额。

（2）现浇钢筋混凝土梁、墙，按设计室外地坪或楼板上表面至楼板底之间的高度，乘以梁、墙净长以 m² 计算，套用相应双排脚手架定额。

5. 装饰工程脚手架工程量计算规则

（1）室内地坪或楼面至装饰天棚高度在 3.6m 以内的抹灰天棚、钉板天棚、吊顶天棚的脚手架按天棚简易脚手架计算；室内地坪或楼面至装饰天棚高度超过 3.6m 的抹灰天棚、钉板天棚、吊顶天棚的脚手架按满堂脚手架计算，工程量按室内净面积以 m² 计算。

满堂脚手架的高度以室内地坪或楼面至天棚底面为准，无吊顶天棚的算至楼板底，有吊顶天棚的算至天棚的面层，斜天棚按平均高度计算。计算满堂脚手架后，室内墙柱面装饰工程不再计算脚手架。满堂脚手架的基本层高在 3.6～5.2m 者，计算满堂脚手架基本层，超过 5.2m 时，每超过 1.2m 计算堂脚手架增加层。计算增加层脚手架时，超高部分在 0.6m 以内者舍去不计，超过 0.6m 者，计算一个增加层。计算公式如下：

$$满堂脚手架增加层 = \frac{室内净高度 - 5.2（m）}{1.2（m）}$$

（2）内墙、柱面抹灰与其他装饰及防水处理工程脚手架，内墙面按墙面垂直投影面积计算，不扣除门窗洞口的面积，柱面按柱的周长加 3.6m 乘以高度计算。高度在 3.6m 以内时，按墙面简易脚手架计算，高度超过 3.6m 未计算满堂脚手架时，按相应高度的内墙面装饰脚手架计算。

（3）高度超过 3.6m 墙面装饰不能利用原砌筑脚手架时，可以计算装饰脚手架。装饰脚手架按双排脚手架乘以 0.3 计算。

（4）砖石围墙、挡土墙砌筑脚手架，按墙中心线长度乘以其自然地坪至围墙、挡土墙顶面的平均高度以 m² 计算。砖砌围墙、挡土墙高度在 3.6m 以内时，按 3.6m 以内里脚手架计算，高度超过 3.6m 时，按相应高度的单排外脚手架计算。石砌围墙、挡土墙高度在 3.6m 以内时，按 3.6m 以内里脚手架计算，高度超过 3.6m 时，按相应高度的双排外脚手架计算。围墙勾缝、抹灰按单面计算一次墙面简易脚手架，挡土墙勾缝、抹灰如不能利用砌筑脚手架时按单面计算一次墙面简易脚手架。

（5）砖垛铁栏杆围墙，当砖垛砌筑高度超过 1.2m 时，可按独立砖柱脚手架的计算方法计算。3.6m 以内的铁栏杆油漆计算一次简易墙面脚手架。

（6）挑脚手架，按搭设长度和层数以延长米计算。悬空脚手架，按搭设水平投影面积以 m² 计算。

6. 其他脚手架工程量计算规则

（1）储仓、储水（油）池脚手架按其外围周长乘以高度以 m² 计算，如中间有隔墙时，工程量按其垂直投影面积计算，套用相应高度（从基础垫层上表面算至仓顶或池顶）双排外脚手架项目乘以 0.6 系数。

(2) 烟囱水塔脚手架区别不同搭设高度、直径以座计算。

(3) 电梯井脚手架，按单孔以"座"计算。

(4) 斜道，区别不同高度以"座"计算。

(5) 水平防护架，按实际铺板的水平投影面积以 m² 计算。

(6) 垂直防护架，按自然地坪至最上一层横杆之间的搭设高度，乘以实际搭设长度，以 m² 计算。

6.13.2 模板工程

1. 现浇混凝土模板计算规则

(1) 现浇混凝土模板工程量，除另有规定者外，均按混凝土与模板的接触面的面积以 m² 计算，不扣除后浇带所占面积。二次浇捣的后浇带模板按后浇带体积以 m³ 计算。

(2) 现浇钢筋混凝土墙、板上单孔面积在 0.3m² 以内的孔洞，不予扣除，洞侧壁模板也不增加；单孔面积在 0.3m² 以上时，应扣除孔洞所占面积，洞侧壁模板面积并入墙、板模板工程量内。现浇钢筋混凝土柱、梁、板、墙的支模高度以 3.6m 以内为准，超过 3.6m 以上部分，另按超过部分计算增加支撑工程量。

(3) 基础。

1) 带形基础。应分别按毛石混凝土、无筋混凝土、有梁式钢筋混凝土、无梁式钢筋混凝土带形基础计算。凡有梁式带形基础，梁的模板按梁长乘以梁净高以 m² 计算，次梁与主梁交接时，次梁模板算至主梁侧面。其梁高（指基础扩大顶面至梁顶面的高）超过 1.2m 时，其带形基础底板模板按无梁式计算，扩大顶面以上部分模板按混凝土项目计算。

2) 独立基础。应分别按毛石混凝土和钢筋混凝土独立基础与模板接触面计算，其高度从垫层上表面算至柱基上表面。现浇独立柱基与柱的划分：高度（H）为相邻下一个高度。高度（H）大于 2 倍以内者为柱基，套用柱基模板项目；2 倍以上者为柱身，套用相应柱的模板项目。

3) 杯形基础。杯形基础连接预制柱的杯口底面至基础扩大面积高度（H）在 0.50m 以内的按杯形基础模板项目计算，在 0.50m 以上 H 部分按现浇柱模板项目计算，其余部分套用杯形基础模板项目。

4) 满堂基础。无梁式满堂基础有扩大或角锥形柱墩时，应并入无梁式满堂基础内计算。有梁式满堂基础梁高超过 1.2m 时，底板按无梁式满堂基础模板项目计算，梁按混凝土模板项目计算。箱式满堂基础应按无梁式满堂基础、柱、墙、梁、板的有关规定计算。

5) 桩承台。应分别按带形和独立桩承台计算，满堂式桩承台按满堂基础相应模板项目计算。

6) 设备基础。块体设备基础按不同体积，分别计算模板工程量。框架设备基础应分别按基础、柱、梁、板以及墙的相应项目计算；楼层地面上的设备基础并入梁、板项目计算，如在同一设备基础中部分为块体，部分为框架时，应分别计算。

框架设备基础的柱模板高度应由底板或柱基的上表面算至板的下表面，梁的长度按净长计算，梁的悬臂部分应并入梁内计算。

地脚螺栓套孔分别不同深度以个为单位，另列项目计算。

二次灌浆按实体积以 m^3 计算，不扣除地脚螺栓套孔所占的混凝土或水泥砂浆的体积。

7）混凝土护壁按混凝土实体积以 m^3 计算。

（4）现浇钢筋混凝土框架的模板工程量分别按柱、梁、墙计算，附墙柱并入墙的模板工程量内。

（5）预制钢筋混凝土板之间，按设计规定需现浇板缝时，若板缝宽度（指下口宽度）在 20cm 以上、20cm 以内者，按预制板间补现浇板缝项目计算，板缝宽度超过 20cm 者，按平板项目计算。

（6）柱与梁、柱与墙、梁与梁等连接的重叠部分以及伸入墙内的梁头、板头部分，均不计算模板面积。

（7）构造柱外露面均应按图示外露部分计算模板面积。构造柱与墙接触面不计算模板面积。

（8）现浇钢筋混凝土楼梯，以图示露明面尺寸的水平投影面积计算，楼梯与楼板的划分以楼梯梁的外边缘为界，该楼梯梁包括在楼梯水平投影面积之内。不扣除小于 500mm 楼梯井所占面积。楼梯的踏步、踏步板、平台梁等侧面模板，不另计算。

（9）现浇钢筋混凝土悬挑板（雨篷、阳台）按图示外挑部分尺寸的水平投影面积计算，挑出墙外的梁及板边模板不另计算。如伸出墙外超过 1.50m 时，梁、板分别计算，套用相应项目。

（10）挑檐天沟按混凝土与模板接触面以 m^2 计算。当与板（包括屋面板、楼梯）连接时，以外墙身外边缘为分界线；当与圈梁（包括其他梁）连接时，以梁外边线为分界线。外墙外边缘以外或梁外边线以外为挑檐天沟。

（11）混凝土台阶不包括梯带，按图示台阶尺寸的水平投影面积计算，台阶端头两侧模板，不另计算。

（12）现浇混凝土池槽按构件外形体积计算，池槽内、外侧及底部的模板不另计算。

（13）零星构件适用地现浇混凝土扶手、柱式栏杆及其他未列项目且单件体积在 $0.05m^3$ 以内的小型构件，其工程量按混凝土实体积计算。

2. 预制钢筋混凝土模板工程量的计算规则

预制钢筋混凝土模板的计算规则除另有规定者外均按混凝土实体积以 m^3 计算。

3. 构筑物混凝土模板工程量的计算规则

构筑物混凝土模板除另有规定者外，区别现浇、预制和构件类别，分别按现浇混凝土、预制混凝土的有关规定计算。

6.13.3　构件运输安装工程的计算规则

（1）预制混凝土构件以实际体积计算。

（2）加工厂制作的加气混凝土板（块）、硅酸盐块运输，按每立方米折合 $0.4m^3$ 钢筋混凝土体积，套用Ⅰ类构件运输相应项目。

（3）木门窗运输以框外围面积计算。

（4）金属结构运输工程量等于金属构件的安装工程量。金属构件拼装及安装工程量应按构件制作工程量另加 1.5% 焊条重量计算。

（5）预制钢筋混凝土柱不分形状，均按柱安装项目计算；管道支架，按柱安装项目计算；多节预制柱安装，其首层柱按柱安装项目，首层以上柱按柱接柱项目计算。

（6）预制混凝土花格安装按小型构件计算，其体积按设计外形面积乘以厚度，以 m^3 计算，不扣除镂空体积。

6.13.4 垂直运输工程的计算规则

（1）建筑物垂直运输费，区分不同建筑物的结构类型及高度按建筑面积以 m^2 计算。带地下室的建筑物按檐口高度套用相应项目计算，地下室面积与地上面积合并计算。单独的地下建筑物套用地下室相应项目计算。建筑物的面积按建筑面积计算规则的规定计算。

（2）构筑物垂直运输费以座计算，烟囱、水塔、筒仓超过规定高度时再按每增高 1m 项目计算，其不足 1m 时，也按 1m 计算。

（3）装饰装修工程区别不同垂直运输高度（单层建筑物系檐口高度）按项目工日分别计算。

（4）地下层超过二层或层高超 3.6m 时，计算垂直运输费，其工程量按地下层全部工程计算。

6.13.5 建筑物超高费的计算规则

（1）建筑物自设计室外地坪至檐口滴水线高度超过 20m 的建筑面积（以下简称超高建筑面积）计算超高增加费，其增加费均按与相应建筑物的高度标准计算。

（2）超高费用不分工业、民用，单层、多层，层数、层高一律套用本定额项目。

（3）超高建筑面积按本综合基价"建筑面积计算规则"的规定计算。突出屋面的楼梯间、电梯机房、水箱间、瞭望塔台等不计算高度，其面积与超高建筑面积合并计算。

（4）若同一建筑物高度不同时，按不同高度分别计算超高费。同一屋面的前后檐高不同时，以高檐为准。附着于超高建筑物的裙房，其檐口高度在 20m 以内者不计算超高增加费。

（5）建筑物高度虽超过 20m，但不足一层的，高度每超过 1m（包括 1m 以内）按相应超高项目的 25% 计算；超过 20m 以上的技术层（层高 2.2m 以下）按其结构外围水平投影面积计算，并套用相应超高费项目乘以 0.7 系数。

（6）多层建筑物若 20m 以上部分的层高超过 3.6m 时，每增高 1m（包括 1m 以内），按相应超高项目提高 25%。

（7）装饰装修楼面（包括楼层所有装饰装修工程量）区别不同的垂直运输高度（单层建筑物系檐口高度）以人工费与机械费之和分别计算。

（8）降效补偿费＝（降效范围内的人工费＋机械费）×相应檐高的降效费。

6.13.6 大型机械进出场及一次安拆费计算规则

（1）除塔吊固定式基础按座计算，轨道式基础按延长米计量外，均以每一进出台次计算。

（2）塔吊基础及轨道铺拆，特大型机械安拆次数及场外运输台次按施工组织设计确定。

复 习 思 考 题

6-1　单层、多层建筑物的建筑面积如何计算？

6-2　阳台、雨篷的建筑面积应如何计算？

6-3　变形缝的面积怎么计算？

6-4　如图6-62所示某工程基础平面图及断面图，已知该工程土壤为二类土，试计算平整场地、挖基槽、垫层、砖基础、回填土及运土工程量，并计算直接工程费。

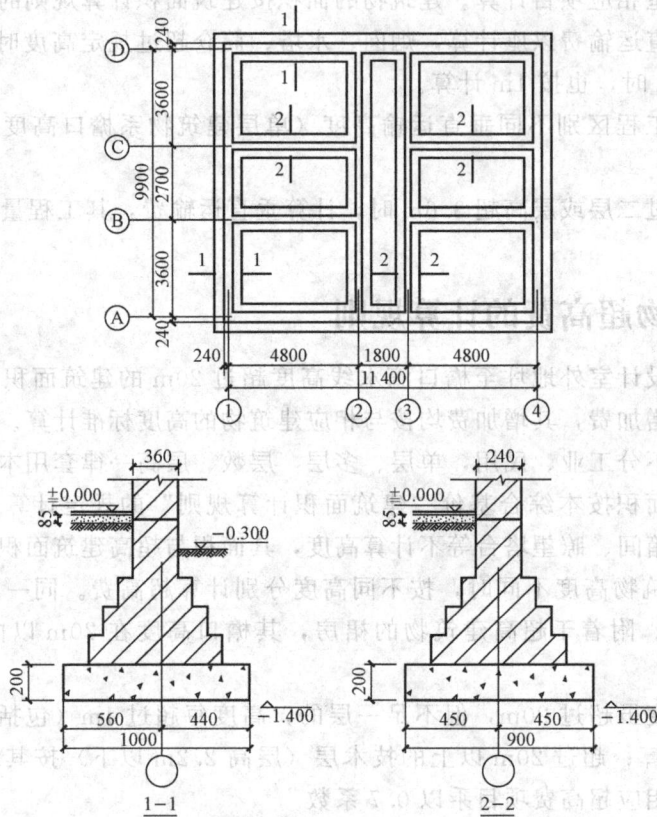

图6-62　基础平面图及断面图

6-5　如图6-63所示框架梁（三级抗震），计算其混凝土工程量和钢筋工程量，并计算直接工程费。

6-6　根据图6-64所示尺寸，计算屋面工程量，并计算工程直接费（屋面做法：自上而下为二毡三油卷材屋面，20mm厚水泥砂浆找平层，100mm厚水泥膨胀珍珠岩保温层，15mm厚水泥砂浆找平层，钢筋混凝土楼板）。女儿墙卷材弯起高度为250mm。

6-7　计算附录某警察队队点工程的工程量，并按当地价格确定本工程的施工图预算。

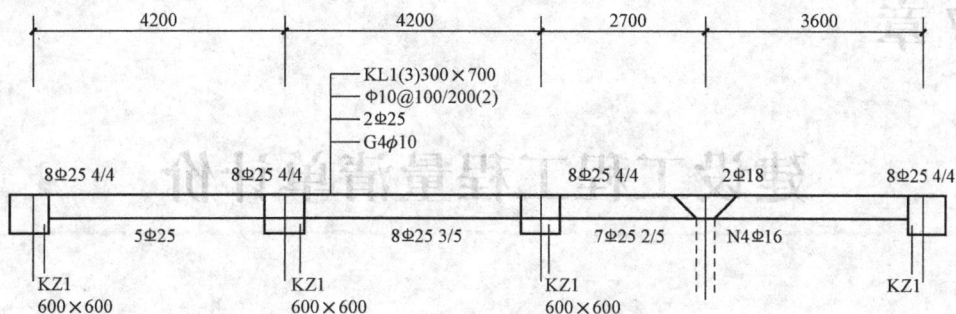

图 6-63　现浇钢筋混凝土框架

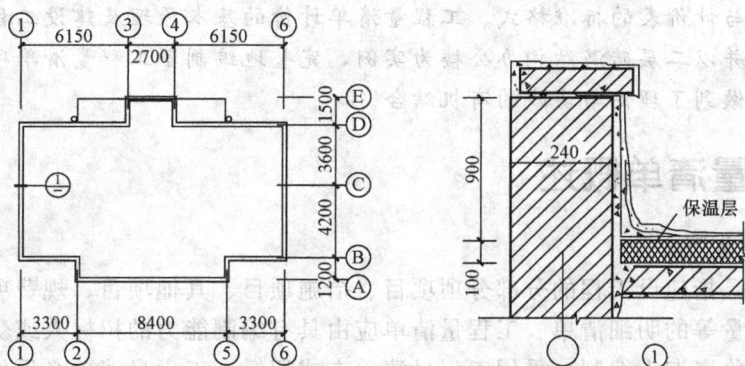

图 6-64　屋顶平面示意图

第7章

建设工程工程量清单计价

本章以《建设工程工程量清单计价规范》（GB 50500—2013）和《房屋建筑与装饰工程工程量计算规范》（GB 50845—2013）为依据，介绍了工程量清单的概念、工程量清单的内容、工程量清单与计价表的标准格式、工程量清单计价的基本原理及建设工程工程量清单项目与计算规则，并以二层砖混结构办公楼为实例，完整地编制了工程量清单项目和工程量清单的投标报价，做到了理论与实践的有机结合。

7.1 工程量清单概述

1. 工程量清单概念

工程量清单是指建设工程的分部分项项目、措施项目、其他项目、规费项目和税金项目的名称和相应数量等的明细清单。工程量清单应由具有编制能力的招标人或受其委托具有相应资质的工程造价咨询人编制。采用工程量清单方式招标，工程量清单必须作为招标文件的组成部分，其准确性和完整性由招标人负责。工程量清单是工程量清单计价的基础，应作为编制招标控制价、投标报价、计算工程量、支付工程款、调整合同价款、办理竣工结算以及工程索赔等的依据之一。

工程量清单应由分部分项工程量清单、措施项目清单、其他项目清单、规费项目清单、税金项目清单组成。

2. 工程量清单编制依据

（1）《建设工程工程量清单计价规范》（GB 50500—2013）和《房屋建筑与装饰工程工程量计算规范》（GB 50845—2013）。

（2）国家或省级、行业建设主管部门颁发的计价依据和办法。

（3）建设工程设计文件。

（4）与建设工程项目有关的标准、规范、技术资料。

（5）招标文件及其补充通知、答疑纪要。

（6）施工现场情况、工程特点及常规施工方案。

（7）其他相关资料。

7.2 工程量清单编制

7.2.1 工程量清单内容

工程量清单应由分部分项工程量清单、措施项目清单、其他项目清单、规范项目清单、税金项目清单组成。

1. 分部分项工程量清单内容

分部分项工程量清单应包括项目编码、项目名称、项目特征、计量单位和工程量。分部分项工程量清单应根据附录规定的项目编码、项目名称、项目特征、计量单位和工程量计算规则进行编制。

(1) 项目编码。分部分项工程量清单的项目编码以五级编码设置，采用十二位阿拉伯数字表示。一、二、三、四级编码统一，第五级编码由工程量清单编制人区分具体工程的清单项目特征而分别编码。各级编码代表的含义如下：

1) 第一级表示分类码（分两位）。房屋建筑与装饰工程为 01、仿古建筑工程为 02、通用安装工程为 03、市政工程为 04、园林绿化工程为 05、矿山工程 06、构筑物工程 07、城市轨道交通工程 08、爆破工程 09。

2) 第二级表示章顺序码（分两位）。

3) 第三级表示节顺序码（分两位）。

4) 第四级表示清单项目码（分三位）。

5) 第五级表示具体清单项目码（分三位）。

例如：01—04—02—001—×××

01：第一级为分类码，01 表示房屋建筑与装饰工程；

04：第二级为专业工程顺序码，04 表示第 4 章（或附录 D）砌筑工程；

02：第三级为分别工程顺序码，02 表示第 2 节砌块砌体；

001：第四级为分项工程项目名称顺序码，001 表示砌块墙；

×××：第五级为具体项目清单项目顺序编码（由工程量清单编制人编制，从 001 开始，不能重复）。

当同一标段（或合同段）的一份工程量清单中含有多个单位工程且工程量清单是以单位工程为编制对象时，在编制工程量清单时应特别注意对项目编码十至十二位的设置不得有重码的规定。例如，一个标段（或合同段）的工程量清单中含有三个单位工程，每一个单位工程中都有项目特征相同的实心砖墙砌体，在工程量清单中又需反映三个不同单位工程的实心砖墙砌体工程量时，则第一个单位工程的实心砖墙的项目编码应为 010401003001，第二个单位工程的实心砖墙的项目编码应为 010401003002，第三个单位工程的实心砖墙的项目编码应为 010401003003，并分别列出各单位工程实心砖墙的工程量。

(2) 项目名称。分部分项工程量清单的项目名称应按附录的项目名称结合拟建工程的实际确定。计价规范附录表中的"项目名称"为分项工程项目名称，是形成分部分项工程量清单项目名称的基础，分项工程项目名称一般以工程实体而命名。编制工程量清单出现附录中未包括的项目，编制人应作补充，并报省级或行业工程造价管理机构备案，省级或行业工程造价管理机构应汇总报往住房和城乡建设部标准定额研究所。

(3) 项目特征。项目特征是构成分部分项工程量清单项目、措施项目自身价值的本质特征，是设置工程量清单项目的依据，是确定一个清单项目综合单价不可缺少的重要依据。在编制工程量清单时，必须对项目特征进行准确和全面的描述。项目特征按不同的工程部位、施工工艺或材料品种、规格等分别列项。但有些项目特征用文字往往又难以准确和全面的描述清楚。因此，为达到规范、简捷、准确、全面描述项目特征的要求，在描述工程量清单项目特征时应按以下原则进行。

1）项目特征描述的内容应按附录中是规定，结合拟建工程的实际，能满足确定综合单价的需要。

2）若采用标准图集或施工图样能够全部或部分满足项目特征描述的要求，项目特征描述可直接采用详见某图集或某图号的方式。对不能满足项目描述要求的部分，仍应用文字描述。

（4）计量单位。计量单位应采用基本单位，除各专业另有特殊规定外，应按附录中规定是计量单位确定。一般遵循下列规定：

1）以质量计算的项目——t 或 kg，以 t 为单位，应保留小数点后三位数字，第四位四舍五入；以 kg 为单位。

2）以体积计算的项目——m^3。

3）以面积计算的项目——m^2。

4）以长度计算的项目——m。

5）以自然计量单位计算的项目——个、套、块、樘、组、台等。

（5）工程内容。工程内容是指完成该清单项目可能发生的具体工作，可供招标人清单清单项目和投标人投标报价参考。以建筑工中砖基础的砌筑为例，可能发生的具体工作有砂浆制作、运输，砌砖，防水层铺设，材料运输等。

《房屋建筑与装饰工程工程量计算规范》（GB 50854—2013）规定构成一个分部分项工程量清单的五个要件——项目编码、项目名称、项目特征、计量单位和工程量，这五个要件在分部分项工程量清单的组成中缺一不可。

（6）工程数量的计算。分部分项工程量清单中所列工程量应按附录中规定的工程量计算规则计算。分部分项工程量清单的计量单位应按附录中规定的计量单位确定。工程数量的计算主要通过工程量计算规则计算得到。工程量计算规则是指对清单项目工程量的计算规定。除另有说明外，所有清单项目的工程量应以实体工程量为准，并以完成后的净值计算；投标人投标报价时，应在单价中考虑施工中的各种损耗和需要增加的工程量。

工程量的计算规则按主要专业划分，包括《房屋建筑与装饰工程工程量计算规范》（GB 50854—2013）、《仿古建筑工程工程量计算规范》（GB 50855—2013）、《通用安装工程工程量计算规范》（GB 50856—2013）、《市政工程工程量计算规范》（GB 50857—2013）、《园林绿化工程工程量计算规范》（GB 50858—2013）、《矿山工程工程量计算规范》（GB 50859—2013）、《构筑物工程工程量计算规范》（GB 50860—2013）《城市轨道交通工程工程量计算规范》（GB 50861—2013）和《爆破工程工程量计算规范》（GB 50862—2013）九个专业部分。

每一个专业工程中各分部分项工程工程量清单项目及计算规则用附录 A、B、C、D 表示。例如，《房屋建筑与装饰工程工程量计算规范》（GB 50854—2013）附录 A 为土石方工程；附录 B 地基处理与边坡支护工程；附录 C 桩基工程等依此类推。房屋建筑与装饰工程包括土石方工程、地基处理与边坡支护工程、桩基工程、砌筑工程、混凝土及钢筋混凝土工程、金属结构工程、木结构工程、门窗工程、屋面及防水工程、防腐隔热、保温工程、楼地面装饰工程、墙、柱面装饰与隔断、幕墙工程、天棚工程、油漆、涂料、裱糊工程、其他装饰工程、拆除工程和措施项目等。

工程数量按照计量规则中的工程量计算规则计算，其有效位数按下列规定：

1) 以 t 为单位的，保留小数点后三位，第四位小数四舍五入；

2) 以 m³、m²、m、kg 为单位的，应保留小数点后两位小数，第三位小数四舍五入；

3) 以 "个"、"项"、"件"、"根"、"组" 等为单位的，应取整数。

2. 措施项目清单

措施项目清单指为完成工程项目施工，发生于该工程施工前和施工过程中技术、生活、文明、安全等方面非工程实体项目清单。措施项目清单的编制应考虑多种因素，除工程本身的因素外，还涉及水文、气象、环境、安全等和施工企业的实际情况。

《房屋建筑与装饰工程工程量计算规范》（GB 50854—2013），包括了安全文明施工及其他措施项目、脚手架工程、混凝土模板与支架（撑）、垂直运输、超高施工增加、大型机械设备进出场及安拆、施工排水、降水等组成。其中，安全文明施工及其他措施项目以规定的费率计算，其他各项按照实际发生以相应的技术规则计算。

3. 其他项目清单内容

其他项目清单是指分部分项工程量清单、措施项目清单所包含的内容以外，因招标人的特殊要求而发生的与拟建工程有关的其他费用项目和相应数量的清单。工程建设标准的高低、工程的复杂程度、工程的工期长短、工程的组成内容、发包人对工程管理要求等都直接影响其他项目清单的具体内容。其他项目清单的内容，在具体工程项目中可根据工程实际补充。其他项目清单的内容包括暂列金额、暂估价（包括材料暂估单价、专业工程暂估价）、计日工、总承包服务费。

（1）暂列金额。暂定金额是指招标人在工程量清单中暂定并包括在合同价款中的一笔款项。用于施工合同签订时尚未确定或者不可预见的所需材料、设备、服务的采购，施工中可能发生的工程变更、合同约定调整因素出现时的工程价款调整及发生的索赔、现场签证确认等的费用。不管采用何种合同形式，其理想的标准是，一份合同的价格就是其最终的竣工结算价格，或者至少两者应尽可能接近。我国规定对政府投资工程实行概算管理，经项目审批部门批复的设计概算是工程投资控制的刚性指标，即使商业性开发项目也有成本的预先控制问题，否则，无法相对准确预测投资的收益和科学合理的进行投资控制。但工程建设自身的特性决定了工程的设计需要根据工程进展不断地进行优化和调整，业主需求可能会随工程建设进展出现变化，工程建设过程还会存在一些不能预见、不能确定的因素。消化这些因素必然会影响合同价格的调整，暂列金额正是为这类不可避免的价格调整而设立，以便达到合理确定和有效控制工程造价的目标。

（2）暂估价。暂估价是指招标阶段直至签订合同协议时，招标人在招标文件中提供的用于支付必然要发生但暂时不能确定价格的材料以及需另行发包的专业工程金额。在招标阶段预见肯定要发生，只是因为标准不明确或者需要由专业承包人完成，暂时无法确定其价格或金额。暂估价类似于 FIDIC 合同条款中的 Prime Cost Items，在招标阶段预见肯定要发生，只是因为标准不明确或者需要由专业承包人完成，暂时无法确定价格。暂估价数量和拟用项目应当结合工程量清单中的 "暂估价表" 予以补充说明。

为方便合同管理，需要纳入分部分项工程量清单项目综合单价中的暂估价应只是材料费，以方便投标人组价。

专业工程的暂估价一般应是综合暂估价，应当包括除规费和税金以外的管理费、利润等取费。总承包招标时，专业工程设计深度往往是不够的，一般需要交由专业设计人设计。国际上，出于提高可建造性考虑，一般由专业承包人负责设计，以发挥其专业技能和专业施工经验的优势。这类专业工程交由专业分包人完成是国际工程的良好实践，目前在我国工程建设领域也已经比较普遍。公开、透明地合理确定这类暂估价实际开支金额的最佳途径，就是通过施工总承包人与工程建设项目招标人共同组织的招标。

（3）计日工。计日工是指在施工过程中，完成发包人提出的施工图样以外的零星项目或工作，按合同中约定的综合单价计价。计日工是为了解决现场发生的零星工作的计价而设立的。国际上常见的标准合同条款中，大多数都设立了计日工（Daywork）计价机制。计日工对完成零星工作所消耗的人工工时、材料数量、施工机械台班进行计量，并按照计日工表中填报的适用项目的单价进行计价支付。计日工适用的所谓零星工作一般是指合同约定之外的或者因变更而产生的、工程量清单中没有相应项目的额外工作，尤其是那些时间不允许事先商定价格的额外工作。

（4）总承包服务费。总承包服务费是在工程建设的施工阶段实行施工总承包时，当招标人在法律、法规允许的范围内对工程进行分包和自行采购供应部分设备、材料时，要求总承包提供相关服务以及对施工现场进行协调和统一管理，对竣工资料进行统一整理等所需的费用。总承包服务费是为了解决招标人在法律、法规允许的条件下进行专业工程发包，以及自行供应材料、设备，并需要总承包人对发包的专业工程提供协调和配合服务，对供应的材料、设备提供收、发和保管服务以及进行施工现场管理时发生，并向总承包人支付的费用。招标人应预计该项费用并按投标人的投标报价向投标人支付该项费用。

4. 规费、税金项目清单的内容

规费项目清单包括工程排污费、社会保障费（养老保险费、失业保险费、医疗保险费、生育保险费、工伤保险费）、住房公积金。规费是政府和有关权力部门规定必须缴纳的费用。

税金项目清单应包括下列内容：营业税、城市维护建设税、教育费附加和地方教育费附加。如果国家税法发生变化，税务部门依据职权增加了税种，应对税金项目清单进行补充。

7.2.2　工程量清单与计价表的标准格式

1. 分部分项工程量清单与计价表的标准格式

分部分项工程量清单是指表示拟建工程分项实体工程项目名称和相应数量的明细清单，应包括项目编码、项目名称、项目特征、计量单位和工程量五个部分的要件。其格式见表7-1。

表 7-1　　　　　　　　　　　　　分部分项工程量清单与计价表

工程名称：　　　　　　　　　　　　　　标段：　　　　　　　　　　第　页　共　页

序号	项目编码	项目名称	项目特征描述	计量单位	工程量	金额（元）		
						综合单价	合价	其中：暂估价

2. 措施项目清单与计价表的标准格式

措施项目费用的发生与使用时间、施工方法或者两个以上的工序有关，并大都与实际完成的实体工程量的大小关系不大，但有些非实体项目还是可以计算出工程量的，如模板工程、脚手架等与完成的工程实体有直接关系，并且可以精确计算出工程量。因此，《房屋建筑与装饰工程工程量清单计价规范》（GB 50854—2013）对措施项目清单的计量给出了两种清单标准格式，分别见表 7-2、表 7-3。

表 7-2　　　　　　　　　　　　措施项目清单与计价表（一）

工程名称：　　　　　　　　　　　　　　标段：　　　　　　　　　　第　页　共　页

序号	项目编码	项目名称	计算基础	费率（%）	金额（元）	调整费率（%）	调整后金额（元）	备注
1	011707001	安全文明施工费						
2	011707002	夜间施工费						
3	011707003	非夜间施工照明						
4	011707004	二次搬运费						
5	011707005	冬雨季施工						
6	011707006	地上、地下设施、建筑物的临时保护设施						
7	011707007	已完工程及设备保护						

注：本表适用于以"项"计价的措施项目，应根据工程实际情况计算措施费用，需分摊的应合理计算摊销费用。

表 7-3　　　　　　　　　　　　措施项目清单与计价表（二）

工程名称：　　　　　　　　　　　　　　标段：　　　　　　　　　　第　页　共　页

序号	项目编码	项目名称	项目特征描述	计量单位	工程量	金额（元）	
						综合单价	合价

注：本表适用于以综合单价形式计价的措施项目。

对于不能计算出工程量的措施项目清单，以"项"为计量单位进行编制（表 7-2）；对于能计算出工程量的措施项目清单，宜采用分部分项工程量清单的方式编制，列出项目编码、项目名称、项目特征、计量单位和工程量计算规则（表 7-3）。

3. 其他项目清单与计价表的标准格式

其他项目清单与计价表的标准格式见表 7-4。

表 7 - 4 其他项目清单与计价汇总表

工程名称： 标段： 第 页 共 页

序　号	项　目　名　称	计量单位	金额（元）	备　注
1	暂列金额			
2	暂估价			
2.1	材料暂估价			
2.2	专业工程暂估价			
3	计日工			
4	总承包服务费			
	合　　计			

注：材料暂估单价进入清单项目综合单价，此处不汇总。

（1）暂列金额。暂列金额可按表 7 - 5 的格式进行详细列项。

表 7 - 5 暂列金额明细表

工程名称： 标段： 第 页 共 页

序　号	项目名称	计量单位	暂定金额（元）	备　注
1				
2				
	合　　计			

注：此表由招标人填写，如不能详列，也可只列暂定金额总额，投标人应将上述暂列金额计入投标总价中。

（2）暂估价。暂估价包括材料暂估价（表 7 - 6）和专业工程暂估价（表 7 - 7）。

表 7 - 6 材料暂估单价表

工程名称： 标段： 第 页 共 页

序　号	材料名称、规格、型号	计量单位	单价（元）	备　注

注：1. 此表由招标人填写，并在备注栏说明暂估价的材料拟用在哪些清单项目上，投标人应将上述材料暂估单价计入工程量清单综合单价报价中。

2. 材料包括原材料、燃料、构配件以及按规定应计入建筑安装工程造价的设备。

表 7 - 7 专业工程暂估价表

工程名称： 标段： 第 页 共 页

序　号	工　程　名　称	工程内容	金额（元）	备　注

注：此表由招标人填写，投标人应将上述专业工程暂估价计入投标总价中。

（3）计日工。计日工表格形式见表 7 - 8。

表 7 - 8　　　　　　　　　　　　　　计 日 工 表

工程名称：　　　　　　　　　　标段：　　　　　　　　第　页　共　页

编　号	项 目 名 称	单　位	暂定数量	综合单价	合价
一	人工				
1					
2					
…					
	人 工 小 计				
二	材料				
1					
2					
…					
	材 料 小 计				
三	施工机械				
1					
2					
…					
	施工机械小计				
	总　　计				

注：此表项目名称、数量由招标人填写，编制招标控制价时，单价由招标人按有关计价规定确定；投标时，单价由投标人自主报价，计入投标总价中。

（4）总承包服务费。总承包服务费按照表 7 - 9 的格式列项。

表 7 - 9　　　　　　　　　总承包服务费计价表

工程名称：　　　　　　　　　　标段：　　　　　　　　第　页　共　页

序　号	项 目 名 称	项目价值(元)	服务内容	费率（%）	金额(元)
1	发包人发包专业工程				
2	发包人供应材料				
	合　　计				

4. 规费、税金项目清单与计价表的标准格式

规费和税金项目清单与计价表的标准格式见表 7 - 10，当出现新的规费、税金项目时，可对规费、税金项目清单进行补充。

表 7 - 10　　　　　　　　　　　　　规费、税金项目清单与计价表

工程名称：　　　　　　　　　　　标段：　　　　　　　　　　　第　页　共　页

序　号	项 目 名 称	计 算 基 础	费率（%）	金额（元）
1	规费	定额人工费		
1.1	社会保障费	定额人工费		
(1)	养老保险费	定额人工费		
(2)	失业保险费	定额人工费		
(3)	医疗保险费	定额人工费		
(4)	工伤保险费	定额人工费		
(5)	生育保险费	定额人工费		
1.2	住房公积金	定额人工费		
1.3	工程排污费	按工程所在地环境保护部门收费标准，按实计取		
2	税金	分部分项工程费＋措施项目费＋其他项目费＋规费－按规定不计税的工程设备金额		
	合　　计			

7.3　工程量清单计价基本方法

1. 工程量清单计价的组成

《建筑工程施工发包与承包计价管理办法》（建设部令第 107 号）第五条规定，工程计价方法包括工料单价法和综合单价法。实行工程量清单计价应采用综合单价法。综合单价是指完成一个规定计量单位的分部分项工程量清单项目或措施清单项目所需的人工费、材料费、施工机械使用费和企业管理费与利润，以及一定范围内的风险费用。

综合单价＝人工费＋材料费＋机械使用费＋企业管理费＋利润

　　　　＋由投标人承担的风险费用＋其他项目清单中的材料暂估单价　　　　（7-1）

工程量清单计价模式下，建筑安装工程造价由分部分项工程费、措施项目费、其他项目费、规费和税金组成。

2. 工程量清单计价的基本过程

工程量清单计价的基本过程如图 7-1 所示。从计价过程的示意图中可以看出，工程量清单计价过程可以分为两个阶段：工程量清单编制和利用工程量清单编制投标报价（或招标控制价）两个阶段。

3. 工程量清单计价的基本方法

（1）分部分项工程费的计算。

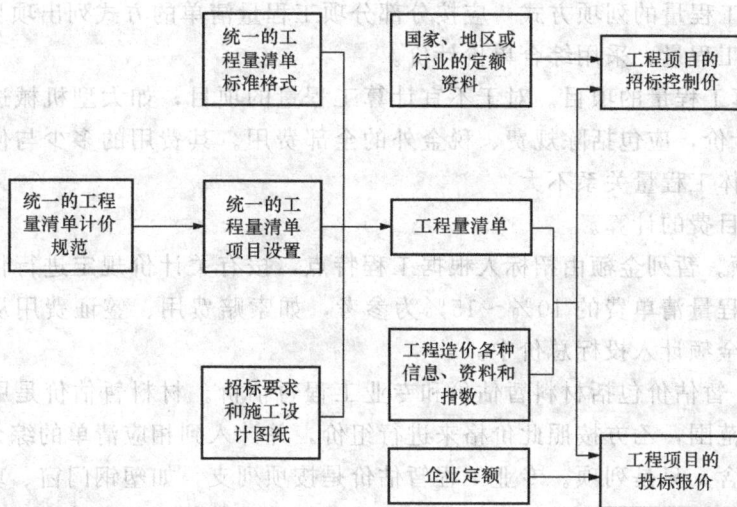

图 7 - 1　工程量清单计价过程

　　1) 计算施工方案工程量。工程量清单计价模式下，招标人提供的分部分项工程量是按施工图图示尺寸计算得到的工程净量。在计算直接工程费时，必须考虑施工方案等各种因素，重新计算施工作业量，以施工作业量为基数完成计价。施工方案的不同，施工作业量的计算方法与计算结果也不相同。必须注意的是，工程量清单计算规则是针对清单项目的主项的计算方法及计量单位确定，对主项以外的工程内容的计算方法及计量单位不作规定，由投标人根据施工图及投标人的经验自行确定。

　　2) 人工、材料、机械数量测算。企业可以按反映企业水平的企业定额或参照政府消耗量定额确定人工、材料、机械台班的耗用量。

　　3) 市场调查和询价。根据工程项目的具体情况，考虑市场资源的供求状况，采用市场价格作为参考，考虑一定的调价系数，确定人工工资单价、材料预算价格和施工机械台班单价。

　　4) 计算清单项目分项工程的直接工程费单价。按确定的分项工程人工、材料和机械的消耗量及询价获得的人工工资单价、材料预算单价、施工机械台班单价，计算出对应分项工程单位数量的人工费、材料费和机械费。

　　5) 计算综合单价。计算综合单价中的管理费和利润时，可以根据每个分项工程的具体情况逐项估算。一般情况下，采用分摊法计算分项工程中的管理费和利润，可先计算出工程的全部管理费和利润，然后再分摊到工程量清单中的每个分项工程上。分摊计算时，投标人可以根据以往的经验，确定一个适当的分摊系数来计算每个分项工程应分摊的管理费和利润。

　　6) 计算分部分项工程费。

$$分部分项工程费 = \sum 分部分项工程量 \times 相应分部分项综合单价 \qquad (7 - 2)$$

　　(2) 措施项目费的计算。《房屋建筑与装饰工程工程量清单计价规范》（GB 50854—2013）对措施项目清单的计量给出了两种清单计价方法。

　　1) 可以计算工程量的措施项目。对于可以计算工程量的措施项目，如模板、脚手架，宜采用分部分项工程量的列项方式，应按分部分项工程量清单的方式列出项目编码、项目名称、项目特征、工程量，采用综合单价计价。

2）不宜计算工程量的项目。对于不宜计算工程量的项目，如大型机械进出场费等，以"项"为单位来计价，应包括除规费、税金外的全部费用。其费用的多少与使用时间、施工方法相关，与实体工程量关系不大。

（3）其他项目费的计算。

1）暂列金额。暂列金额由招标人根据工程特点，按有关计价规定进行估算确定，一般可以分部分项工程量清单费的 10%～15% 为参考，如索赔费用、签证费用从此项扣支。投标报价时将暂列金额计入投标总价中。

2）暂估价。暂估价包括材料暂估价和专业工程暂估价。材料暂估价是甲方列出暂估的材料单价及使用范围，乙方按照此价格来进行组价，并计入到相应清单的综合单价中；其他项目合计中不包含，只是列项。专业工程暂估价是按项列支，如塑钢门窗、玻璃幕墙、防水等，价格中包含除规费、税金外的所有费用；此费用计入其他项目合计中。

3）计日工。对完成零星工作所消耗的人工工日、材料数量、施工机械台班进行计量，并按照计日工表中填报的适用项目的单价进行计价支付。

4）总承包服务费。总承包服务费要在招标文件中说明总包的范围，以减少后期不必要的纠纷。规范中列出的参考计算标准如下：招标人仅要求对分包的专业工程进行总承包管理和协调时，按分包的专业工程估算造价的 1.5% 计算；招标人要求对分包的专业工程进行总承包管理和协调并同时要求提供配合服务时，根据招标文件中列出的配合服务内容和提出的要求按分包的专业工程估算造价的 3%～5% 计算；招标人自行供应材料的，按招标人供应材料价值的 1% 计算，费率由投标人自主报价，计入总价。

5）其他项目费。

$$其他项目费 = 暂列金额 + 暂估价 + 计日工 + 总承包服务费 \qquad (7-3)$$

（4）规费、税金的计算。规费是指政府和有关权力部门规定必须缴纳的费用。规费可用计算基数乘以规费费率计算得到。计算基数可以是直接工程费、人工费或人工费和机械费的合计数。一般按国家及有关部门规定的计算公式和费率标准进行计算。税金的计算，按纳税地点选择税率，并按规定的计算基础进行计算。

（5）建筑安装工程造价的计算。

$$单位工程报价 = 分部分项工程费 + 措施项目费 + 其他项目费 + 规费 + 税金 \qquad (7-4)$$
$$单项工程报价 = \sum 单位工程报价 \qquad (7-5)$$
$$建设项目总报价 = \sum 单项工程报价 \qquad (7-6)$$

7.4 房屋建筑工程工程量清单项目与计算规则

《房屋建筑与装饰工程工程量计算规范》（GB 50854—2013），包括了房屋建筑工程（分为工业建筑与民用建筑）和装饰装修工程两部分的工程量计算规范，规定了房屋建筑工程清单项目和装饰装修工程清单项目名称、工程量计算规则、项目编码、项目特征及工程内容等，在计算工程量清单时应严格执行。为了更好地遵循《房屋建筑与装饰工程工程量计算规范》(GB 50854—2013) 的有关规定，下面按照本规范"章节项目"的划分顺序分别介绍房屋建筑工程和装饰装修工程的工程量清单设置及工程量计算方法。

《房屋建筑与装饰工程工程量计算规范》(GB50854—2013) 中房屋建筑工程工程量清单项目包括土石方工程、地基处理与边坡支付工程、桩基工程、砌筑工程、混凝土及钢筋混凝土工程、金属结构工程、木结构工程、门窗工程、屋面及防水工程、保温隔热防腐工程。下面分别介绍。

7.4.1　土（石）方工程

1. 工程量清单项目设置及工程量计算规则

（1）土方工程。工程量清单项目设置及计算规则按表 7-11 规定执行。

表 7-11　　　　　　　　（A. 1）土方工程（编号：010101）

项目编码	项目名称	项目特征	单位	工程量计算规则	工作内容
010101001	平整场地	1. 土壤类别 2. 弃土运距 3. 取土运距	m²	按设计图示尺寸以建筑物首层建筑面积计算	1. 土方挖填 2. 场地找平 3. 运输
010101002	挖一般土方	1. 土壤类别 2. 挖土深度 3. 弃土运距		按设计图示尺寸以体积计算	1. 排地表水 2. 土方开挖 3. 围护（挡土板）、支撑 4. 基底钎探 5. 运输
010101003	挖沟槽土方			按设计图示尺寸以基础垫层底面积乘以挖土深度计算	
010101004	挖基坑土方		m³		
010101005	冻土开挖	1. 冻土厚度 2. 弃土运距		按设计图示尺寸开挖面积乘厚度以体积计算	1. 爆破 2. 开挖 3. 清理 4. 运输
010101006	挖淤泥、流砂	1. 挖掘深度 2. 弃淤泥、流砂距离		按设计图示位置、界限以体积计算	1. 开挖 2. 运输
010101007	管沟土方	1. 土壤类别 2. 管外径 3. 挖沟深度 4. 回填要求	1. m 2. m³	1. 以 m 计量，按设计图示以管道中心线长度计算 2. 以 m³ 计量，按设计图示管底垫层面积乘以挖土深度计算；无管底垫层按管外径的水平投影面积乘以挖土深度计算。不扣除各类井的长度，井的土方并入	1. 排地表水 2. 土方开挖 3. 围护（挡土板）、支撑 4. 运输 5. 回填

（2）石方工程。工程量清单项目设置及工程量计算规则应按表 7-12 的规定执行。

表 7 - 12　　　　　　　　　（A. 2）石方工程（编号：010102）

项目编码	项目名称	项目特征	单位	工程量计算规则	工作内容
010102001	挖一般石方	1. 岩石类别 2. 开凿深度 3. 弃碴运距	m³	按设计图示尺寸以体积计算	1. 排地表水 2. 凿石 3. 运输
010102002	挖沟槽石方			按设计图示尺寸沟槽底面积乘以挖石深度以体积计算	
010102003	挖基坑石方			按设计图示尺寸基坑底面积乘以挖石深度以体积计算	
010102004	管沟石方	1. 岩石类别 2. 管外径 3. 挖沟深度	1. m 2. m³	1. 以 m 计量，按设计图示以管道中心线长度计算 2. 以 m³ 计量，按设计图示截面积乘以长度计算	1. 排地表水 2. 凿石 3. 回填 4. 运输

（3）土石方运输与回填。工程量清单项目设置及工程量计算规则应按表 7 - 13 的规定执行。

表 7 - 13　　　　　　　　　（A. 3）　土石方回填（编码：010103）

项目编号	项目名称	项目特征	单位	工程量计算规则	工程内容
010103001	土（石）方回填	1. 密实度要求 2. 粒径要求 3. 填方材料品种 4. 填方来源、运距	m³	按设计图示尺寸以体积计算 注：1. 场地回填：回填面积乘以平均回填厚度 2. 室内回填：主墙间净面积乘以回填厚度，不扣除间隔墙 3. 基础回填：挖方体积减去设计室外地坪以下埋设的基础体积（包括基础垫层及其他构筑物）	1. 运输 2. 回填 3. 压实
010103002	余方弃置	1. 废弃料品种 2. 运距	m³	按挖方清单项目工程量减利用回填方体积（正数）计算	余方点装料运输至弃置点

2. 其他相关问题的处理规定

（1）土壤及岩石的分类应按表 7 - 14 和表 7 - 15 确定。

（2）土方、石方体积应按挖掘前的天然密实体积计算。如需按天然密实体积折算时，应分别按表 1 - 16 和表 7 - 17 系数计算。

（3）挖土方放坡系数见表 7 - 18。

（4）基础施工所需工作面宽度计算见表 7 - 19，管沟是够每侧所需的工作面宽度计算见表 7 - 20。

表 7 - 14　　　　　　　　　　　　　　　　(A. 1-1) 土 壤 分 类 表

土壤分类	土壤名称	开挖方法
一、二类土	粉土、砂土（粉砂、细砂、中砂、粗砂、砾砂）、粉质黏土、弱中盐渍土、软土（淤泥质土、泥炭、泥炭质土）、软塑红黏土、冲填土	用锹、少许用镐、条锄开挖。机械能全部直接铲挖满载者
三类土	黏土、碎石土（圆砾、角砾）混合土、可塑红黏土、硬塑红黏土、强盐渍土、素填土、压实填土	主要用镐、条锄、少许用锹开挖。机械需部分刨松方能铲挖满载者或可直接铲挖但不能满载者
四类土	碎石土（卵石、碎石、漂石、块石）、坚硬红黏土、超盐渍土、杂填土	全部用镐、条锄挖掘、少许用撬棍挖掘。机械须普遍刨松方能铲挖满载者

表 7 - 15　　　　　　　　　　　　　　　　(A. 2-1) 岩 石 分 类 表

岩石分类		代表性岩石	开挖方法
极软岩		1. 全风化的各种岩石 2. 各种半成岩	部分用手凿工具、部分用爆破法开挖
软质岩	软岩	1. 强风化的坚硬岩或较硬岩 2. 中等风化—强风化的较软岩 3. 未风化—微风化的页岩、泥岩、泥质砂岩等	用风镐和爆破法开挖
	较软岩	1. 中等风化—强风化的坚硬岩或较硬岩 2. 未风化—微风化的凝灰岩、千枚岩、泥灰岩、砂质泥岩等	用爆破法开挖
硬质岩	较硬岩	1. 微风化的坚硬岩 2. 未风化—微风化的大理岩、板岩、石灰岩、白云岩、钙质砂岩等	用爆破法开挖
	坚硬岩	未风化—微风化的花岗岩、闪长岩、辉绿岩、玄武岩、安山岩、片麻岩、石英岩、石英砂岩、硅质砾岩、硅质石灰岩等	用爆破法开挖

注：本表依据国家标准《工程岩体分级级标准》（GB 50218—2014）和《岩土工程勘察规范》（GB 50021—2001）。

表 7 - 16　　　　　　　　　　　　　　　　(A. 1-2) 土方体积折算系数表

天然密实度体积	虚方体积	夯实后体积	松填体积
0.77	1.00	0.67	0.83
1.00	1.30	0.87	1.08
1.15	1.50	1.00	1.25
0.92	1.20	0.80	1.00

注：1. 虚方指未经碾压、堆积时间≤1 年的土壤。

2. 本表按《全国统一建筑工程预算工程量计算规则》（GJDGZ—101—95）整理。

3. 设计密实度超过规定的，填方体积按工程设计要求执行；无设计要求按各省、自治区、直辖市或行业建设行政主管部门规定的系数执行。

表 7 - 17　　　　　　　　　　　　（A. 2-2）石方体积折算系数表

石方类别	天然密实度体积	虚方体积	松填体积	码方
石方	1.0	1.54	1.31	
块石	1.0	1.75	1.43	1.67
砂夹石	1.0	1.07	0.94	

注：本表按建设部颁发《爆破工程消耗量定额》（GYD—102—2008）整理。

表 7 - 18　　　　　　　　　　　　（A. 1-3）放 坡 系 数 表

土类别	放坡起点（m）	人工挖土	机械挖土		
			在坑内作业	在坑上作业	顺沟槽在坑上作业
一、二类土	1.20	1：0.5	1：0.33	1：0.75	1：0.5
三类土	1.50	1：0.33	1：0.25	1：0.67	1：0.33
四类土	2.00	1：0.25	1：0.10	1：0.33	1：0.25

注：1. 沟槽、基坑中土类别不同时，分别按其放坡起点、放坡系数、依不同土类别厚度加权平均计算。

　　2. 计算放坡时，在交接处的重复工程量不予扣除，原槽、坑作基础垫层时，放坡自垫层上表面开始计算。

表 7 - 19　　　　　　　　　　　（A. 1-4）基础施工所需工作面宽度计算表

基础材料	每边各增加工作面宽度（mm）	基础材料	每边各增加工作面宽度（mm）
砖基础	200	混凝土基础支模板	300
浆砌毛石、条石基础	150	基础垂直面做防水层	1000（防水层面）
混凝土基础垫层支模板	300	—	—

注：本表按《全国统一建筑工程预算工程量计算规则》（GJDGZ—101—95）整理。

表 7 - 20　　　　　　　　　　（A. 1-5）管沟施工每侧所需工作面宽度计算表

管道结构宽（mm）　管沟材料	≤500	≤1000	≤2500	＞2500
混凝土及钢筋混凝土管道（mm）	400	500	600	700
其他材质管道（mm）	300	400	500	600

注：1. 本表按《全国统一建筑工程预算工程量计算规则》（GJDGZ—101—95）整理。

　　2. 管道结构宽：有管座的按基础外缘，无管座的按管道外径。

3. 有关问题的说明

（1）"平整场地"项目适用于建筑场地厚度在±30cm 以内的挖、填、运、找平。工程量计算时按"建筑物首层面积计算"，如果施工组织设计规定超面积平整场地时，超出部分应包括在报价内。

（2）"挖土方"项目适用于±30cm 以外的竖向布置的挖土或山坡切土，是指设计室外地坪标高以上的挖土，并包括指定范围内的土方运输。

挖土方平均厚度应按自然地面测量标高至地坪标高间的平均厚度确定。基础土方、石方开挖深度应按基础垫层地表面标高至交付施工场地标高确定，无交付施工场地标高时，应按自然地面标高确定。

（3）"挖基础土方"包括带形基础、独立基础、满堂基础（包括地下室基础）及设备基础、人工挖孔桩等的挖方。带形基础应按不同底宽和深度，独立基础和满堂基础应按不同底面积和深度分别编码列项。

编制清单时应注意以下几点：

1）挖土方平均厚度应按自然地面测量标高至设计地坪标高间的平均厚度确定。基础土方开挖深度应按基础垫层底表面标高至交付施工现场地标高确定，无交付施工场地标高时，应按自然地面标高确定。

2）建筑物场地厚度不大于±300mm 的挖、填、运、找平，应按本表中平整场地项目编码列项。厚度大于±300mm 的竖向布置挖土或山坡切土应按本表中挖一般土方项目编码列项。

3）沟槽、基坑、一般土方（石方）的划分为：底宽不大于 7m 且底长大于 3 倍底宽为沟槽；底长不大于 3 倍底宽且底面积不大于 150m² 为基坑；超出上述范围则为一般土方（石方）。

4）挖土方如需截桩头时，应按桩基工程相关项目编码列项。

5）桩间挖土不扣除桩的体积，并在项目特征中加以描述。

6）弃、取土运距可以不描述，但应注明由投标人根据施工现场实际情况自行考虑，决定报价。

7）土壤的分类应按表 7 - 14 确定，如土壤类别不能准确划分时，招标人可注明为综合，由投标人根据地勘报告决定报价。

8）土方体积应按挖掘前的天然密实体积计算。如需按天然密实体积折算时，应按表 7 - 16 系数计算。

9）挖沟槽、基坑、一般土方因工作面和放坡增加的工程量（管沟工作面增加的工程量），是否并入各土方工程量中，按各省、自治区、直辖市或行业建设主管部门的规定实施，如并入各土方工程量中，办理工程结算时，按经发包人认可的施工组织设计规定计算，编制工程量清单时，可按表 7 - 18～表 7 - 20 规定计算。

10）挖方出现流沙、淤泥时，如设计未明确，在编制工程量清单时，其工程数量可为暂估量，结算是应根据实际情况由发包人与承包人双方现场签证确认工程量。

11）管沟土方项目适用于管道（给排水、工业、电力、通信）、光（电）缆沟［包括人（手）孔、接口坑］及连接井（检查井）等。

12）挖石应按自然地面测量标高至设计地坪标高的平均厚度确定。基础石方开挖深度应按基础垫层底表面标高至交付施工现场地标高确定，无交付施工场地标高时，应按自然地面标高确定。

13）厚度大于±300mm 的竖向布置挖石或山坡凿石应按本表中挖一般石方项目编码列项。

14）弃碴运距可以不描述，但应注明由投标人根据施工现场实际情况自行考虑，决定报价。

15）石方体积应按挖掘前的天然密实体积计算。非天然密实石方应按规范表 7 - 17 系数折算。

16）管沟石方项目适用于管道（给排水、工业、电力、通信）、电缆沟及连接井（检查井）等。

17）填方密实度要求，在无特殊要求情况下，项目特征可描述为满足设计和规范的要求。

18) 填方材料品种可以不描述，但应注明由投标人根据设计要求验方后方可填入，并符合相关工程的质量规范要求。

19) 如需买土回填应在项目特征填方来源中描述，并注明买土方数量。

7.4.2 地基处理与边坡支护

1. 工程量清单项目设置及工程量计算规则

(1) 地基处理。工程量清单项目设置及工程量计算规则应按表 7-21 的规定执行。

表 7-21   (B.1) 地基处理 (编码：010201)

项目编码	项目名称	项目特征	单位	工程量计算规则	工作内容
010201001	换填垫层	1. 材料种类及配比 2. 压实系数 3. 掺加剂品种	m³	按设计图示尺寸以体积计算	1. 分层铺填 2. 碾压、振密或夯实 3. 材料运输
010201002	铺设土工合成材料	1. 部位 2. 品种 3. 规格		按设计图示尺寸以面积计算	1. 挖填锚固沟 2. 铺设 3. 固定 4. 运输
010201003	预压地基	1. 排水竖井种类、断面尺寸、排列方式、间距、深度 2. 预压方法 3. 预压荷载、时间 4. 砂垫层厚度	m²		1. 设置排水竖井、盲沟、滤水管 2. 铺设砂垫层、密封膜 3. 堆载、卸载或抽气设备安拆、抽真空 4. 材料运输
010201004	强夯地基	1. 夯击能量 2. 夯击遍数 3. 地耐力要求 4. 夯填材料种类 5. 夯击点布置形式、间距		按设计图示处理范围以面积计算	1. 铺设夯填材料 2. 强夯 3. 夯填材料运输
010201005	振冲密实（不填料）	1. 地层情况 2. 振密深度 3. 孔距			1. 振冲加密 2. 泥浆运输
010201006	振冲桩（填料）	1. 地层情况 2. 空桩长度、桩长 3. 桩径 4. 填充材料种类		1. 以 m 计量，按设计图示尺寸以桩长计算 2. 以 m³ 计量，按设计桩截面乘以桩长以体积计算	1. 振冲成孔、填料、振实 2. 材料运输 3. 泥浆运输
010201007	砂石桩	1. 地层情况 2. 空桩长度、桩长 3. 桩径 4. 成孔方法 5. 材料种类、级配	1. m 2. m³	1. 以 m 计量，按设计图示尺寸以桩长（包括桩尖）计算 2. 以 m³ 计量，按设计桩截面乘以桩长（包括桩尖）以体积计算	1. 成孔 2. 填充、振实 3. 材料运输

项目编码	项目名称	项目特征	单位	工程量计算规则	工作内容
010201008	水泥粉煤灰碎石桩	1. 地层情况 2. 空桩长度、桩长 3. 桩径 4. 成孔方法 5. 混合料强度等级		按设计图示尺寸以桩长（包括桩尖）计算	1. 成孔 2. 混合料制作、灌注、养护 3. 材料运输
010201009	深层搅拌桩	1. 地层情况 2. 空桩长度、桩长 3. 桩截面尺寸 4. 水泥强度等级、掺量		按设计图示尺寸以桩长计算	1. 预搅下钻、水泥浆制作、喷浆搅拌提升成桩 2. 材料运输
010201010	粉喷桩	1. 地层情况 2. 空桩长度、桩长 3. 桩径 4. 粉体种类、掺量 5. 水泥强度等级、石灰粉要求		按设计图示尺寸以桩长计算	1. 预搅下钻、喷粉搅拌提升成桩 2. 材料运输
010201011	夯实水泥土桩	1. 地层情况 2. 空桩长度、桩长 3. 桩径 4. 成孔方法 5. 水泥强度等级 6. 混合料配比	m	按设计图示尺寸以桩长（包括桩尖）计算	1. 成孔、夯底 2. 水泥土拌和、填料、夯实 3. 材料运输
010201012	高压喷射注浆桩	1. 地层情况 2. 空桩长度、桩长 3. 桩截面 4. 注浆类型、方法 5. 水泥强度等级		按设计图示尺寸以桩长计算	1. 成孔 2. 水泥浆制作、高压喷射注浆 3. 材料运输
010201013	石灰桩	1. 地层情况 2. 空桩长度、桩长 3. 桩径 4. 成孔方法 5. 掺和料种类、配合比		按设计图示尺寸以桩长（包括桩尖）计算	1. 成孔 2. 混合料制作、运输、夯填
010201014	灰土（土）挤密桩	1. 地层情况 2. 空桩长度、桩长 3. 桩径 4. 成孔方法 5. 灰土级配			1. 成孔 2. 灰土拌和、运输、填充、夯实
10201015	柱锤冲扩桩	1. 地层情况 2. 空桩长度、桩长 3. 桩径 4. 成孔方法 5. 桩体材料种类、配合比		按设计图示尺寸以桩长计算	1. 安拔套管 2. 冲孔、填料、夯实 3. 桩体材料制作、运输

项目编码	项目名称	项目特征	单位	工程量计算规则	工作内容
010201016	注浆地基	1. 地层情况 2. 空钻深度、注浆深度 3. 注浆间距 4. 浆液种类及配比 5. 注浆方法 6. 水泥强度等级	1. m 2. m³	1. 以 m 计量，按设计图示尺寸以钻孔深度计算 2. 以 m³ 计量，按设计图示尺寸以加固体积计算	1. 成孔 2. 注浆导管制作、安装 3. 浆液制作、压浆 4. 材料运输
10201017	褥垫层	1. 厚度 2. 材料品种及比例	1. m² 2. m³	1. 以 m² 计量，按设计图示尺寸以铺设面积计算 2. 以 m³ 计量，按设计图示尺寸以体积计算	材料拌和、运输、铺设、压实

（2）地基与边坡支护。工程量清单项目设置及工程量计算规则应按表 7 - 22 的规定执行。

表 7 - 22　　　　　　（B. 2）基坑与边坡支护（编码：010202）

项目编码	项目名称	项目特征	单位	工程量计算规则	工作内容
010202001	地下连续墙	1. 地层情况 2. 导墙类型、截面 3. 墙体厚度 4. 成槽深度 5. 混凝土类别、强度等级 6. 接头形式	m³	按设计图示墙中心线长乘以厚度乘以槽深以体积计算	1. 导墙挖填、制作、安装、拆除 2. 挖土成槽、固壁、清底置换 3. 混凝土制作、运输、灌注、养护 4. 接头处理 5. 土方、废泥浆外运 6. 打桩场地硬化及泥浆池、泥浆沟
010202002	咬合灌注桩	1. 地层情况 2. 桩长 3. 桩径 4. 混凝土类别、强度等级 5. 部位	1. m 2. 根	1. 以 m 计量，按设计图示尺寸以桩长计算 2. 以根计量，按设计图示数量计算	1. 成孔、固壁 2. 混凝土制作、运输、灌注、养护 3. 套管压拔 4. 土方、废泥浆外运 5. 打桩场地硬化及泥浆池、泥浆沟

项目编码	项目名称	项目特征	单位	工程量计算规则	工作内容
010202003	圆木桩	1. 地层情况 2. 桩长 3. 材质 4. 尾径 5. 桩倾斜度	1. m 2. 根	1. 以 m 计量，按设计图示尺寸以桩长（包括桩尖）计算 　2. 以根计量，按设计图示数量计算	1. 工作平台搭拆 2. 桩机竖拆、移位 3. 桩靴安装 4. 沉桩
010202004	预制钢筋混凝土板桩	1. 地层情况 2. 送桩深度、桩长 3. 桩截面 4. 混凝土强度等级			1. 工作平台搭拆 2. 桩机竖拆、移位 3. 沉桩 4. 接桩
010202005	型钢桩	1. 地层情况或部位 2. 送桩深度、桩长 3. 规格型号 4. 桩倾斜度 5. 防护材料种类 6. 是否拔出	1. t 2. 根	1. 以 t 计量，按设计图示尺寸以质量计算 　2. 以根计量，按设计图示数量计算	1. 工作平台搭拆 2. 桩机竖拆、移位 3. 打（拔）桩 4. 接桩 5. 刷防护材料
010202006	钢板桩	1. 地层情况 2. 桩长 3. 板桩厚度	1. t 2. m²	1. 以 t 计量，按设计图示尺寸以质量计算 　2. 以 m² 计量，按设计图示墙中心线长乘以桩长以面积计算	1. 工作平台搭拆 2. 桩机竖拆、移位 3. 打拔钢板桩
010202007	预应力锚杆（锚索）	1. 地层情况 2. 锚杆（索）类型、部位 3. 钻孔深度 4. 钻孔直径 5. 杆体材料品种、规格、数量 6. 浆液种类、强度等级	1. m 2. 根	1. 以 m 计量，按设计图示尺寸以钻孔深度计算 　2. 以根计量，按设计图示数量计算	1. 钻孔、浆液制作、运输、压浆 2. 锚杆、锚索索制作、安装 3. 张拉锚固 4. 锚杆、锚索施工平台搭设、拆除
010202008	土钉	1. 地层情况 2. 钻孔深度 3. 钻孔直径 4. 置入方法 5. 杆体材料品种、规格、数量 6. 浆液种类、强度等级			1. 钻孔、浆液制作、运输、压浆 2. 锚杆、土钉制作、安装 3. 锚杆、土钉施工平台搭设、拆除

项目编码	项目名称	项目特征	单位	工程量计算规则	工作内容
010202009	喷射混凝土、水泥砂浆	1. 部位 2. 厚度 3. 材料种类 4. 混凝土（砂浆）类别、强度等级	m²	按设计图示尺寸以面积计算	1. 修整边坡 2. 混凝土（砂浆）制作、运输、喷射、养护 3. 钻排水孔、安装排水管 4. 喷射施工平台搭设、拆除
010202010	钢筋混凝土支撑	1. 部位 2. 混凝土种类 3. 混凝土强度等级	m³	按设计图示尺寸以体积计算	1. 模板（支架或支撑）制作、安装、拆除、堆放、运输及清理模内杂物、刷隔离剂等 2. 混凝土制作、运输、浇筑、振捣、养护
010202011	钢支撑	1. 部位 2. 钢材品种、规格 3. 探伤要求	t	按设计图示尺寸以质量计算。不扣除孔眼质量，焊条、铆钉、螺栓等不另增加质量	1. 支撑、铁件制作（摊销、租赁） 2. 支撑、铁件安装 3. 探伤 4. 刷漆 5. 拆除 6. 运输

2. 其他相关问题的处理规定

（1）对底层情况的描述按表 7 - 14 和表 7 - 15 的土石划分，并根据岩土工程勘察报告进行描述，为避免描述内容与实际地质情况有差异而造成重新组价，可采用以下方法处理：

1）描述各类土石的比例及范围值。

2）分不同土石类别分别列项。

3）分级描述"详细勘察报告"。

（2）为避免"空桩长度、桩长"的描述引起重新组价，可采用以下方法处理：

1）描述"空桩长度、桩长"的范围值，或描述"空桩长度、桩长"所占比例及范围值。

2）空桩部分单独列项。

3. 有关问题的说明

（1）项目特征中的桩长应包括桩尖，空桩长度＝孔深－桩长，孔深为自然地面至设计桩底的深度。

（2）高压喷射注浆类型包括旋喷、摆喷、定喷，高压喷射注浆方法包括单管法、双重管法、三重管法。

（3）如果采用泥浆护壁成孔，工作内容包括土方、废泥浆外运，如采用沉管灌注成孔，工作内容包括桩尖制作、安装。

（4）土钉是指不施加预应力的土层锚杆和岩石锚杆。置入方法包括钻孔置入、打入或射入等。

（5）混凝土的种类，是指清水混凝土、彩色混凝土等，如果在同一地区既使用预拌（商品）混凝土，又允许现场搅拌混凝土时，也应注明（下同）。

（6）地下连续墙和喷射混凝土的钢筋网、咬合灌注桩的钢筋笼及钢筋混凝土支撑的钢筋制作、安装，按混凝土及钢筋混凝土中相关项目编码列项。本分部未列的基坑与边坡支护的排桩按桩基工程中相关项目编码列项。水泥土墙、坑内加固按地基处理与边坡支护工程中相关项目编码列项。砖、石挡土墙、护坡按砌筑工程中相关项目编码列项。混凝土挡土墙按混凝土及钢筋混凝土中相关项目编码列项。

7.4.3　桩基工程

1. 工程量清单项目设置及工程量计算规则

（1）打桩。工程量清单项目设置及工程量计算规则应按表 7-23 的规定执行。

表 7-23　　　　　　　　　　（C.1）打桩（编号：010301）

项目编码	项目名称	项目特征	单位	工程量计算规则	工作内容
010301001	预制钢筋混凝土方桩	1. 地层情况 2. 送桩深度、桩长 3. 桩截面 4. 桩倾斜度 5. 沉桩方式 6. 接桩方式 7. 混凝土强度等级	1. m 2. m³ 3. 根	1. 以 m 计量，按设计图示尺寸以桩长（包括桩尖）计算 2. 以 m³ 计量，按设计图示截面面积乘以桩长（包括桩尖）以实体积计算 3. 以根计量，按设计图示数量计算	1. 工作平台搭拆 2. 桩机竖拆、移位 3. 沉桩 4. 接桩 5. 送桩
010301002	预制钢筋混凝土管桩	1. 地层情况 2. 送桩深度、桩长 3. 桩外径、壁厚 4. 桩倾斜度 5. 混凝土强度等级 6. 填充材料种类 7. 防护材料种类			1. 工作平台搭拆 2. 桩机竖拆、移位 3. 沉桩 4. 接桩 5. 送桩 6. 桩尖制作安装 7. 填充材料、刷防护材料
010301003	钢管桩	1. 地层情况 2. 送桩深度、桩长 3. 材质 4. 管径、壁厚 5. 桩倾斜度 6. 沉桩方式 7. 填充材料种类 8. 防护材料种类	1. t 2. 根	1. 以 t 计量，按设计图示尺寸以质量计算 2. 以根计量，按设计图示数量计算	1. 工作平台搭拆 2. 桩机竖拆、移位 3. 沉桩 4. 接桩 5. 送桩 6. 切割钢管、精割盖帽 7. 管内取土 8. 填充材料、刷防护材料
010301004	截（凿）桩头	1. 桩类型 2. 桩头截面、高度 3. 混凝土强度等级 4. 有无钢筋	1. m³ 2. 根	1. 以 m³ 计量，按设计桩截面乘以桩头长度以体积计算 2. 以根计量，按设计图示数量计算	1. 截桩头 2. 凿平 3. 废料外运

（2）灌注桩。工程量清单项目设置及工程量计算规则应按表 7 - 24 的规定执行。

表 7 - 24 　　　　　　　（C.2）灌注桩（编号：010302）

项目编码	项目名称	项目特征	单位	工程量计算规则	工作内容
010302001	泥浆护壁成孔灌注桩	1. 地层情况 2. 空桩长度、桩长 3. 桩径 4. 成孔方法 5. 护筒类型、长度 6. 混凝土类别、强度等级			1. 护筒埋设 2. 成孔、固壁 3. 混凝土制作、运输、灌注、养护 4. 土方、废泥浆外运 5. 打桩场地硬化及泥浆池、泥浆沟
010302002	沉管灌注桩	1. 地层情况 2. 空桩长度、桩长 3. 复打长度 4. 桩径 5. 沉管方法 6. 桩尖类型 7. 混凝土类别、强度等级	1. m 2. m³ 3. 根	1. 以 m 计量，按设计图示尺寸以桩长（包括桩尖）计算 2. 以 m³ 计量，按不同截面在桩上范围内以体积计算 3. 以根计量，按设计图示数量计算	1. 打（沉）拔钢管 2. 桩尖制作、安装 3. 混凝土制作、运输、灌注、养护
010302003	干作业成孔灌注桩	1. 地层情况 2. 空桩长度、桩长 3. 桩径 4. 扩孔直径、高度 5. 成孔方法 6. 混凝土类别、强度等级			1. 成孔、扩孔 2. 混凝土制作、运输、灌注、振捣、养护
010302004	挖孔桩土（石）方	1. 土（石）类别 2. 挖孔深度 3. 弃土（石）运距	m³	按设计图示尺寸截面积乘以挖孔深度以 m³ 计算	1. 排地表水 2. 挖土、凿石 3. 基底钎探 4. 运输
010302005	人工挖孔灌注桩	1. 桩芯长度 2. 桩芯直径、扩底直径、扩底高度 3. 护壁厚度、高度 4. 护壁混凝土类别、强度等级 5. 桩芯混凝土类别、强度等级	1. m³ 2. 根	1. 以 m³ 计量，按桩芯混凝土体积计算 2. 以根计量，按设计图示数量计算	1. 护壁制作 2. 混凝土制作、运输、灌注、振捣、养护
010302006	钻孔压浆桩	1. 地层情况 2. 空钻长度、桩长 3. 钻孔直径 4. 水泥强度等级	1. m 2. 根	1. 以 m 计量，按设计图示尺寸以桩长计算 2. 以根计量，按设计图示数量计算	钻孔、下注浆管、投放骨料、浆液制作、运输、压浆

项目编码	项目名称	项目特征	单位	工程量计算规则	工作内容
010302007	灌注桩后压浆	1. 注浆导管材料、规格 2. 注浆导管长度 3. 单孔注浆量 4. 水泥强度等级	孔	按设计图示以注浆孔数计算	1. 注浆导管制作、安装 2. 浆液制作、运输、压浆

2. 其他相关问题的处理规定

（1）对底层情况的描述按表 7-14 和表 7-15 的土石划分，并根据岩土工程勘察报告进行描述，为避免描述内容与实际地质情况有差异而造成重新组价，可采用以下方法处理：

1）描述各类土石的比例及范围值。

2）分不同土石类别分别列项。

3）分级描述"详细勘察报告"。

（2）为避免"空桩长度、桩长"的描述引起重新组价，可采用以下方法处理：

1）描述"空桩长度、桩长"的范围值，或描述"空桩长度、桩长"所占比例及范围值。

2）空桩部分单独列项。

（3）"打桩"、"灌注桩"、项目的计量单位为"m/m³/根"、"t/根"、"m³/根"等，有两个或三个计量单位，在编制以上项目清单时，可以根据具体情况选择其中之一作为计量单位，并进行相应的特征描述。

3. 有关问题的说明

（1）项目特征中的桩截面、混凝土强度等级、桩类型等可直接用标准图代号或设计桩型进行描述。

（2）预制混凝土方桩、预制混凝土管桩项目以成品桩编制，应包括成品桩的购置费，如果用现场预制，应包括现场预制桩的所有费用。

（3）打试验桩和打斜桩应按相应项目编码单独列项，并应在项目特征中注明试验桩或斜桩（斜率）。

（4）截（凿）桩头项目适用于地基处理与边坡支护工程和桩基工程所列桩的桩头截（凿）。

（5）预制钢筋混凝土管桩桩顶与承台的连接构造按混凝土及钢筋混凝土工程相关项目列项。

（6）项目特征中的桩长应包括桩尖，空桩长度＝孔深－桩长，孔深为自然地面至设计桩底的深度。

（7）项目特征中的桩截面（桩径）、混凝土强度等级、桩类型等可直接用标准图代号或设计桩型进行描述。

（8）泥浆护壁成孔灌注桩是指在泥浆护壁条件下成孔，采用水下灌注混凝土的桩。其成孔方法包括冲击钻成孔、冲抓锥成孔、回旋钻成孔、潜水钻成孔、泥浆护壁的旋挖成孔等。

（9）沉管灌注桩的沉管方法包括捶击沉管法、振动沉管法、振动冲击沉管法、内夯沉管法等。

（10）干作业成孔灌注桩是指不用泥浆护壁和套管护壁的情况下，用钻机成孔后，下钢筋笼，灌注混凝土的桩，适用于地下水位以上的土层使用。其成孔方法包括螺旋钻成孔、螺旋钻成孔扩底、干作业的旋挖成孔等。

（11）桩基础的承载力检测、桩身完整性检测等费用按国家相关取费标准单独计算，不在本清单项目中。

（12）混凝土灌注桩的钢筋笼制作、安装，按混凝土及钢筋混凝土工程中相关项目编码列项。

7.4.4 砌筑工程

1. 工程量清单项目设置及工程量计算规则

（1）砖砌体。工程量清单项目设置及工程量计算规则应按表 7 - 25 的规定执行。

表 7 - 25 　　　　　（D. 1）砖砌体（编号：010401）

项目编码	项目名称	项目特征	单位	工程量计算规则	工作内容
010401001	砖基础	1. 砖品种、规格、强度等级 2. 基础类型 3. 砂浆强度等级 4. 防潮层材料种类		按设计图示尺寸以体积计算 包括附墙垛基础宽出部分体积，扣除地梁（圈梁）、构造柱所占体积，不扣除基础大放脚T形接头处的重叠部分及嵌入基础内的钢筋、铁件、管道、基础砂浆防潮层和单个面积≤0.3m² 的孔洞所占体积，靠墙暖气沟的挑檐不增加 基础长度；外墙按外墙中心线，内墙按内墙净长线计算	1. 砂浆制作、运输 2. 砌砖 3. 防潮层铺设 4. 材料运输
010401002	砖砌挖孔桩护壁	1. 砖品种、规格、强度等级 2. 砂浆强度等级	m³	按设计图示尺寸以 m³ 计算	1. 砂浆制作、运输 2. 砌砖 3. 材料运输
010401003	实心砖墙	1. 砖品种、规格、强度等级 2. 墙体类型 3. 砂浆强度等级、配合比		按设计图示尺寸以体积计算 扣除门窗洞口、过人洞、空圈、嵌入墙内的钢筋混凝土柱、梁、圈梁、挑梁、过梁及凹进墙内的壁龛、管槽、暖气槽、消火栓箱所占体积，不扣除梁头、板头、檩头、垫木、木楞头、沿缘木、木砖、门窗走头、砖墙内加固钢筋、木筋、铁件、钢管及单个面积≤0.3m² 的孔洞所占的体积。凸出墙面的腰线、挑檐、压顶、窗台线、虎头砖、门窗套的体积也不增加。凸出墙面的砖垛并入墙体体积内计算	1. 砂浆制作、运输 2. 砌砖 3. 刮缝 4. 砖压顶砌筑 5. 材料运输
010401004	多孔砖墙				

续表

项目编码	项目名称	项目特征	单位	工程量计算规则	工作内容
010401005	空心砖墙	1. 砖品种、规格、强度等级 2. 墙体类型 3. 砂浆墙度等级、配合比	m³	1. 墙长度：外墙按中心线、内墙按净长计算 2. 墙高度： （1）外墙：斜（坡）屋面无檐口天棚者算至屋面板底；有屋架且室内外均有天棚者算至屋架下弦底另加200mm；无天棚者算至屋架下弦底另加300mm，出檐宽度超过600mm时按实砌高度计算；与钢筋混凝土楼板隔层者算至板顶。平屋顶算至钢筋混凝土板底 （2）内墙：位于屋架下弦者，算至屋架下弦底；无屋架者算至天棚底另加100mm；有钢筋混凝土楼板隔层者算至楼板顶；有框架梁时算至梁底 （3）女儿墙：从屋面板上表面算至女儿墙顶面（如有混凝土压顶时算至压顶下表面） （4）内、外山墙：按其平均高度计算 3. 框架间墙：不分内外墙按墙体净尺寸以体积计算 4. 围墙：高度算至压顶上表面（如有混凝土压顶时算至压顶下表面），围墙柱并入围墙体积内	1. 砂浆制作、运输 2. 砌砖 3. 刮缝 4. 砖压顶砌筑 5. 材料运输
010401006	空斗墙	1. 砖品种、规格、强度等级 2. 墙体类型 3. 砂浆强度等级、配合比		按设计图示尺寸以空斗墙外形体积计算。墙角、内外墙交接处、门窗洞口立边、窗台砖、屋檐处的实砌部分体积并入空斗墙体积内	1. 砂浆制作、运输 2. 砌砖 3. 装填充料 4. 刮缝 5. 材料运输
010401007	空花墙			按设计图示尺寸以空花部分外形体积计算，不扣除空洞部分体积	
010401008	填充墙	1. 砖品种、规格、强度等级 2. 墙体类型 3. 填充墙的种类及厚度 4. 砂浆强度等级、配合比	m³	按设计图示尺寸以填充墙外形体积计算	
010401009	实心砖柱	1. 砖品种、规格、强度等级 2. 柱类型 3. 砂浆强度等级、配合比		按设计图示尺寸以体积计算。扣除混凝土及钢筋混凝土梁垫、梁头、板头所占体积	1. 砂浆制作、运输 2. 砌砖 3. 刮缝 4. 材料运输
010401010	多孔砖柱				

项目编码	项目名称	项目特征	单位	工程量计算规则	工作内容
010401011	砖检查井	1. 井截面、深度 2. 砖品种、规格、强度等级 3. 垫层材料种类、厚度 4. 底板厚度 5. 井盖安装 6. 混凝土强度等级 7. 砂浆强度等级 8. 防潮层材料种类	座	按设计图示数量计算	1. 砂浆制作、运输 2. 铺设垫层 3. 底板混凝土制作、运输、浇筑、振捣、养护 4. 砌砖 5. 刮缝 6. 井池底、壁抹灰 7. 抹防潮层 8. 材料运输
010401012	零星砌砖	1. 零星砌砖名称、部位 2. 砖品种、规格、强度等级 3. 砂浆强度等级、配合比	1. m³ 2. m² 3. m 4. 个	1. 以 m³ 计量，按设计图示尺寸截面积乘以长度计算 2. 以 m² 计量，按设计图示尺寸水平投影面积计算 3. 以 m 计量，按设计图示尺寸长度计算 4. 以个计量，按设计图示数量计算	1. 砂浆制作、运输 2. 砌砖 3. 刮缝 4. 材料运输
010401013	砖散水、地坪	1. 砖品种、规格、强度等级 2. 垫层材料种类、厚度 3. 散水、地坪厚度 4. 面层种类、厚度 5. 砂浆强度等级	m²	按设计图示尺寸以面积计算	1. 土方挖、运、填 2. 地基找平、夯实 3. 铺设垫层 4. 砌砖散水、地坪 5. 抹砂浆面层
010401014	砖地沟、明沟	1. 砖品种、规格、强度等级 2. 沟截面尺寸 3. 垫层材料种类、厚度 4. 混凝土强度等级 5. 砂浆强度等级	m	以 m 计量，按设计图示以中心线长度计算	1. 土方挖、运、填 2. 铺设垫层 3. 底板混凝土制作、运输、浇筑、振捣、养护 4. 砌砖 5. 刮缝、抹灰 6. 材料运输

（2）砌块砌体。工程量清单项目设置及工程量计算规则应按表 7 - 26 的规定执行。

表 7 - 26　　　　　　　　　　（D. 2）砌块砌体（编号：010402）

项目编码	项目名称	项目特征	单位	工程量计算规则	工作内容
010402001	砌块墙	1. 砌块品种、规格、强度等级 2. 墙体类型 3. 砂浆强度等级	m³	按设计图示尺寸以体积计算 　　扣除门窗洞口、过人洞、空圈、嵌入墙内的钢筋混凝土柱、梁、圈梁、挑梁、过梁及凹进墙内的壁龛、管槽、暖气槽、消火栓箱所占体积，不扣除梁头、板头、檩头、垫木、木楞头、沿缘木、木砖、门窗走头、砌块墙内加固钢筋、木筋、铁件、钢管及单个面积≤0.3m² 的孔洞所占的体积。凸出墙面的腰线、挑檐、压顶、窗台线、虎头砖、门窗套的体积也不增加。凸出墙面的砖垛并入墙体体积内计算 　　1. 墙长度：外墙按中心线、内墙按净长计算 　　2. 墙高度： 　　（1）外墙：斜（坡）屋面无檐口天棚者算至屋面板底；有屋架且室内外均有天棚者算至屋架下弦底另加 200mm；无天棚者算至屋架下弦底另加 300mm，出檐宽度超过 600mm 时按实砌高度计算；与钢筋混凝土楼板隔层者算至板顶；平屋面算至钢筋混凝土板底 　　（2）内墙：位于屋架下弦者，算至屋架下弦底；无屋架者算至天棚底另加 100mm；有钢筋混凝土楼板隔层者算至楼板顶；有框架梁时算至梁底 　　（3）女儿墙：从屋面板上表面算至女儿墙顶面（如有混凝土压顶时算至压顶下表面） 　　（4）内、外山墙：按其平均高度计算 　　3. 框架间墙：不分内外墙按墙体净尺寸以体积计算 　　4. 围墙：高度算至压顶上表面（如有混凝土压顶时算至压顶下表面），围墙柱并入围墙体积内	1. 砂浆制作、运输 2. 砌砖、砌块 3. 勾缝 4. 材料运输
010402002	砌块柱			按设计图示尺寸以体积计算。扣除混凝土及钢筋混凝土梁垫、梁头、板头所占体积	

（3）石砌体。工程量清单项目设置及工程量计算规则应按表7-27的规定执行。

表7-27　　　　　　　　　(D.3) 石砌体（编号：010403）

项目编码	项目名称	项目特征	单位	工程量计算规则	工作内容
010403001	石基础	1. 石料种类、规格 2. 基础类型 3. 砂浆强度等级	m³	按设计图示尺寸以体积计算 包括附墙垛基础宽出部分体积，不扣除基础砂浆防潮层及单个面积≤0.3m²的孔洞所占体积，靠墙暖气沟的挑檐不增加体积。基础长度：外墙按中心线，内墙按净长计算	1. 砂浆制作、运输 2. 吊装 3. 砌石 4. 防潮层铺设 5. 材料运输
010403002	石勒脚	1. 石料种类、规格 2. 石表面加工要求 3. 勾缝要求 4. 砂浆强度等级、配合比	m³	按设计图示尺寸以体积计算，扣除单个面积＞0.3m²的孔洞所占的体积	1. 砂浆制作、运输 2. 吊装 3. 砌石 4. 石表面加工 5. 勾缝 6. 材料运输
010403003	石墙			同砌块墙的计算规则	
010403004	石挡土墙	1. 石料种类、规格 2. 石表面加工要求 3. 勾缝要求 4. 砂浆强度等级、配合比		按设计图示尺寸以体积计算	1. 砂浆制作、运输 2. 吊装 3. 砌石 4. 变形缝、泄水孔、压顶抹灰 5. 滤水层 6. 勾缝 7. 材料运输
010403005	石柱				
010403006	石栏杆	1. 石料种类、规格 2. 石表面加工要求 3. 勾缝要求 4. 砂浆强度等级、配合比	m	按设计图示以长度计算	1. 砂浆制作、运输 2. 吊装 3. 砌石 4. 石表面加工 5. 勾缝 6. 材料运输
010403007	石护坡	1. 垫层材料种类、厚度 2. 石料种类、规格 3. 护坡厚度、高度 4. 石表面加工要求 5. 勾缝要求 6. 砂浆强度等级、配合比	m³	按设计图示尺寸以体积计算	1. 铺设垫层 2. 石料加工 3. 砂浆制作、运输 4. 砌石 5. 石表面加工 6. 勾缝 7. 材料运输
010403008	石台阶				
010403009	石坡道		m²	按设计图示以水平投影面积计算	

续表

项目编码	项目名称	项目特征	单位	工程量计算规则	工作内容
010403010	石地沟、明沟	1. 沟截面尺寸 2. 土壤类别、运距 3. 垫层材料种类、厚度 4. 石料种类、规格 5. 石表面加工要求 6. 勾缝要求 7. 砂浆强度等级、配合比	m	按设计图示以中心线长度计算	1. 土方挖、运 2. 砂浆制作、运输 3. 铺设垫层 4. 砌石 5. 石表面加工 6. 勾缝 7. 回填 8. 材料运输

（4）垫层。工程量清单项目设置及工程量计算规则应按表 7 - 28 的规定执行。

表 7 - 28　　　　　　　　　(D. 4)　　垫层（编号：010404）

项目编码	项目名称	项目特征	单位	工程量计算规则	工作内容
010404001	垫层	垫层材料种类、配合比、厚度	m³	按设计图示尺寸以 m³ 计算	1. 垫层材料的拌制 2. 垫层铺设 3. 材料运输

注：除混凝土垫层应按混凝土及钢筋混凝土工程中相关项目编码列项外，没有包括垫层要求的清单项目应按本表垫层项目编码列项。

2. 其他相关问题的处理规定

（1）砖基础项目适用于各种类型砖基础：柱基础、墙基础、管道基础等。

（2）标准砖尺寸应为 240mm×115mm×53mm。标准砖墙厚度应按表 7 - 29 计算。

表 7 - 29　　　　　　　　(D. 5. 2)　标准墙计算厚度表

砖数（厚度）	1/4	1/2	3/4	1	3/2	2	5/2	3
计算厚度（mm）	53	115	180	240	365	490	615	740

（3）砖基础与砖墙（身）划分应以设计室内地坪为界（有地下室的按地下室室内设计地坪为界），以下为基础，以上为墙（柱）身。基础与墙身使用不同材料，位于设计室内地坪±300mm 以内时以不同材料为界，超过±300mm，应以设计室内地坪为界。砖围墙应以设计室内外地坪为界，以下为基础，以上为墙身。

（4）框架外表面的镶贴砖部分，按零星项目编码列项。

（5）附墙烟囱、通风道、垃圾道，应按设计图示尺寸以体积（扣除空洞所占体积）计算，并入所依附的墙体体积内。当设计规定孔洞内需抹灰时，应按零星抹灰相关项目编码列项。

（6）空斗墙的窗间墙、窗台下、楼板下等的实砌部分，应按零星砌砖项目编码列项。

（7）台阶、台阶挡墙、梯带、锅台、炉灶、蹲台、池槽、池槽腿、花台、花池、楼梯栏板、阳台栏板、地垄墙、屋面隔热板下的砖墩、0.3m² 以内孔洞填塞等，应按零星砌砖项目编码列项。砖砌锅台与炉灶可按以"长×宽×高"顺序标明外形尺寸以个计算，砖砌台阶可按水平投影面积以 m² 计算，小便槽、地垄墙可按长度计算；其他工程量按 m³ 计算。

（8）砌体内加筋、墙体拉结的制作、安装，应按混凝土及钢筋混凝土工程中相关项目编码列项。

（9）砌块排列应上、下错缝搭砌，如果搭错缝长度满足不了规定的压搭要求，应采取压砌钢筋网片的措施，具体构造要求按设计规定。若设计无规定时，应注明由投标人根据工程实际情况自行考虑；钢筋网片按金属结构工程中相应编码列项。

（10）砌体垂直灰缝宽大于 30mm 时，采用 C20 细石混凝土灌实。灌注的混凝土应按混凝土及钢筋混凝土工程相关项目编码列项。

（11）石基础、石勒脚、石墙身的划分：基础和勒脚应以设计室外地坪为界，勒脚与墙身应以设计室内地坪为界。石围墙内外地坪标高不同时，应以较低地坪标高为界，以下为基础；内外标高之差为挡土墙时，挡土墙以上为墙身。

（12）砌体内加筋的制作、安装，应混凝土及钢筋混凝土工程相关项目编码列项。

3. 有关问题的说明

（1）"砖基础"项目适用于各种类型的砖基础，包括柱基础、墙基础、烟囱基础、水塔基础、管道基础等。基础类型应在工程量清单中描述。

（2）"实心砖墙"项目适用于各种类型实心砖墙，实心砖墙可分为外墙、内墙、双面混水墙、双面清水墙、单面清水墙、直形墙、弧形墙以及不同厚度，砌筑砂浆分为水泥混合砂浆、水泥砂浆、不同的砖强度等级，加浆勾缝，原浆勾缝等，应在工程量清单项目中一一进行描述。

（3）"空斗墙"项目适用于各种砌法的空斗墙。窗间墙，窗台下、楼板下及梁头下的实砌部分，应另行计算，按零星砌砖项目编码列项。

（4）"空花墙"项目适用于各种砌法的空花墙。使用混凝土花格砌筑的空花墙，分实砌墙与混凝土花格分别计算工程量，混凝土花格按混凝土及钢筋混凝土预制零星构件编码列项。

（5）"实心砖柱"项目适用于各种类型柱。包括矩形柱、异形柱、圆柱及包住等。

（6）"零星砌砖"项目的计量单位为"m³、m²、m、个"四种，计价规范规定：砖砌锅台与炉灶可按外形尺寸以"个"计算；砖砌台阶可按水平投影面积以"m²"计算；小便槽、地垄墙可按长度以"m"计算；其他工程量按"m³"计算。在编制该项目清单时，应将零星项目具体化，并根据计价规范的规定选用计量单位，按照选定的计量单位进行恰当的特征描述。

（7）"石勒脚""石墙"项目适用于各种规格（粗料石、细料石等）、各种材质（砂石、青石、大理石、花岗石等）和各种类型（直形、弧形等）勒脚和墙体。

（8）"石挡土墙"项目适用于各种规格（粗料石、细料石、块石、毛石、卵石等）、各种材质（砂石、青石、石灰石等）和各种类型（直形、弧形、台阶形等）挡土墙。

（9）"石柱"项目适用于各种规格、各种石质、各种类型的石柱。

（10）"石栏杆"项目适用于无雕饰的一般石栏杆。

（11）"石护坡"项目适用于各种石质和各种石料（粗料石、细料石、片石、块石、毛石、卵石等）。

（12）"石台阶"项目包括石梯带（垂带），不包括石梯膀，石梯膀应按砌体工程中石挡土墙项目编码列项。

7.4.5　混凝土及钢筋混凝土工程

1. 工程量清单项目设置及工程量计算规则

（1）现浇混凝土基础。工程量清单项目设置及工程量计算规则应按表 7-30 的规定执行。

表 7-30　　　　　　　　（E.1）现浇混凝土基础（编码：010501）

项目编码	项目名称	项目特征	单位	工程量计算规则	工作内容
010501001	垫层	1. 混凝土类别 2. 混凝土强度等级	m³	按设计图示尺寸以体积计算。不扣除构件内钢筋、预埋铁件和伸入承台基础的桩头所占体积	1. 模板及支撑制作、安装、拆除、堆放、运输及清理模内杂物、刷隔离剂等 2. 混凝土制作、运输、浇筑、振捣、养护
010501002	带形基础				
010501003	独立基础				
010501004	满堂基础				
010501005	桩承台基础				
010501006	设备基础	1. 混凝土类别 2. 混凝土强度等级 3. 灌浆材料、灌浆材料强度等级			

（2）现浇混凝土柱。工程量清单项目设置及工程量计算规则应按表 7-31 的规定执行。

表 7-31　　　　　　　　（E.2）现浇混凝土柱（编码：010502）

项目编码	项目名称	项目特征	计量单位	工程量计算规则	工作内容
010502001	矩形柱	1. 混凝土类别 2. 混凝土强度等级	m³	按设计图示尺寸以体积计算。不扣除构件内钢筋，预埋铁件所占体积。型钢混凝土柱扣除构件内型钢所占体积 柱高： 1. 有梁板的柱高，应自柱基上表面（或楼板上表面）至上一层楼板上表面之间的高度计算 2. 无梁板的柱高，应自柱基上表面（或楼板上表面）至柱帽下表面之间的高度计算 3. 框架柱的柱高：应自柱基上表面至柱顶高度计算 4. 构造柱按全高计算，嵌接墙体部分（马牙槎）并入柱身体积 5. 依附柱上的牛腿和升板的柱帽，并入柱身体积计算	1. 模板及支架（撑）制作、安装、拆除、堆放、运输及清理模内杂物、刷隔离剂等 2. 混凝土制作、运输、浇筑、振捣、养护
010502002	构造柱				
010502003	异形柱	1. 柱形状 2. 混凝土类别 3. 混凝土强度等级			

注：混凝土类别指清水混凝土、彩色混凝土等，如在同一地区既使用预拌（商品）混凝土，又允许现场搅拌混凝土时，也应注明。

（3）现浇混凝土梁。工程量清单项目设置及工程量计算规则应按表 7-32 的规定执行。

表 7-32　　　　　　　　　　（E.3）现浇混凝土梁（编码：010503）

项目编码	项目名称	项目特征	计量单位	工程量计算规则	工作内容
010503001	基础梁	1. 梁底标高 2. 梁截面 3. 混凝土强度等级 4. 混凝土拌和料要求	m^3	按设计图示尺寸以体积计算。不扣除构件内钢筋、预埋铁件所占体积，伸入墙内的梁头、梁垫并入梁体积内梁长： 1. 梁与柱连接时，梁长算至柱侧面 2. 主梁与次梁连接时，次梁长算至主梁侧面	1. 模板及支架（撑）制作、安装、拆除、堆放、运输及清理模内杂物、刷隔离剂等 2. 混凝土制作、运输、浇筑、振捣、养护
010503002	矩形梁				
010503003	异形梁				
010503004	圈梁				
010503005	过梁				
010503006	弧形、拱形梁				

（4）现浇混凝土墙。工程量清单项目设置及工程量计算规则应按表 7-33 的规定执行。

表 7-33　　　　　　　　　　（E.4）现浇混凝土墙（编码：010504）

项目编码	项目名称	项目特征	计量单位	工程量计算规则	工作内容
010504001	直形墙	1. 混凝土类别 2. 混凝土强度等级	m^3	按设计图示尺寸以体积计算。不扣除构件内钢筋、预埋铁件所占体积，扣除门窗洞口及单个面积＞0.3m² 的孔洞所占体积，墙垛及突出墙面部分并入墙体体积计算内	1. 模板及支架（撑）制作、安装、拆除、堆放、运输及清理模内杂物、刷隔离剂等 2. 混凝土制作、运输、浇筑、振捣、养护
010504002	弧形墙				
010504003	短肢剪力墙				
010504004	挡土墙				

（5）现浇混凝土板。工程量清单项目设置及工程量计算规则应按表 7-34 的规定执行。

表 7-34　　　　　　　　　　（E.5）现浇混凝土板（编码：010505）

项目编码	项目名称	项目特征	计量单位	工程量计算规则	工作内容
010505001	有梁板	1. 混凝土类别 2. 混凝土强度等级	m^3	按设计图示尺寸以体积计算，不扣除构件内钢筋、预埋铁件及单个面积≤0.3m² 的柱、垛以及孔洞所占体积。压形钢板混凝土楼板扣除构件内压形钢板所占体积。有梁板（包括主、次梁与板）按梁、板体积之和计算，无梁板按板和柱帽体积之和计算，各类板伸入墙内的板头并入板体积内，薄壳板的肋、基梁并入薄壳体积内计算	1. 模板及支架（撑）制作、安装、拆除、堆放、运输及清理模内杂物、刷隔离剂等 2. 混凝土制作、运输、浇筑、振捣、养护
010505002	无梁板				
010505003	平板				
010505004	拱板				
010505005	薄壳板				
010505006	栏板				

项目编码	项目名称	项目特征	单位	工程量计算规则	工作内容
010505007	天沟（檐沟）、挑檐板			按设计图示尺寸以体积计算	1. 模板及支架（撑）制作、安装、拆除、堆放、运输及清理模内杂物、刷隔离剂等 2. 混凝土制作、运输、浇筑、振捣、养护
010505008	雨篷、悬挑板、阳台板	1. 混凝土类别 2. 混凝土强度等级	m³	按设计图示尺寸以墙外部分体积计算。包括伸出墙外的牛腿和雨篷反挑檐的体积	
010505009	空心板			按设计图示尺寸以体积计算。空心板（GBF高强薄壁蜂巢芯板等）应扣除空心部分体积	
0105050010	其他板			按设计图示尺寸以体积计算	

（6）现浇混凝土楼梯。工程量清单项目设置及工程量计算规则应按表 7 - 35 的规定执行。

表 7 - 35　　　　　（E. 6）现浇混凝土楼梯（编码：010506）

项目编码	项目名称	项目特征	计量单位	工程量计算规则	工作内容
010506001	直形楼梯	1. 混凝土类别 2. 混凝土强度等级	1. m² 2. m³	1. 以 m² 计量，按设计图示尺寸以水平投影面积计算。不扣除宽度≤500mm 的楼梯井，伸入墙内部分不计算 2. 以 m³ 计量，按设计图示尺寸以体积计算	1. 模板及支架（撑）制作、安装、拆除、堆放、运输及清理模内杂物、刷隔离剂等 2. 混凝土制作、运输、浇筑、振捣、养护
010506002	弧形楼梯				

（7）现浇混凝土其他构件。工程量清单项目设置及工程量计算规则应按表 7 - 36 的规定执行。

表 7 - 36　　　　　（E. 7）现浇混凝土其他构件（编码：010507）

项目编码	项目名称	项目特征	计量单位	工程量计算规则	工作内容
010507001	散水、坡道	1. 垫层材料种类、厚度 2. 面层厚度 3. 混凝土类别 4. 混凝土强度等级 5. 变形缝填塞材料种类	m²	以 m² 计量，按设计图示尺寸以面积计算。不扣除单个≤0.3m² 的孔洞所占面积	1. 地基夯实 2. 铺设垫层 3. 模板及支撑制作、安装、拆除、堆放、运输及清理模内杂物、刷隔离剂等 4. 混凝土制作、运输、浇筑、振捣、养护 5. 变形缝填塞
010507002	室外地坪	1. 地坪厚度 2. 混凝土强度等级			

续表

项目编码	项目名称	项目特征	计量单位	工程量计算规则	工作内容
010507003	电缆沟、地沟	1. 土壤类别; 2. 沟截面净空尺寸 3. 垫层材料种类、厚度 4. 混凝土类别 5. 混凝土强度等级 6. 防护材料种类	m	以 m 计量,按设计图示以中心线长计算	1. 挖填、运土石方 2. 铺设垫层 3. 模板及支撑制作、安装、拆除、堆放、运输及清理模内杂物、刷隔离剂等 4. 混凝土制作、运输、浇筑、振捣、养护 5. 刷防护材料
010507004	台阶	1. 踏步高宽比 2. 混凝土类别 3. 混凝土强度等级	1. m² 2. m³	1. 以 m² 计量,按设计图示尺寸水平投影面积计算 2. 以 m³ 计量,按设计图示尺寸以体积计算	1. 模板及支撑制作、安装、拆除、堆放、运输及清理模内杂物、刷隔离剂等 2. 混凝土制作、运输、浇筑、振捣、养护
010507005	扶手、压顶	1. 断面尺寸 2. 混凝土类别 3. 混凝土强度等级	1. m 2. m³	1. 以 m 计量,按设计图示的延长米计算 2. 以 m³ 计量,按设计图示尺寸以体积计算	
010507006	化粪池检查井	1. 部位 2. 混凝土强度等级 3. 防水、抗渗要求	m³	1. 按设计图示尺寸以体积计算 2. 以座计量,按设计图示数量计算	1. 模板及支架(撑)制作、安装、拆除、堆放、运输及清理模内杂物、刷隔离剂等 2. 混凝土制作、运输、浇筑、振捣、养护
01050707	其他构件	1. 构件的类型 2. 构件规格 3. 部位 4. 混凝土类别 5. 混凝土强度等级	m³		

（8）后浇带。工程量清单项目设置及工程量计算规则应按表 7-37 的规定执行。

表 7-37　　　　　　(E.8) 后浇带（编码：010508)

项目编码	项目名称	项目特征	计量单位	工程量计算规则	工作内容
010508001	后浇带	1. 混凝土类别 2. 混凝土强度等级	m³	按设计图示尺寸以体积计算	1. 模板及支架(撑)制作、安装、拆除、堆放、运输及清理模内杂物、刷隔离剂等 2. 混凝土制作、运输、浇筑、振捣、养护及混凝土交接面、钢筋等的清理

（9）预制混凝土柱、梁、屋架、板、楼梯和其他预制构件，工程量清单项目设置及工程量计算规则应分别按表 7-38～表 7-43 的规定执行。

表 7-38　　　　　　　　　　（E.9）预制混凝土柱（编号：010509）

项目编码	项目名称	项目特征	计量单位	工程量计算规则	工作内容
010509001	矩形柱	1. 图代号 2. 单件体积 3. 安装高度 4. 混凝土强度等级 5. 砂浆（细石混凝土）强度等级、配合比	1. m³ 2. 根	1. 以 m³ 计量，按设计图示尺寸以体积计算。不扣除构件内钢筋、预埋铁件所占体积 2. 以根计量，按设计图示尺寸以数量计算	1. 模板的制作、安装、拆除、堆放、运输及清理板内杂物、刷隔离剂等 2. 混凝土的制作、运输、浇筑、振捣、养护 3. 构件运输、安装 4. 砂浆制作、运输 5. 接头灌缝、养护
010509002	异形柱				

表 7-39　　　　　　　　　　（E.10）预制混凝土梁（编号：010510）

项目编码	项目名称	项目特征	计量单位	工程量计算规则	工作内容
010510001	矩形梁	1. 图代号 2. 单件体积 3. 安装高度 4. 混凝土强度等级 5. 砂浆（细石混凝土）强度等级、配合比	1. m³ 2. 根	1. 以 m³ 计量，按设计图示尺寸以体积计算。不扣除构件内钢筋、预埋铁件所占体积 2. 以根计量，按设计图示尺寸以数量计算	1. 模板的制作、安装、拆除、堆放、运输及清理板内杂物、刷隔离剂等 2. 混凝土的制作、运输、浇筑、振捣、养护 3. 构件运输、安装 4. 砂浆制作、运输 5. 接头灌缝、养护
010510002	异形梁				
010510003	过梁				
010510004	拱形梁				
010510005	鱼腹式吊车梁				
010510006	其他梁				

表 7-40　　　　　　　　　　（E.11）预制混凝土屋架（编号：010511）

项目编码	项目名称	项目特征	计量单位	工程量计算规则	工作内容
010511001	折线型屋架	1. 图代号 2. 单件体积 3. 安装高度 4. 混凝土强度等级 5. 砂浆（细石混凝土）强度等级、配合比	1. m³ 2. 榀	1. 以 m³ 计量，按设计图示尺寸以体积计算。不扣除构件内钢筋、预埋铁件所占体积 2. 以榀计量，按设计图示尺寸以数量计算	1. 模板的制作、安装、拆除、堆放、运输及清理板内杂物、刷隔离剂等 2. 混凝土的制作、运输、浇筑、振捣、养护 3. 构件运输、安装 4. 砂浆制作、运输 5. 接头灌缝、养护
010511002	组合屋架				
010511003	薄腹屋架				
010511004	门式刚架屋架				
010511005	天窗架屋架				

表 7 - 41　　　　　　　　**(E. 12) 预制混凝土板（编号：010512）**

项目编码	项目名称	项目特征	计量单位	工程量计算规则	工作内容
010512001	平板	1. 图代号 2. 单件体积 3. 安装高度 4. 混凝土强度等级 5. 砂浆（细石混凝土）强度等级、配合比	1. m³ 2. 块	1. 以 m³ 计量，按设计图示尺寸以体积计算。不扣除构件内钢筋、预埋铁件及单个尺寸≤300mm×300mm 的孔洞所占体积，扣除空心板空洞体积 2. 以块计量，按设计图示尺寸以"数量"计算	1. 模板的制作、安装、拆除、堆放、运输及清理板内杂物、刷隔离剂等 2. 混凝土的制作、运输、浇筑、振捣、养护 3. 构件运输、安装 4. 砂浆制作、运输 5. 接头灌缝、养护
010512002	空心板				
010512003	槽形板				
010512004	网架板				
010512005	折线板				
010512006	带肋板				
010512007	大型板				
010512008	沟盖板、井盖板、井圈	1. 单件体积 2. 安装高度 3. 混凝土强度等级 4. 砂浆（细石混凝土）强度等级、配合比	1. m³ 2. 块（套）	1. 以 m³ 计量，按设计图示尺寸以体积计算。不扣除构件内钢筋、预埋铁件所占体积 2. 以块计量，按设计图示尺寸以"数量"计算	

表 7 - 42　　　　　　　　**(E. 13) 预制混凝土楼梯（编号：010513）**

项目编码	项目名称	项目特征	计量单位	工程量计算规则	工作内容
010513001	楼梯	1. 楼梯类型 2. 单件体积 3. 混凝土强度等级 4. 砂浆（细石混凝土）强度等级	1. m³ 2. 段	1. 以 m³ 计量，按设计图示尺寸以体积计算。不扣除构件内钢筋、预埋铁件所占体积，扣除空心踏步板空洞体积 2. 以块计量，按设计图示数量计算	1. 模板的制作、安装、拆除、堆放、运输及清理板内杂物、刷隔离剂等 2. 混凝土的制作、运输、浇筑、振捣、养护 3. 构件运输、安装 4. 砂浆制作、运输 5. 接头灌缝、养护

表 7 - 43　　　　　　　　**(E. 14) 其他预制构件（编号：010514）**

项目编码	项目名称	项目特征	计量单位	工程量计算规则	工作内容
010514001	垃圾道、通风道、烟道	1. 单件体积 2. 混凝土强度等级 3. 砂浆强度等级	1. m³ 2. m² 3. 根（块）	1. 以 m³ 计量，按设计图示尺寸以体积计算。不扣除构件内钢筋、预埋铁件及单个面积≤300mm×300mm 的孔洞所占体积，扣除烟道、垃圾道、通风道的孔洞所占体积 2. 以 m² 计量，按设计图示尺寸以面积计算。不扣除构件内钢筋、预埋铁件及单个面积≤300mm×300mm 的孔洞所占面积 3. 以根计量，按设计图示尺寸以数量计算	1. 模板的制作、安装、拆除、堆放、运输及清理板内杂物、刷隔离剂等 2. 混凝土的制作、运输、浇筑、振捣、养护 3. 构件运输、安装 4. 砂浆制作、运输 5. 接头灌缝、养护
010514002	其他构件	1. 单件体积 2. 构件的类型 3. 混凝土强度等级 4. 砂浆强度等级			

（10）钢筋工程。工程量清单项目设置及工程量计算规则应按表 7 - 44 的规定执行。

表 7 - 44　　　　　　　　（E. 15）钢筋工程（编码：010515）

项目编码	项目名称	项目特征	计量单位	工程量计算规则	工作内容
010515001	现浇构件钢筋	钢筋种类、规格		按设计图示钢筋（网）长度（面积）乘以单位理论质量计算	1. 钢筋制作、运输 2. 钢筋安装 3. 焊接（绑扎）
010515002	预制构件钢筋				
010515003	钢筋网片				
010515004	钢筋笼				
010515005	先张法预应力钢筋	1. 钢筋种类、规格 2. 锚具种类		按设计图示钢筋长度乘以单位理论质量计算	1. 钢筋制作、运输 2. 钢筋张拉
010515006	后张法预应力钢筋	1. 钢筋种类、规格 2. 钢丝束种类、规格 3. 钢绞线种类、规格 4. 锚具种类 5. 砂浆强度等级	t	按设计图示钢筋（丝束、绞线）长度乘以单位理论质量计算 1. 低合金钢筋两端均采用螺杆锚具时，钢筋长度按孔道长度减 0.35m 计算，螺杆另行计算 2. 低合金钢筋一端采用镦头插片、另一端采用螺杆锚具时，钢筋长度按孔道长度计算，螺杆另行计算 3. 低合金钢筋一端采用镦头插片、另一端采用帮条锚具时，钢筋长度按孔道长度增加 0.15m 计算；两端均采用帮条锚具时，钢筋长度按孔道长度增加 0.3m 计算 4. 低合金钢筋采用后张混凝土自锚时，钢筋长度按孔道长度增加 0.35m 计算 5. 低合金钢筋（钢绞线）采用 JM、XM、QM 型锚具，孔道长度在 20m 以内时，钢筋长度按孔道长度增加 1m 计算；孔道长度 20m 以外时，钢筋（钢绞线）长度按孔道长度增加 1.8m 计算 6. 碳素钢丝采用锥形锚具，孔道长度在 20m 以内时，钢丝束长度按孔道长度增加 1m 计算；孔道长在 20m 以上时，钢丝束长度按孔道长度增加 1.8m 计算 7. 碳素钢丝束采用镦头锚具时，钢丝束长度按孔道长度增加 0.35m 计算	1. 钢筋、钢丝束、钢绞线制作、运输 2. 钢筋、钢丝束、钢绞线安装 3. 预埋管孔道铺设 4. 锚具安装 5. 砂浆制作、运输 6. 孔道压浆、养护
010515007	预应力钢丝				
010515008	预应力钢绞线				

续表

项目编码	项目名称	项目特征	计量单位	工程量计算规则	工作内容
010515009	支撑钢筋（铁马）	1. 钢筋种类 2. 规格		按钢筋长度乘单位理论质量计算	钢筋制作、焊接、安装
010515010	声测管	1. 材质 2. 规格型号	t	按设计图示尺寸质量计算	1. 检测管截断、封头 2. 套管制作、焊接 3. 定位、固定

（11）螺栓、铁件。工程量清单项目设置及工程量计算规则应按表 7-45 的规定执行。

表 7-45　　　　　　　　（E.16）螺栓、铁件（编码：010516）

项目编码	项目名称	项目特征	计量单位	工程量计算规则	工作内容
010516001	螺栓	1. 螺栓种类 2. 规格	t	按设计图示尺寸以质量计算	1. 螺栓、铁件制作、运输 2. 螺栓、铁件安装
010516002	预埋铁件	1. 钢材种类 2. 规格 3. 铁件尺寸	t		
010516003	机械连接	1. 连接方式 2. 螺纹套筒种类 3. 规格	个	按数量计算	1. 钢筋套丝 2. 套筒连接

2. 其他相关问题的处理规定

（1）如果为毛石混凝土基础，项目特征应描述毛石所占比例。

（2）有肋带形基础、无肋带形基础应分别编码（第五级编码）列项，并注明肋高。

（3）箱式满堂基础中柱、梁、墙、板按计算规范相应项目分别编码列项；箱式满堂基础底板按满堂基础项目列项。

（4）框架式设备基础中柱、梁、墙、板按计算规范相应项目分别编码列项。

（5）墙肢剪力墙是指截面厚度不大于 300mm、各肢截面高度与厚度之比的最大值大于 4 但不大于 8 的剪力墙；各肢截面的高度与厚度之比最大值不大于 4 的剪力墙，按柱项目编码列项。

（6）现浇挑檐、天沟板、雨篷、阳台与板（包括屋面板、楼板）连接时，以外墙外边线为分界线；与圈梁（包括其他梁）连接时，以梁外边线为分界线。外边线以外为挑檐、天沟、雨篷或阳台。

（7）整体楼梯（包括直形楼梯、弧形楼梯）水平投影面积包括休息平台、平台梁、斜梁和楼梯的连接梁。当整体楼梯与现浇楼板无梯梁连接时，以楼梯的最后一个踏步边缘加 300mm 为界。

（8）现浇混凝土小型池槽、压顶、扶手、垫块、门框等，应按表 7-36 中其他构件项目编码列项。

（9）三角形屋架应按表 7-40 中折线型屋架项目编码列项。

（10）不带肋的预制遮阳板、雨篷板、挑檐板、栏板等，应按表 7-41 中平板项目编码列项。

（11）预制 F 形板、双 T 形板、单肋板和带反挑檐的雨篷板、挑檐板、遮阳板等，应按表 7-41 中带肋板项目编码列项。

（12）预制大型墙板、大型楼板、大型屋面板等，应按表 7-41 中大型板项目编码列项。

（13）预制钢筋混凝土小型池槽、压顶、扶手、垫块、隔热板、花格等，应按表 7-43 中其他构件项目编码列项。

（14）现浇构件中伸出构件的锚固钢筋应并入钢筋工程量内。除设计（包括规范规定）标明的搭接外，其他施工搭接不计算工程量，在综合单价中综合考虑。

（15）现浇构件中固定位置的支撑钢筋、双层钢筋用的"铁马"在编制工程量清单时，其工程数量可为暂估量，结算时按现场签证数量计算。

（16）螺栓、铁件等编制工程量清单时，如果设计未明确，其工程数量可为暂估量，实际工程量按现场签证数量计算。

（17）预制混凝土构件或预制钢筋混凝土构件，如施工图设计标注做法见标准图集时，项目特征注明标准图集的编码、页号及节点大样即可。

（18）现浇或预制混凝土和钢筋混凝土构件，不扣除构件内钢筋、螺栓、预埋铁件、张拉孔道所占体积，但应扣除劲性骨架的型钢所占体积。

3. 有关问题的说明

（1）各类基础的适用范围。"带形基础"项目适用于各种带形基础，墙下的板式基础包括浇筑在一字排桩上面的带形基础；"独立基础"项目适用于块体柱基、杯基、柱下的板式基础、无筋倒圆台基础、壳体基础、电梯基础等；"满堂基础"项目适用于地下室的箱式、筏式基础等；"设备基础"项目适用于块体基础、框架基础等，且螺栓孔灌浆包括在报价内。

（2）"直形墙""弧形墙"项目适用于电梯井。应注意与墙连接的薄壁柱按墙项目编码列项。

（3）单跑楼梯的工程量计算与直形楼梯、弧形楼梯的工程量计算相同，单跑楼梯如果无休息平台时，应在工程量清单中进行描述。

（4）"电缆沟、地沟""散水、坡道"需抹灰时，应包括在报价内。

（5）"后浇带"项目适用于梁、墙、板的后浇带。

（6）预制混凝土柱、梁、屋架、板等工程量计算时，有相同截面、长度的预制混凝土柱、梁的工程量可按"根数"计算；同类型相同跨度的预制混凝土屋架的工程量可按"榀数"计算；同类型相同构件尺寸的预制混凝土板的工程量可按"块数"计算；同类型相同构件尺寸的预制混凝土沟盖板的工程量可按"块数"计算；混凝土井圈、井盖板工程量可按"套数"计算。

（7）预制构件的吊装机械（如轮胎式起重机、履带式起重机、汽车式起重机、塔式起重机等）不包括在项目内，应列入措施项目费中。

7.4.6 金属结构工程

1. 工程量清单项目设置及工程量计算规则

（1）钢屋架、钢网架。工程量清单项目设置及工程量计算规则应按表 7 - 46 的规定执行。

表 7 - 46 (F.1) 钢网架（编码：010601）

项目编码	项目名称	项目特征	单位	工程量计算规则	工作内容
010601001	钢网架	1. 钢材品种、规格 2. 网架节点形式、连接方式 3. 网架跨度、安装高度 4. 探伤要求 5. 油漆品种、刷漆遍数	t	按设计图示尺寸以质量计算。不扣除孔眼、切边、切肢的质量，焊条、铆钉、螺栓等不另增加质量	1. 拼装 2. 安装 3. 探伤 4. 补刷油漆

（2）钢屋架、钢托架、钢桁架、钢架桥。工程量清单项目设置及工程量计算规则应按表 7 - 47 的规定执行。

表 7 - 47 (F.2) 钢托架、钢桁架（编码：010602）

项目编码	项目名称	项目特征	单位	工程量计算规则	工作内容
010602001	钢屋架	1. 钢材品种、规格 2. 单榀质量 3. 屋架跨度、安装高度 4. 螺栓种类 5. 探伤要求 6. 防火要求	1. 榀 2. t	1. 以榀计量，按设计图示数量计算 2. 以 t 计量，按设计图示尺寸以质量计算。不扣除孔眼的质量，焊条、铆钉、螺栓等不另增加质量	1. 拼装 2. 安装 3. 探伤 4. 补刷油漆
010602002	钢托架	1. 钢材品种、规格 2. 单榀质量 3. 安装高度 4. 螺栓种类 5. 探伤要求 6. 防火要求	t	按设计图示尺寸以质量计算。不扣除孔眼的质量，焊条、铆钉、螺栓等不另增加质量	
010602003	钢桁架				
010602004	钢桥架	1. 桥架类型 2. 钢材品种、规格 3. 单榀质量 4. 安装高度 5. 螺栓种类 6. 探伤要求			

注：以榀计量，按标准图设计的应注明标准图代号，按非标准图设计的项目特征必须描述单榀屋架的质量。

（3）钢柱。工程量清单项目设置及工程量计算规则应按表 7 - 48 的规定执行。

表 7 - 48　　　　　　　　　　（F. 3）钢柱（编码：010603）

项目编码	项目名称	项目特征	单位	工程量计算规则	工作内容
010603001	实腹钢柱	1. 柱类型 2. 钢材品种、规格 3. 单根柱质量 4. 螺栓种类 5. 探伤要求 6. 防火要求	t	按设计图示尺寸以质量计算。不扣除孔眼、切边、切肢的质量，焊条、铆钉、螺栓等不另增加质量，依附在钢柱上的牛腿及悬臂梁等并入钢柱工程量内	1. 拼装 2. 安装 3. 探伤 4. 补刷油漆
010603002	空腹钢柱				
010603003	钢管柱	1. 钢材品种、规格 2. 单根柱质量 3. 螺栓种类 4. 探伤要求 5. 防火要求		按设计图示尺寸以质量计算。不扣除孔眼、切边、切肢的质量，焊条、铆钉、螺栓等不另增加质量，钢管柱上的节点板、加强环、内衬管、牛腿等并入钢管柱工程量内	

（4）钢梁。工程量清单项目设置及工程量计算规则应按表 7 - 49 的规定执行。

表 7 - 49　　　　　　　　　　（F. 4）钢梁（编码：010604）

项目编码	项目名称	项目特征	单位	工程量计算规则	工作内容
010604001	钢梁	1. 梁类型 2. 钢材品种、规格 3. 单根质量 4. 螺栓种类 5. 安装高度 6. 探伤要求 7. 防火要求	t	按设计图示尺寸以质量计算。不扣除孔眼、切边、切肢的质量，焊条、铆钉、螺栓等不另增加质量，制动梁、制动板、制动桁架、车挡并入钢吊车梁工程量内	1. 拼装 2. 安装 3. 探伤 4. 补刷油漆
010604002	钢吊车梁	1. 钢材品种、规格 2. 单根质量 3. 螺栓种类 4. 安装高度 5. 探伤要求 6. 防火要求			

（5）钢板楼板、墙板。工程量清单项目设置及工程量计算规则应按表 7 - 50 的规定执行。

表 7 - 50   **(F.5) 压型钢板楼板、墙板（编码：010605）**

项目编码	项目名称	项目特征	单位	工程量计算规则	工作内容
010605001	钢板楼板	1. 钢材品种、规格 2. 钢板厚度 3. 螺栓种类 4. 防火要求	m²	按设计图示尺寸以铺设水平投影面积计算。不扣除柱、垛及单个 0.3m² 以内的孔洞所占面积	1. 拼装 2. 安装 3. 探伤 4. 补刷油漆
010605002	钢板墙板	1. 钢材品种、规格 2. 钢板厚度、复合板厚度 3. 螺栓种类 4. 复合板夹芯材料种类、层数、型号、规格 5. 防火要求		按设计图示尺寸以铺挂面积计算。不扣除单个 0.3m² 以内的孔洞所占面积，包角、包边、窗台泛水等不另增加面积	

（6）钢构件。工程量清单项目设置及工程量计算规则应按表 7 - 51 的规定执行。

表 7 - 51   **(F.6) 钢构件（编码：010606）**

项目编码	项目名称	项目特征	单位	工程量计算规则	工作内容
010606001	钢支撑钢拉条	1. 钢材品种、规格 2. 构件类型 3. 安装高度 4. 螺栓要求 5. 探伤要求 6. 防火要求	t	按设计图示尺寸以质量计算。不扣除孔眼切边、切肢的质量，焊条、铆钉、螺栓等不另增加质量	1. 拼装 2. 安装 3. 探伤 4. 补刷油漆
010606002	钢檩条	1. 钢材品种、规格 2. 构件类型 3. 单根质量 4. 安装高度 5. 螺栓要求 6. 探伤要求 7. 防火要求			
010606003	钢天窗架	1. 钢材品种、规格 2. 构件类型 3. 安装高度 4. 螺栓要求 5. 探伤要求 6. 防火要求			
010606004	钢挡风架	1. 钢材品种、规格 2. 单榀质量 3. 探伤要求			
010606005	钢墙架	4. 防火要求			
010606006	钢平台	1. 钢材品种、规格 2. 螺栓要求			
010606007	钢走道	3. 防火要求			

续表

项目编码	项目名称	项目特征	单位	工程量计算规则	工作内容
010606008	钢梯	1. 钢材品种、规格 2. 钢梯形式 3. 螺栓要求 4. 防火要求			
010606009	钢栏杆	1. 钢材品种、规格 2. 防火要求			
010606010	钢漏斗	1. 钢材品种、规格 2. 漏斗、天沟形式 3. 安装高度 4. 探伤要求	t	按设计图示尺寸以质量计算。不扣除孔眼、切边、切肢的质量，焊条、铆钉、螺栓等不另增加质量，依附漏斗的型钢并入漏斗工程量内	1. 拼装 2. 安装 3. 探伤 4. 补刷油漆
010606011	钢支架	1. 钢材品种、规格 2. 安装规定 3. 防火要求		按设计图示尺寸以质量计算。不扣除孔眼、切边、切肢的质量，焊条、铆钉、螺栓等不另增加质量	
010606012	零星钢构件	1. 钢材品种、规格 2. 构件名称			

（7）金属制品。工程量清单项目设置及工程量计算规则应按表 7-52 的规定执行。

表 7-52　　　　　　　（F.7）金属制品（编码：010607）

项目编码	项目名称	项目特征	单位	工程量计算规则	工作内容
010607001	成品空调金属百页护栏	1. 材料品种、规格 2. 边框材质	m²	按设计图示尺寸以框外围展开面积计算	1. 安装 2. 校正 3. 预埋铁件及安螺栓
010607002	成品栅栏	1. 材料品种、规格 2. 边框及立柱型钢品种、规格			1. 安装 2. 校正 3. 预埋铁件 4. 安螺栓及金属立柱
010607003	成品雨篷	1. 材料品种、规格 2. 雨篷宽度 3. 晾衣杆品种、规格	1. m 2. m²	1. 以 m 计量，按设计图示接触边以米计算 2. 以 m² 计量，按设计图示尺寸以展开面积计算	1. 安装 2. 校正 3. 预埋铁件及安螺栓

2. 其他相关问题的处理规定

（1）以榀计量，按标准图设计的应注明标准图代号，按非标准图设计的项目特征必须描述单榀屋架的质量。

（2）实腹钢柱类型指十字形、T形、L形、H形等，梁类型指H形、L形、T形、箱形、格构式等。

（3）空腹钢柱类型指箱形、格构等。

（4）型钢混凝土柱浇筑钢筋混凝土，其混凝土和钢筋应按混凝土及钢筋混凝土工程中相关项目编码列项。

（5）型钢混凝土梁浇筑钢筋混凝土，其混凝土和钢筋应按混凝土及钢筋混凝土工程中相关项目编码列项。

（6）钢板楼板上浇筑钢筋混凝土，其混凝土和钢筋应按混凝土及钢筋混凝土工程中相关项目编码列项。

（7）压型钢楼板按钢楼板项目编码列项；钢墙架项目包括墙架柱、墙架梁和连接杆件。

（8）钢支撑、钢拉条类型指单式、复式；钢檩条类型指型钢式、格构式；钢漏斗形式指方形、圆形；天沟形式指矩形沟或半圆形沟。

（9）加工铁件等小型构件，应按零星钢构件项目编码列项。钢墙架项目包括墙架柱、墙架梁和连接杆件。

（10）钢支撑、钢拉条类型指单式、复式；钢檩条类型指型钢式、格构式；钢漏斗形式指方形、圆形；天沟形式指矩形沟或半圆形沟。

（11）加工铁件等小型构件，应按零星钢构件项目编码列项。

7.4.7 木结构工程

1. 工程量清单项目设置及工程量计算规则

（1）木屋架。工程量清单项目设置及工程量计算规则应按表7-53的规定执行。

表7-53 （G.1）木屋架（编码：010701）

项目编码	项目名称	项目特征	单位	工程量计算规则	工作内容
010701001	木屋架	1. 跨度 2. 材料品种、规格 3. 刨光要求 4. 拉杆及夹板种类 5. 防护材料种类	1. 榀 2. m³	1. 以榀计量，按设计图示数量计算 2. 以 m³ 计量，按设计图示的规格尺寸以体积计算	1. 制作 2. 运输 3. 安装 4. 刷防护材料
010701002	钢木屋架	1. 跨度 2. 木材品种、规格 3. 刨光要求 4. 钢材品种、规格 5. 防护材料种类	榀	以榀计量，按设计图示数量计算	

（2）木构件。工程量清单项目设置及工程量计算规则应按表7-54的规定执行。

表 7 - 54　　　　　　　　　　　(G. 2) 木屋架（编码：010702）

项目编码	项目名称	项目特征	单位	工程量计算规则	工作内容
010702001	木柱	1. 构件规格尺寸 2. 木材种类 3. 刨光要求 4. 防护材料种类	m^3	按设计图示尺寸以体积计算	1. 制作 2. 运输 3. 安装 4. 刷防护材料
010702002	木梁				
010702003	木檩		1. m^3 2. m	1. 以 m^3 计量，按设计图示尺寸以体积计算 2. 以 m 计量，按设计图示尺寸以长度计算	
010702004	木楼梯	1. 楼梯形式 2. 木材种类 3. 刨光要求 4. 防护材料种类	m^2	按设计图示尺寸以水平投影面积计算。不扣除宽度≤300mm 的楼梯井，伸入墙内部分不计算	
010702005	其他木构件	1. 构件名称 2. 构件规格尺寸 3. 木材种类 4. 刨光要求 5. 防护材料种类	1. m^3 2. m	1. 以 m^3 计量，按设计图示尺寸以体积计算 2. 以 m 计量，按设计图示尺寸以长度计算	

（3）屋面木基层。工程量清单项目设置及工程量计算规则应按表 7 - 55 的规定执行。

表 7 - 55　　　　　　　　　　　(G. 3) 木屋架（编码：010703）

项目编码	项目名称	项目特征	单位	工程量计算规则	工作内容
010703001	屋面木基层	1. 椽子断面尺寸及椽距 2. 望板材料种类、厚度 3. 防护材料种类	m^2	按设计图示尺寸以斜面积计算。不扣除房上烟囱、风帽底座、风道、小气窗、斜沟等所占面积。小气窗的出檐部分不增加面积	1. 椽子制作、安装 2. 望板制作、安装 3. 顺水条和挂瓦条制作、安装 4. 刷防护材料

2. 其他相关问题的处理规定

（1）屋架的跨度应以上、下弦中心线两交点之间的距离计算。

（2）带气楼的屋架和马尾、折角以及正交部分的半屋架，按相关屋架相同编码列项。

（3）以榀计量，按标准图设计应标注标准图代号，按非标准图设计的项目特征必须按表 7 - 53 要求予以描述。

（4）木楼梯的栏杆（栏板）、扶手，应按 GB 50854—2013 附录 Q（其他装饰工程）中的相关项目编码列项。

（5）以 m 计量，项目特征必须描述构件规格尺寸。

3. 有关问题的说明

（1）"木屋架"项目适用于各种方木、圆木屋架。与屋架相连接的挑檐木应包括在木屋架报价内；钢夹板构件、连接螺栓应包括在报价内。

（2）"钢木屋架"项目适用于各种方木、圆木的钢木组合屋架。钢拉杆（下弦拉杆）、受拉腹杆、钢夹板、连接螺栓应包括在报价内。

（3）"其他木构件"项目适用于斜撑、传统民居的垂花、封檐板、花芽子、博风板等构件。封檐板、博风板工程量按延长米计算；博风板带大刀时，每个大刀头增加 50cm。

（4）设计规定使用干燥木材时，干燥损耗及干燥费应包括在报价内；木材的出材率、防虫药剂（有防虫要求时）应包括在报价内。

7.4.8　门窗工程

1. 工程量清单项目设置及工程量计算规则

（1）木门。工程量清单项目设置及工程量计算规则应按表 7-56 的规定执行。

表 7-56　　　　　　　　　（H.1）木门（编码：010801）

项目编码	项目名称	项目特征	单位	工程量计算规则	工作内容
010801001	木质门		1. 樘 2. m²	1. 以樘计量，按设计图示数量计算。 2. 以 m² 计量，按设计图示洞口尺寸以面积计算	1. 门安装 2. 玻璃安装 3. 五金安装
010801002	木质门带套	1. 门代号及洞口尺寸 2. 镶嵌玻璃品种、厚度			
010801003	木质连窗门				
010801004	木质防火门	1. 门代号及洞口尺寸 2. 镶嵌玻璃品种、厚度			
010801005	木门框	1. 门代号及洞口尺寸 2. 框截面尺寸 3. 防护材料种类	1. 樘 2. m	1. 以樘计量，按设计图示数量计算。 2. 以 m 计量，按设计图示框的中心线以延长米计算	1. 木门框制作、安装 2. 运输 3. 刷防护材料
010801006	门锁安装	1. 锁品种 2. 锁规格	个（套）	按设计图示数量计算	安装

（2）金属门。工程量清单项目设置及工程量计算规则应按表 7-57 的规定执行。

表 7-57　　　　　　　　　（H.2）金属门（编码：010802）

项目编码	项目名称	项目特征	单位	工程量计算规则	工作内容
010802001	金属（塑钢）门	1. 门代号及洞口尺寸 2. 门框或扇外围尺寸 3. 门框、扇材质	1. 樘 2. m²	1. 以樘计量，按设计图示数量计算。 2. 以 m² 计量，按设计图示洞口尺寸以面积计算	1. 门安装 2. 五金安装 3. 玻璃安装
010802002	彩板门	1. 门代号及洞口尺寸 2. 门框或扇外围尺寸			
010802003	钢质防火门	1. 门代号及洞口尺寸 2. 门框或扇外围尺寸 3. 门框、扇材质			
010802004	防盗门	1. 门代号及洞口尺寸 2. 门框或扇外围尺寸 3. 门框、扇材质			1. 门安装 2. 五金安装

（3）金属卷帘（闸）门。工程量清单项目设置及工程量计算规则应按表 7 - 58 的规定执行。

表 7 - 58　　　　　　　　　（H. 3）金属门（编码：010803）

项目编码	项目名称	项目特征	单位	工程量计算规则	工作内容
010803001	金属卷帘（闸）门	1. 门代号及洞口尺寸 2. 门材质 3. 启动装置品种、规格	1. 樘 2. m²	1. 以樘计量，按设计图示数量计算 2. 以 m² 计量，按设计图示洞口尺寸以面积计算	1. 门运输、安装 2. 启动装置、活动小门、五金安装
010803002	防火卷帘（闸）门				

（4）厂库房大门、特种门。工程量清单项目设置及工程量计算规则应按表 7 - 59 的规定执行。

表 7 - 59　　　　　　　　（H. 4）厂库房大门、特种门（编码：010804）

项目编码	项目名称	项目特征	单位	工程量计算规则	工作内容
010804001	木板大门	1. 门代号及洞口尺寸 2. 门框或扇外围尺寸 3. 门框、扇材质 4. 五金种类、规格 5. 防护材料种类	1. 樘 2. m²	1. 以樘计量，按设计图示数量计算 2. 以 m² 计量，按设计图示洞口尺寸以面积计算	1. 门（骨架）制作、运输 2. 门、五金配件安装 3. 刷防护材料
010804002	钢木大门				
010804003	全钢板大门				
010804004	防护铁丝门			1. 以樘计量，按设计图示数量计算 2. 以 m² 计量，按设计图示门框或扇以面积计算	
010804005	金属格栅门	1. 门代号及洞口尺寸 2. 门框或扇外围尺寸 3. 门框、扇材质 4. 启动装置的品种、规格		1. 以樘计量，按设计图示数量计算 2. 以 m² 计量，按设计图示洞口尺寸以面积计算	1. 门安装 2. 启动装置、五金配件安装
010804006	钢质花饰大门	1. 门代号及洞口尺寸 2. 门框或扇外围尺寸 3. 门框、扇材质	1. 樘 2. m²	1. 以樘计量，按设计图示数量计算 2. 以 m² 计量，按设计图示门框或扇以面积计算	1. 门安装 2. 五金配件安装
010804007	特种门			1. 以樘计量，按设计图示数量计算 2. 以 m² 计量，按设计图示洞口尺寸以面积计算	

（5）其他门。工程量清单项目设置及工程量计算规则应按表 7 - 60 的规定执行。

表 7-60　　　　　　　(H.5) 其他门 (编码：010805)

项目编码	项目名称	项目特征	单位	工程量计算规则	工作内容
010805001	电子感应门	1. 门代号及洞口尺寸 2. 门框或扇外围尺寸 3. 门框、扇材质 4. 玻璃品种、厚度 5. 启动装置的品种、规格 6. 电子配件品种、规格			1. 门安装 2. 启动装置、五金、电子配件安装
010805002	旋转门				
010805003	电子对讲门	1. 门代号及洞口尺寸 2. 门框或扇外围尺寸 3. 门材质 4. 玻璃品种、厚度 5. 启动装置的品种、规格 6. 电子配件品种、规格	1. 樘 2. m²	1. 以樘计量，按设计图示数量计算 2. 以 m² 计量，按设计图示洞口尺寸以面积计算	
010805004	电动伸缩门				
010805005	全玻自由门	1. 门代号及洞口尺寸 2. 门框或扇外围尺寸 3. 框材质			
010805006	镜面不锈钢饰面门	1. 门代号及洞口尺寸 2. 门框或扇外围尺寸 3. 框、扇材质 4. 玻璃品种、厚度			1. 门安装 2. 五金安装
010805007	复合材料门				

(6) 木窗。工程量清单项目设置及工程量计算规则应按表 7-61 的规定执行。

表 7-61　　　　　　　(H.6) 木窗 (编码：010806)

项目编码	项目名称	项目特征	单位	工程量计算规则	工作内容
010806001	木质窗	1. 窗代号及洞口尺寸 2. 玻璃品种、厚度		1. 以樘计量，按设计图示数量计算 2. 以 m² 计量，按设计图示洞口尺寸以面积计算	1. 窗制作、运输、安装 2. 五金、玻璃安装 3. 刷防护材料
010806002	木飘 (凸) 窗	1. 窗代号 2. 框截面及外围展开面积 3. 玻璃品种、厚度 4. 防护材料种类	1. 樘 2. m²	1. 以樘计量，按设计图示数量计算 2. 以 m² 计量，按设计图示尺寸以框外围展开面积计算	
010806003	木橱窗				
010806004	木纱窗	1. 窗代号及框外围尺寸 2. 窗纱材料品种、规格		1. 以樘计量，按设计图示数量计算 2. 以 m² 计量，按框外围尺寸以面积计算	1. 窗安装 2. 五金、玻璃安装

（7）金属窗。工程量清单项目设置及工程量计算规则应按表 7-62 的规定执行。

表 7-62　　　　　　　　　　（H.7）金属窗（编码：010807）

项目编码	项目名称	项目特征	单位	工程量计算规则	工作内容
010807001	金属（塑钢、断桥）窗	1. 窗代号及洞口尺寸 2. 框、扇材质 3. 玻璃品种、厚度	1. 樘 2. m²	1. 以樘计量，按设计图示数量计算 2. 以 m² 计量，按设计图示洞口尺寸以面积计算	1. 窗安装 2. 五金、玻璃安装
010807002	金属防火窗				
010807003	金属百叶窗				
010807004	金属纱窗	1. 窗代号及洞口尺寸 2. 框材质 3. 窗纱材料品种、规格			1. 窗安装 2. 五金安装
010807005	金属格栅窗	1. 窗代号及洞口尺寸 2. 框外围尺寸 3. 框、扇材质		1. 以樘计量，按设计图示数量计算 2. 以 m² 计量，按设计图示洞口尺寸以面积计算	1. 窗安装 2. 五金安装
010807006	金属（塑钢、断桥）橱窗	1. 窗代号 2. 框外围展开面积 3. 框、扇材质 4. 玻璃品种、厚度 5. 防护材料种类		1. 以樘计量，按设计图示数量计算 2. 以 m² 计量，按设计图示尺寸以框外围展开面积计算	1. 窗制作、运输、安装 2. 五金、玻璃安装 3. 刷防护材料
010807007	金属（塑钢、断桥）飘（凸）窗	1. 窗代号 2. 框外围展开面积 3. 框、扇材质			1. 窗安装 2. 五金、玻璃安装
010807008	彩板窗	1. 窗代号及洞口尺寸 2. 框外围尺寸 3. 框、扇材质 4. 玻璃品种、厚度		1. 以樘计量，按设计图示数量计算 2. 以 m² 计量，按设计图示洞口尺寸或框外围以面积计算	
010807009	复合材料窗				

（8）门窗套。工程量清单项目设置及工程量计算规则应按表 7-63 的规定执行。

表 7-63　　　　　　　　　（H.8）其他门（编码：010808）

项目编码	项目名称	项目特征	单位	工程量计算规则	工作内容
010808001	木门窗套	1. 窗代号及洞口尺寸 2. 门窗套展开宽度 3. 基层材料种类 4. 面层材料品种、规格 5. 线条品种、规格 6. 防护材料种类	1. 樘 2. m² 3. m	1. 以樘计量，按设计图示数量计算 2. 以 m² 计量，按设计图示尺寸以展开面积计算 3. 以 m 计量，按设计图示中心以延长米计算	1. 清理基层 2. 立筋制作、安装 3. 基层板安装 4. 面层铺贴 5. 线条安装 6. 刷防护材料

项目编码	项目名称	项目特征	单位	工程量计算规则	工作内容
010808002	木筒子板	1. 筒子板宽度 2. 基层材料种类 3. 面层材料品种、规格 4. 线条品种、规格 5. 防护材料种类	1. 樘 2. m² 3. m	1. 以樘计量，按设计图示数量计算 2. 以 m² 计量，按设计图示尺寸以展开面积计算 3. 以 m 计量，按设计图示中心以延长米计算	1. 清理基层 2. 立筋制作、安装 3. 基层板安装 4. 面层铺贴 5. 线条安装 6. 刷防护材料
010808003	饰面夹板筒子板	1. 筒子板宽度 2. 基层材料种类 3. 面层材料品种、规格 4. 线条品种、规格 5. 防护材料种类			
010808004	金属门窗套	1. 窗代号及洞口尺寸 2. 门窗套展开宽度 3. 基层材料种类 4. 面层材料品种、规格 5. 防护材料种类			1. 清理基层 2. 立筋制作、安装 3. 基层板安装 4. 面层铺贴 5. 刷防护材料
010808005	石材门窗套	1. 窗代号及洞口尺寸 2. 门窗套展开宽度 3. 粘结层厚度、砂浆配合比 4. 面层材料品种、规格 5. 线条品种、规格			1. 清理基层 2. 立筋制作、安装 3. 基层抹灰 4. 面层铺贴 5. 线条安装
010808006	门窗木贴脸	1. 门窗代号及洞口尺寸 2. 贴脸板宽度 3. 防护材料种类	1. 樘 2. m	1. 以樘计量，按设计图示数量计算 2. 以 m 计量，按设计图示尺寸以延长米计算	贴脸板安装
010808007	成品木门窗套	1. 窗代号及洞口尺寸 2. 门窗套展开宽度 3. 门窗套材料品种、规格	1. 樘 2. m² 3. m	1. 以樘计量，按设计图示数量计算 2. 以 m² 计量，按设计图示尺寸以展开面积计算 3. 以 m 计量，按设计图示中心以延长米计算	1. 清理基层 2. 立筋制作、安装 3. 板安装

2. 其他相关问题的处理规定

(1) 木质门应区分镶板木门、企口木板门、实木装饰门、胶合板门、夹板装饰门、木纱门、全玻门（带木质扇框）、木质半玻门（带木质扇框）等项目，分别编码列项。

(2) 木门五金应包括：折页、插销、门碰珠、弓背拉手、搭机、木螺丝、弹簧折页（自动门）、管子拉手（自由门、地弹门）、地弹簧（地弹门）、角铁、门轴头（地弹门、自由门）等。

(3) 木质门带套计量按洞口尺寸以面积计算，不包括门套的面积。

(4) 以樘计量，项目特征必须描述洞口尺寸，以 m^2 计量，项目特征可不描述洞口尺寸。

(5) 单独制作安装木门框按木门框项目编码列项。

(6) 金属门应区分金属平开门、金属推拉门、金属地弹门、全玻门（带金属扇框）、金属半玻门（带扇框）等项目，分别编码列项。

(7) 铝合金门五金包括：地弹簧、门锁、拉手、门插、门铰、螺丝等。

(8) 金属门五金包括 L 形执手插锁（双舌）、执手锁（单舌）、门轴头、地锁、防盗门机、门眼（猫眼）、门碰珠、电子锁（磁卡锁）、闭门器、装饰拉手等。

(9) 以樘计量，项目特征必须描述洞口尺寸，没有洞口尺寸必须描述门框或扇外围尺寸，以平方米计量，项目特征可不描述洞口尺寸及框、扇的外围尺寸。

(10) 以 m^2 计量，无设计图示洞口尺寸，按门框、扇外围以面积计算。

(11) 特种门应区分冷藏门、冷冻间门、保温门、变电室门、隔音门、防射电门、人防门、金库门等项目，分别编码列项。

(12) 以 m^2 计量，无设计图示洞口尺寸，按门框、扇外围以面积计算。

(13) 门开启方式指推拉或平开。

(14) 木质窗应区分木百叶窗、木组合窗、木天窗、木固定窗、木装饰空花窗等项目，分别编码列项。

(15) 木橱窗、木飘（凸）窗以樘计量，项目特征必须描述框截面及外围展开面积。

(16) 木窗五金包括：折页、插销、风钩、木螺栓、滑楞滑轨（推拉窗）等。

(17) 窗开启方式指平开、推拉、上或中悬。

(18) 金属窗应区分金属组合窗、防盗窗等项目，分别编码列项。

(19) 金属橱窗、飘（凸）窗以樘计量，项目特征必须描述框外围展开面积。

(20) 金属窗中铝合金窗五金应包括：卡锁、滑轮、铰拉、执手、拉把、拉手、风撑、角码、牛角制等。

(21) 木门窗套适用于单独门窗套的在制作、安装。

7.4.9 屋面及防水工程

1. 工程量清单项目设置及工程量计算规则

(1) 瓦、型材屋面。工程量清单项目设置及工程量计算规则应按表 7-64 的规定执行。

表 7-64   **(J.1) 瓦、型材屋面（编码：010901）**

项目编码	项目名称	项目特征	单位	工程量计算规则	工作内容
010901001	瓦屋面	1. 瓦品种、规格 2. 粘结层砂浆的配合比		按设计图示尺寸以斜面积计算。不扣除房上烟囱、风帽底座、风道、小气窗、斜沟等所占面积。小气窗的出檐部分不增加面积	1. 砂浆制作、运输、摊铺、养护 2. 安瓦、作瓦脊
010901002	型材屋面	1. 型材品种、规格 2. 金属檩条材料品种、规格 3. 接缝、嵌缝材料种类			1. 檩条制作、运输、安装 2. 屋面型材安装 3. 接缝、嵌缝
010901003	阳光板屋面	1. 阳光板品种、规格 2. 骨架材料品种、规格 3. 接缝、嵌缝材料种类 4. 油漆品种、刷漆遍数	m²	按设计图示尺寸以斜面积计算。不扣除屋面面积 ≤ 0.3m² 孔洞所占面积	1. 骨架制作、运输、安装、刷防护材料、油漆 2. 阳光板安装 3. 接缝、嵌缝
010901004	玻璃钢屋面	1. 玻璃钢品种、规格 2. 骨架材料品种、规格 3. 玻璃钢固定方式 4. 接缝、嵌缝材料种类 5. 油漆品种、刷漆遍数			1. 骨架制作、运输、安装、刷防护材料、油漆 2. 玻璃钢制作、安装 3. 接缝、嵌缝
010901005	膜结构屋面	1. 膜布品种、规格 2. 支柱（网架）钢材品种、规格 3. 钢丝绳品种、规格 4. 锚固基座做法 5. 油漆品种、刷漆遍数		按设计图示尺寸以需要覆盖的水平投影面积计算	1. 膜布热压胶接 2. 支柱（网架）制作、安装 3. 膜布安装 4. 穿钢丝绳、锚头锚固 5. 锚固基座挖土、回填 6. 刷防护材料，油漆

（2）屋面防水及其他。工程量清单项目设置及工程量计算规则应按表 7-65 的规定执行。

表 7-65   **(J.2) 屋面防水及其他（编码：010902）**

项目编码	项目名称	项目特征	单位	工程量计算规则	工作内容
010902001	屋面卷材防水	1. 卷材品种、规格、厚度 2. 防水层数 3. 防水层做法	m²	按设计图示尺寸以面积计算 1. 斜屋顶（不包括平屋顶找坡）按斜面积计算，平屋顶按水平投影面积计算 2. 不扣除房上烟囱、风帽底座、风道、屋面小气窗和斜沟所占面积 3. 屋面的女儿墙、伸缩缝和天窗等处的弯起部分，并入屋面工程量内	1. 基层处理。 2. 刷底油。 3. 铺油毡卷材、接缝
010902002	屋面涂膜防水	1. 防水膜品种 2. 涂膜厚度、遍数 3. 增强材料种类			1. 基层处理 2. 刷基层处理剂 3. 铺布、喷涂防水层

续表

项目编码	项目名称	项目特征	单位	工程量计算规则	工作内容
010902003	屋面刚性层	1. 刚性层厚度 2. 混凝土种类、强度等级 3. 嵌缝材料种类 4. 钢筋规格、型号	m²	按设计图示尺寸以面积计算。不扣除房上烟囱、风帽底座、风道等所占面积	1. 基层处理 2. 混凝土制作、运输、铺筑、养护 3. 钢筋制安
010902004	屋面排水管	1. 排水管品种、规格 2. 雨水斗、山墙出水口品种、规格 3. 接缝、嵌缝材料种类 4. 油漆品种、刷漆遍数	m	按设计图示尺寸以长度计算。如设计未标注尺寸，以檐口至设计室外散水上表面垂直距离计算	1. 排水管及配件安装、固定 2. 雨水斗、山墙出水口、雨水算子安装 3. 接缝、嵌缝 4. 刷漆
010902005	屋面排（透）气管	1. 排（透）气管品种、规格 2. 接缝、嵌缝材料种类 3. 油漆品种、刷漆遍数		按设计图示尺寸以长度计算	1. 排（透）气管及配件安装、固定 2. 铁件制作、安装 3. 接缝、嵌缝 4. 刷漆
010902006	屋面（廊、阳台）泄（吐）水管	1. 吐水管品种、规格 2. 接缝、嵌缝材料种类 3. 吐水管长度 4. 油漆品种、刷漆遍数	根（个）	按设计图示数量计算	1. 吐水管及配件安装、固定 2. 接缝、嵌缝 3. 刷漆
010902007	屋面天沟、檐沟	1. 材料品种、规格 2. 接缝、嵌缝材料种类	m²	按设计图示尺寸以展开面积计算	1. 天沟材料铺设 2. 天沟配件安装 3. 接缝、嵌缝 4. 刷防护材料
010902008	屋面变形缝	1. 嵌缝材料种类 2. 止水带材料种类 3. 盖缝材料 4. 防护材料种类	m	按设计图示以长度计算	1. 清缝 2. 填塞防水材料 3. 止水带安装 4. 盖缝制作、安装 5. 刷防护材料

(3) 墙、地面防水、防潮。工程量清单项目设置及工程量计算规则应按表 7 - 66 的规定执行。

表 7 - 66　　　　　　　　**(J.3) 墙面防水、防潮（编码：010903）**

项目编码	项目名称	项目特征	单位	工程量计算规则	工作内容
010903001	墙面卷材防水	1. 卷材品种、规格、厚度 2. 防水层数 3. 防水层做法			1. 基层处理 2. 刷粘结剂 3. 铺防水卷材 4. 接缝、嵌缝
010903002	墙面涂膜防水	1. 防水膜品种 2. 涂膜厚度、遍数 3. 增强材料种类	m²	按设计图示尺寸以面积计算	1. 基层处理 2. 刷基层处理剂 3. 铺布、喷涂防水层
010903003	墙面砂浆防水（防潮）	1. 防水层做法 2. 砂浆厚度、配合比 3. 钢丝网规格			1. 基层处理 2. 挂钢丝网片 3. 设置分格缝 4. 砂浆制作、运输、摊铺、养护
010903004	墙面变形缝	1. 嵌缝材料种类 2. 止水带材料种类 3. 盖缝材料 4. 防护材料种类	m	按设计图示以长度计算	1. 清缝 2. 填塞防水材料 3. 止水带安装 4. 盖缝制作、安装 5. 刷防护材料

（4）楼（地）面防水、防潮。工程量清单项目设置及工程量计算规则应按表 7 - 67 的规定执行。

表 7 - 67　　　　　　　　**(J.4) 墙面防水、防潮（编码：010904）**

项目编码	项目名称	项目特征	单位	工程量计算规则	工作内容
010904001	楼（地）面卷材防水	1. 卷材品种、规格、厚度 2. 防水层数 3. 防水层做法 4. 反边高度		按设计图示尺寸以面积计算。 1. 楼（地）面防水：按主墙间净空面积计算，扣除凸出地面的构筑物、设备基础等所占面积，不扣除间壁墙及单个面积≤0.3m² 柱、垛、烟囱和孔洞所占面积	1. 基层处理 2. 刷胶粘剂 3. 铺防水卷材 4. 接缝、嵌缝
010904002	楼（地）面涂膜防水	1. 防水膜品种 2. 涂膜厚度、遍数 3. 增强材料种类	m²		1. 基层处理 2. 刷基层处理剂 3. 铺布、喷涂防水层
010904003	楼（地）面砂浆防水（防潮）	1. 防水层做法 2. 砂浆厚度、配合比		2. 楼（地）面防水反边高度≤300mm 算作地面防水，反边高度＞300mm 算作墙面防水	1. 基层处理 2. 砂浆制作、运输、摊铺、养护

续表

项目编码	项目名称	项目特征	单位	工程量计算规则	工作内容
010904004	楼（地）面变形缝	1. 嵌缝材料种类 2. 止水带材料种类 3. 盖缝材料 4. 防护材料种类	m	按设计图示以长度计算	1. 清缝 2. 填塞防水材料 3. 止水带安装 4. 盖缝制作、安装 5. 刷防护材料

2. 其他相关问题的处理规定

（1）瓦屋面，若是在木基层上铺瓦，项目特征不必描述粘结层砂浆的配合比，瓦屋面铺防水层，按屋面防水及其他中相关项目编码列项。

（2）型材屋面、阳光板屋面、玻璃钢屋面的柱、梁、屋架，按金属结构工程、木结构工程中相关项目编码列项。

（3）屋面刚性层无钢筋，其钢筋项目特征不必描述。

（4）屋面找平层、楼（地）面防水找平层按楼地面装饰工程"平面砂浆找平层"项目编码列项。

（5）屋面防水搭接及附加层、墙面防水搭接及附加层、楼（地）面防水搭接及附加层用量不另行计算，在综合单价中考虑。

（6）屋面保温找坡层按保温、隔热、防腐工程"保温隔热屋面"项目编码列项。

（7）墙面变形缝，若做双面，工程量乘系数 2。

（8）楼（地）面与墙面防水界限为：楼（地）面防水反边高度≤300mm，其工程量并入地面防水项目，按楼（地）面防水项目编码列项；反边高度＞300mm，按墙面防水计算，以墙面防水相应项目编码列项。

3. 有关问题的说明

（1）"瓦屋面"项目适用于小青瓦、平瓦、石棉水泥瓦、筒瓦、玻璃钢波形瓦等。

（2）"型材屋面"项目适用于压型钢板、阳光板、金属压型夹芯板、玻璃钢板等。型材屋面的刚檩条或木檩条，以及骨架、螺栓、挂钩等应包括在报价内。

（3）"膜结构屋面"项目适用于膜布屋面。膜结构也称索膜结构，是一种以膜布与支撑（柱、网架等）和拉结结构（拉杆、钢丝绳等）组成的屋盖、结构。支撑柱的钢筋混凝土柱基、锚固的钢筋混凝土基础以及地脚螺栓等按混凝土及钢筋混凝土相关项目编码列项。

（4）"屋面卷材防水"和"屋面涂膜防水"项目中，檐沟、天沟、泛水收头、水落口、变形缝等处的附件层应包括在报价内；水泥砂浆、细石混凝土保护层可包括在报价内，也可按相关项目编码列项。

（5）"屋面刚性防水"项目适用于细石混凝土、块体混凝土、补偿收缩混凝土、预应力混凝土和钢纤维混凝土等刚性防水屋面。

7.4.10　隔热、保温、防腐工程

1. 工程量清单项目设置及工程量计算规则

（1）保温、隔热。工程量清单项目设置及工程量计算规则应按表 7-68 的规定执行。

表 7-68 (K.1) 保温、隔热 (编码: 011001)

项目编码	项目名称	项目特征	单位	工程量计算规则	工作内容
011001001	保温隔热屋面	1. 保温隔热材料品种、规格、厚度 2. 隔气层材料品种、厚度 3. 胶粘材料种类、做法 4. 防护材料种类、做法		按设计图示尺寸以面积计算。扣除面积＞0.3m² 孔洞及占位面积	1. 基层清理 2. 刷胶粘材料 3. 铺粘保温层 4. 铺、刷（喷）防护材料
011001002	保温隔热天棚	1. 保温隔热面层材料品种、规格、性能 2. 保温隔热材料品种、规格及厚度 3. 胶粘材料种类及做法 4. 防护材料种类及做法		按设计图示尺寸以面积计算。扣除面积＞0.3m² 上柱、垛、孔洞所占面积，与天棚相连的梁按展开面积，计算并入天棚工程量内	
011001003	保温隔热墙面	1. 保温隔热部位 2. 保温隔热方式 3. 踢脚线、勒脚线保温做法 4. 龙骨材料品种、规格 5. 保温隔热面层材料品种、规格、性能	m²	按设计图示尺寸以面积计算。扣除门窗洞口以及面积＞0.3m² 梁、孔洞所占面积；门窗洞口侧壁需作保温时，并入保温墙体工程量内	1. 基层清理 2. 刷界面剂 3. 安装龙骨 4. 填贴保温材料 5. 保温板安装 6. 粘贴面层 7. 铺设增强格网、抹抗裂、防水砂浆面层 8. 嵌缝 9. 铺、刷（喷）防护材料
011001004	保温柱、梁	6. 保温隔热材料品种、规格及厚度 7. 增强网及抗裂防水砂浆种类 8. 胶粘材料种类及做法 9. 防护材料种类及做法		按设计图示尺寸以面积计算。 1. 柱按设计图示柱断面保温层中心线展开长度乘保温层高度以面积计算，扣除面积＞0.3m² 梁所占面积 2. 梁按设计图示梁断面保温层中心线展开长度乘保温层长度以面积计算	
011001005	保温隔热楼地面	1. 保温隔热部位 2. 保温隔热材料品种、规格、厚度 3. 隔气层材料品种、厚度 4. 胶粘材料种类、做法 5. 防护材料种类、做法	m²	按设计图示尺寸以面积计算。扣除面积＞0.3m² 柱、垛、孔洞所占面积。门洞、空圈、暖气包槽、壁龛的开口部分不增加面积	1. 基层清理 2. 刷胶粘材料 3. 铺粘保温层 4. 铺、刷（喷）防护材料

项目编码	项目名称	项目特征	单位	工程量计算规则	工作内容
011001006	其他保温隔热	1. 保温隔热部位 2. 保温隔热方式 3. 隔气层材料品种、厚度 4. 保温隔热面层材料品种、规格、性能 5. 保温隔热材料种类、规格及厚度 6. 胶粘材料种类及做法 7. 增强网及抗裂防水砂浆种类 8. 防护材料种类及做法	m²	按设计图示尺寸以展开面积计算。扣除面积＞0.3m²孔洞及占位面积	1. 基层清理 2. 刷界面剂 3. 安装龙骨 4. 填贴保温材料 5. 保温板安装 6. 粘贴面层 7. 铺设增强格网、抹抗裂防水砂浆面层 8. 嵌缝 9. 铺、刷（喷）防护材料

（2）防腐面层。工程量清单项目设置及工程量计算规则应按表 7-69 的规定执行。

表 7-69　　　　　　　　（K.2）防腐面层（编码：011002）

项目编码	项目名称	项目特征	单位	工程量计算规则	工作内容
011002001	防腐混凝土面层	1. 防腐部位 2. 面层厚度 3. 混凝土种类 4. 胶泥种类、配合比			1. 基层清理 2. 基层刷稀胶泥 3. 混凝土制作、运输、摊铺、养护
011002002	防腐砂浆面层	1. 防腐部位 2. 面层厚度 3. 砂浆、胶泥种类、配合比		按设计图示尺寸以面积计算 　1. 平面防腐：扣除凸出地面的构筑物、设备基础等以及面积＞0.3m²孔洞、柱、垛所占面积。门洞、空圈、暖气包槽、壁龛的开口部分不增加面积 　2. 立面防腐：扣除门、窗、洞口以及面积＞0.3m²孔洞、梁所占面积，门、窗、洞口侧壁、垛突出部分按展开面积并入墙面积内	1. 基层清理 2. 基层刷稀胶泥 3. 砂浆制作、运输、摊铺、养护
011002003	防腐胶泥面层	1. 防腐部位 2. 面层厚度 3. 胶泥种类、配合比	m²		1. 基层清理 2. 胶泥调制、摊铺
011002004	玻璃钢防腐面层	1. 防腐部位 2. 玻璃钢种类 3. 贴布材料的种类、层数 4. 面层材料品种			1. 基层清理 2. 刷底漆、刮腻子 3. 胶浆配制、涂刷 4. 粘布、涂刷面层
011002005	聚氯乙烯板面层	1. 防腐部位 2. 面层材料品种、厚度 3. 胶粘材料种类			1. 基层清理 2. 配料、涂胶 3. 聚氯乙烯板铺设
011002006	块料防腐面层	1. 防腐部位 2. 块料品种、规格 3. 胶粘材料种类 4. 勾缝材料种类			1. 基层清理 2. 铺贴块料 3. 胶泥调制、勾缝

项目编码	项目名称	项目特征	单位	工程量计算规则	工作内容
011002007	池、槽块料防腐面层	1. 防腐池、槽名称、代号 2. 块料品种、规格 3. 胶粘材料种类 4. 勾缝材料种类	m²	按设计图示尺寸以展开面积计算	1. 基层清理 2. 铺贴块料 3. 胶泥调制、勾缝

（3）其他防腐。工程量清单项目设置及工程量计算规则应按表 7-70 的规定执行。

表 7-70　　　　　　　　（K.3）其他防腐（编码：011003）

项目编码	项目名称	项目特征	单位	工程量计算规则	工作内容
011003001	隔离层	1. 隔离层部位 2. 隔离层材料品种 3. 隔离层做法 4. 粘贴材料种类	m²	按设计图示尺寸以面积计算 1. 平面防腐：扣除凸出地面的构筑物、设备基础等以及面积＞0.3m² 孔洞、柱、垛所占面积。门洞、空圈、暖气包槽、壁龛的开口部分不增加面积 2. 立面防腐：扣除门、窗、洞口以及面积＞0.3m² 孔洞、梁所占面积，门、窗、洞口侧壁、垛突出部分按展开面积并入墙面积内	1. 基层清理、刷油 2. 煮沥青 3. 胶泥调制 4. 隔离层铺设
011003002	砌筑沥青浸渍砖	1. 砌筑部位 2. 浸渍砖规格 3. 胶泥种类 4. 浸渍砖砌法	m³	按设计图示尺寸以体积计算	1. 基层清理 2. 胶泥调制 3. 浸渍砖铺砌
011003003	防腐涂料	1. 涂刷部位 2. 基层材料类型 3. 刮腻子的种类、遍数 4. 涂料品种、刷涂遍数	m²	按设计图示尺寸以面积计算 1. 平面防腐：扣除凸出地面的构筑物、设备基础等以及面积＞0.3m² 孔洞、柱、垛所占面积。门洞、空圈、暖气包槽、壁龛的开口部分不增加面积 2. 立面防腐：扣除门、窗、洞口以及面积＞0.3m² 孔洞、梁所占面积，门、窗、洞口侧壁、垛突出部分按展开面积并入墙面积内	1. 基层清理 2. 刮腻子 3. 刷涂料

2. 其他相关问题的处理规定

（1）保温隔热装饰面层，按 GB 50854—2013 中附录 L、M、N、P、Q 中相关项目编码列项；仅做找平层按 GB 50854—2013 中附录 L 中"平面砂浆找平层"或附录 M "立面砂浆找平层"项目编码列项。

　　(2) 柱帽保温隔热应并入天棚保温隔热工程量内。

　　(3) 池槽保温隔热应按其他保温隔热项目编码列项。

　　(4) 保温隔热方式：内保温、外保温、夹心保温。

　　(5) 保温柱、梁适用于不与墙、天棚相连的独立柱、梁。

　　(6) 防腐踢脚线应按本规范附录 L 中"踢脚线"项目编码列项。

　　(7) 浸渍砖砌法指平砌、立砌。

3. 有关问题的说明

　　(1)"防腐混凝土面层"、"防腐砂浆面层"、"防腐胶泥面层"项目适用于平面或立面的水玻璃混凝土、水玻璃砂浆、水玻璃胶泥、沥青混凝土、沥青胶泥、树脂胶泥以及聚合物水泥砂浆等防腐工程。

　　(2)"玻璃钢防腐面层"项目适用于树脂胶材与增强材料复合塑制而成的玻璃钢防腐。项目名称应描述构成玻璃钢、树脂和增强材料名称，如环氧酚醛（树脂）玻璃钢、环氧煤焦油（树脂）等。增强材料玻璃纤维布、毡，涤纶布、毡等。还应描述防腐部位（立面、平面）。

　　(3)"砌筑沥青浸渍砖"项目适用于浸渍标准砖。工程量以体积计算，立砌按厚度115mm 计算；平砌按 53mm 计算。

　　(4)"防水涂料"项目适用于建筑物、构筑物以及钢结构的防腐。需要刮腻子时应包括在报价内。

　　(5)"保温隔热屋面"项目适用于各种材料的屋面保温隔热。应注意：屋面保温隔热层上的防水层项目单独列项；预制隔热板屋面的各板与砖墩分别按混凝土及钢筋混凝土和砌筑工程项目编码列项。

　　(6)"保温隔热天棚"项目适用于各种材料的下贴式或吊顶上搁置式的保温隔热的天棚。应注意：柱帽保温隔热应并入"保温隔热天棚"工程量内；下贴式如需底层抹灰时，应包括在报价内；保温隔热材料需加药物防虫剂时，应在清单中进行描述。

　　(7)"保温隔热墙"项目适用于工业与民用建筑物外墙、内墙保温隔热工程。

　　(8) 防腐工程中的需酸化处理时以及养护应包括在报价内。

7.5　装饰装修工程工程量清单项目及计算规则

　　装饰装修工程工程量清单包括：楼地面装饰工程、墙柱面装饰与隔断幕墙工程、天棚工程、油漆涂料裱糊工程、其他工程和拆除工程共 6 章。本节只介绍主要装饰装修工程工程量清单及计算规则。

7.5.1　楼地面装饰工程

1. 工程量清单项目设置及计算规则

　　(1) 整体面层与找平层。工程量清单项目设置及计算规则按表 7 - 71 规定执行。

表 7-71　　　　(L.1) 整体面层与找平层 (编码 011101)

项目编码	项目名称	项目特征	单位	工程量计算规则	工作内容
011101001	水泥砂浆楼地面	1. 垫层材料种类、厚度 2. 找平层厚度、砂浆配合比 3. 素水泥浆遍数 4. 面层厚度、砂浆配合比 5. 面层做法要求			1. 基层清理 2. 抹找平层 3. 抹面层 4. 材料运输
011101002	现浇水磨石楼地面	1. 找平层厚度、砂浆配合比 2. 面层厚度、水泥石子浆配合比 3. 嵌条材料种类、规格 4. 石子种类、规格、颜色 5. 颜料种类、颜色 6. 图案要求 7. 磨光、酸洗、打蜡要求		按设计图示尺寸以面积计算。扣除凸出地面构筑物、设备基础、室内铁道、地沟等所占面积，不扣除间壁墙及 ≤ 0.3m² 柱、垛、附墙烟囱及孔洞所占面积。门洞、空圈、暖气包槽、壁龛的开口部分不增加面积	1. 基层清理 2. 抹找平层 3. 面层铺设 4. 嵌缝条安装 5. 磨光、酸洗打蜡 6. 材料运输
011101003	细石混凝土楼地面	1. 找平层厚度、砂浆配合比 2. 面层厚度、混凝土强度等级	m²		1. 基层清理 2. 抹找平层 3. 面层铺设 4. 材料运输
011101004	菱苦土楼地面	1. 垫层材料种类、厚度 2. 找平层厚度、砂浆配合比 3. 面层厚度 4. 打蜡要求			1. 基层清理 2. 抹找平层 3. 面层铺设 4. 打蜡 5. 材料运输
011101005	自流坪楼地面	1. 垫层砂浆配合比、厚度 2. 界面剂材料种类 3. 中层漆材料种类、厚度 4. 面漆材料种类、厚度 5. 面层材料种类			1. 基层处理 2. 抹找平层 3. 涂界面剂 4. 涂刷中层漆 5. 打磨、吸尘 6. 镘自流平面漆（浆） 7. 拌合自流平浆料 8. 铺面层
011101006	平面砂浆找平层	找平层厚度、砂浆配合比		按设计图示尺寸以面积计算	1. 基层清理 2. 抹找平层 3. 材料运输

(2) 块料面层。工程量清单项目设置及计算规则按表 7-72 规定执行。

表 7 - 72　　　　　　　　　　　（L. 2）块料面层（编码 011102）

项目编码	项目名称	项目特征	单位	工程量计算规则	工作内容
011102001	石材楼地面	1. 找平层厚度、砂浆配合比 2. 结合层厚度、砂浆配合比 3. 面层材料品种、规格、颜色 4. 嵌缝材料种类 5. 防护层材料种类 6. 酸洗、打蜡要求	m²	按设计图示尺寸以面积计算。门洞、空圈、暖气包槽、壁龛的开口部分并入相应的工程量内	1. 基层清理、抹找平层 2. 面层铺设、磨边 3. 嵌缝 4. 刷防护材料 5. 酸洗、打蜡 6. 材料运输
011102002	碎石材楼地面				
011102003	块料楼地面				

（3）橡塑面层。工程量清单项目设置及计算规则按表 7 - 73 规定执行。

表 7 - 73　　　　　　　　　　　（L. 3）橡塑面层（编码 011103）

项目编码	项目名称	项目特征	单位	工程量计算规则	工作内容
011103001	橡胶板楼地面	1. 粘结层厚度、材料种类 2. 面层材料品种、规格、品牌、颜色 3. 压线条种类	m²	按设计图示尺寸以面积计算。门洞、空圈、暖气包槽、壁龛的开口部分并入相应的工程量内	1. 基层清理 2. 面层铺贴 3. 压缝条装订 4. 材料运输
011103002	橡胶卷材楼地面				
011103003	塑料板楼地面				
011103004	塑料卷材楼地面				

（4）其他材料面层。工程量清单项目设置及工程量计算规则按表 7 - 74 规定执行。

表 7 - 74　　　　　　　　　　　（L. 4）其他材料面层（编码 011104）

项目编码	项目名称	项目特征	单位	工程量计算规则	工作内容
011104001	地毯楼地面	1. 面层材料品种、规格、颜色 2. 防护材料种类 3. 胶粘材料种类 4. 压线条种类	m²	按设计图示尺寸以面积计算。门洞、空圈、暖气包槽、壁龛的开口部分并入相应的工程量内	1. 基层清理 2. 铺贴面层 3. 刷防护材料 4. 装钉压条 5. 材料运输
011104002	竹木地板	1. 龙骨材料种类、规格、铺设间距 2. 基层材料种类、规格 3. 面层材料品种、规格、颜色 4. 防护材料种类			1. 基层清理 2. 龙骨铺设 3. 基层铺设 4. 面层铺贴 5. 刷防护材料 6. 材料运输
011104003	金属复合地板				

续表

项目编码	项目名称	项目特征	单位	工程量计算规则	工作内容
011104004	防静电活动地板	1. 支架高度、材料种类 2. 面层材料品种、规格、颜色 3. 防护材料种类	m²	按设计图示尺寸以面积计算。门洞、空圈、暖气包槽、壁龛的开口部分并入相应的工程量内	1. 基层清理 2. 固定支架安装 3. 活动面层安装 4. 刷防护材料 5. 材料运输

（5）踢脚线。工程量清单项目设置及工程量计算规则按表 7-75 规定执行。

表 7-75　　　（L.5）踢脚线（编码 011105）

项目编码	项目名称	项目特征	单位	工程量计算规则	工作内容
011105001	水泥砂浆踢脚线	1. 踢脚线高度 2. 底层厚度、砂浆配合比 3. 面层厚度、砂浆配合比			1. 基层清理 2. 底层和面层抹灰 3. 材料运输
011105002	石材踢脚线	1. 踢脚线高度 2. 粘贴层厚度、材料种类 3. 面层材料品种、规格、颜色 4. 防护材料种类	1. m² 2. m	1. 以 m² 计量，按设计图示长度乘高度以面积计算 2. 以 m 计量，按延长米计算	1. 基层清理 2. 底层抹灰 3. 面层铺贴、磨边 4. 擦缝 5. 磨光、酸洗、打蜡 6. 刷防护材料 7. 材料运输
011105003	块料踢脚线				
011105004	塑料板踢脚线	1. 踢脚线高度 2. 粘结层厚度、材料种类 3. 面层材料种类、规格、颜色			1. 基层清理 2. 基层铺贴 3. 面层铺贴 4. 材料运输
011105005	木质踢脚线	1. 踢脚线高度 2. 基层材料种类、规格 3. 面层材料品种、规格、颜色			
011105006	金属踢脚线				
011105007	防静电踢脚线				

（6）楼梯面层。工程量清单项目设置及工程量计算规则应按表 7-76 规定执行。

表 7-76　　　（L.6）楼梯面层（编码 011106）

项目编码	项目名称	项目特征	单位	工程量计算规则	工作内容
011106001	石材楼梯面层	1. 找平层厚度、砂浆配合比 2. 贴结层厚度、材料种类 3. 面层材料品种、规格、颜色 4. 防滑条材料种类、规格 5. 勾缝材料种类 6. 防护层材料种类 7. 酸洗、打蜡要求	m²	按设计图示尺寸以楼梯（包括踏步、休息平台及≤500mm 的楼梯井）水平投影面积计算。楼梯与楼地面相连时，算至梯口梁内侧边沿；无梯口梁者，算至最上一层踏步边沿加 300mm	1. 基层清理 2. 抹找平层 3. 面层铺贴、磨边 4. 贴嵌防滑条 5. 勾缝 6. 刷防护材料 7. 酸洗、打蜡 8. 材料运输
011106002	块料楼梯面层				
011106003	拼碎块料面层				

续表

项目编码	项目名称	项目特征	单位	工程量计算规则	工作内容
011106004	水泥砂浆楼梯面层	1. 找平层厚度、砂浆配合比 2. 面层厚度、砂浆配合比 3. 防滑条材料种类、规格	m²	按设计图示尺寸以楼梯（包括踏步、休息平台及≤500mm的楼梯井）水平投影面积计算。楼梯与楼地面相连时，算至梯口梁内侧边沿；无梯口梁者，算至最上一层踏步边沿加300mm	1. 基层清理 2. 抹找平层 3. 抹面层 4. 抹防滑条 5. 材料运输
011106005	现浇水磨石楼梯面层	1. 找平层厚度、砂浆配合比 2. 面层厚度、水泥石子浆配合比 3. 防滑条材料种类、规格 4. 石子种类、规格、颜色 5. 颜料种类、颜色 6. 磨光、酸洗打蜡要求			1. 基层清理 2. 抹找平层 3. 抹面层 4. 贴嵌防滑条 5. 磨光、酸洗、打蜡 6. 材料运输
011106006	地毯楼梯面层	1. 基层种类 2. 面层材料品种、规格、颜色 3. 防护材料种类 4. 胶粘材料种类 5. 固定配件材料种类、规格	m²	按设计图示尺寸以楼梯（包括踏步、休息平台及≤500mm的楼梯井）水平投影面积计算。楼梯与楼地面相连时，算至梯口梁内侧边沿；无梯口梁者，算至最上一层踏步边沿加300mm	1. 基层清理 2. 铺贴面层 3. 固定配件安装 4. 刷防护材料 5. 材料运输
011106007	木板楼梯面层	1. 基层材料种类、规格 2. 面层材料品种、规格、颜色 3. 胶粘材料种类 4. 防护材料种类			1. 基层清理 2. 基层铺贴 3. 面层铺贴 4. 刷防护材料 5. 材料运输
011106008	橡胶板楼梯面层	1. 粘结层厚度、材料种类 2. 面层材料品种、规格、颜色 3. 压线条种类			1. 基层清理 2. 面层铺贴 3. 压缝条装钉 4. 材料运输
011106009	塑料板楼梯面层				

　　（7）台阶装饰。工程量清单项目设置及工程量计算规则应按表 7 - 77 规定执行。

表 7 - 77　　　　　　　　　(L. 7) 台阶装饰（编码 011107)

项目编码	项目名称	项目特征	单位	工程量计算规则	工作内容
011107001	石材台阶面	1. 找平层厚度、砂浆配合比 2. 粘结层材料种类 3. 面层材料品种、规格、颜色 4. 勾缝材料种类 5. 防滑条材料种类、规格 6. 防护材料种类	m²	按设计图示尺寸以台阶（包括最上层踏步边沿加 300mm）水平投影面积计算	1. 基层清理 2. 抹找平层 3. 面层铺贴 4. 贴嵌防滑条 5. 勾缝 6. 刷防护材料 7. 材料运输
011107002	块料台阶面				
011107003	拼碎块料台阶面				
011107004	水泥砂浆台阶面	1. 垫层材料种类、厚度 2. 找平层厚度、砂浆配合比 3. 面层厚度、砂浆配合比 4. 防滑条材料种类			1. 基层清理 2. 抹找平层 3. 抹面层 4. 抹防滑条 5. 材料运输
011107005	现浇水磨石台阶面	1. 找平层厚度、砂浆配合比 2. 面层厚度、水泥石子浆配合比 3. 防滑条材料种类、规格 4. 石子种类、规格、颜色 5. 颜料种类、颜色 6. 磨光、酸洗、打蜡要求	m²	按设计图示尺寸以台阶（包括最上层踏步边沿加 300mm）水平投影面积计算	1. 清理基层 2. 抹找平层 3. 抹面层 4. 贴嵌防滑条 5. 打磨、酸洗、打蜡 6. 材料运输
011107006	剁假石台阶面	1. 找平层厚度、砂浆配合比 2. 面层厚度、砂浆配合比 3. 剁假石要求			1. 清理基层 2. 抹找平层 3. 抹面层 4. 剁假石 5. 材料运输

2. 其他相关问题的处理规定

（1）水泥砂浆面层处理是拉毛还是提浆压光应在面层做法要求中描述。

（2）平面砂浆找平层只适用于仅做找平层的平面抹灰。

（3）在描述碎石材项目的面层材料特征时可不用描述规格、品牌、颜色。

（4）石材、块料与粘结材料的结合面刷防渗材料的种类在防护层材料种类中描述。

3. 有关问题的说明

（1）单跑楼梯不论其中间是否有休息平台，其工程量与双跑楼梯同样计算。

（2）包括垫层的地面和不包括垫层的楼面应分别计算工程量，分别编码（第五级编码）列项。

（3）有填充层和隔离层的楼地面往往有两层找平层，报价时应注意。

（4）楼地面工程量计算时，不扣除间壁墙和 0.3m² 以内的柱垛所占面积，其中间壁墙是指除墙厚 120mm 及以下的砖墙、砌块墙墙厚 100mm 及以下的钢筋混凝土剪力墙以外的非承重墙都视为间壁墙，其所占楼地面面积不予扣除。

7.5.2　墙、柱面装饰与隔断、幕墙工程

1. 工程量清单项目设置及工程量计算规则

（1）墙面抹灰。工程量清单项目设置及工程量计算规则应按表 7-78 规定执行。

表 7-78　　　　　　　　（M.1）墙面抹灰（编码 011201）

项目编码	项目名称	项目特征	单位	工程量计算规则	工作内容
011201001	墙面一般抹灰	1. 墙体类型 2. 底层厚度、砂浆配合比 3. 面层厚度、砂浆配合比	m²	按设计图示尺寸以面积计算。扣除墙裙、门窗洞口及单个＞0.3m² 的孔洞面积，不扣除踢脚线、挂镜线和墙与构件交接处的面积，门窗洞口和孔洞的侧壁及顶面不增加面积。附墙柱、梁、垛、烟囱侧壁并入相应的墙面面积内。	1. 基层清理 2. 砂浆制作、运输 3. 底层抹灰 4. 抹面层 5. 抹装饰面 6. 勾分格缝
011201002	墙面装饰抹灰	4. 装饰面材料种类 5. 分格缝宽度、材料种类			
011201003	墙面勾缝	1. 勾缝类型 2. 勾缝材料种类		1. 外墙抹灰面积按外墙垂直投影面积计算 2. 外墙裙抹灰面积按其长度乘以高度计算 3. 内墙抹灰面积按主墙间的净长乘以高度计算 　（1）无墙裙的，高度按室内楼地面至天棚底面计算 　（2）有墙裙的，高度按墙裙顶至天棚底面计算 4. 内墙裙抹灰面按内墙净长乘以高度计算	1. 基层清理 2. 砂浆制作、运输 3. 勾缝
011201004	立面砂浆找平层	1. 基层类型 2. 找平层砂浆厚度、配合比			1. 基层清理 2. 砂浆制作、运输 3. 抹灰找平

（2）柱（梁）面抹灰。工程量清单项目设置及工程量计算规则应按表 7-79 规定执行。

表 7-79　　　　　　　　（M.2）柱（梁）面抹灰（编码 011202）

项目编码	项目名称	项目特征	单位	工程量计算规则	工作内容
011202001	柱、梁面一般抹灰	1. 柱体类型 2. 底层厚度、砂浆配合比 3. 面层厚度、砂浆配合比	m²	1. 柱面抹灰：按设计图示柱断面周长乘高度以面积计算 2. 梁面抹灰：按设计图示梁断面周长乘长度以面积计算	1. 基层清理 2. 砂浆制作、运输 3. 底层抹灰 4. 抹面层 5. 勾分格缝
011202002	柱、梁面装饰抹灰	4. 装饰面材料种类 5. 分格缝宽度、材料种类			
011202003	柱、梁面砂浆找平	1. 柱体类型 2. 找平的砂浆厚度、配合比			1. 基层清理 2. 砂浆制作、运输 3. 抹灰找平

项目编码	项目名称	项目特征	单位	工程量计算规则	工作内容
011202004	柱面勾缝	1. 勾缝类型 2. 勾缝材料种类	m²	按设计图示柱断面周长乘高度以面积计算	1. 基层清理 2. 砂浆制作、运输 3. 勾缝

（3）零星抹灰。工程量清单项目设置及工程量计算规则应按表7-80规定执行。

表7-80 　　　　　　　　 (M.3) 零星抹灰 （编码 011203）

项目编码	项目名称	项目特征	单位	工程量计算规则	工作内容
011203001	零星项目 一般抹灰	1. 墙体类型 2. 底层厚度、砂浆配合比 3. 面层厚度、砂浆配合比	m²	按设计图示尺寸以面积计算	1. 基层清理 2. 砂浆制作、运输 3. 底层抹灰 4. 抹面层
011203002	零星项目 装饰抹灰	4. 装饰面材料种类 5. 分格缝宽度、材料种类			5. 抹装饰面 6. 勾分格缝
011203003	零星项目 砂浆找平	1. 基层类型 2. 找平的砂浆厚度、配合比			1. 基层清理 2. 砂浆制作、运输 3. 抹灰找平

（4）墙面镶贴块料。工程量清单项目设置及工程量计算规则应按表7-81规定执行。

表7-81 　　　　　　　　 (M.4) 　墙面块料面层 （编码 011204）

项目编码	项目名称	项目特征	单位	工程量计算规则	工作内容
011204001	石材墙面	1. 墙体类型 2. 安装方式	m²	按镶贴表面积计算	1. 基层清理 2. 砂浆制作、运输 3. 粘结层铺贴
011204002	拼碎石材墙面	3. 面层材料品种、规格、颜色 4. 缝宽、嵌缝材料种类 5. 防护材料种类 6. 磨光、酸洗、打蜡要求			4. 面层安装 5. 嵌缝 6. 刷防护材料 7. 磨光、酸洗、打蜡
011204003	块料墙面				
011204004	干挂石材 钢骨架	1. 骨架种类、规格 2. 防锈漆品种遍数	t	按设计图示以质量计算	1. 骨架制作、运输、安装 2. 刷漆

(5) 柱（梁）面镶贴块料。工程量清单项目设置及工程量计算规则应按表 7-82 规定执行。

表 7-82　　　　　（M. 5）　柱（梁）面镶贴块料（编码 011205）

项目编码	项目名称	项目特征	单位	工程量计算规则	工作内容
011205001	石材柱面	1. 柱截面类型、尺寸 2. 安装方式 3. 面层材料品种、规格、颜色 4. 缝宽、嵌缝材料种类 5. 防护材料种类 6. 磨光、酸洗、打蜡要求	m²	按镶贴表面积计算	1. 基层清理 2. 砂浆制作、运输 3. 粘结层铺贴 4. 面层安装 5. 嵌缝 6. 刷防护材料 7. 磨光、酸洗、打蜡
011205002	块料柱面				
011205003	拼碎块柱面				
011205004	石材梁面	1. 安装方式 2. 面层材料品种、规格、颜色 3. 缝宽、嵌缝材料种类 4. 防护材料种类 5. 磨光、酸洗、打蜡要求			
011205005	块料梁面				

(6) 镶贴零星块料。工程量清单项目设置及工程量计算规则应按表 7-83 规定执行。

表 7-83　　　　　（M. 6）镶贴零星块料（编码 011206）

项目编码	项目名称	项目特征	单位	工程量计算规则	工作内容
011206001	石材零星项目	1. 基层类型、部位 2. 安装方式 3. 面层材料品种、规格、颜色 4. 缝宽、嵌缝材料种类 5. 防护材料种类 6. 磨光、酸洗、打蜡要求	m²	按镶贴表面积计算	1. 基层清理 2. 砂浆制作、运输 3. 面层安装 4. 嵌缝 5. 刷防护材料 6. 磨光、酸洗、打蜡
011206002	块料零星项目				
011206003	拼碎块零星项目				

(7) 墙饰面。工程量清单项目设置及工程量计算规则应按表 7-84 规定执行。

表 7 - 84 **(M. 7)** 墙饰面 (编码 011207)

项目编码	项目名称	项目特征	单位	工程量计算规则	工作内容
011207001	墙面装饰板	1. 龙骨材料种类、规格、中距 2. 隔离层材料种类、规格 3. 基层材料种类、规格 4. 面层材料品种、规格、颜色 5. 压条材料种类、规格	m²	按设计图示墙净长乘净高以面积计算。扣除门窗洞口及单个大于 0.3m² 的孔洞所占面积	1. 基层清理 2. 龙骨制作、运输、安装 3. 钉隔离层 4. 基层铺钉 5. 面层铺贴
011207002	墙面装饰浮雕	1. 基层类型 2. 浮雕材料种类 3. 浮雕样式	m²	按设计图示尺寸以面积计算	1. 基层清理 2. 材料制作、运输 3. 安装成型

（8）柱（梁）饰面。工程量清单项目设置及工程量计算规则应按表 7 - 85 规定执行。

表 7 - 85 **(M. 8)** 柱（梁）饰面 (编码 011208)

项目编码	项目名称	项目特征	单位	工程量计算规则	工作内容
011208001	柱（梁）面装饰	1. 龙骨材料种类、规格、中距 2. 隔离层材料种类 3. 基层材料种类、规格 4. 面层材料品种、规格、颜色 5. 压条材料种类、规格	m²	按设计图示饰面外围尺寸以面积计算。柱帽、柱墩并入相应柱饰面工程量内	1. 清理基层 2. 龙骨制作、运输、安装 3. 钉隔离层 4. 基层铺钉 5. 面层铺贴
011208002	成品装饰柱	1. 柱截面、高度尺寸 2. 柱材质	1. 根 2. m	1. 以根计量，按设计数量计算 2. 以 m 计量，按设计长度计算	柱运输、固定、安装

（9）幕墙工程。工程量清单项目设置及工程量计算规则应按表 7 - 86 规定执行。

表 7 - 86 **(M. 9)** 幕墙 (编码 011209)

项目编码	项目名称	项目特征	单位	工程量计算规则	工作内容
011209001	带骨架幕墙	1. 骨架材料种类、规格、中距 2. 面层材料品种、规格、颜色 3. 面层固定方式 4. 隔离带、框边封闭材料品种、规格 5. 嵌缝、塞口材料种类	m²	按设计图示框外围尺寸以面积计算。与幕墙同种材质的窗所占面积不扣除	1. 骨架制作、运输、安装 2. 面层安装 3. 隔离带、框边封闭 4. 嵌缝、塞口 5. 清洗

续表

项目编码	项目名称	项目特征	单位	工程量计算规则	工作内容
011209002	全玻（无框玻璃）幕墙	1. 玻璃品种、规格、颜色 2. 粘结塞口材料种类 3. 固定方式	m²	按设计图示尺寸以面积计算。带肋全玻幕墙按展开面积计算	1. 幕墙安装 2. 嵌缝、塞口 3. 清洗

2. 其他相关问题的处理规定

（1）立面砂浆找平项目适用于仅做找平层的立面抹灰。

（2）抹石灰砂浆、水泥砂浆、混合砂浆、聚合物水泥砂浆、麻刀石灰浆、石膏灰浆等按墙、柱（梁）面一般抹灰列项，水刷石、斩假石、干粘石、假面砖等按墙、柱（梁）面装饰抹灰列项。

（3）飘窗凸出外墙面增加的抹灰并入外墙工程量。

（4）有吊顶天棚的内墙面抹灰，抹至吊顶以上部分在综合单价中考虑。

（5）砂浆找平项目适用于仅做找平层的柱（梁）面抹灰。

（6）墙、柱（梁）面≤0.5m²的少量分散的抹灰、镶贴块料面层分别按零星抹灰、镶贴零星块料项目编码列项。

（7）在描述碎块项目的面层材料特征时可不用描述规格、品牌、颜色。

（8）石材、块料与粘结材料的结合面刷防渗材料的种类在防护层材料种类中描述。

（9）柱梁面干挂石材的钢骨架按表 M.4 相应项目编码列项。

3. 有关问题的说明

（1）柱的一般抹灰和装饰抹灰及勾缝，以柱断面周长乘以高度计算，其中柱的断面周长是指结构断面周长。

（2）带肋全玻璃幕墙是指玻璃幕墙带玻璃肋，玻璃肋的工程量应合并在玻璃幕墙工程量计算。

7.5.3　天棚工程

1. 工程量清单项目设置及工程量计算规则

（1）天棚抹灰。工程量清单项目设置及工程量计算规则应按表 7-87 规定执行。

表 7-87　　　　　（N.1）天棚抹灰（编码 011301）

项目编码	项目名称	项目特征	单位	工程量计算规则	工作内容
011301001	天棚抹灰	1. 基层类型 2. 抹灰厚度、材料种类 3. 砂浆配合比	m²	按设计图示尺寸以水平投影面积计算。不扣除间壁墙、垛、柱、附墙烟囱、检查口和管道所占的面积，带梁天棚、梁两侧抹灰面积并入天棚面积内，板式楼梯底面抹灰按斜面积计算，锯齿形楼梯底抹灰按展开面积计算	1. 基层清理 2. 底层抹灰 3. 抹面层

（2）天棚吊顶。工程量清单项目设置及工程量计算规则应按表 7 - 88 规定执行。

表 7 - 88   (N. 2) 天棚吊顶（编码 011302）

项目编码	项目名称	项目特征	单位	工程量计算规则	工作内容
011302001	天棚吊顶	1. 吊顶形式 2. 龙骨类型、材料种类、规格、中距 3. 基层材料种类、规格 4. 面层材料品种、规格、品牌、颜色 5. 压条材料种类、规格 6. 嵌缝材料种类 7. 防护材料种类		按设计图示尺寸以水平投影面积计算。天棚面中的灯槽及跌级、锯齿形、吊挂式、藻井式天棚面积不展开计算。不扣除间壁墙、检查口、附墙烟囱、柱垛和管道所占面积，扣除单个 0.3m² 以外的孔洞、独立柱及与天棚相连的窗帘盒所占面积	1. 基层清理、吊杆安装 2. 龙骨安装 3. 基层板铺贴 4. 面层铺贴 5. 嵌缝 6. 刷防护材料、油漆
011302002	格栅吊顶	1. 龙骨类型、材料种类、规格、中距 2. 基层材料种类、规格 3. 面层材料品种、规格、品牌、颜色 4. 防护材料种类	m²		1. 基层清理 2. 底层抹灰 3. 龙骨安装 4. 基层板铺贴 5. 面层铺贴
011302003	吊筒吊顶	1. 吊筒形状、规格 2. 吊筒材料种类 3. 防护材料种类		按设计图示尺寸以水平投影面积计算	1. 基层清理 2. 吊筒制作安装 3. 刷钢护材料
011302004	藤条造型悬挂吊顶	1. 骨架材料种类、规格 2. 面层材料品种、规格			1. 基层清理 2. 龙骨安装 3. 铺贴面层
011302005	织物软雕吊顶				
011302006	装饰网架吊顶	网架材料品种、规格			1. 基层清理 2. 网架制作安装

2. 其他相关问题的处理规定及说明

（1）天棚装饰油漆、涂料以及裱糊，应按 GB 50854—2013 附录 P 油漆、涂料以及裱糊项目编码列项。

（2）天棚抹灰和天棚吊顶工程量计算规则注意不同点：天棚抹灰不扣除间壁墙、柱垛、柱等所占面积；天棚吊顶不扣除柱垛所占面积，但应扣除独立柱所占面积。柱垛是指与墙体相连的柱而突出墙体的部分。

7.5.4　油漆、涂料、裱糊工程

1. 工程量清单项目设置及工程量计算规则

（1）门油漆。工程量清单项目设置及工程量计算规则应按表 7-89 规定执行。

表 7-89　　　　　　　　（P.1）门油漆（编码 011401）

项目编码	项目名称	项目特征	单位	工程量计算规则	工作内容
011401001	木门油漆	1. 门类型 2. 门代号及洞口尺寸 3. 腻子种类 4. 刮腻子遍数 5. 防护材料种类 6. 油漆品种、刷漆遍数	1. 樘 2. m²	1. 以樘计量，按设计图示数量计量 2. 以 m² 计量，按设计图示洞口尺寸以面积计算	1. 基层清理 2. 刮腻子 3. 刷防护材料、油漆
011401002	金属门油漆				1. 除锈、基层清理 2. 刮腻子 3. 刷防护材料、油漆

（2）窗油漆。工程量清单项目设置及工程量计算规则应按表 7-90 规定执行。

表 7-90　　　　　　　　（P.2）窗油漆（编号：011402）

项目编码	项目名称	项目特征	单位	工程量计算规则	工作内容
011402001	木窗油漆	1. 窗类型 2. 窗代号及洞口尺寸 3. 腻子种类 4. 刮腻子遍数 5. 防护材料种类 6. 油漆品种、刷漆遍数	1. 樘 2. m²	1. 以樘计量，按设计图示数量计量 2. 以 m² 计量，按设计图示洞口尺寸以面积计算	1. 基层清理 2. 刮腻子 3. 刷防护材料、油漆
011402002	金属窗油漆				1. 除锈、基层清理 2. 刮腻子 3. 刷防护材料、油漆

（3）木扶手及其他板条、线条油漆。工程量清单项目设置及工程量计算规则应按表 7-91规定执行。

表 7-91　　　　　　　　（P.3）木扶手及其他板条、线条油漆（编号：011403）

项目编码	项目名称	项目特征	单位	工程量计算规则	工作内容
011403001	木扶手油漆	1. 断面尺寸 2. 腻子种类 3. 刮腻子遍数 4. 防护材料种类 5. 油漆品种、刷漆遍数	m	按设计图示尺寸以长度计算	1. 基层清理 2. 刮腻子 3. 刷防护材料、油漆
011403002	窗帘盒油漆				
011403003	封檐板、顺水板油漆				
011403004	挂衣板、黑板框油漆				
011403005	挂镜线、窗帘棍、单独木线油漆				

（4）木材面油漆。工程量清单项目设置及工程量计算规则应按表7-92规定执行。

表7-92　　　　　　　　　　（P.4）木材面油漆（编号：011404）

项目编码	项目名称	项目特征	单位	工程量计算规则	工作内容
011404001	木护墙、木墙裙油漆	1. 腻子种类 2. 刮腻子遍数 3. 防护材料种类 4. 油漆品种、刷漆遍数	m²	按设计图示尺寸以面积计算	1. 基层清理 2. 刮腻子 3. 刷防护材料、油漆
011404002	窗台板、筒子板、盖板、门窗套、踢脚线油漆				
011404003	清水板条天棚、檐口油漆				
011404004	木方格吊顶天棚油漆				
011404005	吸音板墙面、天棚面油漆				
011404006	暖气罩油漆				
011404007	其他木材面				
011404008	木间壁、木隔断油漆			按设计图示尺寸以单面外围面积计算	
011404009	玻璃间壁露明墙筋油漆				
011404010	木栅栏、木栏杆（带扶手）油漆				
011404011	衣柜、壁柜油漆			按设计图示尺寸以油漆部分展开面积计算	1. 基层清理 2. 刮腻子 3. 刷防护材料、油漆
011404012	梁柱饰面油漆				
011404013	零星木装修油漆				
011404014	木地板油漆			按设计图示尺寸以面积计算。空洞、空圈、暖气包槽、壁龛的开口部分并入相应的工程量内	1. 基层清理 2. 刮腻子 3. 刷防护材料、油漆
011404015	木地板烫硬蜡面	1. 硬蜡品种 2. 面层处理要求			1. 基层清理 2. 烫蜡

（5）金属面油漆。工程量清单项目设置及工程量计算规则应按表7-93规定执行

表7-93　　　　　　　　　　（P.5）金属面油漆（编号：011405）

项目编码	项目名称	项目特征	单位	工程量计算规则	工作内容
011405001	金属面油漆	1. 构件名称 2. 腻子种类 3. 刮腻子要求 4. 防护材料种类 5. 油漆品种、刷漆遍数	1. t 2. m²	1. 以 t 计量，按设计图示尺寸以质量计算 2. 以 m² 计量，按设计展开面积计算	1. 基层清理 2. 刮腻子 3. 刷防护材料、油漆

（6）抹灰面油漆。工程量清单项目设置及工程量计算规则应按表7-94规定执行。

表 7 - 94　　　　　　　　　（P. 6）抹灰面油漆（编号：011406）

项目编码	项目名称	项目特征	单位	工程量计算规则	工作内容
011406001	抹灰面油漆	1. 基层类型 2. 腻子种类 3. 刮腻子遍数 4. 防护材料种类 5. 油漆品种、刷漆遍数 6. 部位	m²	按设计图示尺寸以面积计算	1. 基层清理 2. 刮腻子 3. 刷防护材料、油漆
011406002	抹灰线条油漆	1. 线条宽度、道数 2. 腻子种类 3. 刮腻子遍数 4. 防护材料种类 5. 油漆品种、刷漆遍数	m	按设计图示尺寸以长度计算	
011406003	满刮腻子	1. 基层类型 2. 腻子种类 3. 刮腻子遍数	m²	按设计图示尺寸以面积计算	1. 基层清理 2. 刮腻子

（7）喷刷涂料。工程量清单项目设置及工程量计算规则应按表 7 - 95 规定执行。

表 7 - 95　　　　　　　　　（P. 7）喷刷涂料（编号：011407）

项目编码	项目名称	项目特征	单位	工程量计算规则	工作内容
011407001	墙面喷刷涂料	1. 基层类型 2. 喷刷涂料部位 3. 腻子种类 4. 刮腻子要求 5. 涂料品种、喷刷遍数	m²	按设计图示尺寸以面积计算	1. 基层清理 2. 刮腻子 3. 刷、喷涂料
011407002	天棚喷刷涂料				
011407003	空花格、栏杆刷涂料	1. 腻子种类 2. 刮腻子遍数 3. 涂料品种、刷喷遍数		按设计图示尺寸以单面外围面积计算	1. 基层清理 2. 刮腻子 3. 刷、喷涂料
011407004	线条刷涂料	1. 基层清理 2. 线条宽度 3. 刮腻子遍数 4. 刷防护材料、油漆	m	按设计图示尺寸以长度计算	
011407005	金属构件刷防火涂料	1. 喷刷防火涂料构件名称	1. m² 2. t	1. 以 t 计量，按设计图示尺寸以质量计算 2. 以 m² 计量，按设计展开面积计算	1. 基层清理 2. 刷防护材料、油漆
011407006	木材构件喷刷防火涂料	2. 防火等级要求 3. 涂料品种、喷刷遍数	m²	以 m² 计量，按设计图示尺寸以面积计算	1. 基层清理 2. 刷防火材料

（8）裱糊。工程量清单项目设置及工程量计算规则应按表 7 - 96 规定执行。

表 7 - 96　　　　　　　　　　（P. 8）裱糊（编号：011408）

项目编码	项目名称	项目特征	单位	工程量计算规则	工作内容
011408001	墙纸裱糊	1. 基层类型 2. 裱糊部位 3. 腻子种类 4. 刮腻子遍数 5. 胶粘材料种类 6. 防护材料种类 7. 面层材料品种、规格、颜色	m²	按设计图示尺寸以面积计算	1. 基层清理 2. 刮腻子 3. 面层铺粘 4. 刷防护材料
011408002	织锦缎裱糊				

2. 其他相关问题的处理规定

（1）木门油漆应区分木大门、单层木门、双层（一玻一纱）木门、双层（单裁口）木门、全玻自由门、半玻自由门、装饰门及有框门或无框门等项目，分别编码列项。

（2）金属门油漆应区分平开门、推拉门、钢制防火门列项。

（3）以 m² 计量，项目特征可不必描述洞口尺寸。

（4）木窗油漆应区分单层木门、双层（一玻一纱）木窗、双层框扇（单裁口）木窗、双层框三层（二玻一纱）木窗、单层组合窗、双层组合窗、木百叶窗、木推拉窗等项目，分别编码列项。

（5）金属窗油漆应区分平开窗、推拉窗、固定窗、组合窗、金属隔栅窗分别列项。

（6）喷刷墙面涂料部位要注明内墙或外墙。

3. 其他有关问题的说明

（1）本节中抹灰面油漆和刷涂料工作内容中包括"刮腻子"，但又单独列"满刮腻子"项目，此项目只适应与仅做"满刮腻子"的项目，不得将抹灰面油漆和刷涂料中"刮腻子"内容单独分出执行满刮腻子项目。

（2）木扶手应区分带托板与不带托板，分别编码列项，若是木栏杆代扶手，木扶手不应单独列项，应包含在木栏杆油漆中。

7.6　措施项目工程工程量清单项目及计算规则

措施项目工程工程量清单包括脚手架工程，钢筋混凝土模板及支架（撑），垂直运输，超高施工增加，大型机械设备进出场及安拆，施工排水、降水，安全文明施工及其他措施费等。本节主要介绍根据脚手架工程量计算规则计算措施项目的部分。

1. 工程量清单项目设置及工程量计算规则

（1）脚手架工程。工程量清单项目设置及工程量计算规则应按表 7 - 97 规定执行。

表 7 - 97　　　　　　　　　（S. 1）脚手架工程（编码：011701）

项目编码	项目名称	项目特征	单位	工程量计算规则	工作内容
011701001	综合脚手架	1. 建筑结构形式 2. 檐口高度	m²	按建筑面积计算	1. 场内、场外材料搬运 2. 搭、拆脚手架、斜道、上料平台 3. 安全网的铺设 4. 选择附墙点与主体连接 5. 测试电动装置、安全锁等 6. 拆除脚手架后材料的堆放
011701002	外脚手架	1. 搭设方式 2. 搭设高度 3. 脚手架材质		按所服务对象的垂直投影面积计算	
011701003	里脚手架				
011701004	悬空脚手架	1. 搭设方式 2. 悬挑宽度 3. 脚手架材质		按搭设的水平投影面积计算	1. 场内、场外材料搬运 2. 搭、拆脚手架、斜道、上料平台 3. 安全网的铺设 4. 拆除脚手架后材料的堆放
011701005	挑脚手架		m	按搭设长度乘以搭设层数以延长米计算	
011701006	满堂脚手架	1. 搭设方式 2. 搭设高度 3. 脚手架材质		按搭设的水平投影面积计算	
011701007	整体提升架	1. 搭设方式及启动装置 2. 搭设高度	m²	按所服务对象的垂直投影面积计算	1. 场内、场外材料搬运 2. 选择附墙点与主体连接 3. 搭、拆脚手架、斜道、上料平台 4. 安全网的铺设 5. 测试电动装置、安全锁等 6. 拆除脚手架后材料的堆放
011701008	外装饰吊篮	1. 升降方式及启动装置 2. 搭设高度及吊篮型号		按所服务对象的垂直投影面积计算	1. 场内、场外材料搬运 2. 吊篮的安装 3. 测试电动装置、安全锁、平衡控制器等 4. 吊篮的拆卸

（2）混凝土模板及支架（撑）。工程量清单项目设置及工程量计算规则应按表 7 - 98 规定执行。

表 7 - 98　　　　　（S.2）混凝土模板及支架（撑）（编码：011702）

项目编码	项目名称	项目特征	单位	工程量计算规则	工作内容
011702001	基础	基础类型		按模板与现浇混凝土构件的接触面积计算　1. 现浇钢筋混凝土墙、板单孔面积≤0.3m²的孔洞不予扣除，洞侧壁模板亦不增加；单孔面积＞0.3m²时应予扣除，洞侧壁模板面积并入墙、板工程量内计算　2. 现浇框架分别按梁、板、柱有关规定计算；附墙柱、暗梁、暗柱并入墙内工程量内计算　3. 柱、梁、墙、板相互连接的重叠部分，均不计算模板面积　4. 构造柱按图示外露部分计算模板面积	1. 模板制作　2. 模板安装、拆除、整理堆放及场内外运输　3. 清理模板粘结物及模内杂物、刷隔离剂等
011702002	矩形柱	柱截面形状			
011702003	构造柱				
011702004	异形柱	柱截面形状			
011702005	基础梁	梁截面形状			
011702006	矩形梁	支撑高度			
011702007	异形梁	1. 梁截面形状 2. 支撑高度			
011702008	圈梁				
011702009	过梁				
011703010	弧形、拱形梁	1. 梁截面形状 2. 支撑高度	m²		
011702011	直形墙				
011702012	弧形墙				
011702013	短肢剪力墙、电梯井壁				
011702014	有梁板				
011702015	无梁板				
011702016	平板				
011702017	拱板				
011702018	薄壳板	支撑高度			
011702019	空心板				
011702020	其他板				
011702021	栏板				
011702022	天沟、檐沟	构件类型		按模板与现浇混凝土构件的接触面积计算按图示外挑部分尺寸的水平投影面积计算，挑出墙外的悬臂梁及板边不另计算	1. 模板制作　2. 模板安装、拆除、整理堆放及场内外运输　3. 清理模板粘结物及模内杂物、刷隔离剂等
011702023	雨篷、悬挑板、阳台板	1. 构件类型 2. 板厚度			
011702024	楼梯	类型		按楼梯（包括休息平台、平台梁、斜梁和楼层板的连接梁）的水平投影面积计算，不扣除宽度≤500mm的楼梯井所占面积，楼梯踏步、踏步板、平台梁等侧面模板不另计算，伸入墙内部分也不增加	

续表

项目编码	项目名称	项目特征	单位	工程量计算规则	工作内容
011702025	其他现浇构件	构件类型		按模板与现浇混凝土构件的接触面积计算	
011702026	电缆沟、地沟	1. 沟类型 2. 沟截面		按模板与电缆沟、地沟接触的面积计算	
011702027	台阶	台阶踏步宽		按图示台阶水平投影面积计算，台阶端头两侧不另计算模板面积。架空式混凝土台阶，按现浇楼梯计算	1. 模板制作 2. 模板安装、拆除、整理堆放及场内外运输 3. 清理模板粘结物及模内杂物、刷隔离剂等
011702028	扶手	扶手断面尺寸	m²	按模板与扶手的接触面积计算	
011702029	散水	坡度		按模板与散水的接触面积计算	
011702030	后浇带	后浇带部位		按模板与后浇带的接触面积计算	
011702031	化粪池	1. 化粪池部位 2. 化粪池规格		按模板与混凝土接触面积	
011702032	检查井	1. 检查井部位 2. 检查井规格		按模板与混凝土接触面积	

（3）垂直运输。工程量清单项目设置及工程量计算规则应按表 7-99 规定执行。

表 7-99　　　　　　　　**（S.3）垂直运输（011703）**

项目编码	项目名称	项目特征	单位	工程量计算规则	工作内容
011703001	垂直运输	1. 建筑物建筑类型及结构形式 2. 地下室建筑面积 3. 建筑物檐口高度、层数	1. m² 2. d	1. 按建筑面积计算 2. 按施工工期日历天数	1. 垂直运输机械的固定装置、基础制作、安装 2. 行走式垂直运输机械轨道的铺设、拆除、摊销

（4）超高施工增加。工程量清单项目设置及工程量计算规则应按表 7-100 规定执行。

表 7-100　　　　　　　　**（S.4）超高施工增加（011704）**

项目编码	项目名称	项目特征	单位	工程量计算规则	工作内容
011704001	超高施工增加	1. 建筑物建筑类型及结构形式 2. 建筑物檐口高度、层数 3. 单层建筑物檐口高度超过20m，多层建筑物超过6层部分的建筑面积	m²	按建筑物超高部分的建筑面积计算	1. 建筑物超高引起的人工工效降低以及由于人工工效降低引起的机械降效 2. 高层施工用水加压水泵的安装、拆除及工作台班 3. 通讯联络设备的使用及摊销

（5）大型机械设备进出场及安拆。工程量清单项目设置及工程量计算规则应按表 7 - 101 规定执行。

表 7 - 101　　　　　（S.5）大型机械设备进出场及安拆（编码：011705）

项目编码	项目名称	项目特征	单位	工程量计算规则	工作内容
011705001	大型机械设备进出场及安拆	1. 机械设备名称 2. 机械设备规格型号	台次	按使用机械设备的数量计算	1. 进出场费包括施工机械、设备整体或分体自停放场地运至施工现场，或由一个施工地点运至另一个施工地点，所发生的装卸、运输及辅助材料等费用 2. 安拆费包括施工机械、设备在施工现场进行安装、拆卸所需的人工费、材料费、机械费、试运转费以及机械辅助设施的折旧、搭设、拆除等费用

（6）施工排水、降水。工程量清单项目设置及工程量计算规则应按表 7 - 102 规定执行。

表 7 - 102　　　　　（S.6）施工排水、降水（编码：011706）

项目编码	项目名称	项目特征	单位	工程量计算规则	工作内容
011706001	成井	1. 成井方式 2. 底层情况 3. 成井直径 4. 井（滤）管类型、直径	m	按设计图示尺寸以钻孔深度计算	1. 准备钻孔机械、埋设护筒、钻机就位、泥浆制作、固壁；成孔、出渣、清孔等 2. 对接上下井管（滤管），焊接、安放，下滤料，洗井，连接试抽等
011706002	排水、降水	1. 机械规格型号 2. 降排水管规格	昼夜	按排、降水日历天数计算	1. 管道安装、拆除，场内搬运等 2. 抽水、值班、降水设备维修等

2. 其他相关问题的处理规定

（1）使用综合脚手架时，不再使用外脚手架、里脚手架等单项脚手架；综合脚手架适用于能够按"建筑面积计算规则"计算建筑面积的建筑工程脚手架，不适用于房屋加层、构筑物及附属工程脚手架。

（2）同一建筑物有不同檐高时，按建筑物竖向切面分别按不同檐高编列脚手架清单项目。

（3）整体提升架已包括 2m 高的防护架体设施。

（4）脚手架材质可以不描述，但应注明由投标人根据工程实际情况按照《建筑施工扣件式钢管脚手架安全技术规范》、《建筑施工附着升降脚手架管理规定》等规范自行确定。

（5）原槽浇灌的混凝土基础、垫层，不计算模板。

（6）混凝土模板及支撑（架）项目，只适用于以 m² 计量，按模板与混凝土构件的接触面积计算，以 m³ 计量，模板及支撑（支架），按混凝土及钢筋混凝土实体项目执行，综合单价中应包含模板及支撑（支架）。

（7）采用清水模板时，应在特征中注明。

（8）若现浇混凝土梁、板支撑高度超过 3.6m 时，项目特征应描述支撑高度。

（9）垂直运输机械指施工工程在合理工期内所需垂直运输机械。

（10）在"垂直运输"列项时，同一建筑物有不同檐高时，按建筑物的不同檐高做纵向分割，分别计算建筑面积，以不同檐高分别编码列项。

（11）单层建筑物檐口高度超过 20m，多层建筑物超过 6 层时，可按超高部分的建筑面积计算超高施工增加。计算层数时，地下室不计入层数。

（12）在"超高施工增加"列项时，同一建筑物有不同檐高时，可按不同高度的建筑面积分别计算建筑面积，以不同檐高分别编码列项。

3. 其他有关问题的说明

（1）建筑物的檐口高度是指设计室外地坪至檐口滴水的高度（平屋顶系指屋面板底高度），突出主体建筑物屋顶的电梯机房、楼梯出口间、水箱间、瞭望塔、排烟机房等不计入檐口高度。

（2）建筑面积计算按《建筑面积计算规范》（GB/T 50353—2013）。

7.7　建筑工程工程量清单计价编制实例

7.7.1　建筑施工图说明

1. 设计依据

（1）建设单位提供的设计委托书。

（2）青岛市规划局批准的设计方案。

（3）国家及青岛市现行有关设计规范及标准。

2. 设计概况

（1）本工程为某钢材市场厂区内办公楼，二层砌体结构。建筑面积为 316.15m²，建筑总高度为 6.70m。

（2）建筑耐火等级为 3 级，抗震设防烈度为 6 度。

（3）建筑物屋面防水等级为Ⅱ级，建筑使用年限 50 年。

3. 墙体

（1）墙体材料采用 MU10 烧结煤矸石实心砖，基础采用 M5.0 水泥砂浆实砌，其余墙体采用 M5.0 混合砂浆实砌。

（2）墙体厚度除图上已注明外，其余均为 240mm，墙身防潮层在-0.060m 标高处设水泥砂浆（加 3%防水剂）防潮层。

4. 室内装饰做法

一般做法见表 7-103。

5. 门窗

门采用塑钢门，窗采用塑钢窗，需要有资格证书的专业公司设计安装，具体洞口尺寸见

表 7 - 104。

表 7 - 103　　　　　　　　　　　**室 内 装 饰 一 般 做 法**

名称	选用标准图集	做 法 说 明	使用部位
地 1	L06J002 P21 地 1	1. 素土夯实 2. 120mm 厚地瓜石垫层，M5 水泥砂浆灌实 3. 60mm 厚 C20 细石混凝土 4. 1：2 水泥砂浆抹面，20mm 厚压实	室内地面
地 2	L06J002 P25 地 15	1. 素土夯实 2. 150mm 厚毛石，M5 水泥砂浆灌实 3. 60mm 厚 C15 混凝土垫层 4. 1：3 水泥砂浆抹面，20mm 厚抹平 5. 1.5mm 厚合成高分子防水涂料 6. 瓷砖	卫生间地面
楼 1	L06J002 P41 楼 1	1. 现浇钢筋混凝土楼板 2. 素水泥浆一道 3. 20mm 厚 1：2 水泥砂浆压实赶光	二层楼面
楼 2	L06J002 P45 楼 17	1. 现浇钢筋混凝土楼板 2. 素水泥浆一道 3. 30mm 厚 C20 细石混凝土找坡抹平 4. 1.5mm 厚合成高分子防水涂料 5. 瓷砖	二层卫生间地面
内墙 1	L06J002 P82 内墙 4	1. 砖墙 2. 8mm 厚 1：1：6 水泥石灰膏砂浆打底扫毛 3. 7mm 厚 1：0.3：2.5 水泥石灰膏砂浆找平扫毛 4. 5mm 厚 1：0.3：3 水泥石灰膏砂浆压实抹光 5. 刮腻子两遍	卫生间除外房间内墙
内墙 2	L06J002 P93 内墙 28	1. 砖墙 2. 9mm 厚 1：3 水泥砂浆打底扫毛 3. 6mm 厚 1：2.5 水泥砂浆压实抹平 4. 5mm 厚面砖	卫生间墙面
踢脚	L06J002 P63 踢 1	1. 砖墙 2. 7mm 厚 1：3 水泥砂浆打底扫毛 3. 7mm 厚 1：3 水泥砂浆找平扫毛 4. 7mm 厚 1：2.5 水泥砂浆压实赶光	各房间
外墙	L06J002 P116 外墙 9	1. 砖墙 2. 10mm 厚 1：3 水泥砂浆打底扫毛 3. 8mm 厚 1：2.5 水泥砂浆找平 4. 外墙涂料	外墙
顶棚	L06J002 P101 棚 1	1. 现浇钢筋混凝土楼板 2. 满刮腻子两遍	各房间

表 7 - 104　　　　　　　　　　　门　窗　信　息　表

门窗编号	洞口尺寸		数　量	选用图集	注释说明
	宽度（mm）	高度（mm）			
M0921	900	2100	5	参见详图	塑钢门窗
M1221	1200	2100	2	参见详图	塑钢门窗
MC2115	2100	2100	6	参见详图	塑钢门窗
C2115	2100	1500	13	参见详图	塑钢门窗

注：尺寸均为门窗洞口尺寸，加工时留出安装间隙。

6. 其他

施工图中未详之处必须严格按照国家现行施工操作规程及验收规范办理。

7.7.2　结构设计说明

1. 一般说明

本工程为砖混结构，丙类建筑，安全等级为二级，地震设防烈度为 6 度，砌体的施工质量控制等级为 B 级，结构的合理使用年限为 50 年，地基基础的设计等级为丙级。

2. 主要设计依据

(1)《建筑设计荷载规范》（GB 50009—2001）。

(2)《建筑抗震设计规范》（GB 50011—2001）。

(3)《建筑地基基础设计规范》（GB 50007—2002）。

(4)《混凝土结构设计规范》（GB 50010—2002）。

(5)《砌体结构设计规范》（GB 50003—2001）。

3. 基础

本工程砖墙基础为钢筋混凝土条基，柱基为柱下独立基础。

4. 设计活荷载标准值

(1) 屋面：$0.5kN/m^2$（非上人屋面），$2.0kN/m^2$（上人屋面）。

(2) 楼面：$2.0kN/m^2$。

(3) 楼梯：$3.5kN/m^2$。

(4) 卫生间：$2.0kN/m^2$。

5. 材料

(1) 混凝土：基础及基础梁采用 C25，基础垫层采用 C15，矩形柱、圈梁、楼板、楼梯等除注明外均采用 C20。

(2) 钢筋：A 表示 HPB235 热轧钢筋，B 表示 HRB335 热轧钢筋。

6. 其他

凡未尽事宜宜按国家现行规范执行。

该实例如图 7 - 2～图 7 - 21 所示。

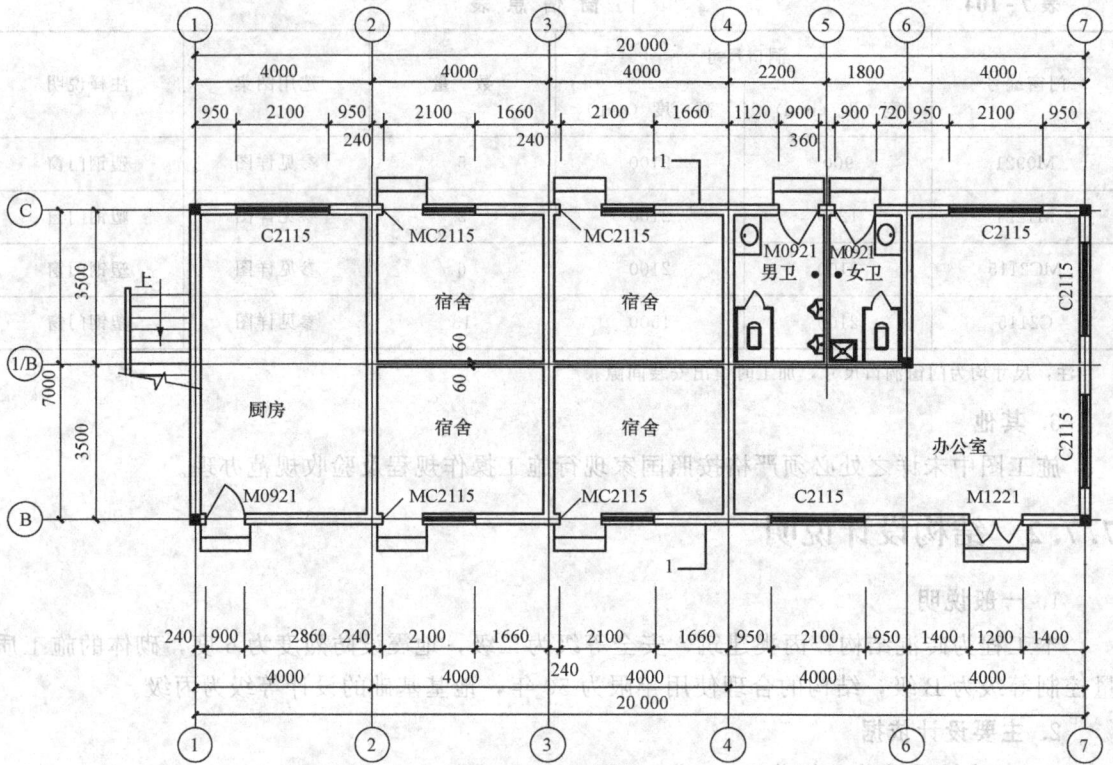

图 7-2　一层平面图（1：100）

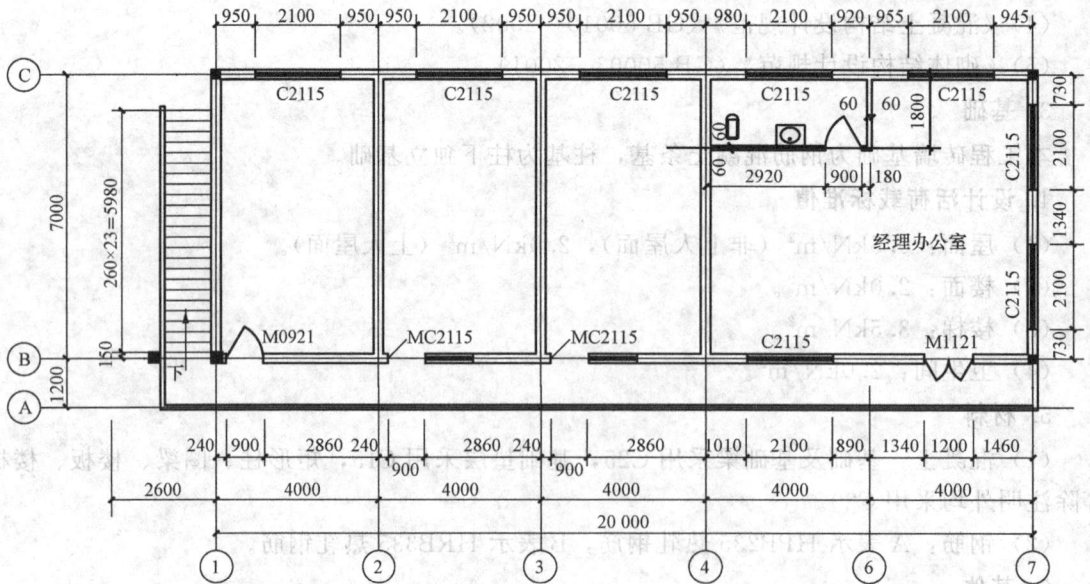

图 7-3　二层平面图（1：100）

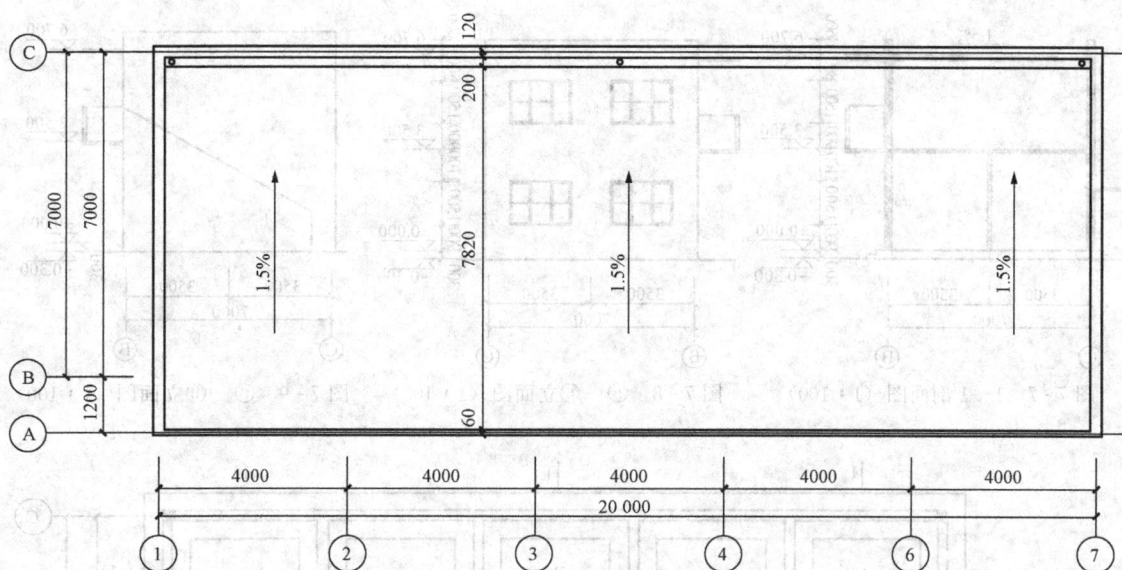

图 7-4　屋顶平面图（1∶100）

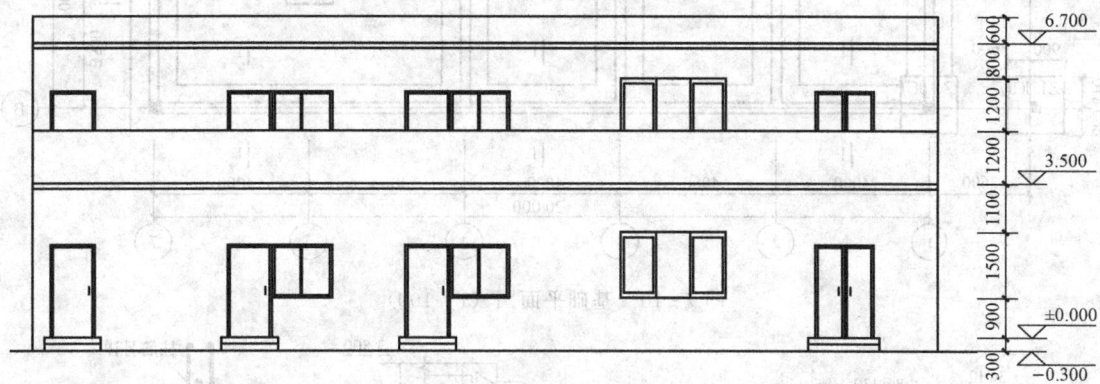

图 7-5　①～⑦立面图（1∶100）

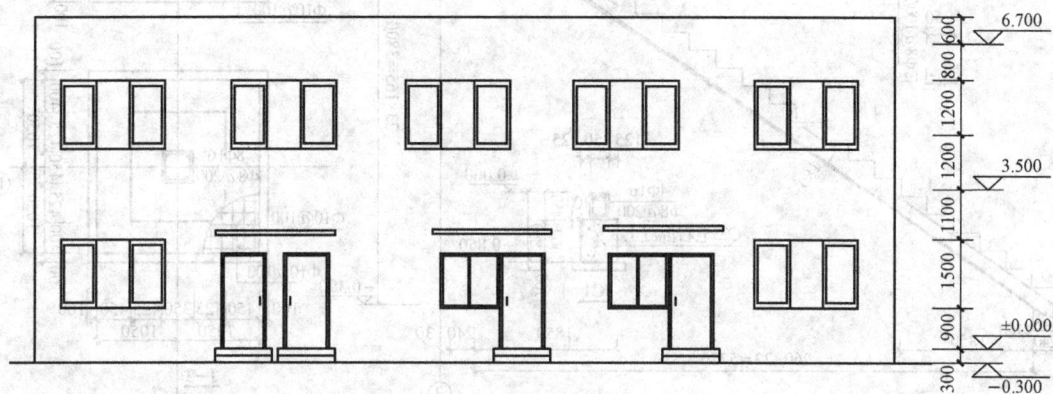

图 7-6　⑦～①立面图（1∶100）

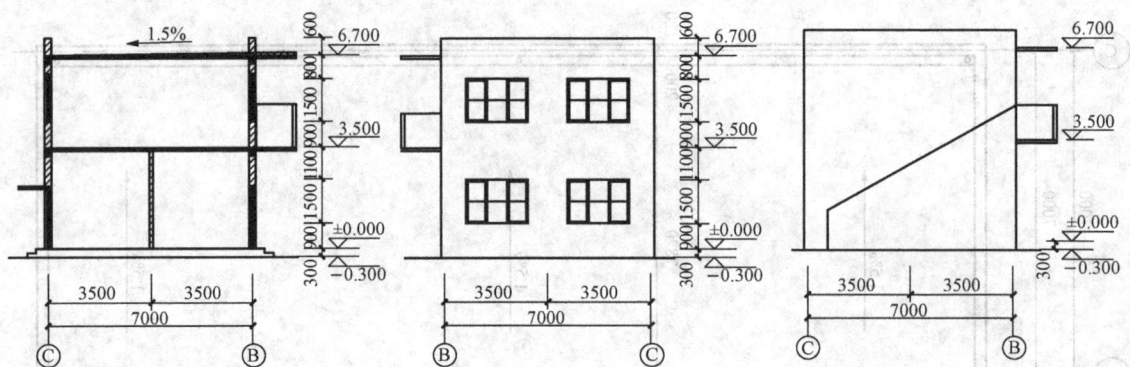

图 7-7 1—1 剖面图 (1∶100)　　图 7-8 Ⓑ—Ⓒ立面图 (1∶100)　　图 7-9 Ⓒ—Ⓑ立面图 (1∶100)

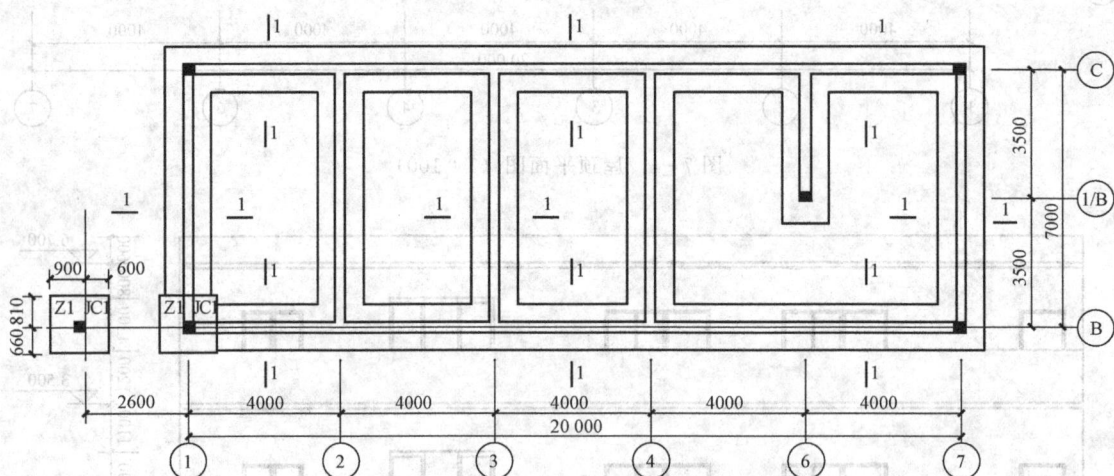

图 7-10 基础平面图 (1∶100)

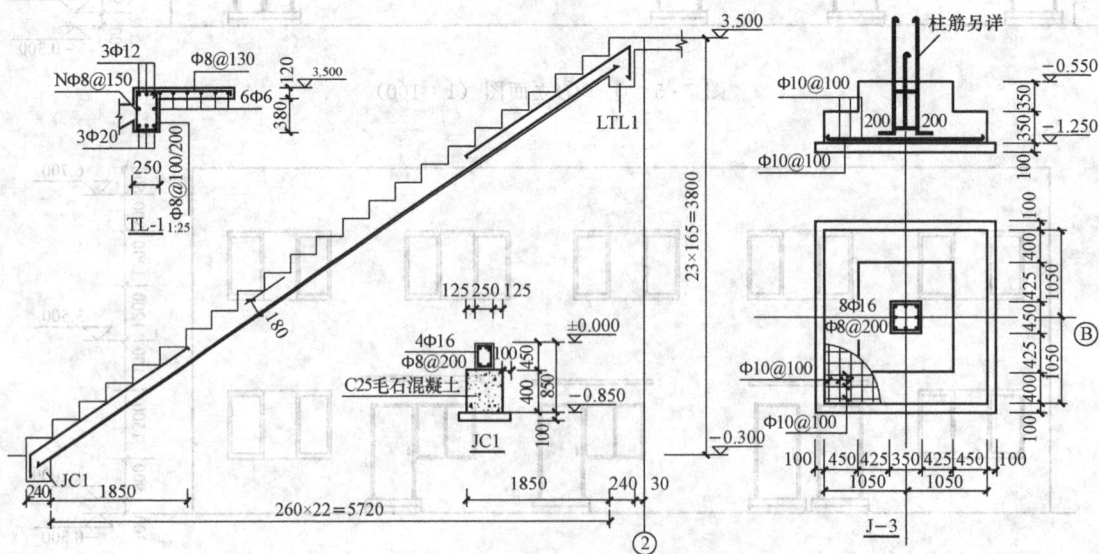

图 7-11 楼梯剖面图 (1∶25)

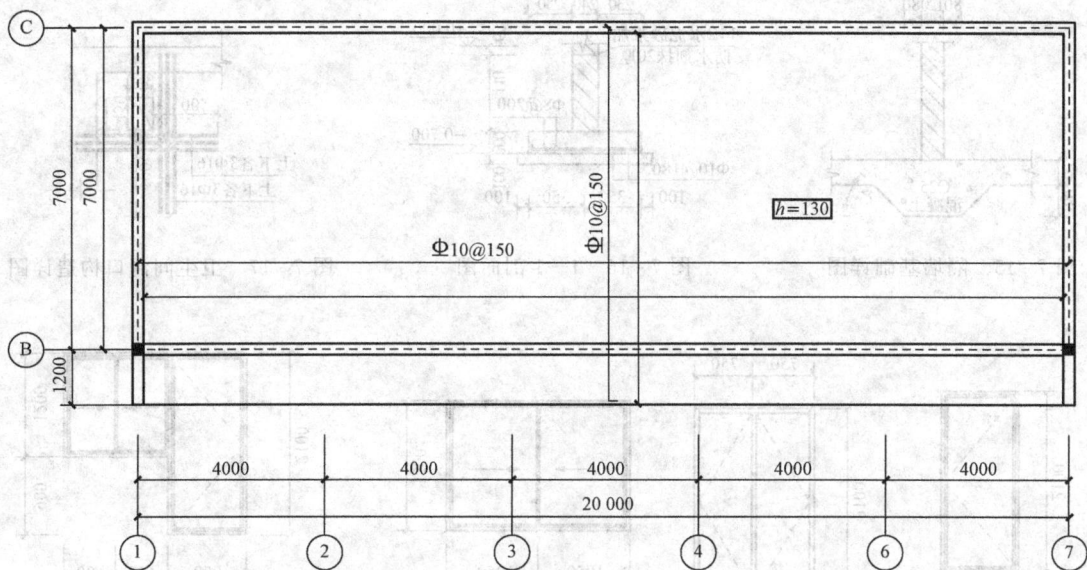

图 7-12　二层顶结构平面图（1∶100）

注："- - -"为圈梁。

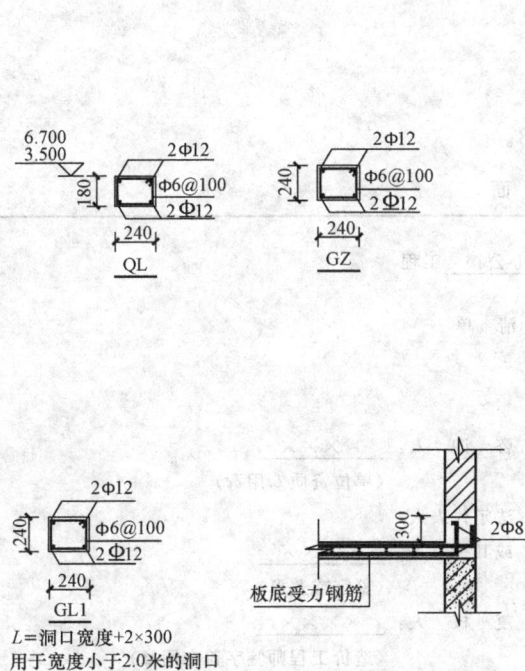

图 7-13　卫生间四周做法

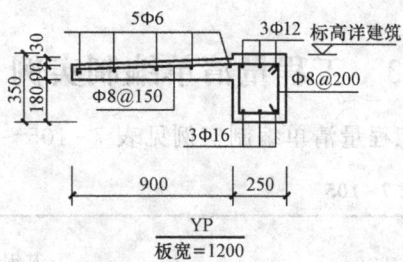

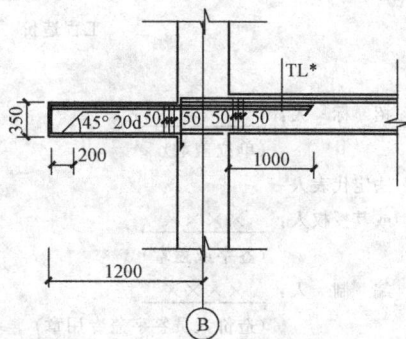

图 7-14　挑梁构造详图

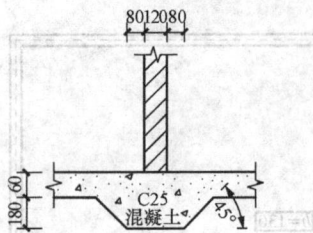

图 7-15　隔墙基础详图

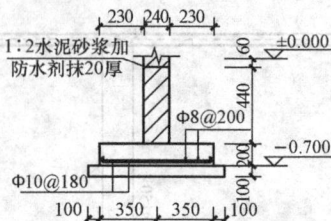

图 7-16　1—1 剖面图

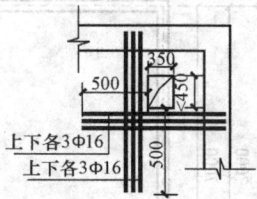

图 7-17　卫生间洞口构造详图

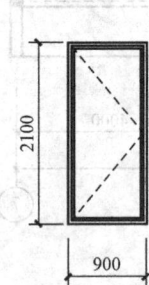

图 7-18　M0921
详图（1∶50）

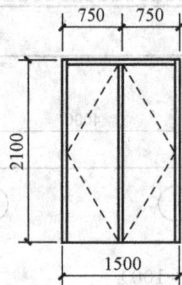

图 7-19　M1521
详图（1∶50）

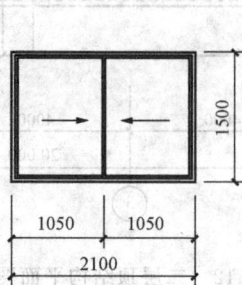

图 7-20　C2115
详图（1∶50）

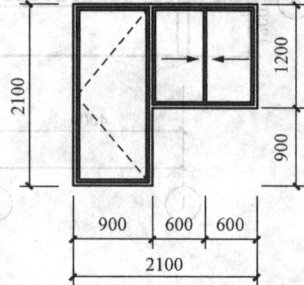

图 7-21　MC2115
详图（1∶50）

7.7.3　工程量清单编制实例

工程量清单编制实例见表 7-105～表 7-133。

表 7-105　　　　　　　　　　　　　封　　面

某钢材市场厂区办公楼　工程

工　程　量　清　单

工程造价

招　标　人：×××× 　　　　　　　　　咨　询　人：××××
　　　　　（单位盖章）　　　　　　　　　　　　　（单位资质专用章）

法定代表人　　　　　　　　　　　　　法定代表人
或其授权人：×××× 　　　　　　　　或其授权人：××××
　　　　　（签字或盖章）　　　　　　　　　　　（签字或盖章）

编　制　人：×××× 　　　　　　　　　复　核　人：××××
　　　（造价人员签字盖专用章）　　　　　　　（造价工程师签字盖专用章）

编制时间：××××年××月××日 　　　　复核时间：××××年××月××日

表 7 - 106　　　　　　　　　　　　　　　　**总 说 明**

1. 工程概况：本工程本工程为砖混结构，建筑层数为 2 层，建筑面积为 316.15m²，钢筋混凝土条形基础及独立柱基础，墙体采用 MU10 烧结煤矸石实心砖，地面采用细石混凝土楼（地）面和地面砖地面，内墙、顶棚刮腻子装饰，外墙涂料装饰，施工现场"三通一平"已完成，施工材料和施工机具均能由汽车直接运至施工现场，施工工期为 6 个月。

2. 招标范围：全部建筑工程和装饰工程。

3. 编制依据：《建设工程工程量清单计价规范》（GB 50500—2013）和《房屋建筑与装饰工程工程量计算规范》（GB 50854—2013）、施工图样、施工组织设计、本工程招标文件和本工程招标答疑文件等。

4. 工程质量应达到国家规范规定验收合格标准。

5. 考虑施工合同签订时尚未确定或者不可预见的所需材料、设备、服务的采购，施工中可能发生的工程变更、合同约定调整因素出现时的工程价款调整以及发生的索赔、现场签证确认等的费用，暂列金额为 2000 元，招标人供应现浇构件的全部钢筋单价暂定为 4000 元/t。

6. 其他说明：措施项目费投标人应根据自行编制的施工方案，结合自己企业的技术装备自行报价。

7. 投标报价时必须结合报价具体情况进行简要说明。

表 7 - 107　　　　　　　　　　　　**暂列金额明细表**

工程名称：某钢材市场厂区办公楼　　　　　　标段：　　　　　　　　　第　　页　共　　页

序号	项 目 名 称	计量单位	暂定金额（元）	备注
1	工程量清单中工程量偏差和设计变更	项	10 000	
2	政策性调整和材料价格风险	项	5000	
3	其他	项	2000	
	合　　计		17 000	—

注：此表由招标人填写，也可只列暂定金额总额，投标人应将上述暂列金额计入投标总价中。

表 7 - 108　　　　　　　　　　　　**材料暂估单价表**

工程名称：某钢材市场厂区办公楼　　　　　　标段：　　　　　　　　　第　　页　共　　页

序号	材料名称、规格、型号	计量单位	单价（元）	备　　注
1	钢筋（规格、型号综合）	t	4000	用在所有现浇混凝土钢筋清单项目

注：1. 此表由招标人填写，并在备注栏说明暂估价的材料拟用在哪些清单项目上，投标人应将上述材料暂估单价计入工程量清单综合单价报价中。

2. 材料包括原材料、燃料、构配件以及按规定应计入建筑安装工程造价的设备。

表 7 - 109　　　　　　　　　　　　**专业工程暂估价表**

工程名称：某钢材市场厂区办公楼　　　　　　标段：　　　　　　　　　第　　页　共　　页

序号	工 程 名 称	工程内容	金额（元）	备　　注
1	楼梯、走廊栏杆	安装	2000	
	合　　计		2000	—

注：此表由招标人填写，投标人应将上述专业工程暂估价计入投标总价中。

表 7 - 110　　　　　　　　　　　　**计 日 工 表**

工程名称：某钢材市场厂区办公楼　　　　　　标段：　　　　　　　　　第　　页　共　　页

编号	项 目 名 称	单位	暂定数量	综合单价	合价
一	人　工				
1	普工	工日	50		
2	技工（综合）	工日	50		

编号	项 目 名 称	单位	暂定数量	综合单价	合价
	人 工 小 计				
二	材 料				
1	钢筋（规格、型号综合）	t	1		
2	水泥 42.5	t	2		
3	中砂	m³	10		
4	MU10 烧结煤矸石砖（240mm×115mm×53mm）	块	500		
	材 料 小 计				
三	施工机械				
1	轮胎式起重机	台班	5		
2	灰浆搅拌机（400L）	台班	5		
	施 工 机 械 小 计				
	合 计				

注：此表项目名称、数量由招标人填写。编制招标控制价时，单价由招标人按有关计价规定确定；投标时，单价由投标人自助报价，计入投标总价中。

表 7 - 111　　　　　　　　　　　　　总承包服务费计价表

工程名称：某钢材市场厂区办公楼　　　　　标段：　　　　　　　第　页　共　页

序号	工程名称	项目价值（元）	服 务 内 容	费率（%）	金额（元）
1	发包人发包专业工程	50 000	1. 按专业工程承包人的要求提供施工工作面并对施工现场进行统一管理，对竣工资料进行统一整理，管理汇总 2. 为专业工程承包人提供垂直运输机械和焊接电源接入点，并承担垂直运输费和电费		
2	发包人供应材料	20 000	对发包人供应的材料进行验收及保管和使用发放		
			合　　计		

表 7 - 112　　　　　　　　　　　　规费、税金项目清单与计价表

工程名称：某木材厂办公楼　　　　　　标段：　　　　　　　第　页　共　页

序号	项目名称	计 算 基 础	费 率（%）	金 额（元）
1	规费			
1.1	工程排污费	按工程所在地环境保护部门收取标准，按实计入		
1.2	社会保障费	（1）＋（2）＋（3）＋（4）＋（5）		
（1）	养老保险费	分部分项工程费＋措施项目费＋其他项目费		
（2）	失业保险费	分部分项工程费＋措施项目费＋其他项目费		

续表

序号	项目名称	计算基础	费率（%）	金额（元）
（3）	医疗保险费	分部分项工程费＋措施项目费＋其他项目费		
（4）	工伤保险费	分部分项工程费＋措施项目费＋其他项目费		
（5）	生育保险费	分部分项工程费＋措施项目费＋其他项目费		
1.3	住房公积金	人工费		
2	税金	分部分项工程费＋措施项目费＋其他项目费＋规费		
		合　　计		

注：按照山东省的计算基础和费率计算。

表 7 - 113　　　　　　　　　　**分部分项工程量清单与计价表**

工程名称：某钢材市场厂区办公楼　　　　　　标段：　　　　　　　　第　　页　共　　页

序号	项目编码	项目名称	项 目 特 征 描 述	计量单位	工程量	金额（元）		
						综合单价	合价	其中：暂估价
			土　建　工　程					
			A．1土方工程					
1	010101001001	平整场地	1. 土壤类别：Ⅰ、Ⅱ类土综合 2. 弃土运距：土方就地挖填找平	m²	146.54			
2	010101003001	挖沟槽土方	1. 土壤类别：普通土 2. 弃土运距：40m 3. 挖土深度：0.5m	m³	32.87			
⋮			（其他略）					
			分　部　小　计					
			A．3砌筑工程					
6	010401001001	砖基础	1. 基础类型：条形基础 2. 砖品种、规格：MU10 烧结煤矸石砖 3. 砂浆强度等级：M5.0 水泥砂浆	m³	9.32			
⋮			（其他略）					
			分　部　小　计					
			A．4混凝土及钢筋混凝土工程					
11	010501002001	带形基础	1. 混凝土强度等级：C25 2. 混凝土拌合料要求：现场搅拌	m³	10.51			
⋮			（其他略）					
			分　部　小　计					

续表

序号	项目编码	项目名称	项目特征描述	计量单位	工程量	综合单价	合价	其中：暂估价
						金额(元)		
			A.7 屋面及防水工程					
36	010902001001	屋面卷材防水	1. 卷材品种：SBS改性沥青防水卷材 2. 防水层：1层 3. 防水层做法：热铺	m²	175.14			
37	010902004001	屋面排水管	排水管品种、规格：φ100UPVC管材	m	21			
⋮			（其他略）					
			分 部 小 计					
			A.8 防腐、隔热、保温工程					
40	011001001001	保温隔热屋面	1. 保温隔热部分：屋面 2. 保温隔热方式：夹心保温 3. 材料品种：挤塑聚苯板	m²	158.48			
			分 部 小 计					
			土建工程合计					
			装 饰 工 程					
			B.1 楼地面工程					
41	011101001001	水泥砂浆楼地面	1. 120mm厚地瓜石垫层，M2.5水泥砂浆灌实；60mm厚C20混凝土垫层 2. 1：2水泥砂浆抹面20mm厚压实	m²	114.08			
⋮			（其他略）					
			分 部 小 计					
			B.2 墙、柱面工程					
46	011201001001	墙面一般抹灰	1. 墙体类型：外墙 2. 水泥砂浆20mm厚 3. 刷喷涂料	m²	342.28			
⋮			（其他略）					
			分 部 小 计					
			B.3 天棚工程					
49	011301001001	天棚抹灰	1. 基层类型：混合砂浆 2. 面层材料种类、厚度：腻子 3. 砂浆配合比：1：3	m²	254.18			
			分 部 小 计					
			B.4 门窗工程					
50	01080200101	塑钢门	1. 门的类型：外门 2. 材料种类、规格：塑钢门	m²	25.83			
⋮			（其他略）					
			分 部 小 计					
			装 饰 合 计					
			本 页 小 计					
			合 计					

7.7.4　工程量清单投标报价编制实例

表 7 - 114　　　　　　　　　　**工 程 量 计 算 表**

工程名称：某钢材市场厂区办公楼　　　　　　　　　　　　　　　　　第　　页 共　　页

序号	项目编码	项目名称	单位	计 算 式	计算结果
1	010101001001	平整场地	m²	按设计图示尺寸以建筑物首层面积计算： $(20.0+0.12\times2)\times(7.0+0.12\times2)=146.54$（m²）	146.54
2	010101003001	条形基础人工挖土方	m³	按设计图示尺寸以基础垫层底面积乘以挖土深度计算： 条基长度：$(20.0+7.0)\times2+(7.0-0.45\times2)\times3$ 　　　　$+(3.5-0.45)-1.15\times2=73.05$（m） 挖土深度：$0.8-0.3=0.5$（m） 垫层宽度：$0.7+0.1\times2=0.9$（m） 挖土体积：$73.05\times0.9\times0.5=32.87$（m³）	32.87
3	010101003002	独立基础挖土方	m³	按设计图示尺寸以基础垫层底面积乘以挖土深度计算： 挖土深度：$1.35-0.3=1.05$（m） 垫层宽度：$1.05\times2+0.1\times2=2.3$（m） 挖土体积：$2.3\times2.3\times1.05\times2=11.11$（m³）	11.11
4	010101003003	楼梯基础挖土方	m³	按设计图示尺寸以基础垫层底面积乘以挖土深度计算： 挖土深度：$0.85+0.1-0.3=0.65$（m） 垫层宽度：$0.25+0.125\times2+0.1\times2=0.70$（m） 垫层长度：$2.6-1.15-0.975=0.475$（m） 挖土体积：$0.7\times0.475\times0.65=0.22$（m³）	0.22
5	010103001001	基础土方回填	m³	挖方体积减去设计室外地坪以下埋设的基础体积（包括基础垫层及其他构筑物）： 条基体积：$3.72+10.51=14.23$（m³） 柱基体积：$(2.1\times2.1\times0.35+1.2\times1.3\times0.35)\times2$ 　　　　$=4.18$（m³） 室外地坪下柱体积： $0.35\times0.45\times(0.55-0.3)\times2=0.08$（m³） 垫层体积：$(0.35\times2+0.1\times2)\times73.95\times0.1$ 　　　　$+0.45\times0.35\times0.55\times2=7.72$（m³） 回填土体积： $(32.87+11.11+0.22)-(14.23+4.18+7.72+0.08)$ $=17.99$（m³）	17.99
6	010401001001	砖基础	m³	按设计图示尺寸以体积计算： 砖基础长度：$(20.0+7.0)\times2+(7.0-0.12\times2)\times3$ 　　　　$+(3.5-0.12)=77.66$（m） 砖基础体积：$0.24\times0.5\times77.66=9.32$（m³）	9.32

序号	项目编码	项目名称	单位	计　算　式	计算结果
7	010401003001	砖内墙厚 $\delta=240mm$	m³	按设计图示尺寸以体积计算： 一层内墙面积：$[(7.0-0.12\times2)\times3+(3.5-0.12\times2)]\times3.5=82.39(m^2)$ 二层内墙面积：$(7.0-0.12\times2)\times3\times3.2=64.90(m^2)$ 内墙体积：$(82.39+64.90)\times0.24=35.35(m^3)$	35.35
8	010401003002	砖内墙厚 $\delta=115mm$	m³	按设计图示尺寸以体积计算： 一层内墙面积：$[(4.0-0.12\times2)\times3+(3.5-0.12-0.06)]\times(3.5-0.12)=49.35(m^2)$ 二层内墙面积：$[(4.0-0.12-0.06)+(1.8-0.12+0.06)]\times(3.2-0.13)-0.9\times2.1=15.18(m^2)$ 内墙体积：$(49.35+15.18)\times0.115=7.42(m^3)$	7.42
9	010401003003	砖外墙厚 $\delta=240mm$	m³	按设计图示尺寸以体积计算： 外墙长度：$(20.0+7.0)\times2=54.00(m)$ 外墙上门的面积：$0.9\times2.1\times4+1.2\times2.1\times2+(2.1\times0.9+1.2\times1.2)\times6=32.58(m^2)$ 外墙上窗的面积：$2.1\times1.5\times(5+8)=40.95(m^2)$ 外墙墙的面积：$[54\times(6.7-0.13)+54\times0.6]-(32.58+40.95)=313.65(m^2)$ 柱的体积：$0.24\times0.24\times(6.7-0.13)\times3+(0.35\times0.45-0.11\times0.21)\times(3.5-1.2)+0.24\times0.24\times(6.7-3.5-0.13)+0.24\times0.24\times0.6\times4=1.76(m^3)$ 外墙体积：$313.65\times0.24-1.76-4.44-3.17=65.91(m^3)$	65.91
10	010401012001	零星砌体	m³	按设计图示尺寸以体积计算： 楼梯栏板面积：$(1.5+3.2+1.5)\times(5.72+0.24+0.24)/2=19.22(m^2)$ 走廊栏板面积：$[(1.2-0.12+0.06)\times2+(20.0+0.06\times2)]\times1.5=33.6(m^2)$ 栏板体积：$(19.22+33.6)\times0.115=6.07(m^3)$	6.07
11	010501002001	条形基础	m³	按设计图示尺寸以体积计算： 基础长度：$(20.0+7.0)\times2+(7.0-0.35\times2)\times3+(3.5-0.35)-(0.175+0.425)\times2=74.85(m)$ 基础宽度：$0.35\times2=0.7(m)$ 基础高度：$0.2(m)$ 基础体积：$0.7\times0.2\times74.85+0.425\times0.7\times0.05\times2=10.51(m^3)$	10.51

序号	项目编码	项目名称	单位	计　算　式	计算结果
12	010501002002	毛石混凝土基础	m³	按设计图示尺寸以体积计算： 基础长度：2.6 (m) 基础宽度：$0.125 \times 2 + 0.25 = 0.5$ (m) 基础高度：0.4 (m) 基础体积：$0.15 \times (2.6 - 0.45) + 0.2 \times (2.6 - 0.35)$ 　　　　　$+ 0.05 \times (2.6 - 0.12) = 0.90 (\text{m}^3)$	0.90
13	010501003001	C25 独立基础	m³	按设计图示尺寸以体积计算： $V = (2.1 \times 2.1 \times 0.35 + 1.2 \times 1.3 \times 0.35) \times 2$ 　$= 4.18 (\text{m}^3)$	4.18
14	010502001001	矩形柱	m³	按设计图示尺寸以体积计算： 柱长度：$3.5 + 0.55 = 4.05$ (m) 柱体积：$0.35 \times 0.45 \times 4.05 \times 2 = 1.28$ (m³)	1.28
15	010502001002	矩形柱	m³	按设计图示尺寸以体积计算： 构造柱 240×240： $L = 3.5 \times 4 + 4 \times 3.2 = 26.8$ (m) 按山东省标 L03G3B， 女儿墙构造柱 240×240： $L = [(20 + 7) \times 2/3 + 1] \times 0.6 = 11.4 (\text{m})$ 构造柱体积：$V = 0.24 \times 0.24 \times (26.8 + 11.4) = 2.20 (\text{m}^3)$	2.20
16	010503001001	基础梁	m³	按设计图示尺寸以体积计算： 梁 250×450： 长度：$L = 2.6$ (m) 体积：$V = 0.25 \times 0.45 \times 2.6 = 0.29$ (m³)	0.29
17	010503002001	矩形梁	m³	按设计图示尺寸以体积计算： 梁 250×500： 长度：$L = 2.6 - 0.12 = 2.48$ (m) 体积：$V = 0.25 \times 0.5 \times 2.48 = 0.31$ (m³)	0.31
18	010503002002	矩形梁	m³	按设计图示尺寸以体积计算： TL1 240×350： 长度：$L = (2.5 + 1.2 - 0.06) \times 3 + (2.5 + 1.2 + 0.06) \times 1$ 　　　$= 14.68 (\text{m})$ 体积：$V_1 = 0.24 \times 0.35 \times 14.68 = 1.23$ (m³) TL2 240×350： 长度：$L = (4.5 + 1.2 - 0.06) + (2.5 + 1.2 - 0.06)$ 　　　$= 9.4 (\text{m})$ 体积：$V_2 = 0.24 \times 0.35 \times 9.4 = 0.79$ (m³) 总体积：$V = V_1 + V_2 = 1.23 + 0.79 = 2.02$ (m³)	2.02

序号	项目编码	项目名称	单位	计 算 式	计算结果
19	010503002003	矩形梁	m³	按设计图示尺寸以体积计算： L1 240×300： 长度：$L=4.0-0.12×2=3.76$(m) 体积：$V=0.24×0.3×3.76=0.27$（m³）	0.27
20	010503002004	矩形梁	m³	按设计图示尺寸以体积计算： LL1 200×300： 长度：$L=20.0-0.12×2=19.76$(m) 体积：$V=0.2×0.3×19.76=1.19$（m³） 雨篷梁 250×350： 长度：$L=1.2×4=4.8$(m) 体积：$V=0.25×0.35×4.8=0.42$（m³） 总体积：$V=1.19+0.42=1.61$（m³）	1.61
21	010503004001	圈梁	m³	按设计图示尺寸以体积计算： 梁 240×180： 长度：$L=(7.0-2.5)×2+20+(20-0.12×2)$ $+(7.0+20)×2=102.76$(m) 体积：$V=0.24×0.18×102.76=4.44$（m³）	4.44
22	010503005001	过梁	m³	按设计图示尺寸以体积计算： 梁 240×240： 长度：$L=(2.1+0.25×2)×13+(2.1+0.25+0.24)$ $×6+(0.9+0.3+0.24)×2+(0.9+0.3$ $+0.18)×2$ $=54.98$(m) 体积：$V=0.24×0.24×54.98=3.17$（m³）	3.17
23	010503005002	过梁	m³	按设计图示尺寸以体积计算： 梁 120×120： 长度：$L=0.9+0.3+0.18=1.38$（m） 体积：$V=0.12×0.12×1.38=0.02$（m³）	0.02
24	010505003001	现浇板厚 $δ=120mm$	m³	按设计图示尺寸以体积计算： 面积：$S=(20-0.24)×(8.2-0.12-0.06)$ $-(1.8-0.24)×(4.0-0.24)+2.6×(1.2-$ $0.12)=155.42$(m²) 体积：$V=155.42×0.12=18.65$（m³）	18.65
25	010505003002	现浇板厚 $δ=100mm$	m³	按设计图示尺寸以体积计算： 面积：$S=(1.8-0.24)×(4.0-0.24)=5.87$(m²) 体积：$V=0.587$（m³）	0.587

续表

序号	项目编码	项目名称	单位	计 算 式	计算结果
26	010505003003	现浇板厚 $\delta=130mm$	m³	按设计图示尺寸以体积计算： 面积：$S=(20-0.24)\times(8.2-0.12)=159.66(m^2)$ 体积：$V=20.76(m^3)$	20.76
27	010505008001	雨篷	m³	按设计图示尺寸以墙外部分体积计算： 面积：$S=1.2\times0.9\times4=4.32(m^2)$ 厚度：$1/2\times(0.12+0.09)=0.105(m)$ 体积：$V=4.32\times0.105=0.45(m^3)$	0.45
28	010506001001	现浇楼梯	m²	按设计图示尺寸以水平投影面积计算： 面积：$S=(2.6-0.12)\times(5.72+0.24+0.24)$ $=15.38(m^2)$	15.38
29	010507001001	散水	m²	按设计图示尺寸以面积计算： $S=[(20+7)\times2-0.9\times7-1.2]\times0.6=27.90(m^2)$	27.90
30	010515001 （钢筋计算 按设计图示）	柱基	kg	B10 长度：$L=\{[(2.1-0.035\times2)+6.25\times0.01\times2]\times$ $[(2.1-0.035\times2)/0.1+1]\}\times[(2.1-$ $0.035\times2)+6.25\times0.01\times2\times(2.1/0.1$ $+1)]\times2=4352.38(m)$ 重量：$4352.38\times1.0\times1.0\times0.617=2685.42(kg)$	
		柱筋	kg	B16 长度：$L=8\times(3.5+1.25-0.035-0.05+0.2$ $+4.9\times0.016)\times2=79.49(m)$ 重量：$79.49\times1.6\times1.6\times0.617=125.56(kg)$ A8 长度：$L=[(3.5+1.25-0.035-0.025)/0.2+1]\times$ $[(0.35+0.45)\times2-0.05]\times2$ $=75.80(m)$ 重量：$75.80\times0.8\times0.8\times0.617=29.93(kg)$	
		条基	kg	B10 长度：$L=(0.7-0.035\times2+6.25\times0.01\times2)\times$ $[(74.40-0.035\times2)/0.18+1]$ $=1737.02(m)$ 重量：$1737.02\times1.0\times1.0\times0.617=1071.74(kg)$ A8 长度：$L=[(0.7-0.035\times2)/0.2+1]\times74.40$ $=308.76(m)$ 重量：$308.76\times0.8\times0.8\times0.617=121.92(kg)$	
		圈梁	kg	B12：长度：$L=4\times103=412(m)$ 重量：$412\times1.2\times1.2\times0.617=366.05(kg)$ A6 长度：$L=[(35-0.025\times2)/0.1+1]\times[(0.24+$ $0.18)\times2-0.05]=814.10(m)$ 重量：$814.10\times0.6\times0.6\times0.617=180.83(kg)$	
		构造柱	kg	B12 长度：$L=4\times(23.6+11.4)=140(m)$ 重量：$140\times1.2\times1.2\times0.617=124.39(kg)$ A6 长度：$L=[(35-0.025\times2)/0.1+1]\times(0.24\times4-$ $0.05)=318.96(m)$ 重量：$318.96\times0.6\times0.6\times0.617=70.85(kg)$	

序号	项目编码	项目名称	单位	计　算　式	计算结果
30	010515001 （钢筋计算 按设计图示）	雨篷	kg	A6 长度： $L=(1.2-0.015\times2+6.25\times0.006\times2)\times5\times4=24.90(m)$ 重量：$24.90\times0.6\times0.6\times0.617=5.53$（kg） A8 长度： $L=[(0.9+0.25-0.015-0.025)+(0.09-0.015\times2)$ $+(0.35-0.025\times2)+4.9\times0.008]+[(1.2-$ $0.015\times2)/0.15+1]\times4=53.12(m)$ 重量：$53.12\times0.8\times0.8\times0.617=20.98$（kg）	
		雨篷梁	kg	B12 长度：$L=3\times(1.2-0.025\times2)\times4=13.8(m)$ 重量：$13.8\times1.2\times1.2\times0.617=12.26$（kg） $\phi16$ 长度：$L=3\times(1.2-0.025\times2)\times4=13.8(m)$ 重量：$13.8\times1.6\times1.6\times0.617=21.80$（kg） A8 长度：$L=[(1.2-0.025\times2)/0.2+1]\times[(0.25+$ $0.35)\times2-0.05]\times4=31.05(m)$ 重量：$31.05\times0.8\times0.8\times0.617=12.26$（kg）	
		LTL1 250×500	kg	B20 长度：$L=3\times\{2.84-0.025\times2+[(0.5-0.025\times$ $2)+4.9\times0.02]\times2\}=11.66(m)$ 重量：$11.66\times2\times2\times0.617=28.78$（kg） B12 长度：$L=5\times\{2.84-0.025\times2+[(0.5-0.025\times$ $2)+4.9\times0.02]\times2\}=19.04(m)$ 重量：$19.04\times1.2\times1.2\times0.617=16.92$（kg） A8 长度：$L=[(2.84-0.025\times2)/0.1+1]\times[2\times$ $(0.25+0.5)-0.05]=41.91(m)$ 重量：$41.91\times0.8\times0.8\times0.617=16.55(kg)$	
		二层顶板	kg	B10 长度： $L=(20.24-0.015\times2+4.9\times0.01\times2)\times[(8.2-0.015$ $\times2)/0.15+1]+(8.2-0.015\times2+4.9\times0.01\times2)\times$ $[(20.24-0.015\times2)/0.15+1]+\{20.24-0.015\times2$ $+[(0.13-0.015\times2)+4.9\times0.01]\times2\}\times[(8.2-$ $0.015\times2)/0.15+1]+\{8.2-0.015\times2+[(0.13-$ $0.015\times2)+4.9\times0.01]\times2\}\times[(20.24-0.015\times2)/$ $0.15+1]=4535.56(m)$ 重量：$4535.56\times1.0\times1.0\times0.617=2798.44$（kg）	
		一层顶板	kg	A8 长度： $L=(20.24-0.015\times2+4.9\times0.008\times2)\times[(7.24-$ $0.015\times2)/0.15+1]+(7.24-0.015\times2+4.9\times$ $0.008\times2)\times[(20.24-0.015\times2)/0.15+1]+(1.12$ $+3\times0.008)\times[(7.0-0.24)/0.15+1]\times10+(1.12$ $+3\times0.008)\times[(40-0.24\times2)/0.15+1]+(4.0-$ $0.015\times2+4.9\times0.008\times2)\times[(1.8-0.015\times2)/$ $0.15+1]+(1.8-0.015\times2+4.9\times0.008\times2)\times$ $[(40-0.015\times2)/0.15+1]=2916.90(m)$ 重量：$2916.90\times0.8\times0.8\times0.617=1151.83(kg)$	

序号	项目编码	项目名称	单位	计　算　式	计算结果
30	010515001 （钢筋计算 按设计图示）	LL1	kg	B12 长度：$L=2\times\{20.24-0.025\times2+[(0.30-0.025\times2)+4.9\times0.012]\times2\}=41.82(m)$ 重量：$1.82\times1.2\times1.2\times0.617=37.16(kg)$ B16 长度：$L=2\times\{20.24-0.025\times2+[(0.30-0.025\times2)+4.9\times0.016]\times2\}=41.89(m)$ 重量：$41.89\times1.6\times1.6\times0.617=66.17$ (kg) A6 长度：$L=[(20.24-0.025\times2)/0.15+1]\times[2\times(0.2+0.3)-0.05]\times2=257.64(m)$ 重量：$257.64\times0.6\times0.6\times0.617=57.23$ (kg)	
		L1	kg	B12 长度：$L=2\times\{4.24-0.025\times2+[(0.3-0.025\times2)+4.9\times0.012\times2]\}=9.62(m)$ 重量：$9.62\times1.2\times1.2\times0.617=8.55$ (kg) B16 长度：$L=3\times\{4.24-0.025\times2+[(0.3-0.025\times2)+4.9\times0.016\times2]\}=14.54(m)$ 重量：$14.54\times1.6\times1.6\times0.617=22.97(kg)$ A8 长度：$L=[(4.24-0.025\times2)/0.2+1]\times[2\times(0.24+0.3)-0.05]\times2=45.22(m)$ 重量：$45.22\times0.8\times0.8\times0.617=17.86(kg)$	
		TL2	kg	B18 长度：$L=3\times\{9.4-0.025\times2\times2+[4.9\times0.018+(0.35-0.025\times2)]\times2\times2\}=32.56(m)$ 重量：$32.56\times1.8\times1.8\times0.617=65.09$ (kg) B16 长度：$L=3\times\{9.4-0.025\times2\times2+[4.9\times0.016+(0.35-0.025\times2)]\times2\times2\}=32.44(m)$ 重量：$32.44\times1.6\times1.6\times0.617=51.24$ (kg) A8 长度：$L=[(9.4-0.025\times2\times2)/0.1+1]\times[2\times(0.24+0.35)-0.05]\times2=212.44(m)$ 重量：$212.44\times0.8\times0.8\times0.617=83.89$ (kg)	
		TL1	kg	B18 长度：$L=3\times\{3.7-0.025\times2+[(0.35-0.025\times2)+4.9\times0.018]\times2\}\times4=53.12(m)$ 重量：$53.12\times1.8\times1.8\times0.617=106.19(kg)$ B12 长度：$L=2\times\{3.7-0.025\times2+[(0.35-0.025\times2)+4.9\times0.012]\times2\}\times4=34.94(m)$ 重量：$34.94\times1.2\times1.2\times0.617=31.04(kg)$ A8 长度：$L=4\times[(3.7-0.025\times2)/0.1+1]\times[2\times(0.24+0.35)-0.05]\times2=339(m)$ 重量：$339\times0.8\times08\times0.617=133.86(kg)$	
		挑檐	kg	A8 长度：$L=[1.2+0.06+0.12-0.015-0.025+(0.5-0.025\times2+4.9\times0.008)]\times[(22.6+0.24-0.015\times2)/0.13+1]=322.78(m)$ 重量：$322.78\times0.8\times0.8\times0.617=127.46$ (kg) A6 长度：$L=(22.6+0.24-0.015\times2+3\times0.006\times2)\times6=137.08(m)$ 重量：$137.08\times0.6\times0.6\times0.617=30.45$ (kg)	

序号	项目编码	项目名称	单位	计 算 式	计算结果
31	010515001001	现浇混凝土钢筋 A6	t	$(180.83+70.85+5.53+57.23+30.45)/1000=3.449(t)$	3.449
32	010515001002	现浇混凝土钢筋 A8	t	$(29.93+121.92+20.98+12.26+16.55+1151.40+17.86+83.89+133.86+127.46)/1000=1.717(t)$	1.717
33	010515001003	现浇混凝土钢筋 B10	t	$(2685.42+192.83+2798.44)/1000=5.677(t)$	5.677
34	010515001004	现浇混凝土钢筋 B12	t	$(366.05+124.39+12.26+16.92+37.16+8.55+31.04)/1000=0.596(t)$	0.596
35	010515001005	现浇混凝土钢筋 B16	t	$(125.56+21.80+66.17+22.97+51.24)/1000=0.288(t)$	0.288
36	010515001006	现浇混凝土钢筋 B18	t	$(65.09+106.19)/1000=0.171(t)$	0.171
37	010515001007	现浇混凝土钢筋 B20	t	$28.78/1000=0.029$ (t)	0.029
38	010902001001	屋面卷材防水	m²	按设计图示尺寸以面积计算： $S=(20-0.24)\times(8.2-0.18)+[(20-0.24)+(8.2-0.18)]\times2\times0.3=175.14(m^2)$	175.14
39	010902004001	雨水排水管	m	$L=(6.7+0.3)\times3=21(m)$	21
40	010904002001	卫生间涂膜防水	m²	按设计图示尺寸以面积计算： $S=(4.0-0.24)\times(3.5-0.18)-(3.5-0.18)\times0.12+(4.0-0.18)\times(1.8-0.18)=18.27(m^2)$	18.27
41	010904003001	地面砂浆防水	m²	按设计图示尺寸以面积计算： $S=[(20+7)\times2+(7.0-0.24)\times3+(3.5-0.12)]\times0.24+[4.0\times3+(3.5-0.18)]\times0.12=20.48(m^2)$	20.48
42	011001001001	屋面保温	m²	按设计图示尺寸以面积计算： $S=(20-0.24)\times(8.2-0.18)=158.48(m^2)$	158.48
43	011101001001	水泥砂浆地面	m²	按设计图示尺寸以面积计算： $S=(4.0-0.24)\times(7-0.24)\times5-(3.5-0.18)\times(4.0-0.24)-(4-0.24)\times0.12\times3+0.24\times(3.5-0.12+0.06)=114.08(m^2)$	114.08
44	011101001002	卫生间楼面	m²	按设计图示尺寸以面积计算： $S=(1.8-0.18)\times(4.0-0.18)=6.19(m^2)$	6.19

序号	项目编码	项目名称	单位	计　算　式	计算结果
45	011101001003	卫生间地面	m²	按设计图示尺寸以面积计算： $S=(3.5-0.18)\times(4.0-0.24)-(3.5-0.18)\times0.12$ $=12.08(\text{m}^2)$	12.08
46	011101001004	水泥砂浆楼面	m²	按设计图示尺寸以面积计算： $S=(4.0-0.24)\times(7-0.24)\times3+[(8.0-0.24)\times$ $(7.0-0.24)-(1.8-0.12+0.06)\times(4.0-0.12+$ $0.06)]=121.85(\text{m}^2)$	121.85
47	011105001001	水泥砂浆踢脚	m²	按设计图示尺寸以长度计算： $L=[(4.0-0.24)+(7.0-0.24)]\times2\times3+(4.0-0.24)\times$ $2\times2-0.12\times4+[(8.0-0.24)+(7.0-0.24)]\times2-$ $0.24-0.12+[(4.0-0.24)+(7.0-0.24)]\times2\times3+$ $[(8.0-0.24)+(7.0-0.24)]\times2-(0.9\times9+1.2\times$ $2)+0.24\times10+0.12\times1=190.54(\text{m})$ $S=190.54\times0.15=28.58(\text{m}^2)$	28.58
48	011201001001	外墙抹灰	m²	按设计图示尺寸以面积计算： $S=[(7.0+0.24)+(20.0+0.24)]\times2\times(7.3+0.3)-$ $25.83-49.59=342.28(\text{m}^2)$	342.28
49	011201001002	内墙抹灰	m²	按设计图示尺寸以面积计算： 一层： 长度：$L=[(7.0-0.24)+(4.0-0.24)]\times2+[(3.5-$ $\qquad0.18)+(4.0-0.24)]\times2\times4+[(8.0-0.24)$ $\qquad+(7.0-0.24)]\times2=106.72(\text{m})$ 高度：$h=3.5-0.12=3.38(\text{m})$ 门窗洞口面积： $S_0=2.1\times1.5\times6+(0.9\times2.1+1.2\times1.2)\times4+0.9\times$ $\qquad2.1+1.2\times2.1=36.63(\text{m}^2)$ 一层面积：$S_1=106.72\times3.38-36.63=324.08\ (\text{m}^2)$ 二层： 长度：$L=[(7.0-0.24)+(4.0-0.24)]\times2\times3+[(8.0$ $\qquad-0.24)+(7.0-0.24)]\times2=92.16(\text{m})$ 高度：$h=6.7-3.5-0.13=3.07(\text{m})$ 门窗洞口面积： $S_0=2.1\times1.5\times7+(0.9\times2.1+1.2\times1.2)\times2+0.9\times2.1$ $\qquad\times2+1.2\times2.1=35.01(\text{m}^2)$ 二层面积：$S_2=92.16\times3.07-35.01=247.92\ (\text{m}^2)$ 总面积：$S=S_1+S_2=324.08+247.92+63.83$ $\qquad=572\ (\text{m}^2)$	572
50	011201001003	卫生间墙面	m²	按设计图示尺寸以镶贴面积计算： $S=\{[(2.2-0.18)+(3.5-0.18)]+[(1.8-0.18)+$ $(3.5-0.18)]\}\times2\times(3.5-0.12)-0.9\times2.1\times2+$ $[(4.0-0.18)+(1.8-0.18)]\times2\times(3.2-0.13)-$ $0.9\times2.1=97.22(\text{m}^2)$	97.22

序号	项目编码	项目名称	单位	计 算 式	计算结果
51	011301001001	顶棚面积	m²	按设计图示尺寸以水平投影面积计算： $S=(4.0-0.24)\times(7.0-0.24)+(4.0-0.24)\times(3.5-0.18)\times4+(2.2-0.18)\times(3.5-0.18)+(1.8-0.18)\times(3.5-0.18)+4.0\times(3.5-0.18)+(4.0-0.24)\times(7-0.24)+(4.0-0.24)\times(7.0-0.24)\times3+(1.8-0.18)\times(4.0-0.18)+(7.0-1.8-0.18)\times(4.0-0.12+0.06)+(4.0-0.18)\times(7-0.24)=254.18(m^2)$	254.18
52	010802001001	塑钢门	m²	按设计图示洞口尺寸以面积计算： $S=0.9\times2.1\times11+1.2\times2.1\times2=25.83(m^2)$	25.83
53	010807001001	塑钢窗	m²	按设计图示洞口尺寸以面积计算： $S=2.1\times1.5\times13+1.2\times1.2\times6=49.59\ (m^2)$	49.59
54	011701002001	外墙脚手架	m²	$S=[(8.2+0.12+0.06)+(20+0.24)]\times2\times(6.7+0.3+0.6)=435.02(m^2)$	435.02
55	01B001	平挂式定全网	m²	$S=\{[(8.2+0.12+0.06)+(20+0.24)]\times2\times1.5+1.5\times1.5\times4\}\times(2-1)=94.86(m^2)$	94.86
56	01B002	密目网垂直封闭	m²	$S=\{[8.2+0.12+0.06)+(20+0.24)]\times2+1.5\times8\}\times(6.7+0.3+0.6+1.5)=630.08(m^2)$	630.08

表 7 - 115　　　　　　　　　　　　　**封　　面**

投 标 总 价

招标人：　　　　　　　××××××

工程名称：　　　　某钢材市场厂区办公楼工程

投标总价(小写)：　　　　　301 952.51

　　　　(大写)：　　叁拾万壹仟玖佰伍拾贰元伍角壹分

投标人：　　　　　　　××××××

　　　　　　　　　　　　　　　　(单位盖章)

法定代表人
或其授权人：　　　　　　××××××

　　　　　　　　　　　　　　　(签字或盖章)

编制人：　　　　　　　　××××××

　　　　　　　　　　　　(造价人员签字盖专用章)

编制时间：××××年××月××日

表 7-116 总 说 明

1. 工程概况：本工程本工程为砖混结构，建筑层数 2 层，建筑面积为 316.15m²，钢筋混凝土条形基础及独立柱基础，墙体采用 MU10 烧结煤矸石实心砖，地面采用细石混凝土楼（地）面和地面砖地面，内墙、顶棚刮腻子装饰，外墙涂料装饰，施工现场"三通一平"已完成，施工材料和施工机具均能由汽车直接运至施工现场，施工工期为 6 个月

2. 招标范围：全部建筑工程和装饰工程

3. 编制依据：《建设工程工程量清单计价规范》（GB 50500—2013）和《房屋建筑与装饰工程工程量计算规范》（GB 50854—2013）、青岛市工程结算资料汇编（2008）、山东省建筑工程量清单计价办法、山东省建筑工程消耗量定额、施工图样、施工组织设计、本工程招标文件和本工程招标答疑文件等

4. 工程质量应达到国家规范规定验收合格标准

5. 考虑施工合同签订时尚未确定或者不可预见的所需材料、设备、服务的采购，施工中可能发生的工程变更、合同约定调整因素出现时的工程价款调整以及发生的索赔、现场签证确认等的费用，暂列金额为 2000 元，招标人供应现浇构件的全部钢筋单价暂定为 4000 元/t

6. 山东省 2009 年 S6 月市场价格信息，人工费土建按 41 元/工日，装饰按 45 元/工日，企业管理费费率土建按 5.1%，装饰按 51%；利润费率土建按 3.2%，装饰按 17%

7. 其他说明：土方根据地质勘察报告按普通土开挖，外运按 40m 考虑；所有混凝土按现浇混凝土考虑；措施项目费投标人应根据自行编制的施工方案，结合自己企业的技术装备自行报价

8. 投标报价时必须结合报价具体情况进行简要说明

表 7-117 投 标 报 价 汇 总 表

工程名称：某钢材市场厂区办公楼　　　标段：　　　　第 页 共 页

序号	单项工程名称	金额（元）	其　中		
			暂估价（元）	安全文明施工费（元）	规费（元）
1	某钢材市场厂区办公楼工程	301 952.51	50 786	4582.03	10 193.48
	合　计	301 952.51	50 786	4582.03	10 193.48

注：本表适用于工程项目招标控制价或投标报价的汇总。

表 7-118 单项工程投标报价汇总表

工程名称：某钢材市场厂区办公楼　　　标段：　　　　第 页 共 页

序号	单位工程名称	金额（元）	其　中		
			暂估价（元）	安全文明施工费（元）	规费（元）
1	土建工程	24 184.96	50 786	3017.92	7955.84
2	装饰工程	60 107.55		1564.11	2237.64
	合　计	301 952.51	50 786	4582.03	10 193.48

注：本表适用于单位工程招标控制价或投标报价的汇总。暂估价包括分部分项工程中的暂估价和专业工程暂估价。

表 7-119 单位工程投标报价汇总表（土建）

工程名称：某钢材市场厂区办公楼　　　标段：　　　　第 页 共 页

序号	汇 总 内 容	金额（元）	其中：暂估价（元）
1	分部分项工程	153 069.51	50 876
1.1	A.1 土（石）方工程	4488.99	

续表

序号	汇总内容	金额（元）	其中：暂估价（元）
1.2	A.3 砌筑工程	25 133.44	
1.3	A.4 混凝土及钢筋混凝土工程	85 741.16	50 876
1.4	A.7 屋面及防水工程	33 766.11	
1.5	A.8 防腐、隔热、保温工程	3939.81	
2	措施项目	36 336.80	
2.1	安全文明施工费	3017.92	
3	其他项目	36 350	
3.1	暂列金额	17 000	
3.2	专业工程暂估价	2000	
3.3	计日工	14 550	
3.4	总承包服务费	2800	
4	规费	7955.84	
5	税金	8133.17	
	投标价合计＝1＋2＋3＋4＋5	241 844.96	50 876

注：本表适用于单位工程招标控制价或投标报价的汇总，如无单位工程划分，单项工程也使用本表汇总。

表 7 - 120　　　　　　　单位工程投标报价汇总表（装饰）

工程名称：某钢材市场厂区办公楼　　　　　标段：　　　　　　第　页　共　页

序号	汇总内容	金额（元）	其中：暂估价（元）
1	分部分项工程	50 739.96	
1.1	B.1 楼地面工程	12 363.27	
1.2	B.2 墙、柱面工程	27 488.69	
1.3	B.3 顶棚工程	1715.72	
1.4	B.4 门窗工程	9172.29	
2	措施项目	5108.55	
2.1	安全文明施工费	1564.11	
3	其他项目		
3.3	计日工		
3.4	总承包服务费		
4	规费	2237.64	
5	税金	2021.40	
	投标价合计＝1＋2＋3＋4＋5	60 107.55	

注：本表适用于单位工程招标控制价或投标报价的汇总，如无单位工程划分，单项工程也使用本表汇总。

表 7 - 121　　　　　　　　分部分项工程量清单与计价表

工程名称：某钢材市场厂区办公楼　　　　　　标段：　　　　　　　　第　　页　共　　页

序号	项目编码	项目名称	项目特征描述	计量单位	工程量	综合单价	合价	其中：暂估价
						金额（元）		
			土建工程					
			A.1 土（石）方工程					
1	010101001001	平整场地	Ⅰ、Ⅱ类土综合，土方就地挖填找平	m²	146.54	3.94	577.37	
2	010101003001	挖基础土方	1. 土壤类别：普通土 2. 基础形式：条形基础 3. 挖土深度：0.5m	m³	32.87	93.13	3061.18	
3	010101003002	楼梯基础挖土方	1. 土壤类别：普通土 2. 弃土运距：40m 3. 挖土深度：0.85m	m³	0.22	39.46	8.68	
4	010101004001	挖基础土方	1. 土壤类别：普通土 2. 弃土运距：40m 3. 挖土深度：1.05m	m³	11.11	39.64	440.40	
5	010103001001	土（石）方回填	1. 回填材料要求：普通土 2. 松填 3. 运输距离：40m	m³	17.99	22.31	401.36	
		分部小计					4488.99	
			A.3 砌筑工程					
6	010401001001	砖基础	1. 基础形式：条形基础 2. 砖品种、规格：MU10 烧结煤矸石砖 3. 砂浆强度等级：M5.0 水泥砂浆	m³	9.32	304.84	2841.11	
7	010401003001	实心砖墙	1. 墙体类型：内墙 2. 墙体厚度：240mm 3. 砖品种、规格：MU10 烧结煤矸石砖 4. 砂浆强度等级：M5.0 混合砂浆	m³	35.35	76.98	2721.24	
8	010401003002	实心砖墙	1. 墙体类型：内墙 2. 墙体厚度：115mm 3. 砖品种、规格：MU10 烧结煤矸石砖 4. 砂浆强度等级：M5.0 混合砂浆	m³	7.42	285.26	2116.63	
9	010401003003	实心砖墙	1. 墙体类型：外墙 2. 墙体厚度：240mm 3. 砖品种、规格：MU10 烧结煤矸石砖 4. 砂浆强度等级：M5.0 混合砂浆	m³	65.91	261.66	17 246.01	

序号	项目编码	项目名称	项目特征描述	计量单位	工程量	金额（元）		
						综合单价	合价	其中：暂估价
10	010401012001	零星砌砖	1. 构件名称：楼梯、走廊栏板 2. 砖品种、规格：MU10 烧结煤矸石砖 3. 砂浆强度等级：M5.0 混合砂浆	m³	6.07	34.33	208.38	
		分部小计					25 133.44	
		A.4 混凝土及钢筋混凝土工程						
11	010501002001	带形基础	1. 混凝土强度等级：C25 2. 混凝土拌合料要求：现场搅拌	m³	10.51	159.74	1678.87	
12	010501002002	带形基础	1. 混凝土强度等级：C25 2. 混凝土拌合料要求：现场搅拌	m³	0.90	296.90	267.21	
13	010501003001	独立基础	1. 混凝土强度等级：C25 2. 混凝土拌合料要求：现场搅拌	m³	4.18	294.86	1232.52	
14	010502001001	矩形柱	1. 柱种类、断面：独立柱 350×450 2. 混凝土强度等级：C20 3. 混凝土拌合料要求：现场搅拌	m³	1.28	281.11	359.82	
15	010502001002	矩形柱	1. 柱种类、断面：构造柱 240×240 2. 混凝土强度等级：C20 3. 混凝土拌合料要求：现场搅拌	m³	2.02	299.88	605.76	
16	010503001001	基础梁	1. 断面：250×450 2. 混凝土强度等级：C25 3. 混凝土拌合料要求：现场搅拌	m³	0.29	262.62	76.16	

序号	项目编码	项目名称	项目特征描述	计量单位	工程量	金额（元）		
						综合单价	合价	其中：暂估价
17	010503002001	矩形梁	1. 断面：250×500 2. 混凝土强度等级：C20 3. 混凝土拌合料要求：现场搅拌	m³	0.31	258.45	80.12	
18	010503002002	矩形梁	1. 断面：240×350 2. 混凝土强度等级：C20 3. 混凝土拌合料要求：现场搅拌	m³	2.02	258.50	522.17	
19	010503002003	矩形梁	1. 断面：240×300 2. 混凝土强度等级：C20 3. 混凝土拌合料要求：现场搅拌	m³	0.27	258.52	69.80	
20	010503002004	矩形梁	1. 断面：连梁 200×300 2. 混凝土强度等级：C20 3. 混凝土拌合料要求：现场搅拌	m³	1.61	258.51	416.20	
21	010503004001	圈梁	1. 断面：240×180 2. 混凝土强度等级：C20 3. 混凝土拌合料要求：现场搅拌	m³	4.44	288.78	1282.18	
22	010503005001	过梁	1. 断面：240×240 2. 混凝土强度等级：C20 3. 混凝土拌合料要求：现场搅拌	m³	3.17	309.11	979.88	
23	010505003001	平板	1. 板厚：120mm 2. 混凝土强度等级：C20 3. 混凝土拌合料要求：现场搅拌	m³	18.65	250.26	4667.35	
24	010505003002	平板	1. 板厚：100mm 2. 混凝土强度等级：C20 3. 混凝土拌合料要求：现场搅拌	m³	0.587	250.27	146.91	
25	010505003003	平板	1. 板厚：130mm 2. 混凝土强度等级：C20 3. 混凝土拌合料要求：现场搅拌	m³	20.76	250.26	5195.40	

序号	项目编码	项目名称	项目特征描述	计量单位	工程量	金额（元）		
						综合单价	合价	其中：暂估价
26	010505008001	雨篷	1. 板厚：105mm 2. 混凝土强度等级：C20 3. 混凝土拌合料要求：现场搅拌	m³	0.45	61.71	27.77	
27	010506001001	直形楼梯	1. 梯板结构形式：现浇混凝土 2. 梯板厚度：180mm 3. 混凝土强度等级：C20	m²	15.38	89.91	1382.82	
28	010507001001	散水、坡道	1. 面层材料种类、厚度：水泥砂浆 2. 混凝土强度等级：C15 3. 混凝土拌合料要求：现场搅拌	m²	27.90	46.84	1306.84	
29	010515001001	现浇混凝土钢筋	现浇混凝土钢筋 钢筋种类、规格：圆钢筋 Φ8	t	3.449	5542.19	19 115.02	13 796
30	010515001002	现浇混凝土钢筋	现浇混凝土钢筋 钢筋种类、规格：圆钢筋 Φ8	t	1.717	5156.26	8848.14	6864
31	010515001003	现浇混凝土钢筋	现浇混凝土钢筋 钢筋种类、规格：圆钢筋 Φ10	t	5.677	5655.56	32 106.60	25 880
32	010515001004	现浇混凝土钢筋	现浇混凝土钢筋 钢筋种类、规格：螺纹钢筋 Φ12	t	0.597	5011.7	2992.01	2384
33	010515001005	现浇混凝土钢筋	现浇混凝土钢筋 钢筋种类、规格：螺纹钢筋 Φ16	t	0.287	4909.48	1409.02	1152
34	010515001006	现浇混凝土钢筋	现浇混凝土钢筋 钢筋种类、规格：螺纹钢筋 Φ18	t	0.171	4868.42	832.50	684
35	010515001007	现浇混凝土钢筋	现浇混凝土钢筋 钢筋种类、规格：螺纹钢筋 Φ20	t	0.029	4831.38	140.11	116
		分部小计					85 741.16	50 876
		A. 7 屋面及防水工程						
36	010902001001	屋面卷材防水	1. 卷材品种：SBS 改性沥青防水卷材 2. 防水层：1 层 3. 防水层做法：热铺	m²	177.51	177.25	31 043.57	
37	010902004001	屋面排水管	排水管品种、规格：φ100 UP-VC管材	m	21	36.09	757.89	

续表

序号	项目编码	项目名称	项目特征描述	计量单位	工程量	金额（元）		
						综合单价	合价	其中：暂估价
38	010904002001	涂膜防水	1. 涂膜品种：合成高分子防水材料 2. 防水部位：卫生间地面 3. 防水做法：1.5mm厚	m²	18.27	58.29	1064.96	
39	010904003001	砂浆防水（潮）	1. 防水（潮）层种类、厚度：20mm 2. 防水（潮）部位：墙基 3. 砂浆配合比：1：3 水泥砂浆	m²	20.48	43.93	899.69	
		分部小计					33 766.11	
		A.8 防腐、隔热、保温工程						
40	011001001001	保温隔热屋面	1. 保温隔热部位：屋面 2. 材料品种、规格：挤塑聚苯板 3. 保温隔热方式：夹心保温	m²	158.48	24.86	3939.81	
		分部小计					3939.81	
		土建工程合计					153 069.51	50 876
		装饰工程						
		B.1 楼地面工程						
41	011101001001	水泥砂浆楼地面	1. 120mm厚地瓜石垫层，M2.5 水泥砂浆灌实；60mm厚C20 混凝土垫层 2. 1：2 水泥砂浆抹面 20mm厚压实	m²	114.08	60.85	6941.77	
42	011101001002	水泥砂浆楼地面	1. 1：2 水泥砂浆抹面 2. 20mm厚压实	m²	121.85	13.09	1595.02	
43	011101001003	卫生间楼面	1. 30mm厚C20细石混凝土找坡抹平 2. 30mm厚1：3 干硬性水泥砂浆结合层 3. 瓷砖	m²	6.19	127.32	788.11	
44	011101001004	卫生间地面	1. 面层、材料种类：60mm厚C15混凝土垫层 2. 20mm厚1：3 水泥砂浆找平	m²	12.08	182.75	2207.62	

续表

序号	项目编码	项目名称	项目特征描述	计量单位	工程量	金额（元）		
						综合单价	合价	其中：暂估价
45	011105001001	水泥砂浆踢脚线	1. 踢脚线高度：150mm 2. 砂浆配合比：水泥砂浆 1∶3 3. 面层厚度：20mm	m²	28.58	29.07	830.75	
		分部小计					12 363.27	
		B. 2 墙、柱面工程						
46	011201001001	墙面一般抹灰	1. 墙体类型：外墙 2. 水泥砂浆 20mm 厚 3. 刷喷涂料	m²	324.28	30.54	10 453.23	
47	011201001002	墙面一般抹灰	1. 墙体类型：内墙 2. 混合砂浆 20mm 3. 刮腻子两遍	m²	572	18.50	10 582.00	
48	011204003001	块料墙面	1. 墙体类型：卫生间墙面 2. 15mm 厚 1∶3 水泥砂浆打底压实抹平 3. 5mm 厚面砖	m²	97.22	66.38	6453.46	
		分部小计					27 488.69	
		B. 3 天棚工程						
49	011301001001	天棚抹灰	1. 基层类型：混合砂浆 2. 面层材料种类、厚度：腻子 3. 砂浆配合比：1∶3	m²	254.18	6.75	1715.72	
		分部小计					1715.72	
		B. 4 门窗工程						
50	010802001001	塑钢门	1. 门的类型：外门 2. 材料种类、规格：塑钢门	m²	25.83	170.68	4408.66	
51	01080700001	塑钢窗	1. 窗的类型：外窗 2. 材料种类、规格：塑钢 3. 玻璃种类、厚度：普通玻璃 3mm	m²	49.59	96.06	4763.62	
		分部小计					9172.28	
		装饰合计					50 739.96	
		本页小计						
		合　　计					203 809.47	50 876

表 7 - 122 措施项目清单与计价表（一）

工程名称：某钢材市场厂区办公楼 标段： 第 页 共 页

序号	项目名称	计算基础	费率（%）	金额（元）
	土 建 工 程			9345.82
1	安全文明施工费	分部分项工程费＋措施项目费 ＋其他项目费	1.55	3017.92
2	夜间施工费	省直接费	0.7	1362.93
3	二次搬运费	省直接费	0.6	1168.23
4	冬雨期施工	省直接费	0.8	1557.64
5	地上、地下设施、建筑 物的临时保护设施	省直接费	1.0	1947.04
6	已完工程及设备保护	省直接费	0.15	292.06
	装 饰 工 程			5108.55
1	安全文明施工	省直接费	5.8	1564.11
2	夜间施工	省直接费	4.2	1132.63
3	二次搬运	省直接费	3.8	1024.76
4	冬、雨期施工	省直接费	4.7	1267.47
5	已完工程及设 备保护	省直接费	0.15	119.58
	各专业工程的措施项目			26 990.98
	合 计			41 445.35

表 7 - 123 措施项目清单与计价表（二）

工程名称：某钢材市场厂区办公楼 标段： 第 页 共 页

序号	项目编码	项目名称	项目特征描述	计量单位	工程量	金额（元）	
						综合单价	合价
1	011701002001	脚手架	钢管脚手架	m²	435.02	9.92	4315.40
2	01B001	立挂式安全网	宽度1.5m 每层一道	m²	94.86	5.69	539.75
3	01B002	密目网垂直封闭	封闭材料：密目网	m²	630.08	10.07	6344.91
4	011702001	混凝土及钢筋混 凝土模板	胶合板模板木支撑	项	1	14 580.72	15 790.92
			本页小计				26 990.98
			合 计				26 990.98

注：本表适用于以综合单价形式计价的措施项目。

表 7-124　其他项目清单与计价汇总表

工程名称：某钢材市场厂区办公楼　　标段：　　　第　页　共　页

序号	项目名称	计量单位	金额（元）	备注
1	暂列金额	项	17 000	
2	暂估价		2000	
2.1	材料暂估价		—	
2.2	专业工程暂估价	项	2000	
3	计日工		14 550	
4	总承包服务费		2800	
	合计		36 350	

注：材料暂估单价进入清单项目综合单价，此处不汇总。

表 7-125　暂列金额明细表

工程名称：某钢材市场厂区办公楼　　标段：　　　第　页　共　页

序号	项目名称	计量单位	暂定金额（元）	备注
1	工程量清单中工程量偏差和设计变更	项	10 000	
2	政策性调整和材料价格风险	项	5000	
3	其他	项	2000	
	合计		17 000	—

注：此表由招标人填写，也可只列暂定金额总额，投标人应将上述暂列金额计入投标总价中。

表 7-126　材料暂估单价表

工程名称：某钢材市场厂区办公楼　　标段：　　　第　页　共　页

序号	材料名称、规格、型号	计量单位	单价（元）	备注
1	钢筋（规格、型号综合）	t	4000	用在所有现浇混凝土钢筋清单项目

注：1. 此表由招标人填写，并在备注栏说明暂估价的材料拟用在哪些清单项目上，投标人应将上述材料暂估单价计入工程量清单综合单价报价中。
　　2. 材料包括原材料、燃料、构配件，以及按规定应计入建筑安装工程造价的设备。

表 7-127　专业工程暂估价表

工程名称：某钢材市场厂区办公楼　　标段：　　　第　页　共　页

序号	工程名称	工程内容	金额（元）	备注
1	楼梯、走廊栏杆	安装	2000	
	合计		2000	

注：此表由招标人填写，投标人应将上述专业工程暂估价计入投标总价中。

表 7 - 128　　　　　　　　　　　　　计 日 工 表

工程名称：某钢材市场厂区办公楼　　　　　　标段：　　　　　　　　第　页　共　页

编号	项 目 名 称	单位	暂定数量	综合单价（元）	合 价（元）
一	人工				
1	普工	工日	50	40	2000
2	技工（综合）	工日	50	60	3000
	人 工 小 计				5000
二	材料				
1	钢筋（规格、型号综合）	t	1	5000	5000
2	水泥 42.5	t	2	500	1000
3	中砂	m³	10	80	800
4	MU10 烧结煤矸石砖（240mm×115mm×53mm）	块	500	0.3	150
	材 料 小 计				6950
三	施 工 机 械				
1	轮胎式起重机	台班	5	500	2500
2	灰浆搅拌机（400L）	台班	5	20	100
	施 工 机 械 小 计				2600
	合 计				14 550

注：此表项目名称、数量由招标人填写。编制招标控制价时，单价由招标人按有关计价规定确定；投标时，单价由
　　投标人自助报价，计入投标总价中。

表 7 - 129　　　　　　　　　　　总承包服务费计价表

工程名称：某钢材市场厂区办公楼　　　　　　标段：　　　　　　　　第　页　共　页

序号	工程名称	项目价值（元）	服 务 内 容	费率（%）	金额（元）
1	发包人发包专业工程	50 000	1. 按专业工程承包人的要求提供施工工作面并对施工现场进行统一管理，对竣工资料进行统一整理管理汇总 2. 为专业工程承包人提供垂直运输机械和焊接电源接入点，并承担垂直运输费和电费	5	2500
2	发包人供应材料	20 000	对发包人供应的材料进行验收及保管和使用发放	1.5	300
	合 计				2800

表 7 - 130　　　　　　　　**规费、税金项目清单与计价表（土建）**

工程名称：某木材厂办公楼　　　　　　标段：　　　　　　　　第　页　共　　页

序号	项目名称	计算基础	费率（%）	金额（元）
1	规费	社会保障法＋工程排污费＋住房公积金		7955.84
1.1	工程排污费	按工程所在地环境保护部门收取标准，按实计入	0.3	677.27
1.2	社会保障费	（1）＋（2）＋（3）＋（4）＋（5）		
（1）	养老保险费	分部分项工程费＋措施项目费＋其他项目费		
（2）	失业保险费	分部分项工程费＋措施项目费＋其他项目费		
（3）	医疗保险费	分部分项工程费＋措施项目费＋其他项目费	2.6	5869.65
（4）	工伤保险费	分部分项工程费＋措施项目费＋其他项目费		
（5）	生育保险费	分部分项工程费＋措施项目费＋其他项目费		
1.3	住房公积金	人工费	3.8	1408.92
2	税金	分部分项工程费＋措施项目费＋其他项目费＋规费	3.48	8133.17
合　　计				16 089.01

根据《建设工程工程量清单计价规范》（GB 50500—2013）规定，每一个项目编码的工程量清单项目，都应分别编制工程量清单综合单价分析表，考虑到篇幅，只编制部分清单项目的综合单价分析表，其他省略。

表 7 - 131　　　　　　　　**规费、税金项目清单与计价表（装饰）**

工程名称：某木材厂办公楼　　　　　　标段：　　　　　　　　第　页　共　　页

序号	项目名称	计算基础	费率（%）	金额（元）
1	规费	社会保障法＋工程排污费＋住房公积金		2237.64
1.1	工程排污费	按工程所在地环境保护部门收取标准，按实计入	0.3	167.54
1.2	社会保障费	（1）＋（2）＋（3）＋（4）＋（5）		
（1）	养老保险费	分部分项工程费＋措施项目费＋其他项目费		
（2）	失业保险费	分部分项工程费＋措施项目费＋其他项目费		
（3）	医疗保险费	分部分项工程费＋措施项目费＋其他项目费	2.6	1452.06
（4）	工伤保险费	分部分项工程费＋措施项目费＋其他项目费		
（5）	生育保险费	分部分项工程费＋措施项目费＋其他项目费		
1.3	住房公积金	人工费	3.8	618.04
2	税金	分部分项工程费＋措施项目费＋其他项目费＋规费	3.48	2021.40
合　　计				4259.40

表 7 - 132　　　　　　　　　　工程量清单综合单价分析表（1）

工程名称：某钢材市场厂区办公楼　　　　　　　标段：　　　　　　　　第　页　共　页

项目编码	010302001002	项目名称			实心砖墙					计量单位	m³

清单综合单价组成明细

定额编号	定额名称	单位	数量	单价				合价			
				人工费	材料费	机械费	管理费和利润	人工费	材料费	机械费	管理费和利润
3-3-1	M5.0 混浆/MU10 烧结煤矸石砖墙 115mm	10m³	0.749	825.7	1807.5	19.77	199.62	618.67	1341.17	14.67	148.12
人工单价			小　计					618.67	1341.17	14.67	148.12
41.00 元/工日			未 计 价 材 料 费								
清单项目综合单价								2116.63/7.420＝285.26			

材料明细	主要材料名称、规格、型号			单位	数量	单价	合价	暂估单价	暂估合价
	普通硅酸盐水泥 32.5MPa			t	0.3	271.63	81.49		
	MU10 烧结煤矸石砖 240mm×115mm×53mm			千块	4.27	283.67	1211.27		
	其他材料费						48.41		
	材料费小计						1341.17		

表 7 - 133　　　　　　　　　　工程量清单综合单价分析表（2）

工程名称：某钢材市场厂区办公楼　　　　　　　标段：　　　　　　　　第　页　共　页

项目编码	010702001001	项目名称			屋面卷材防水					计量单位	m²

清单综合单价组成明细

定额编号	定额名称	单位	数量	单价				合价			
				人工费	材料费	机械费	管理费和利润	人工费	材料费	机械费	管理费和利润
9-1-1	素水泥浆/水泥砂浆 1：3/1：3 砂浆混凝土硬基层上找平层 20mm	10m²	17.514	35.1	39.39	2.75	6.4	614.74	689.88	48.16	112.09
6-2-32	平面二层 SBS 改性沥青卷材满铺	10m²	17.514	25.01	840.94	0	59.64	438.03	14 728.22	0	1044.53

续表

项目编码	010702001001	项目名称			屋面卷材防水			计量单位	m²
清单综合单价组成明细									
定额编号	定额名称	单位	数量	单 价				合 价			
				人工费	材料费	机械费	管理费和利润	人工费	材料费	机械费	管理费和利润
6-2-3h	水泥砂浆1:3/水泥砂浆二次抹压防水层20mm	10m²	17.514	63.96	72.64	2.59	11.85	1120.20	1272.22	45.36	207.54
6-2-4h	水泥砂浆1:3/水泥砂浆二次抹压防水层±10mm(5.00倍)	10m²	17.514	2.05	96.96	5.27	8.73	32.49	1698.16	92.30	152.90
6-2-93	1.5mm厚LM高分子涂料防水层	10m²	17.514	5.33	456.45	0	37.44	93.35	7994.27	0	655.72
人工单价			小 计					2302.22	26 382.75	185.82	2172.78
41.00 元/工日			未计价材料费								
清单项目综合单价								31 043.57/175.14＝177.25			
材料明细	主要材料名称、规格、型号			单位	数量	单价	合价	暂估单价	暂估合价
	钢筋 Φ8			t	0.01			4000	40
	普通硅酸盐水泥 32.5MPa			t	6.06	271.63	1646.08		
	黄砂（过筛中砂）			m³	17.29	52.28	903.92		
	SBS 防水卷材			m²	416.02	25	10 400.5		
	建筑油膏			kg	137.79	3.32	457.46		
	1.5厚 LM 高分子涂料			kg	524.19	14.64	7674.27		
	高强 APP 基底处理剂			kg	44.28	7.80	345.35		
	高强 APP 胶粘剂 B 型			kg	238.19	17.80	4239.78		
	钢钉			kg	0.49	10.50	5.15		
	木柴			kg	41.33	0.50	20.67		
	其他材料费						10.23		
	材料费小计						26 342.75		40

复习思考题

7-1　掌握工程量清单的含义、清单的组成及有关规定。

7-2　工程量清单计价的基本原理是什么？

7-3　某车间基础工程，分别为混凝土垫层、条形砖基础和混凝土垫层、钢筋混凝土独立柱基础，土壤为三类土。采用人工挖土，余土场内堆放，不考虑场外运输。室外地坪标高为−0.15m，室内地坪为6cm混凝土垫层、2cm水泥砂浆面层。砖基础垫层、柱基础垫层与柱混凝土均为C20混凝土，基础均为支模垫层。基础平面图如图7-22所示，基础剖面图如图7-23所示。编制基础工程的工程量清单，并自行进行清单报价。

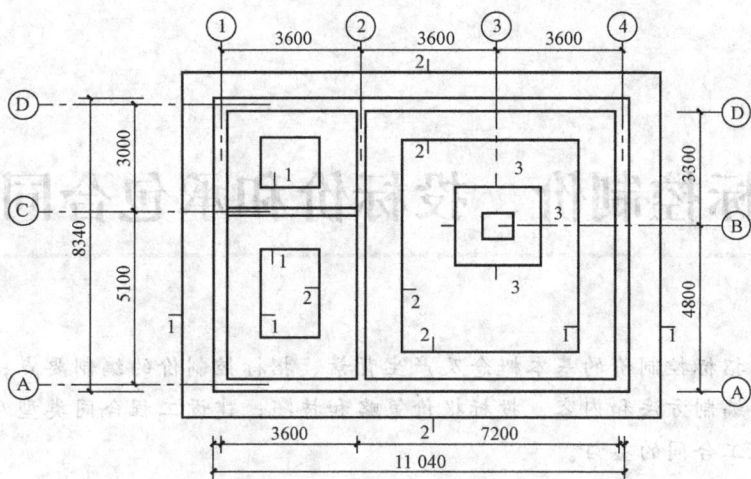

图 7-22　基础平面图

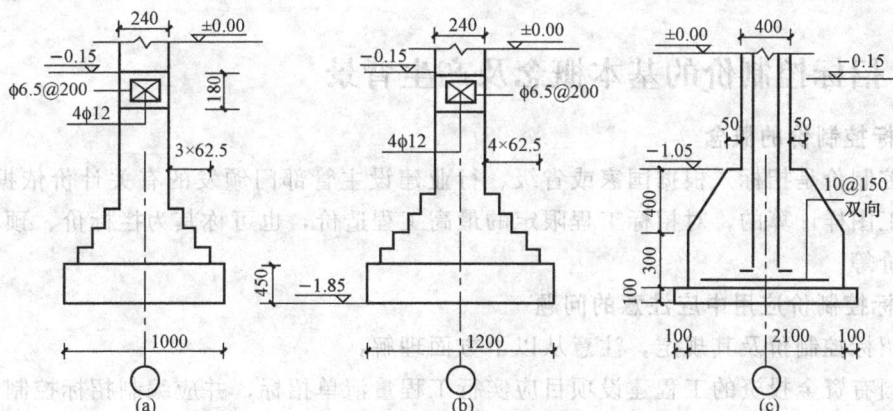

图 7-23　基础剖面图

(a) 1—1 剖面图；(b) 2—2 剖面图；(c) 3—3 剖面图

7-4　某工程钢屋架如图 7-24 所示，计算钢屋架的工程量清单，并确定其综合单价。

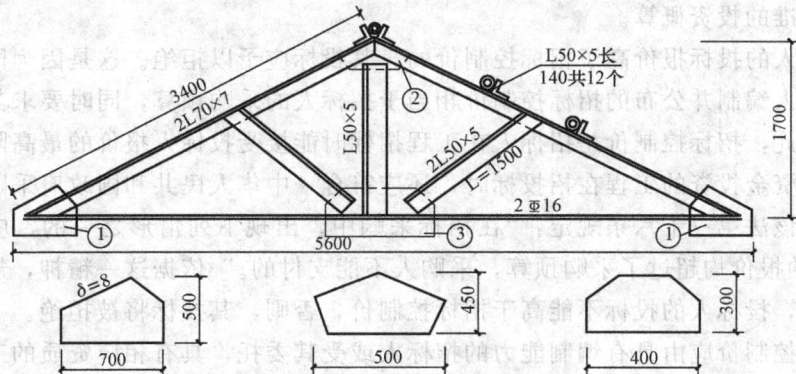

图 7-24　某工程钢屋架

7-5　编制附录某警察队队点工程的工程量清单，并报价及进行综合单价分析。

第8章

招标控制价、投标价和承包合同价

本章介绍了招标控制价的基本概念及产生背景、招标控制价的编制要点；投标报价的概念、编制原则、编制方法和内容、投标报价策略和技巧；建设工程合同类型及选择、工程合同价的确定与施工合同的签订。

8.1 招标控制价

8.1.1 招标控制价的基本概念及产生背景

1. 招标控制价的概念

招标控制价是招标人根据国家或省级、行业建设主管部门颁发的有关计价依据和办法，按设计施工图样计算的，对招标工程限定的最高工程造价，也可称其为拦标价、预算控制价或最高报价等。

2. 招标控制价应用中应注意的问题

对于招标控制价及其规定，注意从以下方面理解：

（1）国有资金投资的工程建设项目应实行工程量清单招标，并应编制招标控制价。编制招标控制价，有利于客观、合理地评审投标报价，避免哄抬标价。

（2）招标控制价超过批准的概算时，招标人应将其报原概算审批部门审核。这是由于我国对国有资金投资项目的投资控制实行的是投资概算审批制度，国有资金投资的工程，原则上不能超过批准的投资概算。

（3）投标人的投标报价高于招标控制价的，其投标应予以拒绝。这是因为国有资金投资的工程，招标人编制并公布的招标控制价相当于招标人的采购预算，同时要求其不能超过批准的概算，因此，招标控制价是招标人在工程招标时能接受投标人报价的最高限价。国有资金中的财政性资金投资的工程在招投标时，还应符合《中华人民共和国政府采购法》相关条款的规定。如该法第三十六条规定："在招标采购中，出现下列情形之一的，应予废标……（三）投标人的报价均超过了采购预算，采购人不能支付的。"依据这一精神，规定了国有资金投资的工程，投标人的投标不能高于招标控制价，否则，其投标将被拒绝。

（4）招标控制价应由具有编制能力的招标人或受其委托，具有相应资质的工程造价咨询人编制。这里要注意的是，应由招标人负责编制招标控制价。当招标人不具有编制招标控制价的能力时，根据《工程造价咨询企业管理办法》（建设部令第149号）的规定，可委托具有工程造价咨询资质的工程造价咨询企业编制。工程造价咨询人不得同时接受招标人和投标人对同一工程的招标控制价和投标报价的编制。

（5）招标控制价应在招标文件中公布，不应上调或下浮，招标人应将招标控制价及有关资料报送工程所在地工程造价管理机构备查。应注意的是，招标控制价的作用决定了招标控制价不同于标底，无需保密。为体现招标的公平、公正，防止招标人有意抬高或压低工程造价，招标人应在招标文件中如实公布招标控制价，不得对所编制的招标控制价进行上浮或下调。招标人在招标文件中公布招标控制价时，应公布招标控制价各组成部分的详细内容，不得只公布招标控制价总价。同时，招标人应将招标控制价报工程所在地的工程造价管理机构备查。

（6）投标人经复核认为招标人公布的招标控制价未按照《建设工程工程量清单计价规范》的规定进行编制的，应在开标前 5 日向招投标监督机构或（和）工程造价管理机构投诉。招投标监督机构应会同工程造价管理机构对投诉进行处理，发现确有错误的，应责成招标人修改。在这里，实际上是赋予了投标人对招标人不按规范的规定编制招标控制价进行投诉的权利。同时要求招投标监督机构和工程造价管理机构，担负并履行对未按规定编制招标控制价的行为进行监督处理的责任。

8.1.2　招标控制价的编制要点

1. 招标控制价的计价依据

（1）《建设工程工程量清单计价规范》（GB 50500—2013）。

（2）国家或省级、行业建设主管部门颁发的计价定额和计价办法。

（3）建设工程设计文件及相关资料。

（4）招标文件中的工程量清单及有关要求。

（5）与建设项目相关的标准、规范、技术资料。

（6）工程造价管理机构发布的工程造价信息，如工程造价信息没有发布的参照市场价。

（7）其他的相关资料。

2. 招标控制价的编制内容

招标控制价的编制内容包括分部分项工程费、措施项目费、其他项目费、规费和税金。各个部分有不同的计价要求。

（1）分部分项工程费的编制要求。

1）分部分项工程费应根据招标文件中的分部分项工程量清单项目的特征描述及有关要求，按《建设工程工程量清单计价规范》有关规定确定综合单价计价。这里所说的综合单价，是指完成一个规定计量单位的分部分项工程量清单项目（或措施清单项目）所需的人工费、材料费、施工机械使用费和企业管理费与利润，以及一定范围内的风险费用。

2）工程量依据招标文件中提供的分部分项工程量清单确定。

3）招标文件提供了暂估单价的材料，应按暂估的单价计入综合单价。

4）为使招标控制价与投标报价所包含的内容一致，综合单价中应包括招标文件中要求投标人承担的风险内容及其范围（幅度）产生的风险费用。

（2）措施项目费的编制要求。

1）措施项目费中的安全文明施工费应当按照国家或省级、行业建设主管部门的规定标准计价。

2）措施项目应按招标文件中提供的措施项目清单确定，措施项目采用分部分项工程综合单价形式进行计价的工程量，应按措施项目清单中的工程量，并按与分部分项工程工程量清单单价相同的方式确定综合单价；以"项"为单位的方式计价的，依有关规定按综合价格计算，包括除规费、税金以外的全部费用。

（3）其他项目费的编制要求。

1）暂列金额。为保证工程施工建设的顺利实施，应对施工过程中可能出现的各种不确定因素对工程造价的影响，在招标控制价中需估算一笔暂列金额。暂列金额可根据工程的复杂程度、设计深度、工程环境条件（包括地质、水文、气候条件等）进行估算，一般可以分部分项工程费的 10%～15% 为参考。

2）暂估价。暂估价中的材料单价应按照工程造价管理机构发布的工程造价信息中的材料单价计算，工程造价信息未发布的材料单价，其单价参考市场价格估算；暂估价中的专业工程暂估价应分不同专业，按有关计价规定估算。

3）计日工。计日工包括计日工人工、材料和施工机械。在编制招标控制价时，对计日工中的人工单价和施工机械台班单价应按省级、行业建设主管部门或其授权的工程造价管理机构公布的单价计算；材料应按工程造价管理机构发布的工程造价信息中的材料单价计算，工程造价信息未发布材料单价的材料，其价格应按市场调查确定的单价计算。

4）总承包服务费。总承包服务费应按照省级或行业建设主管部门的规定计算，在计算时可参考以下标准。

①招标人仅要求对分包的专业工程进行总承包管理和协调时，按分包的专业工程估算造价的 1.5% 计算。

②招标人要求对分包的专业工程进行总承包管理和协调，并同时要求提供配合服务时，根据招标文件中列出的配合服务内容和提出的要求，按分包的专业工程估算造价的 3%～5% 计算。

③招标人自行供应材料的，按招标人供应材料价值的 1% 计算。

（4）规费和税金的编制要求。规费和税金必须按国家或省级、行业建设主管部门的规定计算。

8.2 投标报价

8.2.1 投标报价的概念和编制原则

1. 投标报价的含义

投标报价的编制主要是投标人对承建工程所要发生的各种费用的计算。《建设工程工程量清单计价规范》规定"投标价是投标人投标时报出的工程造价"。具体讲，投标价是在工程招标发包过程中，由投标人按照招标文件的要求，根据工程特点，并结合自身的施工技术、装备和管理水平，依据有关计价规定自主确定的工程造价，是投标人希望达成工程承包交易的期望价格，它不能高于招标人设定的招标控制价。作为投标计算的必要条件，应预先确定施工方案和施工进度。此外，投标计算还必须与采用的合同形式相协调。报价是投标的关键性工作，报价是否合理直接关系投标的成败。

2. 投标报价的编制依据

投标报价应根据下列依据编制：

(1)《建设工程工程量清单计价规范》(GB 50500—2013)。

(2) 国家或省级、行业建设主管部门颁发的计价办法。

(3) 企业定额，国家或省级、行业建设主管部门颁发的计价定额。

(4) 招标文件、工程量清单及其补充通知、答疑纪要。

(5) 建设工程设计文件及相关资料。

(6) 施工现场情况、工程特点及拟订的投标施工组织设计或施工方案。

(7) 与建设项目相关的标准、规范等技术资料。

(8) 市场价格信息或工程造价管理机构发布的工程造价信息。

(9) 其他的相关资料。

8.2.2　投标报价的编制方法和内容

投标报价的编制过程，应首先根据招标人提供的工程量清单编制分部分项工程量清单计价表，措施项目清单计价表，其他项目清单计价表，规费、税金项目清单计价表。计算完毕后，汇总而得到单位工程投标报价汇总表，再层层汇总，分别得出单项工程投标报价汇总表和工程项目投标总价汇总表。投标人应按招标人提供的工程量清单填报价格。填写的项目编码、项目名称、项目特征、计量单位、工程量必须与招标人提供的一致。

1. 分部分项工程量清单与计价表的编制

分部分项工程清单与计价表的编制同第 7 章有关内容。

2. 分部分项工程单价确定的步骤和方法

(1) 确定计算基础。计算基础主要包括消耗量的指标和生产要素的单价。应根据本企业的企业实际消耗量水平，并结合拟订的施工方案确定完成清单项目需要消耗的各种人工、材料、机械台班的数量。计算时应采用企业定额，在没有企业定额或企业定额缺项时，可参照与本企业实际水平相近的国家、地区、行业定额，并通过调整来确定清单项目的人工、材料、机械台班单位用量。各种人工、材料、机械台班的单价，则应根据询价的结果和市场行情综合确定。

(2) 分析每一清单项目的工程内容。在招标文件提供的工程量清单中，招标人已对项目特征进行了准确、详细的描述，投标人根据这一描述，再结合施工现场情况和拟订的施工方案确定完成各清单项目实际应发生的工程内容。必要时，可参照《建设工程工程量清单计价规范》中提供的工程内容，有些特殊的工程也可能发生规范列表之外的工程内容。

(3) 计算工程内容的工程数量与清单单位的含量。每一项工程内容都应根据所选定额的工程量计算规则计算其工程数量。当定额的工程量计算规则与清单的工程量计算规则相一致时，可直接以工程量清单中的工程量作为工程内容的工程数量。

当采用清单单位含量计算人工费、材料费、机械使用费时，还需要计算每一计量单位的清单项目所分摊的工程内容的工程数量，即清单单位含量。

$$清单单位含量 = \frac{某工程内容的定额工程量}{清单工程量} \tag{8-1}$$

（4）分部分项工程人工、材料、机械费用的计算。以完成每一计量单位的清单项目所需的人工、材料、机械用量为基础计算，即

$$\begin{matrix}每一计量单位清单项目\\某种资源的使用量\end{matrix} = \begin{matrix}该种资源的\\定额单位用量\end{matrix} \times \begin{matrix}相应定额条目的\\清单单位含量\end{matrix} \qquad (8-2)$$

再根据预先确定的各种生产要素的单位价格，可计算出每一计量单位清单项目的分部分项工程的人工费、材料费与机械使用费。

$$人工费 = \begin{matrix}完成单位清单项目\\所需人工的工日数量\end{matrix} \times 每工日的人工日工资单价 \qquad (8-3)$$

$$材料费 = \sum \begin{matrix}完成单位清单项目所需\\各种材料、半成品的数量\end{matrix} \times 各种材料、半成品单价 \qquad (8-4)$$

$$机械使用费 = \sum \begin{matrix}完成单位清单项目所需\\各种机械的台班数量\end{matrix} \times 各种机械的台班单价 \qquad (8-5)$$

当招标人提供的其他项目清单中列示了材料暂估价时，应根据招标提供的价格计算材料费，并在分部分项工程量清单与计价表中表现出来。

（5）计算综合单价。管理费和利润的计算可按照人工费、材料费、机械费之和，按照一定的费率取费计算。

$$管理费 = （人工费 + 材料费 + 机械使用费）\times 管理费费率（\%） \qquad (8-6)$$

$$利润 = （人工费 + 材料费 + 机械使用费 + 管理费）\times 利润率（\%） \qquad (8-7)$$

将五项费用汇总之后，并考虑合理的风险费用后，即可得到分部分项工程量清单综合单价。

根据计算出的综合单价，可编制分部分项工程量清单与计价分析表。

3. 工程量清单综合单价分析表的编制

由于我国目前主要采用经评审的合理低标价法进行评标，为表明分部分项工程量综合单价的合理性，投标人应对其进行单价分析，以作为评标时判断综合单价合理性的主要依据。

综合单价分析表的编制应反映出上述综合单价的编制过程，并按照规定的格式进行。详见第7章有关内容。

4. 措施项目清单与计价表的编制

编制内容主要是计算各项措施项目费。措施项目费应根据招标文件中的措施项目清单及投标时拟订的施工组织设计或施工方案按不同报价方式自主报价。计算时应遵循以下原则：

（1）投标人可根据工程实际情况结合施工组织设计，自主确定措施项目费。对招标人所列的措施项目可以进行增补。这是由于各投标人拥有的施工装备、技术水平和采用的施工方法有所差异，招标人提出的措施项目清单是根据一般情况确定的，没有考虑不同投标人的"个性"。投标人投标时应根据自身编制的投标施工组织设计或施工方案确定措施项目，对招标人提供的措施项目进行调整。投标人根据投标施工组织设计或施工方案调整和确定的措施项目应通过评标委员会的评审。

（2）措施项目清单计价应根据拟建工程的施工组织设计，采用不同内容报价。措施项目清单计价可以计算工程量适宜采用分部分项工程量清单方式的措施项目应采用综合单价计价；其余的措施项目可以"项"为单位的方式计价，应包括除规费、税金外的全部费用。也就是说，可以计算工程量的措施项目，宜采用分部分项工程量清单的方式编制。以"项"为

计量单位的，按项计价，其价格组成与综合单价相同，应包括除规费、税金以外的全部费用（有关措施项目清单与计价表见第 7 章有关内容）。

（3）措施项目清单中的安全文明施工费应按照国家或省级、行业建设主管部门的规定计价，不得作为竞争性费用。

5. 其他项目与清单计价表的编制

其他项目费主要包括暂列金额、暂估价、计日工以及总承包服务费组成。投标人对其他项目费投标报价时应遵循以下原则：

（1）暂列金额、暂估价不得变动和更改。暂列金额应根据招标文件所列项目进入投标报价内，不得更改。暂估价中的材料暂估价必须按照招标人提供的暂估单价计入分部分项工程费用中的综合单价；专业工程暂估价必须按照招标人提供的其他项目清单中列出的金额填写。

（2）计日工应按照其他项目清单列出的项目和估算的数量，自主确定各项综合单价并计算费用。

（3）总承包服务费应根据招标人在招标文件中列出的分包专业工程内容和供应材料、设备情况，按照招标人提出的协调、配合与服务要求和施工现场管理需要自主确定。

6. 规费、税金项目清单与计价表的编制

规费和税金应按国家或省级、行业建设主管部门的规定计算，不得作为竞争性费用。

7. 投标价的汇总

投标人的投标总价应当与组成工程量清单的分部分项工程费、措施项目费、其他项目费和规费、税金的合计金额相一致，即投标人在进行工程量清单招标的投标报价时，不能进行投标总价优惠（或降价、让利），投标人对投标报价的任何优惠（或降价、让利）均应反映在相应清单项目的综合单价中。

8.2.3　投标报价策略和技巧

建设工程投标策略和技巧，是建设工程投标活动中另一个重要方面。采用一定的策略和技巧，可以增加投标的中标率，又可以获得较大的期望利润，它是投标活动的关键环节。

1. 建设工程投标策略

建设工程投标策略，是指投标人在投标竞争中的系统工作部署及其参与投标竞争的方式和手段、投标策略作为投标取胜的方式、手段和艺术，贯穿于投标竞争的始终，内容十分丰富。

（1）知彼知己，把握情势。当今世界正处于信息时代，广泛、全面、准确地收集和正确开发利用投标信息，对投标活动具有举足轻重的作用。投标人要通过广播、电视、报刊、杂志等媒体和政府部门、中介机构等各种渠道，广泛、全面地收集招标人情况、市场动态、建筑材料行情、工程背景和条件、竞争对手情况等各种与投标密切相关的信息，并对各种投标信息进行深入调查，综合分析，去伪存真，准确把握情势，做到知彼知己，百战不殆。

（2）以长制短，以优胜劣。人总是有长处有短处，即使一个优秀的企业也是这样。建设工程承包商也有自己的短处。因此在投标竞争中，必须学会和掌握以长处胜过短处，以优势胜过劣势。

（3）随机应变，争取主动。建筑市场处于买方市场，竞争非常激烈。承包商要对自己的实力、信誉、技术、管理、质量水平等各个方面作出正确的估价，过高或过低估价自己，都不利于市场竞争。在竞争中，面对复杂的形势，要准备多种方案和措施，善于随机应变，掌握主动权，真正做投标活动的主人。

2. 建设工程投标技巧

投标技巧在投标过程中，主要表现在通过各种操作技能和诀窍，确定一个好的报价，常见的投标报价技巧有以下几种：

（1）扩大标价法。它是指除按正常的已知条件编制标价外，对工程中变化较大或没有把握的工作项目，采用增加不可预见费的方法，扩大标价，减少风险。这种做法的优点是中标价即为结算价，减少了价格调整等麻烦，缺点是总价过高。

（2）不平衡报价法。它又称前重后轻法。是指在总报价基本确定的前提下，调整内部各个子项的报价，以期既不影响总报价，又在中标后满足资金周转的需要，获得较理想的经济效益。不平衡报价法的通常做法是：

1）对能早日结账收回工程款的土方、基础等前期工程项目，单价可适当报高些；对机电设备安装、装饰等后期工程项目，单价可适当报低些。

2）对预计今后工程量可能会增加的项目，单价可适当报高些；而对工程量可能减少的项目，单价可适当报低些。

3）对设计图样内容不明确或有错误，估计修改后工程量要增加的项目，单价可适当报高些；而对工程内容不明确的项目，单价可适当报低些。

4）对没有工程量只填报单价的项目，或招标人要求采用包干报价的项目，单价宜报高些；对其余的项目，单价可适当报低些。

5）对暂定项目（任意项目或选择项目）中实施的可能性大的项目，单价可报高些；预计不一定实施的项目，单价可适当报低些。

采用不平衡报价法，优点是有助于对工程量表进行仔细校核和统筹分析，总价相对稳定，不会过高；缺点是单价报高和报低的合理幅度难以掌握，单价报得过低会因执行中工程量增多而造成承包商损失，报得过高会因招标人要求压价而使承包商得不偿失。因此，在运用不平衡报价法时，要特别注意工程量有无错误，具体问题具体分析，避免报价盲目报高报低。

（3）多方案报价法。即对同一个招标项目除了按招标文件的要求编制了一个投标报价以外，还编制了一个或几个建议方案。多方案报价法有时是招标文件中规定采用的，有时是承包商根据需要决定采用的。承包商决定采用多方案报价法，通常主要有以下两种情况：

1）如果发现招标文件中的工程范围不具体、明确，或条款内容不清楚、不公正，或对技术规范的要求过于苛刻，可先按招标文件中的要求报一个价，然后再说明假如招标人对合同要求作某些修改，报价可降低多少。

2）如发现设计图样中存在某些不合理并可以改进的地方或可以利用某项新技术、新工艺、新材料替代的地方，或者发现自己的技术和设备满足不了招标文件中设计图样的要求，可以先按设计图样的要求报一个价，然后再另附上一个修改设计的比较方案，或说明在修改设计的情况下，报价可降低多少。这种情况，通常也称作修改设计法。

（4）突然降价法。它是指为迷惑竞争对手而采用的一种竞争方法。通常的做法是，在准备投标报价的过程中预先考虑好降价的幅度，然后有意散布一些假情报，如打算弃标，按一般情况报价或准备报高价等，等临近投标截止日期前，突然前往投标，并降低报价，以期战胜竞争对手。

（5）先亏后盈法。在实际工作中，有的承包商为了打入某一地区或某一领域，依靠自身实力，采取一种不惜代价、只求中标的低报价投标方案。一旦中标之后，可以承揽这一地区或这一领域更多的工程任务，达到总体赢利的目的。

建设工程承包商对招标工程进行投标时，除了应在投标报价上下工夫外，还应注意掌握其他方面的技巧。其他方面的投标技巧主要有：

1）聘请投标代理人。投标人在招标工程所在地聘请代理人为自己出谋划策，以利争取中标。

2）寻求联合投标。一家承包商实力不足，可以联合其他企业，特别是联合工程所在地的公司或技术装备先进的著名公司投标，是争取中标的一种有效方法。

3）许诺优惠条件。我国不允许投标人在开标后提出优惠条件。投标人若有降低价格或支付条件要求、提高工程质量、缩短工期、提出新技术和新设计方案、免费提供补充物资和设备以及免费代为培训人员等方面优惠条件的，应当在投标文件中提出。招标人组织评标时，一般要考虑报价、技术方案、工期、支付条件等方面的因素。因此，投标人在投标文件中附带优惠条件，是有利于争取中标的。

4）开展公关活动。公关活动是投标人宣传和推销自我，沟通和联络感情，树立良好形象的重要活动。积极开展公关活动，是投标人争取中标的一个重要手段。

8.3　建设工程合同和承包合同价

8.3.1　建设工程合同类型及选择

1. 建设工程合同的概念

建设工程合同是指在工程建设过程中发包人与承包人依法订立的、明确双方权利义务关系的协议。在建设工程合同中，承包人的主要义务是进行工程建设，权利是得到工程价款。发包人的主要义务是支付工程价款，权利是得到完整、符合约定的建筑产品。

2. 建设工程合同的类型

建设工程合同按照不同的分类标准，有不同的合同类型。

（1）按承发包的工程范围进行划分。按承发包的工程范围进行划分，可以将建设工程合同分为建设工程总承包合同、建设工程承包合同、分包合同。发包人将工程建设的全过程发包给一个承包人的合同，即为建设工程总承包合同。发包人将工程建设中的勘察、设计、施工等内容分别发包给不同承包人的合同，即为建设工程承包合同。经合同约定和发包人的同意，从工程承包人承包的工程中承包部分工程而订立的合同，即为建设工程分包合同。

（2）按完成承包的内容进行划分。按完成承包的内容进行划分，建设工程合同可以分为建设工程勘察合同、建设工程设计合同、建设工程施工合同、建设工程委托监理合同等。

（3）按合同价款的确定方式进行划分。按合同价款的确定方式划分，建设工程合同可以分为固定价格合同、可调价格合同、成本加酬金合同。

1）固定价格合同，是指合同总价或单价在工程实施期内，在合同约定的风险范围内不可调整。这类合同适用于工程量不大且能精确计算，工期较短，技术不太复杂，风险较小的项目。

2）可调价格合同，是指合同总价或合同单价在合同实施期内，可以根据事先双方约定的办法进行调整。这类合同适应范围较宽，其风险可以得到合理分摊。

3）成本加酬金合同，是业主向承包单位支付建设工程的实际成本，并按事先约定的某一种方式支付酬金的合同类型。这类合同，承包商风险最小，但业主对工程总价不易控制，这类合同在实际工作中应用较少。

（4）按合同的计价方式进行划分。按合同的计价方式进行划分，建设工程合同可以分为总价合同、单价合同、成本加酬金合同。

8.3.2　工程合同价的确定与施工合同的签订

1. 工程合同价的确定

工程合同价款是发包人、承包人在协议书中约定，发包人用以支付承包人按照合同约定完成承包范围内全部工程并承担质量保修责任的价款。合同价款是双方当事人关心的核心条款。按照工程的合同价款由发包人、承包人依据中标通知书中的中标价格在协议书内约定。合同价款约定后，任何一方不得擅自改变。

《建筑工程施工发包与承包计价管理办法》规定，工程合同价可以采用三种方式：固定合同价格、可调合同价格和成本加酬金合同价格。

（1）固定合同价格。这是指在约定的风险范围内价款不再调整的合同。双方必须在专用条款内约定合同价款包含的风险范围、风险费用的计算方法和承包风险范围以外对合同价款影响的调整方法，在约定的风险范围内合同价款不再调整。固定合同价可分为固定合同总价和固定合同单价两种方式。

1）固定合同总价。固定总价合同的价格计算是以设计图样、工程量及规范等为依据，承发包双方就承包工程协商一个固定的总价。即承包方按投标时，发包方接受的合同价格实施工程，并一笔包死，无特定情况不作变化。

采用这种合同，合同总价只有在设计和工程范围发生变更的情况下才能随之作相应的变更，除此之外，合同总价一般不能变动。因此，采用固定总价合同，承包方要承担合同履行过程中的主要风险，要承担实物工程量、工程单价等变化而可能造成损失的风险。在合同执行过程中，承发包双方均不能以工程量、设备和材料价格、工资等变动为理由，提出对合同总价调值的要求。所以，作为合同总价计算依据的设计图样、说明、规定及规范需对工程作出详尽的描述，承包方要在投标时对一切费用上升的因素作出估计，并将其包含在投标报价之中。承包方因为可能要为许多不可预见的因素付出代价，所以往往会加大不可预见费用，致使这种合同的投标价格较高，并不能真正降低工程造价。

固定总价合同一般适用于：

①招标时的设计深度已达到施工图设计要求，工程设计图样完整齐全，项目、范围及工程量计算依据确切，合同履行过程中不会出现较大的设计变更，承包方依据的报价工程量与实际完成的工程量不会有较大的差异。

②规模较小，技术不太复杂的中小型工程。承包方一般在报价时可以合理地预见到实施过程中可能遇到的各种风险。

③合同工期较短，一般为一年之内的工程。

2) 固定合同单价。固定单价合同分为估算工程量单价与纯单价合同。

①估算工程量单价。是以工程量清单和工程单价表为基础和依据来计算合同价格的，也可称为计量估价合同。估算工程量单价合同通常是由发包方提出工程量清单，列出分部分项工程量，由承包方以此为基础填报相应单价，累计计算后得出合同价格。但最后的工程结算价应按照实际完成的工程量来计算，即按合同中的分部分项工程单价和实际工程量，计算得出工程结算和支付的工程总价格。

采用这种合同时，要求实际完成的工程量与原估计的工程量不能有实质性的变更。因为承包方给出的单价是以相应的工程量为基础的，如果工程量大幅度增减可能影响工程成本。不过在实践中往往很难确定工程量究竟有多大范围的变更才算实质性变更，这是采用这种合同计价方式需要考虑的一个问题。有些固定单价合同规定，如果实际工程量与报价表中的工程量相差超过±10％时，允许承包方调整合同价。此外，也有些固定单价合同在材料价格变动较大时，允许承包方调整单价。

估算工程量单价合同大多用于工期长、技术复杂、实施过程中可能会发生各种不可预见因素较多的建设工程。

②纯单价合同。采用这种计价方式的合同时，发包方只向承包方给出发包工程的有关分部分项工程以及工程范围，不对工程量作任何规定。即在招标文件中仅给出工程内各个分部分项工程一览表、工程范围和必要的说明，而不必提供实物工程量。承包方在投标时只需要对这类给定范围的分部分项工程作出报价即可，合同实施过程中按实际完成的工程量进行结算。

这种合同计价方式主要适用于没有施工图，或工程量不明、却急需开工的紧迫工程，如设计单位来不及提供正式施工图样，或虽有施工图但由于某些原因不能比较准确地计算工程量时。

(2) 可调合同价格。可调价是指合同总价或者单价，在合同实施期内根据合同约定的办法调整，即在合同的实施过程中可以按照约定，随资源价格等因素的变化而调整的价格。

1) 可调总价。可调总价合同的总价一般也是以设计图样及规定、规范为基础，在报价及签约时，按招标文件的要求和当时的物价来计算合同总价。但合同总价是一个相对固定的价格，在合同执行过程中，由于通货膨胀而使所用的工料成本增加，可对合同总价进行相应的调整。可调总价合同的合同总价不变，只是在合同条款中增加调价条款，如果出现通货膨胀这一不可预见的费用因素，合同总价就可按约定的调价条款作相应调整。

可调总价适用于工程内容和技术经济指标规定很明确的项目，由于合同中列有调值条款，所以工期在一年以上的工程项目较适于采用这种合同计价方式。

2) 可调单价。合同单价的可调，一般是在工程招标文件中规定、在合同中签订的单价，根据合同约定的条款，如在工程实施过程中物价发生变化等，可作调值。有的工程在招标或签约时，因某些不确定因素而在合同中暂定某些分部分项工程的单价，在工程结算时，再根据实际情况和合同约定对合同单价进行调整，确定实际结算单价。

(3) 成本加酬金合同价格。成本加酬金合同是将工程项目的实际投资划分成直接成本费和承包方完成工作后应得酬金两部分。工程实施过程中发生的直接成本费由发包方实报实销，再按合同约定的方式另外支付给承包方相应报酬。

这种合同计价方式主要适用于工程内容及技术经济指标尚未全面确定，投标报价的依据尚不充分的情况下，发包方因工期要求紧迫，必须发包的工程；或者发包方与承包方之间有着高度的信任，承包方在某些方面具有独特的技术、特长或经验。由于在签订合同时，发包方提供不出可供承包方准确报价所必需的资料，报价缺乏依据，因此，在合同内只能商定酬金的计算方法。成本加酬金合同广泛地适用于工作范围很难确定的工程和在设计完成之前就开始施工的工程。

按照酬金的计算方式不同，成本加酬金合同又分为成本加固定酬金、成本加固定百分数酬金、成本加浮动酬金及目标成本加奖罚四种形式。

2. 施工合同的签订

(1) 施工合同格式的选择。合同是双方对招标成果的认可，是招标之后，开工之前双方签订的工程施工、付款和结算的凭证。合同的形式应在招标文件中确定，投标人应在投标文件中作出响应。目前的建筑工程施工合同格式一般采用如下几种方式。

1) 参考 FIDIC 合同格式订立的合同。FIDIC 合同是国际通用的规范合同文本。它一般用于大型的国家投资项目和世界银行贷款项目。采用这种合同格式，可以避免工程竣工结算时的经济纠纷；但因其使用条件比较严格，因而在一般中小型项目中较少采用。

2)《建设工程施工合同示范文本》（简称示范文本合同）。按照国家工商总局和建设部推荐的《建设工程施工合同示范文本》格式订立的合同是比较规范，也是公开招标的中小型工程项目采用最多的一种合同格式。该合同由四部分组成：协议书、通用条款、专用条款、附件。

(2) 施工合同签订过程中的注意事项。

1) 关于合同文件部分。招投标过程中形成的补遗、修改、书面答疑、各种协议等均应作为合同文件的组成部分。特别应注意作为付款和结算依据的工程量和价格清单，应根据评标阶段作出的修正稿重新整理、审定，并且应标明按完成的工程量测算付款和按总价付款的内容。

2) 关于合同条款的约定。在编制合同条款时，应注重有关风险和责任的约定，将项目管理的理念融入合同条款中，尽量将风险量化，责任明确，公正地维护双方的利益。其中主要重视以下几类条款。

①程序性条款。目的在于规范工程价款结算依据的形成，预防不必要的纠纷。程序性条款贯穿于合同行为的始终。包括信息往来程序、计量程序、工程变更程序、索赔处理程序、价款支付程序、争议处理程序等。编写时，注意明确具体步骤，约定时间期限。

②有关工程计量条款。注重计算方法的约定，应严格确定计算内容（一般按净值计量），加强隐蔽工程计量的约定。计量方法一般按工程部位和工程特性确定，以便于核定工程量及便于计算工程价款为原则。

③有关估价的条款。应特别注意价格调整条款，如对未标明价格或无单独标价的工程，是采用重新报价方法，还是采用定额及取费方法，在合同中应约定相应的计价方法。对于工程量变化的价格调整，应约定费用调整公式；对于工程延期的价格调整、材料价格上涨等因素造成的价格调整，是采用补偿方式，还是变更合同价，应在合同中约定。

④有关双方职责的条款。为进一步划清双方责任，量化风险，应对双方的职责进行恰当的描述。对那些未来很可能发生并影响工作、增加合同价格及延误工期的事件和情况加以明确，防止索赔、争议的发生。

⑤工程变更的条款。适当规定工程变更和增减总量的限额及时间期限。如在 FIDIC 合同条款中规定，单位工程的增减量超过原工程量的 15% 应相应调整该项的综合单价。

⑥索赔条款。明确索赔程序、索赔的支付、争端解决方式等。

例 8-1　某招标工程采用固定单价合同形式,承包商复核的工程量清单结果见表8-1,承包商拟将 B 分项工程单价降低10%。

表 8-1　　　　　　　　　　承包商复核的工程量清单结果

分部分项	工程量（m³）		综合单价（元/m³）
	业主提供清单量	承包商复核后预计量	
A	40	45	3000
B	30	28	2000

问题:

(1) 确定采用不平衡报价法后 A、B 分项工程的单价及预期收益。

(2) 若因某种原因 A 未能按预期工程量施工,问 A 项工程量减少至多少时,不平衡报价法会减少该项工程的正常利润。

解: (1) 因分部分项工程 A、B 预计工程量变化趋势为一增一减,且该工程采用固定单价合同形式,可采用不平衡报价法报价。

计算正常报价的工程总造价:$40 \times 3000 + 30 \times 2000 = 180\,000$（元）

将 B 分项工程单价降低10%,即 B 分项工程单价为 $2000 \times 90\% = 1800$（元/m³）

设分项工程 A 的综合单价为 x,根据总造价不变原则,有

$$40x + 30 \times 1800 = 40 \times 3000 + 30 \times 2000$$

得

$$x = 3150 \text{（元/m}^3\text{）}$$

则工程 A、B 可分别以综合单价 3150 元/m³ 及 1800 元/m³ 报价。

计算预期效益:$45 \times 3150 + 28 \times 1800 - (40 \times 3000 + 30 \times 2000) = 12\,150$（元）

因此,12 150 元为不平衡报价法的预期效益。

(2) 若因某种原因未能按预期的工程量施工时,也有可能造成损失。

假设竣工后 A 的工程量为 y,则下式成立时将造成亏损:

$$3150y + 28 \times 1800 < 40 \times 3000 + 30 \times 2000$$

得

$$y < 41.14 \text{（m}^3\text{）}$$

即 A 项工程量减少至小于 41.14m³ 时,不平衡报价法会减少该工程的正常利润。因此,应在对工程量清单的误差或预期工程量变化有把握时,才能使用此不平衡报价法。

复 习 思 考 题

8-1　什么是标底?标底编制应遵循什么原则?

8-2　什么是招标控制价?其作用是什么?

8-3　招标控制价的编制内容有哪些?

8-4　简述投标报价的编制过程。

8-5　结合工程实际,谈谈如何利用投标技巧有效控制工程造价。

8-6　建设工程合同的类型有哪些?

8-7　工程合同价如何确定?

第9章

工程结算和竣工决算

建设工程施工阶段是大量资金投入阶段，有效确定工程结算价是控制投资的关键。工程结算价包括合同价款、工程变更价款和索赔价款。本章介绍了工程变更价款的确定、工程索赔费用的确定、工程结算价款的确定；竣工决算的内容和编制方法及建设工程质量保修费用处理。

9.1 建设工程价款结算

9.1.1 工程变更价款的确定

在项目施工阶段，经常出现合同约定工程量发生变化，施工条件、施工工期变化，也可能发包方和承包方在履行合同时出现争议、纠纷。这些情况的出现都将影响约定的合同工期和工程价款，造成合同价款的变更。部分工程因此造成结算价款超过合同价，甚至超过计划投资。因此，代表业主管理工程的造价工程师和监理工程师必须明确工程造价控制目标，严格管理工程设计变更和现场签证，认真管理工程变更，明确变更审核程序，科学合理地提出工程变更，合理确定和有效控制变更价款。

1. 工程变更的内容及产生的原因

（1）增减工程承包合同中约定的工程量。施工合同中约定的工程量都是按照施工图样和国家有关工程量计算规则计算出来的。由于预算编制人员对施工图样的理解和掌握工程量计算规则水平的不同，不可避免地存在计算偏差，加之部分工程勘察设计粗糙，施工图样本身存在较多不确定因素，使得建设单位在施工招标阶段提供的工程量清单与工程实际不符，造成工程量变更，有些工程因工程量的增加造成竣工结算价款大大超过预算价，甚至超过工程的计划立项金额，影响了政府投资计划的落实。

（2）变更有关建筑工程材料的规格、标准。施工合同中约定的有关建筑工程（装饰）材料的规格、标准是按照施工图样或建设单位的要求确定的。在施工过程中常常因当前市场供应的材料规格标准不符合设计要求或是与建设单位的期望效果相差较大，建设单位要求变更有关建筑工程（装饰）材料的规格、标准，造成合同价款的变更。

（3）增减建设项目的附属工程。在施工合同的实施过程中，建设单位根据资金的筹措情况和规划的调整情况，增减建设项目的附属工程，比如增建变配电房、水泵房等附属工程，从而变更工程价款。

（4）变更有关部分的标高、基线、位置、尺寸和性质。由于勘察设计粗糙或规划调整等原因，需要变更原设计图样中部分工程的标高、基线、位置、尺寸和性质，从而发生工程价款的变更。

（5）增加工程需要的附加工作。由于建设单位未能预见的施工现场条件和不利的自然条件，例如地质条件发生变化、土方工程中遇见文物等，承包商在处理这些问题时都会增加额外的工作量，也会发生工程价款的变更。

（6）改变有关工程的施工时间和顺序。由于建设单位的原因引起施工中断和功效降低，或是建设单位供应的设备材料到货时间推迟，以及其他承包商的配合问题引起的施工中断，造成施工时间和施工顺序调整，出现工程价款的变更。

（7）市场主要材料设备价格的调整。目前材料价格风险预测所需的基础资料不够完备，业主和承包商对于主要材料设备价格的风险预测水平不高，因而施工合同签订时甲乙双方较少采用价格风险包干而多采用主要材料价格动态调整的方式。随着市场材料设备价格的波动，合同承包价格也会相应调整。

2. 变更估价

（1）变更估价的程序。承包人应在收到变更指示或变更意向书后的 14d 内，向监理人提交变更报价书。报价内容应根据变更估价原则，详细开列变更工作的价格组成及其依据，并附必要的施工方法说明和有关图样。变更工作影响工期的，承包人应提出调整工期的具体细节。监理人认为有必要时，可要求承包人提交要求提前或延长工期的施工进度计划及相应施工措施等详细资料。监理人收到承包人变更报价书后的 14d 内，根据变更估价原则，商定或确定变更价格。

（2）变更估价的原则。因变更引起的价格调整按照下列原则处理：

1）已标价工程量清单中有适用于变更工作子目的，采用该子目的单价。此种情况适用于变更工作采用的材料、施工工艺和方法与工程量清单中已有子目相同，同时也不因变更工作增加关键线路工程的施工时间。

2）已标价工程量清单中无适用于变更工作子目但有类似子目的，可在合理范围内参照类似子目的单价，由发、承包双方商定或确定变更工作的单价。此种情况适用于变更工作采用的材料、施工工艺和方法与工程量清单中已有子目基本相似，同时也不因变更工作增加关键线路上工程的施工时间。

3）已标价工程量清单中无适用或类似子目的单价，可按照成本加利润的原则，由发、承包双方商定或确定变更工作的单价。

4）因分部分项工程量清单漏项或非承包商原因的工程变更，引起措施项目发生变化，造成施工组织设计或施工方案变更，原措施费中已有的措施项目，按原措施费的组价方法调整；原措施费中没有的措施项目，由承包人根据措施项目变更情况，提出适当的措施费变更，经发包人确定后调整。

9.1.2　工程索赔费用的确定

1. 工程索赔的概念和分类

（1）工程索赔的概念。工程索赔是在工程承包合同履行中，当事人一方由于另一方未履行合同所规定的义务或者出现了应当由对方承担的风险而遭受损失时，向另一方提出赔偿要求的行为。在实际工作中，"索赔"是双向的。我国《建设工程施工合同示范文本》中的索赔就是双向的，既包括承包人向发包人的索赔，也包括发包人向承包人的索赔。但在工程实践中，发包人索赔数量较小，而且处理方便，可以通过冲账、扣拨工程款、扣保证金等实现对承包人的索赔；而承包人对发包人的索赔则比较困难一些。通常情况下，索赔是指承包人（施工单位）在合同实施过程中，对非自身原因造成的工程延期、费用增加而要求发包人给予补偿损失的一种权利要求。

索赔有较广泛的含义，可以概括为如下三个方面：

1）一方违约使另一方蒙受损失，受损方向对方提出赔偿损失的要求。

2）发生应由发包人承担责任的特殊风险或遇到不利自然条件等情况，使承包商蒙受较大损失而向业主提出补偿损失要求。

3）承包商本人应当获得的正当利益，由于没能及时得到监理工程师的确认和发包人应给予的支付，而以正式函件向发包人索赔。

（2）工程索赔产生的原因。

1）当事人违约。当事人违约常常表现为没有按照合同约定履行自己的义务。发包人违约常常表现为没有为承包人提供合同约定的施工条件、未按照合同约定的期限和数额付款等。工程师未能按照合同约定完成工作，如未能及时发出图样、指令等也视为发包人违约。承包人违约的情况则主要是没有按照合同约定的质量、期限完成施工，或者由于不当行为给发包人造成其他损害。

2）不可抗力事件。不可抗力又可以分为自然事件和社会事件。自然事件主要是不利的自然条件和客观障碍，如在施工过程中遇到了经现场调查无法发现、业主提供的资料中也未提到的、无法预料的情况，如地下水、地质断层等。社会事件则包括国家政策、法律、法令的变更，战争、罢工等。

3）合同缺陷。合同缺陷表现为合同文件规定不严谨甚至矛盾，合同中的遗漏或错误。在这种情况下，工程师应当给予解释，如果这种解释将导致成本增加或工期延长，发包人应当给予补偿。

4）合同变更。合同变更表现为设计变更、施工方法变更、追加或者取消某些工作、合同其他规定的变更等。

5）工程师指令。工程师指令有时也会产生索赔，如工程师指令承包人加速施工、进行某项工作、更换某些材料、采取某些措施等。

6）其他第三方原因。其他第三方原因常常表现为与工程有关的第三方的问题而引起的对本工程的不利影响。

（3）工程索赔的分类。工程索赔依据不同的标准可以进行不同的分类。

1）按索赔的合同依据分类。按索赔的合同依据可以将工程索赔分为合同中明示的索赔和合同中默示的索赔。

2）按索赔目的分类。按索赔目的可以将工程索赔分为工期索赔和费用索赔。

①工期索赔。由于非承包人责任的原因而导致施工进程延误，要求批准顺延合同工期的索赔，称之为工期索赔。工期索赔形式上是对权利的要求，以避免在原定合同竣工日不能完工时，被发包人追究拖期违约责任。一旦获得批准合同工期顺延后，承包人不仅免除了承担拖期违约赔偿费的严重风险，而且可能提前工期得到奖励，最终仍反映在经济收益上。

②费用索赔。费用索赔的目的是要求经济补偿。当施工的客观条件改变导致承包人增加开支，要求对超出计划成本的附加开支给予补偿，以挽回不应由他承担的经济损失。

3）按索赔事件的性质分类。按索赔事件的性质可以将工程索赔分为工程延误索赔、工程变更索赔、合同被迫终止索赔、工程加速索赔、意外风险和不可预见因素索赔和其他索赔。

2. 工程索赔的处理原则和计算

（1）工程索赔的处理原则。

1）索赔必须以合同为依据。不论是风险事件的发生，还是当事人不完成合同工作，都必须在合同中找到相应的依据，当然，有些依据可能是合同中隐含的。在不同的合同条件下，这些依据很可能是不同的。如因为不可抗力导致的索赔，在国内《建设工程施工合同文本》条件下，承包人机械设备损坏的损失，是由承包人承担的，不能向发包人索赔；但在FIDIC 合同条件下，不可抗力事件一般都列为业主承担的风险，损失都应当由业主承担。

2）及时、合理地处理索赔。索赔事件发生后，索赔的提出应当及时，索赔的处理也应当及时。处理索赔合理性原则，既要考虑国家的有关规定，也应当考虑工程的实际情况。如承包人提出索赔要求，机械停工按照机械台班单价计算损失显然是不合理的，因为机械停工不发生运行费用。

3）加强主动控制，减少工程索赔。对于工程索赔应当加强主动控制，尽量减少索赔。这就要求在工程管理过程中，应当尽量将工作做在前面，减少索赔事件的发生。这样能够使工程更顺利地进行，降低工程投资，减少施工工期。

（2）《建设工程工程量清单计价规范》中规定索赔有关规定及程序。

1）索赔的提出。承包人向发包人的索赔应在索赔事件发生后，持证明索赔事件发生的有效证据和依据正当的索赔理由，按合同一定的时间向发包人递交索赔通知。发包人应按合同约定的时间对承包人提出的索赔进行答复和确认。当发、承包双方在合同中对此通知未作具体的约定时，可按以下规定办理：

①承包人应在确认引起索赔的事件发生后 28d 内向发包人发出索赔通知，否则，承包人无权获得追加罚款，竣工时间不得延长。承包人应在现场或发包人认可的其他地点，保持证明索赔可能需要的记录。发包人收到承包人的索赔通知后，未承认发包人责任前，可检查记录保持情况，并可指示承包人保持进一步的同期记录。

②在承包人确认引起索赔的事件后 42d 内，承包人应向发包人递交一份详细的索赔报告，包括索赔的依据、要求追加付款的全部资料。

③如果引起索赔的事件具有连续影响，承包人应按月递交进一步的中间索赔报告，说明累计索赔的金额。承包人应在索赔事件产生的影响结束后 28d 内，递交一份最终索赔报告。

2）承包人索赔的处理程序。发包人在收到索赔报告后 28d 内，应作出回应，表示批准或不批准并附具体意见。还可以要求承包人提供进一步的资料，但仍要在上述期限内对索赔作出回应。发包人在收到最终索赔报告后的 28d 内，未向承包人作出答复，视为该项索赔报告已经认可。

（3）承包人提出索赔的期限。承包人接受了竣工付款证书后，应被认为已无权再提出在合同工程接受证书颁发前所发生的如何索赔。承包人提交的最终结清申请单中，只限于提出工程接受证书颁发后发生的索赔。提出索赔的期限自接受最终结清证书时终止。

（4）索赔的依据。提出索赔的依据有以下几个方面：

1）招标文件、施工合同文本及附件，其他各签约（如备忘录、修正案等），经认可的工程实施计划、各种工程图样、技术规范等。这些索赔的依据可在索赔报告中直接引用。

2）双方的往来信件及各种会谈纪要。在合同履行过程中，业主、监理工程师和承包人定期或不定期的会谈所做出的决议或决定，是合同的补充，应作为合同的组成部分，但会谈纪要只有经过各方签署后才可作为索赔的依据。

3）进度计划和具体的进度以及项目现场的有关文件。进度计划和具体的进度安排是和现场有关文件变更索赔的重要证据。

4）气象资料、工程检查验收报告和各种技术鉴定报告，工程中送停电、送停水、道路开通和封闭的记录和证明。

5）国家有关法律、法令、政策文件，官方的物价指数、工资指数，各种会计核算资料，材料的采购、订货、运输、进场、使用方面的凭据。

（5）索赔的计算。

1）可索赔的费用。费用内容一般可以包括以下几个方面：

①人工费。包括增加工作内容的人工费、停工损失费和工作效率降低的损失费等累计，但不能简单地用计日工费计算。

②设备费。可采用机械台班费、机械折旧费、设备租赁费等几种形式。

③材料费。

④保函手续费。工程延期时，保函手续费相应增加；反之，取消部分工程，且发包人与承包人达成提前竣工协议时，承包人的保函金额相应折减，计入合同价内的保函续费也应扣减。

⑤贷款利息。

⑥保险费。

⑦利润。

⑧管理费。此项又可分为现场管理费和公司管理费两部分。由于两者的计算方法不一样，所以在审核过程中应区别对待。

在不同的索赔事件中可以索赔的费用是不同的。如在 FIDIC 合同条件中，不同的索赔事件导致的索赔内容不同，大致区别见表 9-1。

表 9-1　　　　可以合理补偿承包商索赔的条款

序号	款条号	主 要 内 容	可补偿内容		
			工期	费用	利润
1	1.9	延误发放图样	√	√	√
2	2.1	延误移交施工现场	√	√	√
3	4.7	承包商依据工程师提供的错误数据导致放线错误	√	√	√
4	4.12	不可预见的外界条件	√	√	
5	4.24	施工中遇到文物和古迹	√	√	
6	7.4	非承包商原因检验导致施工的延误	√	√	√
7	8.4 (a)	变更导致施工的延长	√		
8	(c)	异常不利的气候条件	√		
9	(d)	由于传染病或其他政府行为导致工期的延误	√		
10	(e)	业主或其他承包商的干扰	√		

续表

序号	款条号	主 要 内 容	可补偿内容		
			工期	费用	利润
11	8.5	公共当局引起的延误	√		
12	10.2	业主提前占用工程		√	√
13	10.3	对竣工检验的干扰	√	√	
14	13.7	后续法规引起的调整	√	√	
15	18.1	业主办理的保险未能从保险公司获得补偿部分		√	
16	19.4	不可抗力事件造成的损害	√	√	

2）费用索赔的计算。计算方法有实际费用法、修正总费用法等。

①实际费用法。该方法是按照每索赔事件所引起损失的费用项目分别分析计算索赔值，然后将各费用项目的索赔值汇总，即可得到总索赔费用值。这种方法以承包商为某项索赔工作所支付的实际开支为依据，但仅限于由于索赔事项引起的、超过原计划的费用，故也称额外成本法。在这种计算方法中，需要注意的是不要遗漏费用项目。

②修正的总费用法。这种方法是对总费用法的改进，即在总费用计算的原则上，去掉一些不确定的可能因素，对总费用法进行相应的修改和调整，使其更加合理。

3）工期索赔的计算。工期索赔的计算主要有网络分析法和比例计算法两种。

①网络分析法是利用进度计划的网络图，分析其关键线路。如果延误的工作为关键工作，则总延误的时间为批准顺延的工期；如果延误的工作为非关键工作，当该工作由于延误超过时差限制而成为关键工作时，可以批准延误时间与时差的差值；若该工作延误后仍为非关键工作，则不存在工期索赔问题。

②比例计算法的公式为：

对于已知部分工程的延期的时间

$$工期索赔值 = \frac{受干扰部分工程的合同价}{原合同总价} \times 该受干扰部分工期拖延时间 \quad (9-1)$$

对于已知额外增加工程量的价格

$$工期索赔值 = \frac{额外增加的工程量的价格}{原合同总价} \times 原合同总工期 \quad (9-2)$$

比例计算法简单、方便，但有时不尽符合实际情况。比例计算法不适用于变更施工顺序、加速施工、删减工程量等事件的索赔。

4）工期索赔中应当注意的问题。在工期索赔中特别应当注意以下问题：

①划清施工进度拖延的责任。因承包人的原因造成施工进度滞后，属于不可原谅的延期；只有承包人不应承担任何责任的延误，才是可原谅的延期。有时工期延期的原因中可能包含有双方责任，此时工程师应进行详细分析，分清责任比例，只有可原谅延期部分才能批准顺延合同工期。可原谅延期，又可细分为可原谅并给予补偿费用的延期和可原谅但不给予补偿费用的延期；后者是指非承包人责任的影响并未导致施工成本的额外支出，大多属于发包人应承担风险责任事件的影响，如异常恶劣的气候条件影响的停工等。

②被延误的工作应是处于施工进度计划关键线路上的施工内容。只有位于关键线路上工作内容的滞后，才会影响到竣工日期。但有时也应注意，既要看被延误的工作是否在批准进

度计划的关键路线上，又要详细分析这一延误对后续工作的可能影响。因为若对非关键路线工作的影响时间较长，超过了该工作可用于自由支配的时间，也会导致进度计划中非关键路线转化为关键路线，其滞后将影响总工期的拖延。此时，应充分考虑该工作的自由时间，给予相应的工期顺延，并要求承包人修改施工进度计划。

例 9-1 用分项法进行索赔计算。某大型商业中心大楼的建设工程，按照 FIDIC 合同条件进行招标和施工管理。中标合同价为 18 329 500 元人民币，工期 18 个月。工程内容包括场地平整、大楼土建施工、停车场、餐饮厅等。在施工过程中，由于地基条件较预计的要差，施工条件受交通的干扰大，以及设计多次修改，导致工期拖期、施工费用增加。根据业主的要求，承包商采取了加速施工的措施。承包商多次提出索赔要求，并经协商，业主和监理工程师批准工期延长 176d。承包商的费用索赔为 1 269 487 元。其组成如下：

（1）加速施工期间的生产效率降低费。承包商根据自己的施工记录，证明在业主正式通知采取加速措施以前，工人们的劳动生产率可以达到投标文件所列的生产效率。采取加速措施后，由于进行两班作业，夜班工作效率降低；由于改变了某些部位的施工顺序，工效也降低。这样导致技工多用工日 9417 个，普工多用工日 16 863 个。技工的每工日平均工资为 31.5 元/工，普工的每工日平均工资为 21.5 元/工。因此，共计增加工资支出：

$$9417 \times 31.5 + 16\,863 \times 21.5 = 659\,190(元)$$

（2）延期施工管理费增支。在中标的合同价 18 329 500 元中，包含施工现场管理费及总部管理费 1 270 134 元。原定工期 18 个月，547 个日历天数，每日平均管理费为 2322 元。延长工期 176d，承包商应当获得管理费款额为 $2322 \times 176 = 408\,672$ 元。但承包商已经完成的变更工程费中包含管理费 287 322 元，故承包商应当获得的管理费：

$$408\,672 - 287\,322 = 121\,350(元)$$

（3）人工费调价增支。根据统计，后半年施工期间工人工资增长 3.2%，按规定进行人工费调整，故应调增人工费。施工的第二年是加速施工期，对其后半年的人工费进行调整，故应对加速施工期的 50% 人工费进行调增。

技工调增：$(20\,237 \times 31.5)/2 \times 3.2\% = 10\,199$ （元）

普工调增：$(38\,623 \times 21.5)/2 \times 3.2\% = 13\,286$ （元）

共计调增 23 485 元。

（4）材料费调价增支。根据材料价格上调的幅度，对施工期第二年内采购的钢材、水泥、木材及其他建筑材料进行调价，上调 5.5%。第二年度内使用的材料总价为 1 088 182 元，故应增调材料费：

$$1\,088\,182 \times 5.5\% = 59\,850(元)$$

（5）增加的机械租赁费：65 780 元。

（6）分包商装修工作增支：187 550 元。

（7）履约保函延期开支。按照银行担保协议书规定的利率及延期天数计算，为 52 830 元。

（8）利润。承包商增加的直接费、间接费等各项开支的总值（七项之和），按照合同原定的利润率 8.5% 计算，为

$$1\,170\,035 \times 8.5\% = 99\,453(元)$$

以上八项，总计索赔额为：1 269 487 元。

例 9 - 2　工期索赔的计算。某工程原合同规定分两阶段进行施工，土建工程 21 个月，安装工程 12 个月。假定以一定量的劳动力需要量为相对单位，则合同规定的土建工程量可折算为 310 个相对单位，安装工程量折算为 70 个相对单位。合同规定，在工程量增减 10% 的范围内，作为承包商的工期风险，不能要求工期补偿。在工程施工过程中，土建和安装的工程量都有较大幅度的增加。实际土建工程量增加到 430 个相对单位，实际安装工程量增加到 117 个相对单位。

承包商提出的工期索赔为：

不索赔的土建工程量的高限为 $310 \times 1.1 = 341$（个相对单位）

不索赔的安装工程量的高限为 $70 \times 1.1 = 77$（个相对单位）

由于工程量增加而造成工期延长：

土建工程工期延长 $= 21 \times (430/341 - 1) = 5.5$（个月）

安装工程工期延长 $= 12 \times (117/77 - 1) = 6.2$（个月）

总工期索赔为：$5.5 + 6.2 = 11.7$（个月）

9.1.3　工程结算价款的确定

1. 工程价款的主要结算方式

我国现行工程价款结算根据不同情况，可采取多种方式。

(1) 按月结算。实行旬末或月中预支，月终结算，竣工后清算的方法。跨年度竣工的工程，在年终进行工程盘点，办理年度结算。我国现行建筑安装工程价款结算中，相当一部分是实行这种按月结算。

(2) 竣工后一次结算。建设项目或单项工程全部建筑安装工程建设期在 12 个月以内，或者工程承包合同价值在 100 万元以下的，可以实行工程价款每月月中预支，竣工后一次结算。

(3) 分段结算。即当年开工，当年不能竣工的单项工程或单位工程按照工程形象进度，划分不同阶段进行结算。分段结算可以按月预支工程款。分段的划分标准，由各部门、自治区、直辖市、计划单列市规定。

(4) 结算双方约定的其他结算方式。

2. 工程预付款及其计算

施工企业承包工程，一般都实行包工包料，这就需要有一定数量的备料周转金。在工程承包合同条款中，一般要明文规定发包单位（甲方）在开工前拨付给承包单位（乙方）一定限额的工程预付备料款。此预付款构成施工企业为该承包工程项目储备主要材料、结构件所需的流动资金。

实行工程预付款的，双方应当在专用条款内约定发包人向承包人预付工程款的时间和数额，开工后按约定的时间和比例逐次扣回。预付时间应不迟于约定的开工日期前 7d。发包人不按约定预付，承包人在约定预付时间 10d 后向发包人发出要求预付的通知，发包人收到通知后仍不能按要求预付，承包人可在发出通知 14d 停止施工，发包人应从约定应付之日起向承包人支付应付款的贷款利息，并承担违约责任。

(1) 预付备料款的限额。预付备料款限额由下列主要因素决定：主要材料（包括外购构件）占工程造价的比重；材料储备期；施工工期。

一般建筑工程不应超过当年建筑工作量（包括水、电、暖）的 30%，安装工程按年安装工作量的 10%；材料占比重较多的安装工程按年计划产值的 15% 左右拨付。

对于只包定额工日（不包材料定额，一切材料由建设单位供给）的工程项目，则可以不预付备料款。

（2）备料款的扣回。发包单位拨付给承包单位的备料款属于预支性质，到了工程实施后，随着工程所需主要材料储备的逐步减少，应以抵充工程价款的方式陆续扣回。扣款的方法如下：

1）可以从未施工工程尚需的主要材料及构件的价值相当于备料款数额时起扣，从每年结算工程价款中，按材料比重扣抵工程价款，竣工前全部扣清。其基本表达公式为：

$$T = P - \frac{M}{N} \qquad (9 - 3)$$

式中　T——起扣点，即预付备料款开始扣回时的累计完成工作量金额；

　　　M——预付备料款限额；

　　　N——主要材料所占比重；

　　　P——承包工程价款总额。

2）扣款的方法也可以在承包方完成金额累计达到合同总价的一定比例后，由承包方开始向发包方还款，发包方从每次应付给承包方的金额中扣回工程预付款，发包方至少在合同规定的完工期前将工程预付款的总计金额逐次扣回。

3. 工程进度款的支付（中间结算）

施工企业在施工过程中，按逐月（或形象进度、控制界面等）完成的工程数量计算各项费用，向建设单位（业主）办理工程进度款的支付（即中间结算）。

以按月结算为例，现行的中间结算办法是，施工企业在旬末或月中向建设单位提出预支工程款账单，预支一旬或半月的工程款，月终再提出工程款结算账单和已完工程月报表，收取当月工程价款，并通过银行进行结算。按月进行结算，要对现场已施工完毕的工程逐一进行清点，资料提出后要交监理工程师和建设单位审查签证。为简化手续，多年来采用的办法是以施工企业提出的统计进度月报表为支取工程款的凭证，即通常所称的工程进度款。工程进度款的支付步骤，如图 9-1 所示。工程进度款支付过程中，应遵循如下要求：

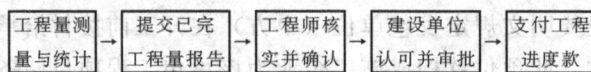

工程量测量与统计 → 提交已完工程量报告 → 工程师核实并确认 → 建设单位认可并审批 → 支付工程进度款

图 9-1　工程进度款支付步骤

（1）工程量的确认。根据有关规定，工程量的确认应做到：

1）承包方应按约定时间，向工程师提交已完工程量的报告。工程师接到报告后 7d 内按设计图样核实已完工程量（以下称计量），并在计量前 24h 通知承包方，承包方为计量提供便利条件并派人参加。承包方不参加计量，发包方自行进行，计量结果有效，作为工程价款支付的依据。

2）工程师收到承包方报告后 7d 内未进行计量，从第 8d 起，承包方报告中开列的工程量即视为已被确认，作为工程价款支付的依据。工程师不按约定时间通知承包方，使承包方不能参加计量，计量结果无效。

3）工程师对承包方超出设计图样范围和（或）因自身原因造成返工的工程量，不予计量。

4）如承包人不同意发包人核实的计量结果，承包人应在收到上述结果后 7d 内向发包人提出，申明承包人认为不正确的详细情况。发包人收到后，应在 2d 内重新核对有关工程量的计量，或予以确认，或将其修改。

发、承包双方认可的核对后的计量结果，应作为支付工程进度款的依据。

（2）合同收入的组成。财政部制定的《企业会计准则——建造合同》中对合同收入的组成内容进行了解释。合同收入包括两部分内容：

1）合同中规定的初始收入，即建造承包商与客户在双方签订的合同中最初商定的合同总金额，它构成了合同收入的基本内容。

2）因合同变更、索赔、奖励等构成的收入，这部分收入并不构成合同双方在签订合同时已在合同中商定的合同总金额，而是在执行合同过程中由于合同变更、索赔、奖励等原因而形成的追加收入。

（3）工程进度款支付。国家工商行政管理总局、建设部颁布的《建设工程施工合同（示范文本）》中对工程进度款支付作了如下详细规定：

1）工程款（进度款）在双方确认计量结果后 14d 内，发包方应向承包方支付工程款（进度款）。按约定时间发包方应扣回的预付款，与工程款（进度款）同期结算。

2）符合规定范围的合同价款的调整，工程变更调整的合同价款及其他条款中约定的追加合同价款，应与工程款（进度款）同期调整支付。

3）发包方超过约定的支付时间不支付工程款（进度款），承包方可向发包方发出要求付款通知，发包方受到承包方通知后仍不能按要求付款，可与承包方协商签订延期付款协议，经承包方同意后可延期支付。协议必须明确延期支付时间和从发包方计量结果确认后第 15d 起计算应付款的贷款利息。

4）发包方不按合同约定支付工程款（进度款），双方又未达成延期付款协议，导致施工无法进行，承包方可停止施工，由发包方承担违约责任。

4. 工程保修金（尾留款）的预留

按照有关规定，工程项目总造价中应预留出一定比例的尾留款作为质量保修费用（又称保留金），待工程项目保修期结束后最后拨付。有关尾留款应如何扣除，一般有两种做法：

（1）当工程进度款拨付累计额达到该建筑安装工程造价的一定比例（一般为 95%～97%）时，停止支付，预留造价部分作为尾留款。

（2）尾留款（保留金）的扣除也可以从发包方向承包方第一次支付的工程进度款开始，在每次承包方应得的工程款中扣留投标书附录中规定金额作为保留金，直至保留金总额达到投标书附录中规定的限额为止。

例 9-3　某工程合同价款总额为 300 万元，施工合同规定预付备料款为合同价款的 25%，主要材料为工程价款的 62.5%，在每月工程款中扣留 5% 保修金，每月实际完成工作量见表 9-2。

表 9-2 每月实际完成工程量表

月份	1	2	3	4	5	6
完成工作量	20	50	70	75	60	25

求预付备料款、每月结算工程款。

解：预付备料款 $=300\times25\%=75$（万元）

起扣点 $=300-\dfrac{75}{62.5\%}=180$（万元）

1 月份：累计完成 20 万元，结算工程款 $20-20\times5\%=19$（万元）

2 月份：累计完成 70 万元，结算工程款 $50-50\times5\%=47.5$（万元）

3 月份：累计完成 140 万元，结算工程款 $70\times(1-5\%)=66.5$（万元）

4 月份：累计完成 215 万元，超过起扣点 180 万元。

结算工程款 $=75-(215-180)\times62.5\%-75\times5\%=49.375$（万元）

5 月份：累计完成 275 万元。

结算工程款 $60-60\times62.5\%-60\times5\%=19.5$（万元）

6 月份：累计完成 300 万元。

结算工程款 $=25\times(1-62.5\%)-25\times5\%=8.125$（万元）

9.2 竣工决算

9.2.1 竣工决算的内容和编制方法

1. 竣工决算的概念

竣工决算是由建设单位编制的综合反映竣工项目从筹建开始到项目竣工交付使用为止的全部建设费用、投资效果和财务情况的总结性文件，是竣工验收报告的重要组成部分。所有竣工验收的项目应在办理手续之前，对所有建设项目的财产和物资进行认真清理，及时而正确地编报竣工决算。它对于总结分析建设过程的经验教训，提高工程造价管理水平和积累技术经济资料，为有关部门制订类似工程的建设计划与修订概预算定额指标提供资料和经验，都具有重要的意义。

2. 竣工决算的内容

建设项目竣工决算应包括从筹集到竣工投产全过程的全部实际费用，即包括建筑安装工程费，设备、工具及器具购置费，工程建设其他费用等部分。按照财政部、国家发改委和建设部的有关文件规定，竣工决算由竣工财务决算说明书、竣工财务决算报表、工程竣工图和工程竣工造价对比分析四部分组成。

（1）竣工决算编制说明书。竣工决算编制说明书应包括以下内容：

1）工程建设概况。一般从进度、质量、安全和造价方面进行分析说明。

2）工程概（预）算执行情况说明，各项经济技术指标的分析。其中，应说明招标方式、结果及重大设计变更情况。

3）设备、工具、器具购置情况的说明。

4）工程建设其他费用使用情况的说明。包括征地、拆迁费、建设单位管理费、监理费等。

5）工程决算编制中有关问题处理的说明。

6）预留费用使用情况的说明。

7）工程遗留问题。

8）造价控制的经验与教训总结。

9）其他需要说明的事项。

（2）竣工财务决算报表。建设项目竣工财务决算报表要根据大、中型建设项目和小型建设项目分别制定。大、中型建设项目竣工决算报表，包括建设项目竣工财务决算审批表、建设项目概况表、建设项目竣工财务决算表、建设项目交付使用资产总表和建设项目交付使用资产明细表。小型建设项目竣工财务决算报表，包括建设项目竣工财务决算审批表、竣工财务决算总表、建设项目交付使用资产明细表等。

1）大、中型建设项目竣工财务决算表，见表 9 - 3。

表 9 - 3　　　　　　　　　　　大、中型建设项目竣工财务决算表　　　　　　　　（单位：元）

资　金　来　源	金　额	资　金　占　用	金　额
一、基建拨款		一、基本建设支出	
1. 预算拨款		1. 交付使用资产	
2. 基建基金拨款		2. 在建工程	
其中：国债专项资金拨款		3. 待核销基建支出	
3. 专项建设基金拨款		4. 非经营性项目转出投资	
4. 进口设备转账拨款		二、应收生产单位投资借款	
5. 器材转账拨款		三、拨付所属投资借款	
6. 煤代油专用基金拨款		四、器材	
7. 自筹资金拨款		其中：待处理器材损失	
8. 其他拨款		五、货币资金	
二、项目资产		六、预付及应收款	
1. 国家资本		七、有价证券	
2. 法人资本		八、固定资产	
3. 个人资本		固定资产原价	
4. 外商资本		减：累计折旧	
三、项目资本公积		固定资产净值	
四、基建借款		固定资产清理	
其中：国债转贷		待处理固定资产损失	
五、上级拨入投资借款			
六、企业债券资金			
七、待冲基建支出			
八、应付款			
九、未交款			
1. 未交税金			
2. 其他未交款			
十、上级拨入资金			
十一、留成收入			
合计		合计	

2）小型建设项目竣工财务决算总表。由于小型建设项目内容比较简单，因此可将工程

概况与财务情况合并编制一张"竣工财务决算总表",该表主要反映小型建设项目的全部工程和财务情况。具体编制时,可参照大、中型建设项目概况表指标和大、中型建设项目竣工财务决算表相应内容填写。

(3) 建设工程竣工图。

1) 凡按原设计施工图竣工没有变动的,由施工单位在原施工图上加盖"竣工图"标志后,即作为竣工图。

2) 凡在施工过程中,虽有一般性设计变更,但能将原施工图加以修改补充作为竣工图的,可不重新绘制,由施工单位负责在原施工图(必须是新蓝图)上注明修改的部分,并附以设计变更通知单和施工说明,加盖"竣工图"标志后,作为竣工图。

3) 凡结构形式改变、施工工艺改变、平面布置改变、项目改变以及有其他重大改变,不宜再在原施工图上修改、补充时,应由原设计单位重新绘制改变后的竣工图。施工单位负责在新图上加盖"竣工图"标志,并附以有关记录和说明,作为竣工图。

4) 为了满足竣工验收和竣工决算需要,还应绘制反映竣工工程全部内容的工程设计平面示意图。

(4) 工程造价比较分析。对控制工程造价所采取的措施、效果及其动态的变化进行认真的比较对比,总结经验教训。批准的概算是考核建设工程造价的依据。在分析时,可先对比整个项目的总概算,然后将建筑安装工程费、设备工器具费和其他工程费用逐一与竣工决算表中所提供的实际数据和相关资料及批准的概算、预算指标、实际的工程造价进行对比分析,以确定竣工项目总造价是节约还是超支,并在对比的基础上,总结先进经验,找出节约和超支的内容和原因,提出改进措施。在实际工作中,应主要分析以下内容:

1) 主要实物工程量。对于实物工程量出入比较大的情况,必须查明原因。

2) 主要材料消耗量。考核主要材料消耗量,要按照竣工决算表中所列明的三大材料实际超概算的消耗量,查明是在工程的哪个环节超出量最大,再进一步查明超耗的原因。

3) 考核建设单位管理费、建筑及安装工程其他直接费、现场经费和间接费的取费标准。建设单位管理费、建筑及安装工程其他直接费、现场经费和间接费的取费标准要按照国家和各地的有关规定,根据竣工决算报表中所列的建设单位管理费与概预算所列的建设单位管理费数额进行比较,依据规定查明是否多列或少列的费用项目,确定其节约超支的数额,并查明原因。

以上所列内容是工程造价对比分析的重点,应侧重分析。但对具体项目应进行具体分析,究竟选择哪些内容作为考核、分析重点,还得因地制宜,视项目的具体情况而定。

3. 竣工决算的编制

(1) 竣工决算的编制依据。竣工决算的编制依据主要有:

1) 可行性研究报告、投资估算书、初步设计或扩大初步设计、修正总概算及其批复文件。

2) 设计变更记录、施工记录或施工签证单及其他施工发生的费用记录。

3) 经批准的施工图预算或标底造价、承包合同、工程结算等有关资料。

4) 历年基建计划、历年财务决算及批复文件。

5) 设备、材料调价文件和调价记录。

6) 其他有关资料。

（2）竣工决算的编制步骤。

1）收集、整理和分析有关依据资料。

2）清理各项财务、债务和结余物资。

3）对照、核实工程变动情况，重新核实各单位工程、单项工程。

4）编制建设工程竣工决算说明。

5）认真填报竣工财务决算报表。

6）做好工程造价对比分析。

7）上报主管部门审查。

将上述编写的文字说明和填写的表格经核对无误，装订成册，即为建设工程竣工决算文件。将其上报主管部门审查，并把其中财务成本部分送交开户银行签证。竣工决算在上报主管部门的同时，抄送有关设计单位。大、中型建设项目的竣工决算还应抄送财政部、建设银行总行和省、市、自治区的财政局和建设银行分行各一份。建设工程竣工决算的文件，由建设单位负责组织人员编写，在竣工建设项目办理验收使用一个月之内完成。

9.2.2　建设工程质量保修费用处理

1. 建设工程质量保修的含义与管理

（1）保修的含义。建设工程质量保修金是指发包人与承包人在建设工程承包合同中约定，从应付的工程款中预留，用以保证承包人在缺陷责任期（即质量保修期）内对建设工程出现的缺陷进行维修的资金。

缺陷是指建设工程质量不符合工程建设强制标准、设计文件，以及承包合同的约定。

（2）缺陷责任期及其计算。发包人与承包人应该在工程竣工之前（一般在签订合同的同时）签订质量保修书，作为合同的附件。保修书中应该明确约定缺陷责任期的期限。

缺陷责任期从工程通过竣（交）工验收之日起计算。由于承包人原因导致工程无法按规定期限进行竣工验收的，期限责任期从实际通过竣（交）工验收之日起计算。由于发包人原因导致工程无法按规定期限竣（交）工验收的，在承包人提交竣（交）工验收报告90d后，工程自动进入缺陷责任期。

（3）保修金预留比例及管理。

1）保修金预留比例。全部或者部分使用政府投资的建设项目，按工程价款结算总额5%左右的比例预留保修金。社会投资项目采用预留保证金方式的，预留保证金的比例可以参照执行。

发包人与承包人应该在合同中约定保修金的预留方式及预留比例。

2）保修金管理。缺陷责任期内，实行国库集中支付的政府投资项目，保修金的管理应按国库集中支付的有关规定执行。其他政府投资项目，保修金可以预留在财政部门或发包方。缺陷责任期内，如发包方被撤销，保修金随交付使用资产一并移交使用单位，由使用单位代行发包人职责。

2. 工程质量保修范围

发、承包双方在工程质量保修书中约定的建设工程的保修范围，包括地基基础工程，主体结构工程，屋面防水工程，有防水要求的卫生间、房间和外墙面的防渗漏，供热与供冷系统，电气管线、给排水管道、设备安装和装修工程，以及双方约定的其他项目。具体保修的内容，双方在工程质量保修书中约定。

由于用户使用不当或自行修饰装修、改动结构、擅自添置设施或设备而造成建筑功能不良或损坏者，以及对因自然灾害等不可抗力造成的质量损害，不属于保修范围。

3. 保修的期限

保修期限应当按照保证建筑物合理寿命内正常使用，维护使用者合法权益的原则而确定。具体的保修范围和最低保修期限由国务院规定。按照国务院《建设工程质量管理条例》第四十条规定：

(1) 地基基础工程和主体结构工程，为设计文件规定的该工程的合理使用年限。

(2) 屋面防水工程，有防水要求的卫生间、房间和外墙面的防渗漏为 5 年。

(3) 供热与供冷系统为 2 个采暖期和供热期。

(4) 电气管线、给排水管道、设备安装和装修工程为 2 年。

(5) 其他项目的保修期限由承发包双方在合同中约定。

4. 缺陷责任期内的维修及费用承担

(1) 保修责任。缺陷责任期内，属于保修范围、内容的项目，承包人应当在接到保修通知之日起 7d 内派人保修。发生紧急抢修事故的，承包人在接到事故通知后，应当立即到达事故现场抢修。对于涉及结构安全的质量问题，应当按照《房屋建筑工程质量保修办法》的规定，立即向当地建设行政主管部门报告，采取安全防范措施；由原设计单位或者具有相应资质等级的设计单位提出保修方案，承包人实施保修。质量保修完成后，由发包人组织验收。

(2) 费用承担。缺陷责任期内，由承包人原因造成的缺陷，承包人应负责维修，并承担鉴定及维修费用。如承包人不维修也不承担费用，发包人可按合同约定扣除保修金，并由承包人承担违约责任。承包人维修并承担相应费用后，不免除对工程的一般损失赔偿责任。

由他人及不可抗力原因造成的缺陷，发包人负责维修，承包人不承担费用，且发包人不得从保证金中扣除费用。如发包人委托承包人维修的，发包人应该支付相应的维修费用。发、承包双方就缺陷责任有争议时，可以请有资质的单位进行鉴定，责任方承担鉴定费用并承担维修费用。

5. 保修金返还

缺陷责任期内，承包人认真履行合同约定的责任，到期后，承包人向发包人申请返还保修金。

发包人在接到承包人返还保证金申请后，发包人应于 14d 内按照合同约定的内容进行核实。如无异议，发包人应当在核实后 14d 内将保修金返还承包人，逾期支付的，从逾期之日起，按照同期银行贷款利率计付利息，并承担违约责任。发包人在接到承包人返还保证金申请后 14d 内不予答复，经催告后 14d 内仍不予答复，视同认可承包商的返还保修金申请。如果承包人没有认真履行合同约定的保修责任，则发包人可以按照合同约定扣除保修金，并要求承包人赔偿相应的损失。

复 习 思 考 题

9-1 工程变更价款确定的方法有哪些？

9-2　工程索赔的类型与索赔成立的条件有哪些？

9-3　工程价款结算的方式有哪几种？

9-4　某工程由于设计不当，竣工后建筑物出现不均匀沉降现象，保修费用应由谁承担？为什么？

9-5　因屋面漏水造成保修期内工程损失应如何明确责任？

9-6　某房屋建筑工程项目，建设单位与施工单位按照《建设工程施工合同（示范文本）》签订了施工承包合同。施工合同中规定：

（1）设备由建设单位采购，施工单位安装。

（2）建设单位原因导致的施工单位人员窝工，按 18 元/工日补偿；建设单位原因导致的施工单位设备闲置，按表 9-4 中所列标准补偿。

（3）施工过程中发生的设计变更，其价款按建标［2003］206 号文件的规定以工料单价法计价程序计价（以直接费为计算基础），间接费费率为 10%，利润率为 5%，税率为 3.14%。

表 9-4　　　　　　　　　　　　设备闲置补偿标准表

机械名称	台班单价（元/台班）	补偿标准
大型起重机	1060	台班单价的 60%
自卸汽车（5t）	318	台班单价的 40%
自卸汽车（8t）	458	台班单价的 50%

该工程在施工过程中发生以下事件：

事件 1：施工单位在土方工程填筑时，发现取土区的土壤含水量过大，必须经过晾晒后才能填筑，增加费用 30 000 元，工期延误 10d。

事件 2：基坑开挖深度为 3m，施工组织设计中考虑的放坡系数为 0.3（已经工程师批准）。施工单位为避免坑壁塌方，开挖时加大了放坡系数，使土方开挖量增加，导致费用超支 10 000 元，工期延误 3d。

事件 3：施工单位在主体钢结构吊装安装阶段发现钢筋混凝土结构上缺少相应的预埋件，经查实是由于土建施工图样遗漏该预埋件的错误所致。返工处理后，增加费用 20 000 元，工期延误 8d。

事件 4：建设单位采购的设备没有按计划时间到场，施工受到影响，施工单位一台大型起重机、两台自卸汽车（载重 5t、8t 各一台）闲置 5d，工人窝工 86 工日，工期延误 5d。

事件 5：某分项工程由于建设单位提出工程使用功能的调整，必须进行设计变更。设计变更后，经确认直接工程费增加 18 000 元，措施费增加 2000 元。

上述事件发生后，施工单位及时向建设单位造价工程师提出索赔要求。

问题：

（1）分析以上事件中造价工程师是否应该批准施工单位的索赔要求？为什么？

（2）对于工程施工中发生的工程变更，造价工程师对变更部分的合同价款应根据什么原则确定？

（3）造价工程师应批准的索赔金额是多少元？工程延期是多少天？

附　　录

　　本工程为某警察队队点工程，为二层砖混结构。本工程建筑面积为 600.92m²，建筑使用年限为 50 年。

　　一、设计依据

　　设计任务书。

　　初步设计图样。

　　二、各部分做法

　　(1) 基础：施工时详见基础说明，遵照有关施工基验收规范执行。

　　(2) 墙体：采用 MU10 红砖，M5.0 混合砂浆，女儿墙与之相同。抗震构造柱位置见平面图，各部分做法参见地区标准图集。

　　(3) 内墙面及天棚装饰。

　　1) 内墙。

　　① 办公房间及走廊。

　　a. 12mm 厚 1：1：6 水泥石灰膏砂浆打底扫毛。

　　b. 5mm 厚 1：0.3：2.5 水泥石灰膏砂浆抹面压实抹光。

　　c. 刷白色多乐士涂料。

　　② 卫生间及盥洗室。

　　a. 12mm 厚 1：3 水泥砂浆打底扫毛。

　　b. 5mm 厚 1：0.1：2.5 水泥石灰膏砂浆贴面砖。

　　2) 天棚。

　　① 办公房间及走廊：采用矿棉吸声板吊顶，做法参见 (LJ2001/棚 22)。

　　a. 8mm 厚矿棉板。

　　b. 铝合金横撑∟25×22×1.3 或∟23×23×1.3，中距等于板材宽度。

　　c. 铝合金中龙骨∟32×22×1.3 或∟25×22×1.2，中距等于板材宽 (边龙骨∟35×11×0.75 或∟25×25×1)。

　　d. 轻钢大龙骨 (分上人与不上人两种)。

　　a) [60×30×1.5 (吊点附吊挂)，中距<1200 (上人)。

　　b) [45×15×1.2 (吊点附挂吊)，中距<1200 (不上人)。

　　e. φ8 螺栓吊杆，双向吊点 (中距 900～1200mm 一个)。

　　f. 钢筋混凝土板内预留 φ6 铁环，双向中距 900～1200mm。

　　② 卫生间及盥洗室。采用 PVC 条板吊顶，做法参见 (LJ2001/68 棚 23)。

　　a. PVC 成品或玻璃纤维板。

　　b. 铝合金横撑∟25×22×1.3 或∟23×23×1.3，中距等于板材宽度。

　　c. 铝合金中龙骨∟32×22×1.3 或∟32×23×1.2，中距等于板材宽 (边条骨∟35×

11×0.75 或 ⌐ 25×25×1)。

  d. 轻钢大龙骨（分上人与不上人两种）。

  a）[60×30×1.5（吊点附吊挂），中距<1200mm（上人）。

  b）[45×15×1.2（吊点附吊挂），中距<1200mm（不上人）。

  e. φ8 螺栓吊杆，双向吊点（中距 900～1200mm 一个）。

  f. 钢筋混凝土板内预留 φ6 铁环，双向中距 900～1200mm。

  ③活动室、会议室做石膏板吊顶，做法参见（LJ2001/64/棚 12）。

  a. 贴壁纸（布），在纸（布）背面和棚面刷壁纸胶粘结。

  b. 棚面刷一道清油。

  c. 9mm 厚纸面石膏板自攻螺钉拧牢（900×3000×9）。

  d. 轻钢横撑龙骨 U19×50×0.5 中距 3000mm（板材长），U19×25×0.5 中距3000mm（板材长）。

  e. 轻钢小龙骨 U19×25×0.5 中距等于板材 1/3 宽度（板宽内放两根）。

  f. 轻钢中龙骨 U19×25×0.5 中距等于板材宽度。

  g. 轻钢大龙骨（分上人与不上人）。

  a）[60×30×1.5（吊点附吊挂），中距<1200（上人）。

  b）[45×15×1.2 或 [50×15×1.5（吊点附吊挂），中距<1200（不上人）。

  h. Φ8 螺栓吊杆双向吊点，中距 900～1200mm。

  i. 钢筋混凝土板内预留 φ6 铁环，双向中距 900～1200mm。

  j. 饰面刷白色多乐士涂料。

  k. 会议室及一层门厅部分顶棚造型由甲方自定。

  l. 所有洞均采用 1：2 水泥砂浆做护角。

  （4）踢脚：均采用 500mm×120mm 高成品踢脚板。

  （5）窗台板：凡设暖气壁龛处均设置大理石窗台板，暖气壁龛同窗宽，采用 1：2 水泥砂浆坐浆，铺大理石窗台板，两侧出窗 100mm 宽。暖气外采用成品铁艺暖气罩。

  （6）窗帘盒：采用双轨榉木窗帘盒，做法参见（03J—1/356/4）。

  （7）外墙面装饰。外墙面参见立面图，做法为贴普通外墙面砖。

  1）稀水泥擦缝。

  2）贴普通外墙面砖。

  3）6mm 厚 1：2.5 水泥砂浆找平层。

  4）10mm 厚 1：3 水泥砂浆打底扫毛。

  5）砖墙面清扫积灰，适量洒水。

  （8）地面：做法参见剖面图。

  （9）门窗：门窗参见门窗表，窗采用单层双玻塑钢窗。一层窗外加防盗护栏，所有门窗均包成品门窗口，其他未尽事宜均按国家有关规定执行，同时注意各专业配合施工。

  三、防火要求

  （1）土建部分。

  1）本建筑遵循国家最新的建筑防火规范有关条例进行施工图设计。

2）本单位设计为三类民用建筑，单位采用 MU10 红砖砌筑，外墙为 370mm 厚红砖墙，为非燃料体，其耐火极限为 5h 以上。单体中布置有一部疏散楼梯，符合规范规定，因而本设计单体耐火等级为二级。

（2）消防给水：本工程消防给水由室外系统供给。

（3）电气部分：本设计供电为三级负荷，电气管线均为暗敷，对供电无特殊要求。

本工程详见附图 1～附图 23。

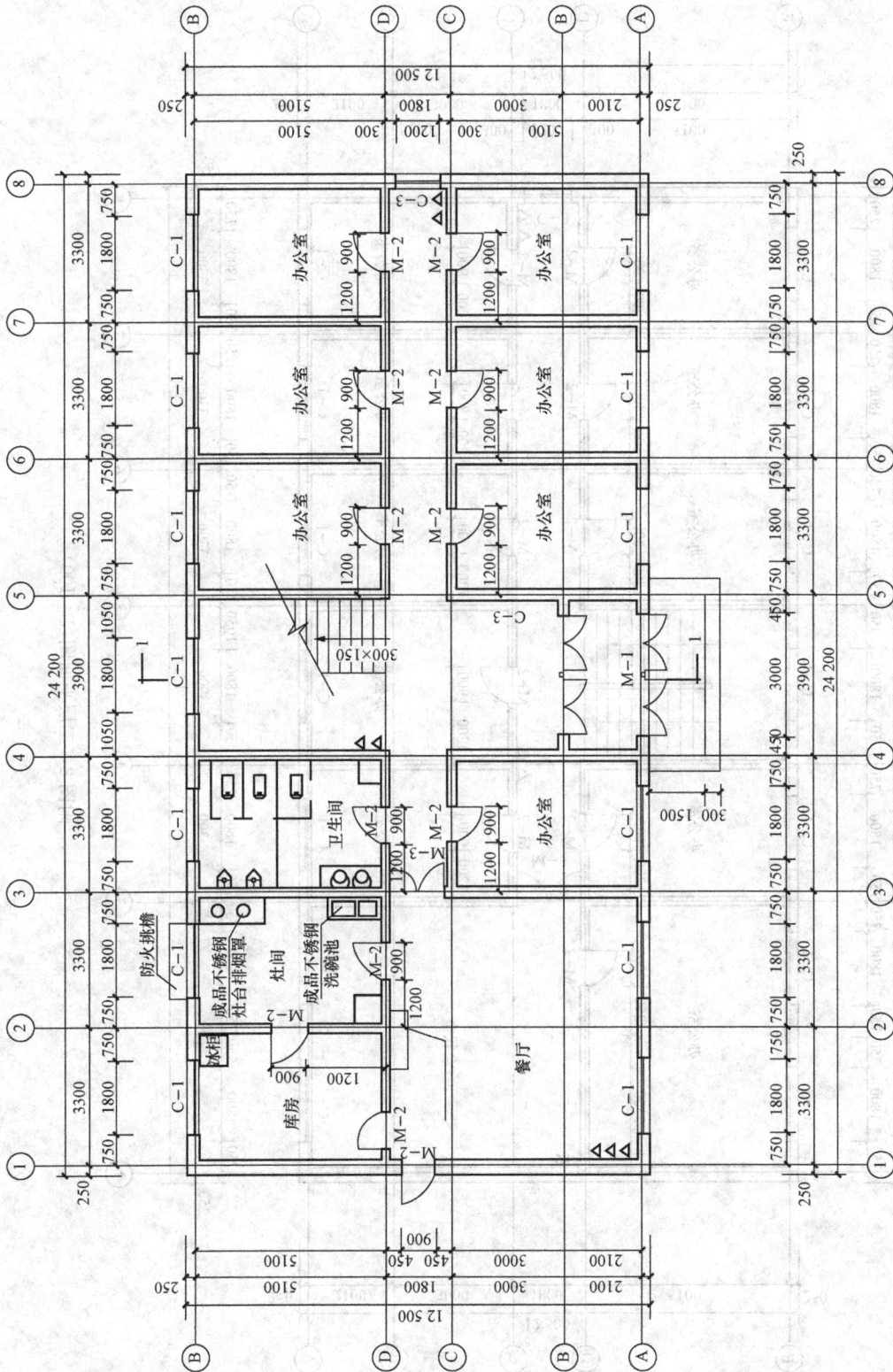

附图1 一层平面图(1:100)

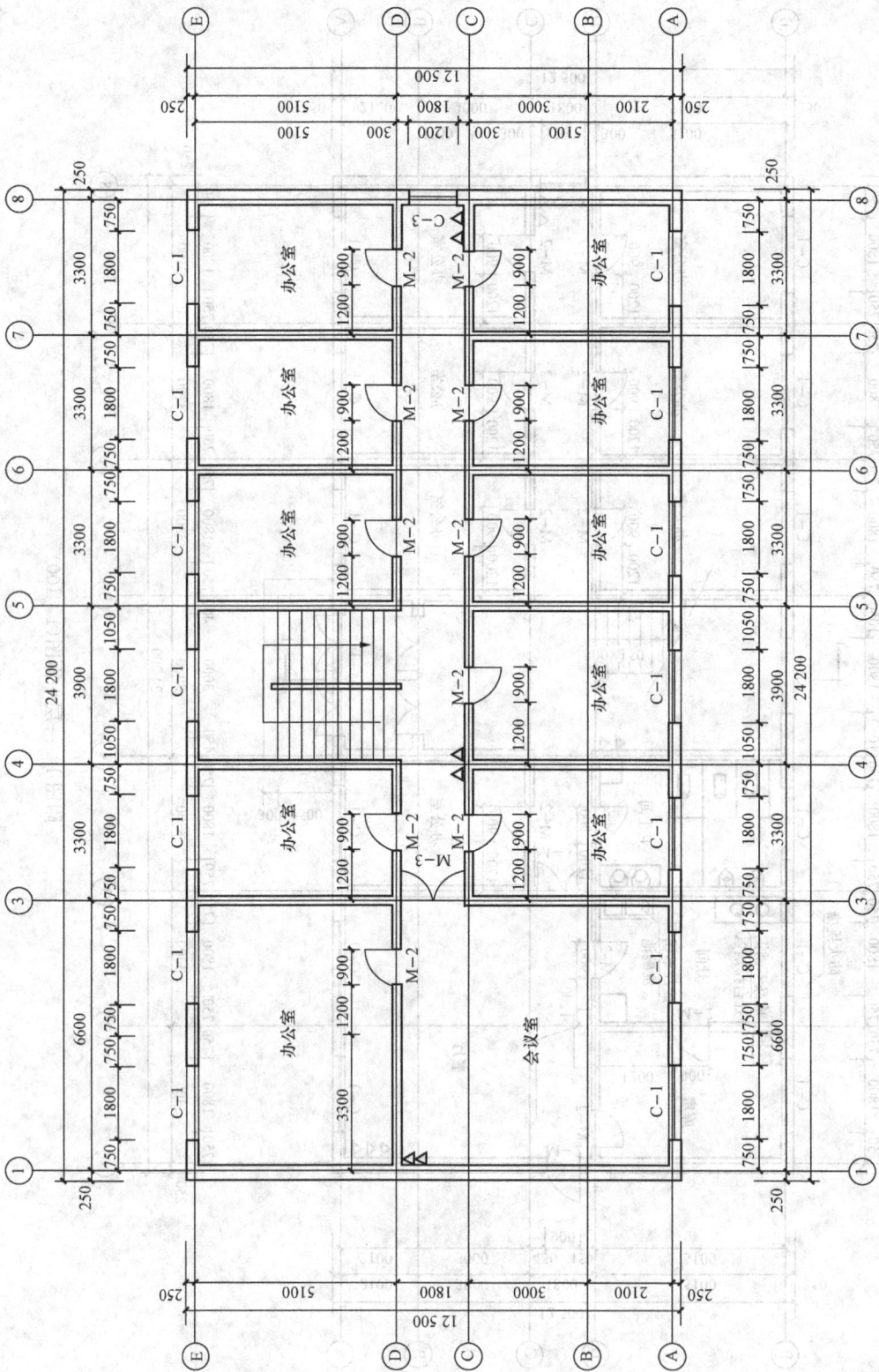

附图 2　二层平面图（1 : 100）

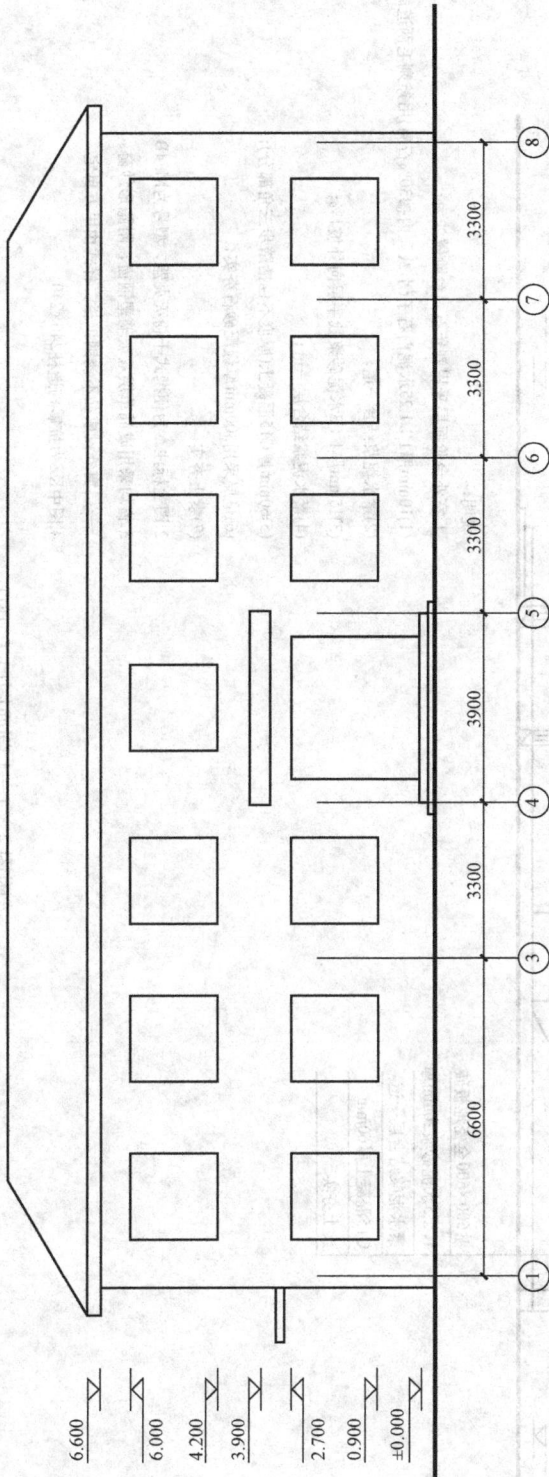

附图 3 正立面图 (1 : 100)

门 窗 表

类 别	设计编号	洞口尺寸 宽(mm)	高(mm)	数量	采用标准图集及编号 图集代号	编号	备 注
门	M-1	3000	2700	2	雨篷梁代		成品白钢门
	M-2	900	2700	22	LG325	GLA0924-1	实木门
	M-3	1500	2700	2	LG325	GLA1524-1	保温防盗门
窗	C-1	1800	1800	27	LG325	GLA1837-1	实木门
	C-2	1800	1200	1	LG325	GLA1824-1	成品塑钢窗
	C-3	1200	1800	2	LG325	GLA1237-1	成品塑钢窗

附表 1

6.600
6.000
4.200
3.300
2.700
±0.000

6.600
6.000
4.200
3.300
2.700
0.900
±0.000

20mm厚1：3水泥砂浆找平层
1：9水泥砂浆膨胀珍珠岩保温层最薄处12mm
钢筋混凝土层面板

贴600×600全瓷地板砖，干水泥擦缝
20mm厚1：4干硬性水泥砂浆结合层
C20细石混凝土垫层40mm厚
钢筋混凝土楼板

贴600×600全瓷地板砖
1：2.5水泥砂浆20mm厚
素水泥浆结合层一道
C15混凝土厚60mm
素土夯实

说明：

1.室外台阶面层采用剁斧石，台阶做法为：

(1)10mm厚1：1.25水泥白石子(小八厘内掺30%石屑)用斧剁毛两遍成活；

(2)素水泥浆结合一道；

(3)15mm厚1：3水泥砂浆找平层；

(4)素水泥浆结合层一道；

(5)60mm厚C15混凝土(厚度不包括踏步三角部分)；

(6)垫层采用300mm厚级配砂石夯实；

(7)素土夯实。

2.图上标注△为便携式干粉灭火器，型号为MF4B。

3.窗均采用成品单层双玻璃塑钢窗，附件形参窗。
一层窗外设成品不锈钢护栏，样式由甲方自定。

4.图中KZ为抗震构造柱240×240。

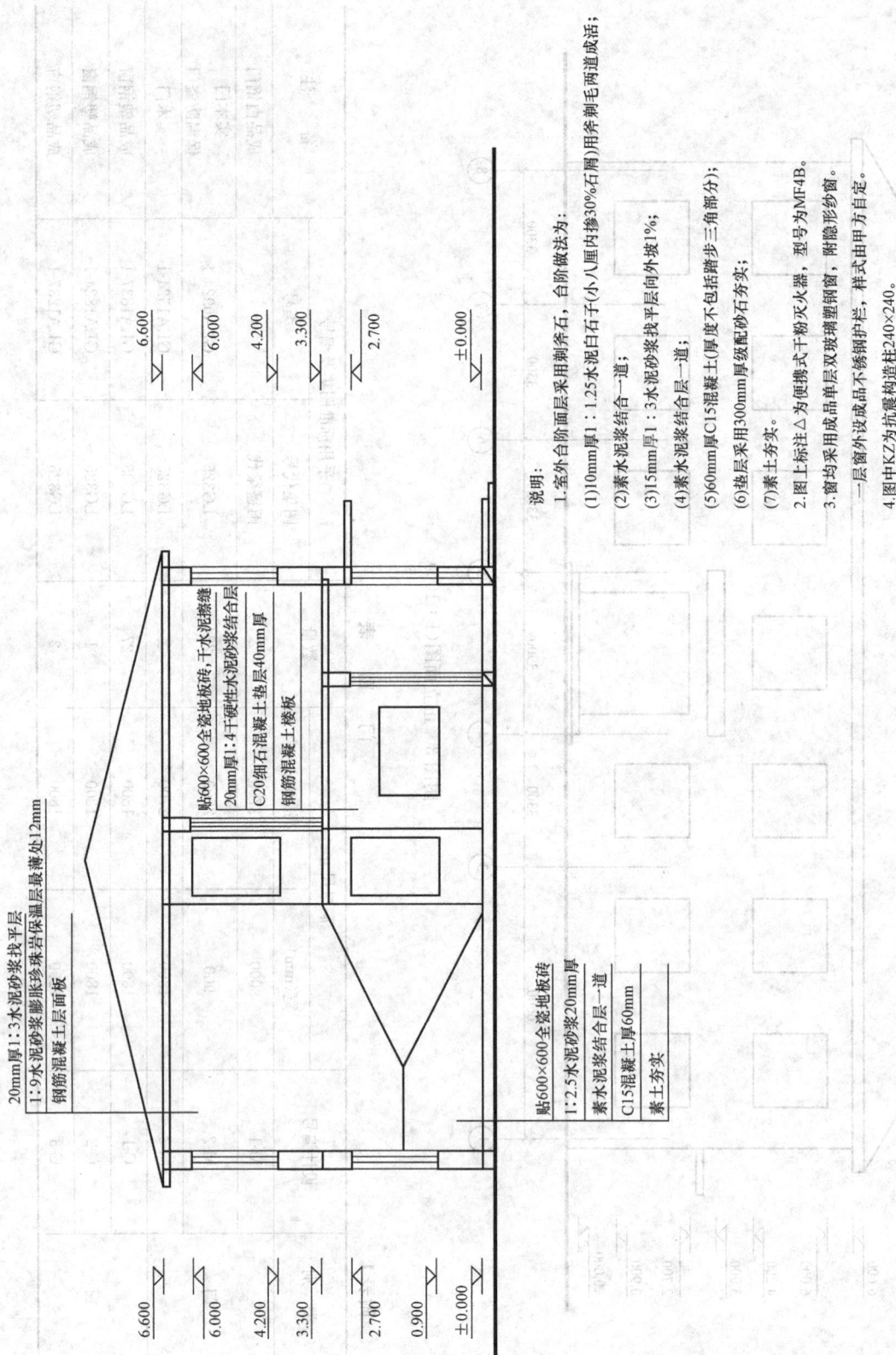

附图4 1—1剖面图(1：100)

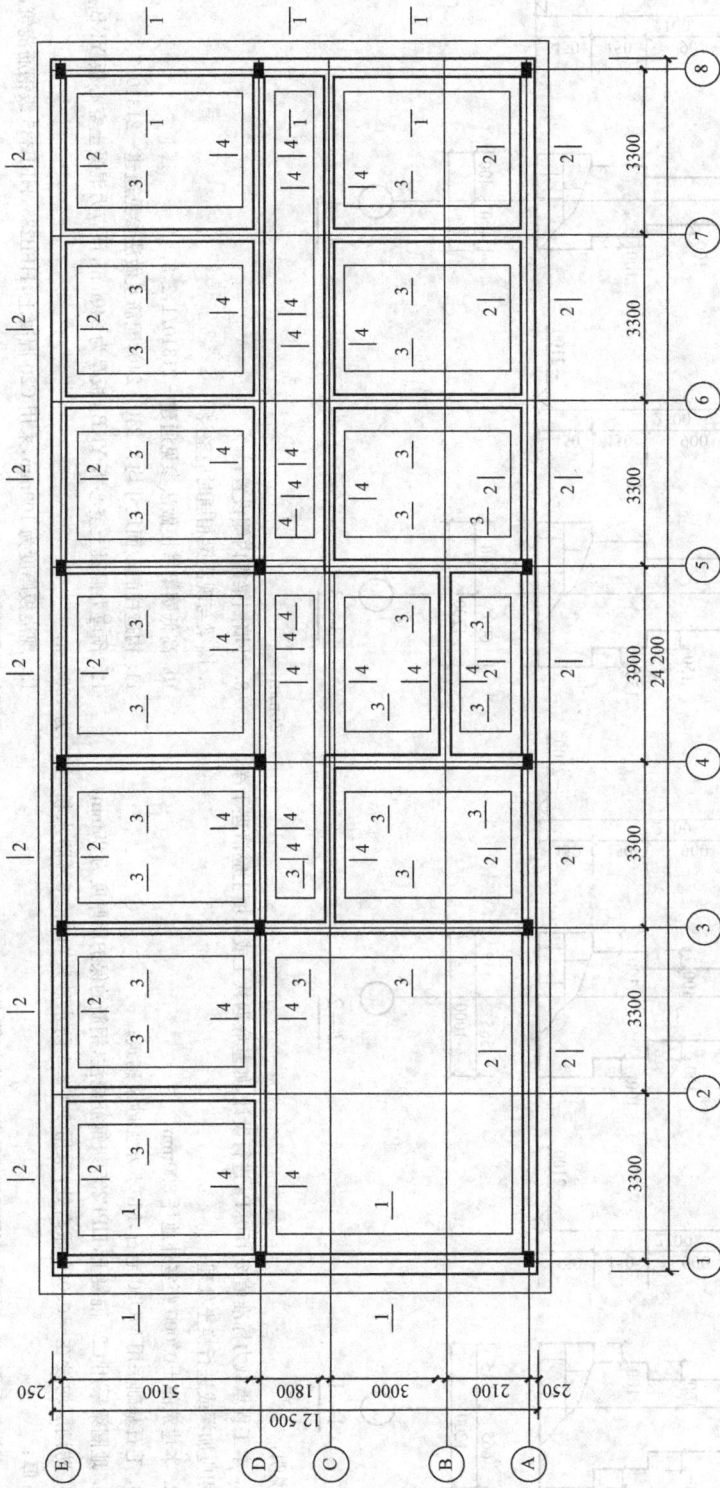

附图 5　基础平面图(1∶100)

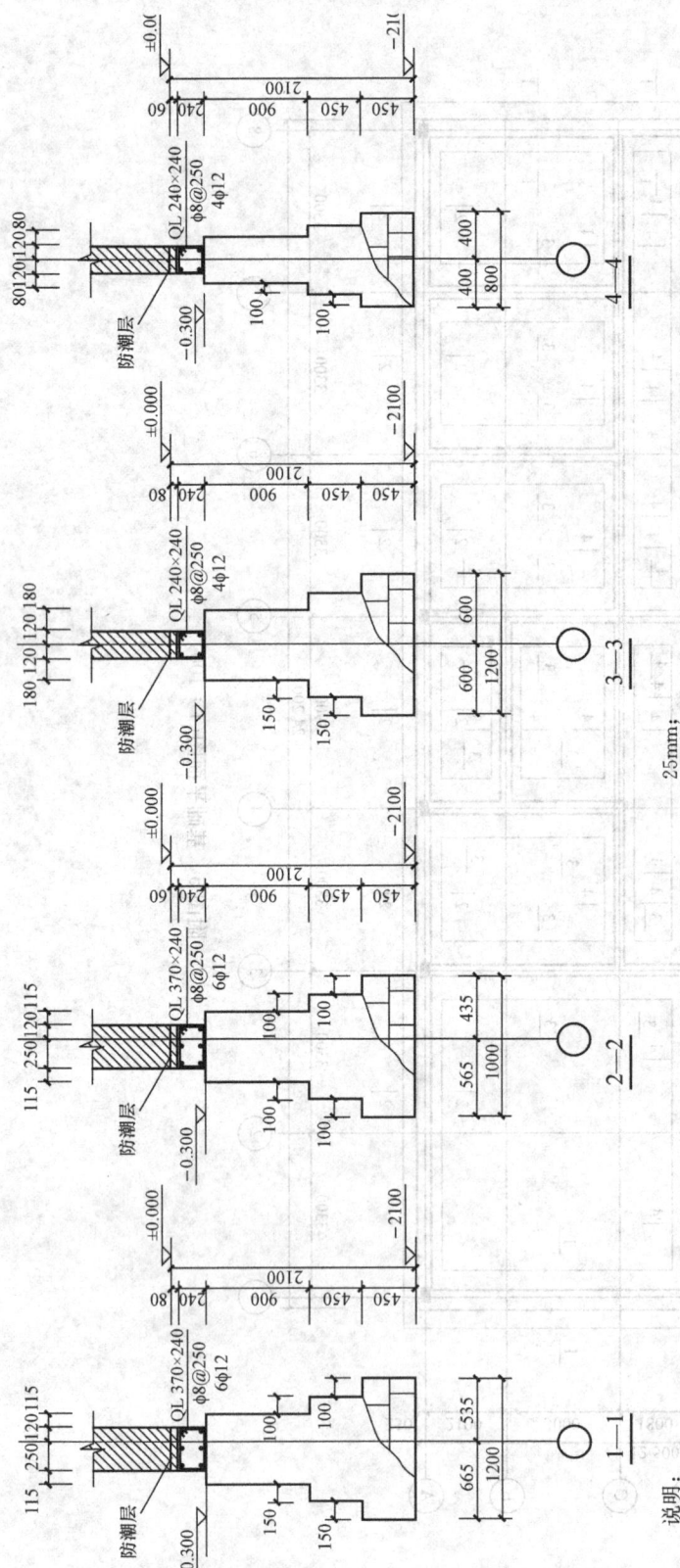

4—4

QL 240×240
φ8@250
4φ12

防潮层 -0.300

3—3

QL 240×240
φ8@250
4φ12

防潮层 -0.300

2—2

QL 370×240
φ8@250
6φ12

防潮层 -0.300

1—1

QL 370×240
φ8@250
6φ12

防潮层 -0.300

说明：

1. 本工程承载力标准值按150kPa进行设计，如基底遇软土或杂填土应清理干净，基础相应加深或进行换土处理；
2. 本建筑的±0.000距室外地坪300mm；
3. 毛石基础采用MU30毛石，M7.5水泥砂浆砌筑；
4. 地圈梁采用C20混凝土，HPB235级钢筋浇注，钢筋的保护层厚度为25mm；
5. 防潮层均设在-0.060标高处，采用1：2.5防水砂浆（内掺5%防水粉）抹为120mm厚；
6. 现浇梁采用C20混凝土，HPB235,HRB335级钢筋现浇
7. 圈梁采用C20混凝土，HPB235级钢筋浇注，钢筋的混凝土保护层厚度为20mm厚；
8. 外墙圈梁靠内侧设置；
9. 圈梁与现浇梁相连时应整浇；
10. 高低圈梁搭接做法参见通建-21310/1、2、3；
11. 构造柱的截面尺寸均为为240×240，配筋及做法参见通建-21310/7；
12. 预应力混凝土空心板YKB$_{BS}$板厚为240mm，预应力混凝土空心板YKB$_{12}$板厚
13. 现浇板厚度为100mm，采用C20混凝土，HPB235、HRB335级钢筋浇筑，混凝土保护层厚度为25mm；
14. 雨篷选自03G372，梁底标高为3.00。

附图6　二层结构平面图(1：30)

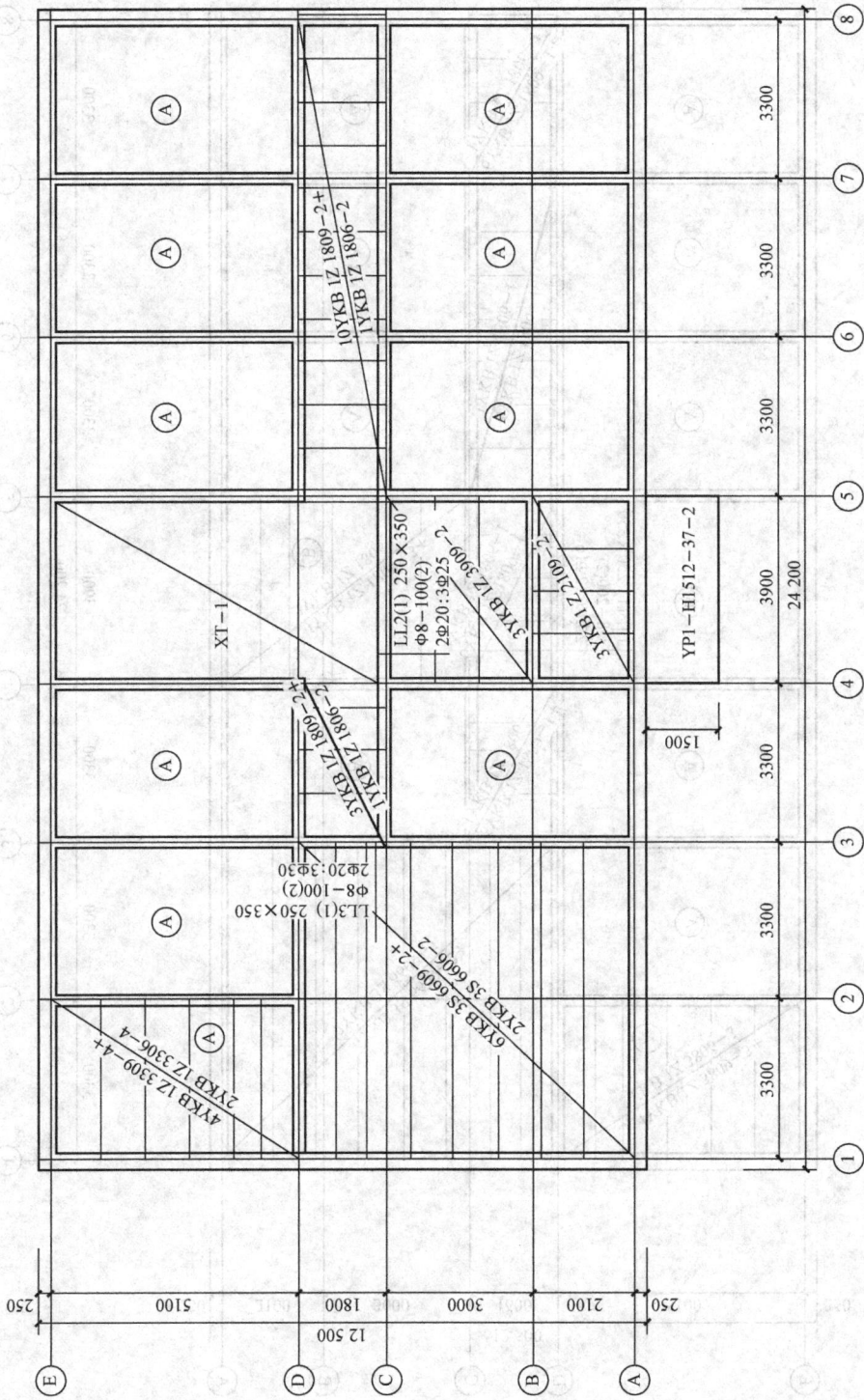

附图 7　一层结构平面图（1∶100）

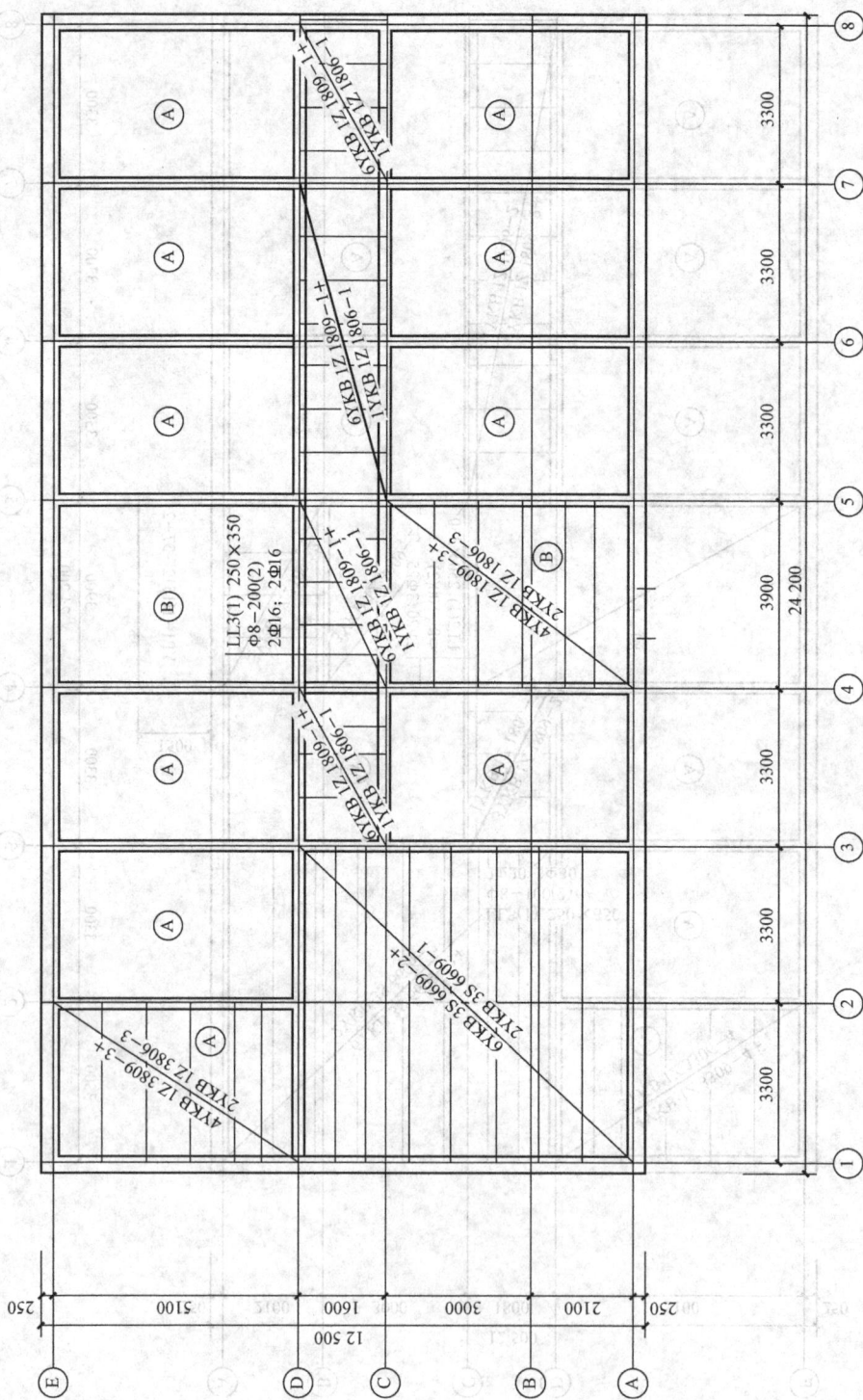

附图 8　二层结构平面图（1∶100）

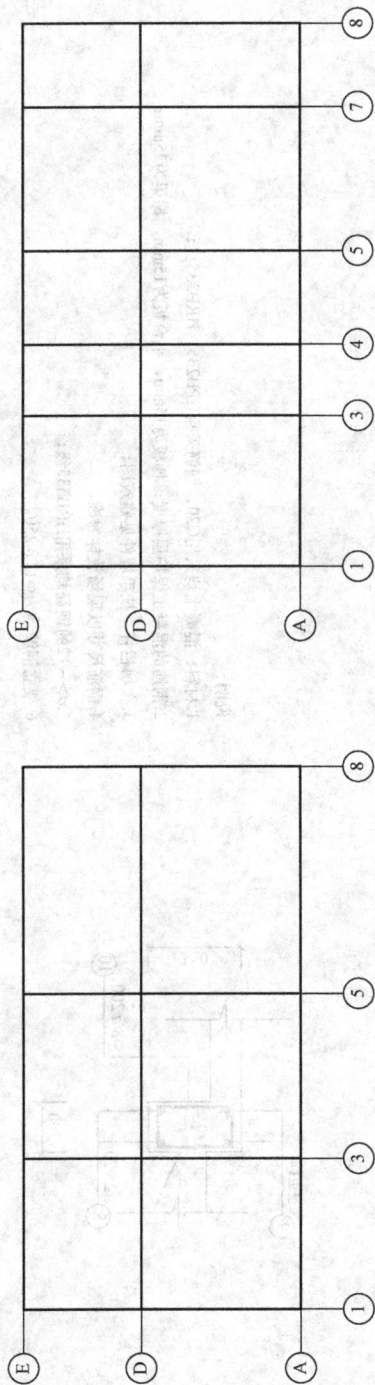

附图9　一层圈梁平面布置图(1:50)

附图10　二层圈梁平面布置图(1:50)

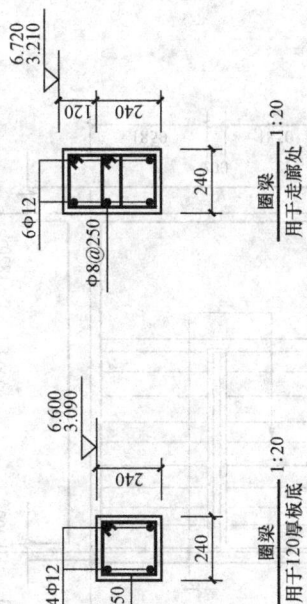

240

240

4Φ12

Φ8@200

构造柱　1:20

6.600
2.970

240

240

4Φ12

Φ8@250

圈梁
用于240厚板底　1:20

附图11　圈梁与构造柱

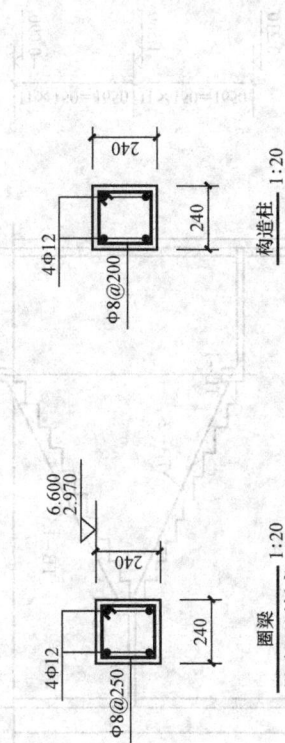

6.720
3.210

120

240

240

6Φ12

Φ8@250

圈梁
用于走廊处　1:20

6.600
3.090

240

240

4Φ12

Φ8@250

圈梁
用于120厚板底　1:20

附图13　1—1(1:50)

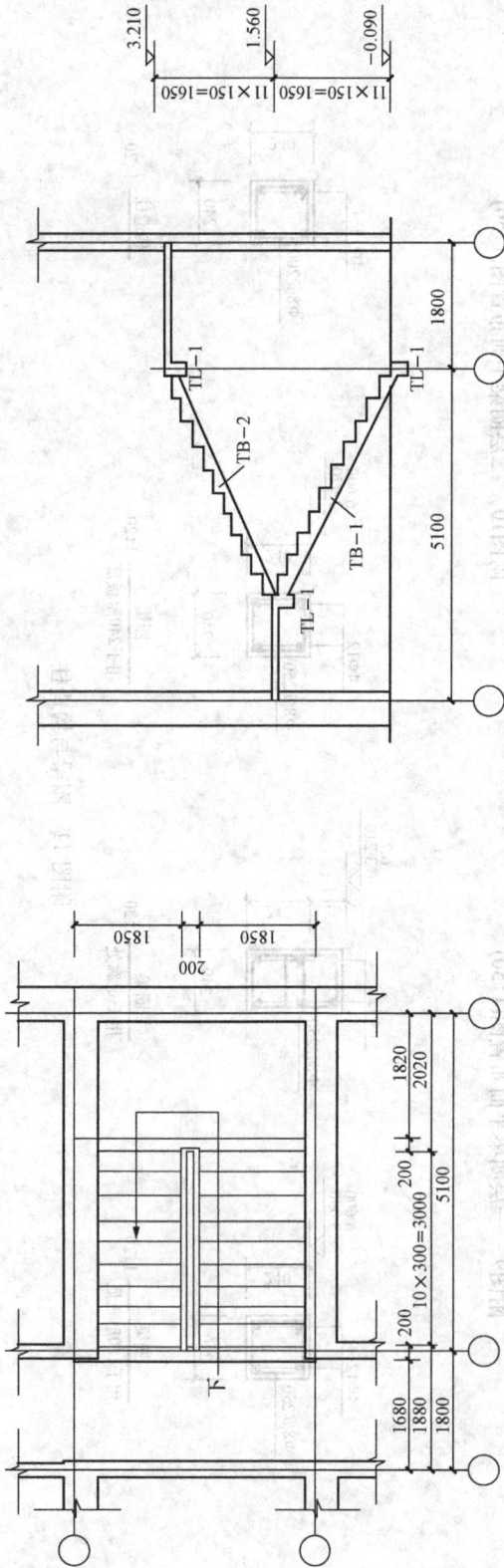

附图12　顶层平面图(1:50)

说明：
1. 材料：混凝土均采用C20，钢筋采用HPB235，HRB335级；
2. 钢筋的混凝土保护层厚度：梯板为15mm，平台板为15mm，梯梁为25mm；
3. 楼梯栏杆、扶手埋件见建筑图；
4. 钢筋尺寸以现场放样为准；
5. $d > 12$ 的钢筋均采用HRB335级；
6. 架立钢筋均为Φ12@250。

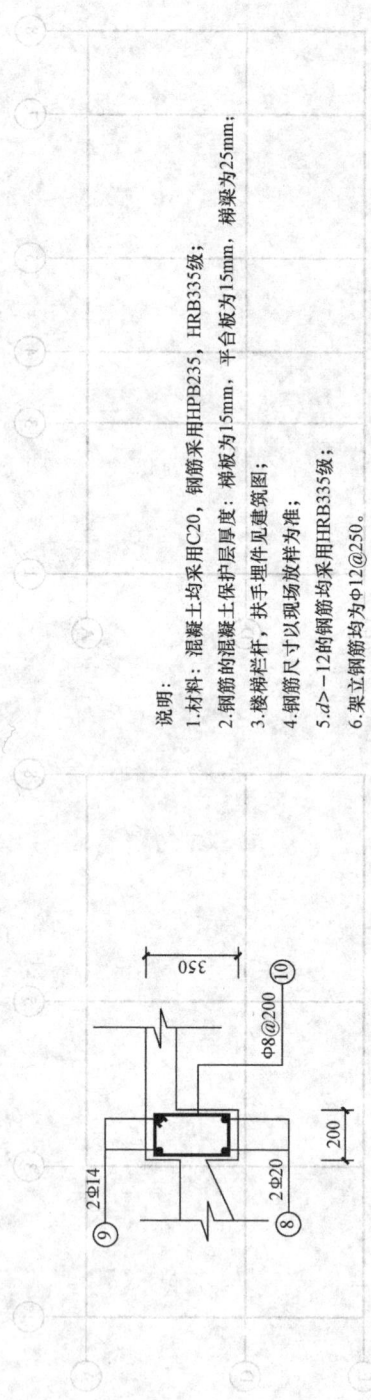

附图14　TL—1(1:25)

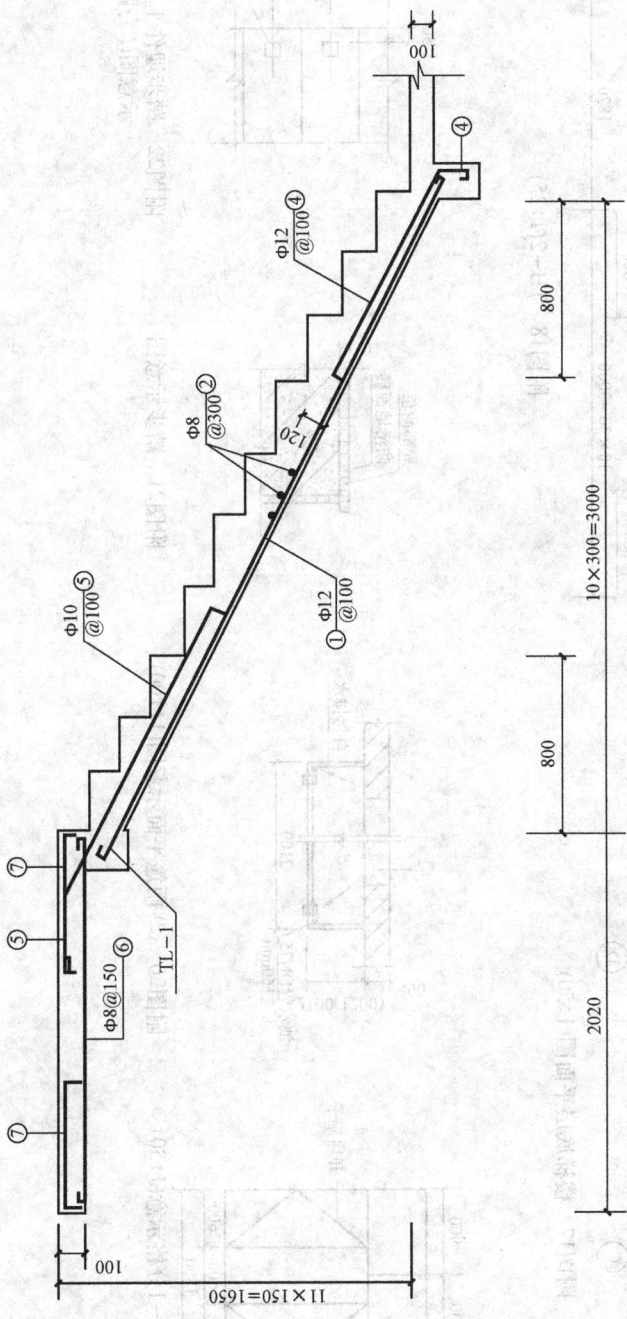

附图 15 TB-1(1:25)

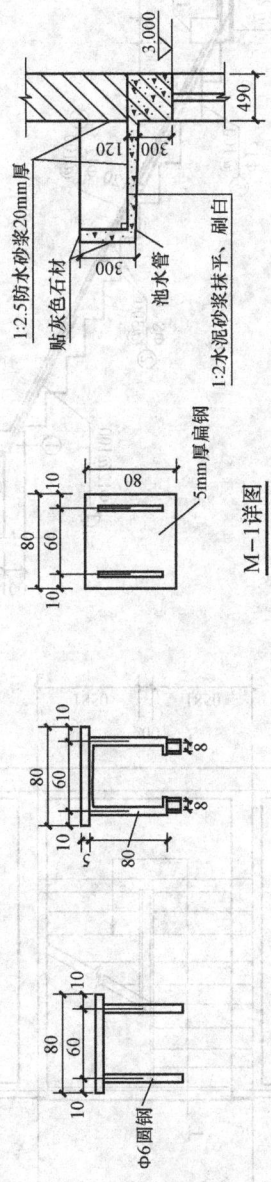

B-B剖面图(1:50)

M-1详图

附图 16 详图与剖面图

附图18 TB-2(1:25)

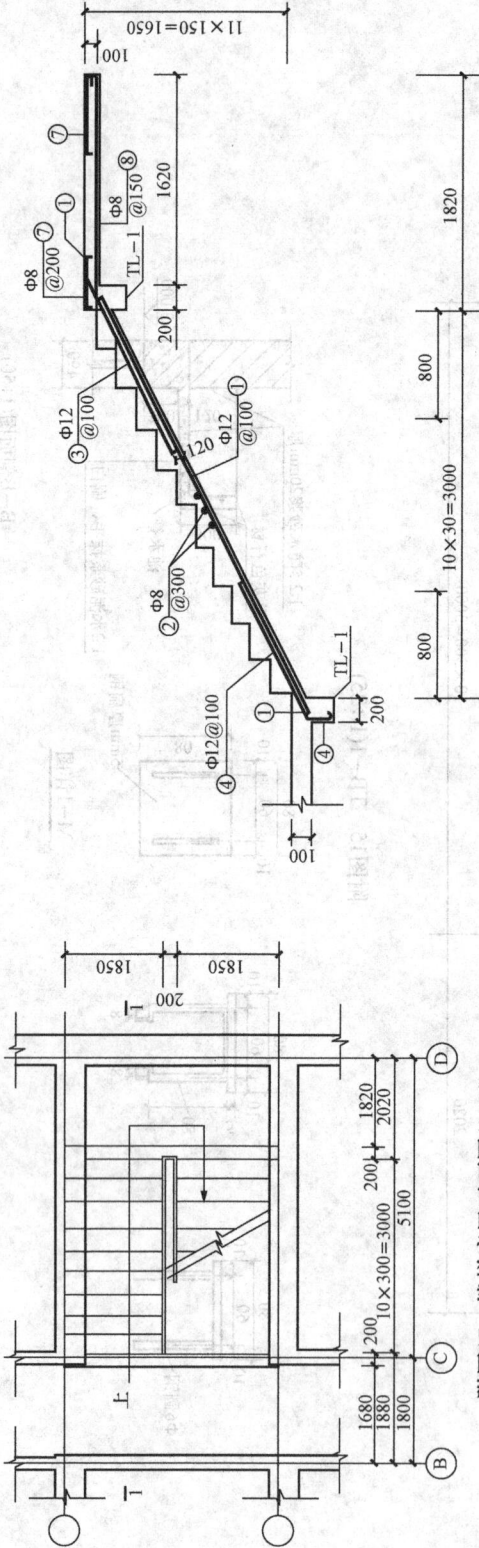

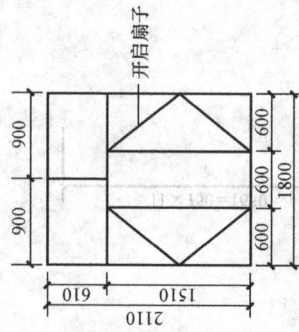

附图17 楼梯底层平面图(1:50)

附图22 踏步埋件平面位置示意图(L为踏步宽)

附图21 踏步示意图

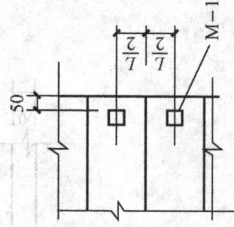

附图20 ② 雨篷平面示意图(1:100)

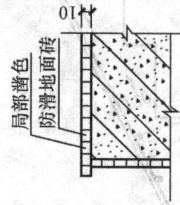

附图19 C-1分格示意(1:50)

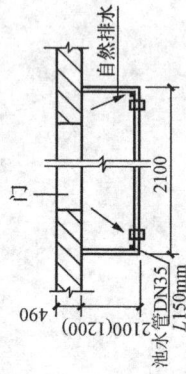

说明：

1. 卫生间地面均采用330×330防滑地面砖，顶棚均采用轻钢龙骨外扣塑料扣板，墙面采用300×450瓷砖到顶，加腰线。卫生间地面低于走廊地面20mm。卫生间内楼地面做法为：

(1)8~10mm厚地砖面（洒适量清水）。

(2)撒素水泥面，干水泥擦缝。

(3)20mm厚：1:4干硬性水泥砂浆结合层。

(4)60mm厚C20细石混凝土向地漏找坡，最薄处不小于30mm厚。

(5)聚氨酯三遍涂膜防水层1.5~1.8或再用其他防水涂料防水层，防水层四边周边做起150mm。

(6)20mm厚：3水泥砂浆找平层，四周抹小八字角。

(7)现浇钢筋混凝土楼板。

2. 卫生间隔断为成品隔断制品，高1800mm隔断平面尺寸按图示。

3. 卫生间风道采用成品玻璃钢制品。

4. 卫生间墙面上通风口尺寸200×300，洞底距地室内地面2100mm。浴室内窗上装换气扇一个，预留洞口见图。

5. 图中其他卫生器具按图示。

6. 图中其他地面均为走廊地面砖，颜色规格自定。

7. 楼梯踏步面均为走廊地面砖，颜色规格自定。楼梯扶手及栏杆均为不锈钢管，具体式样及做法参见LJ2004/37/不锈钢扶手栏杆，成品花饰采用节点2。

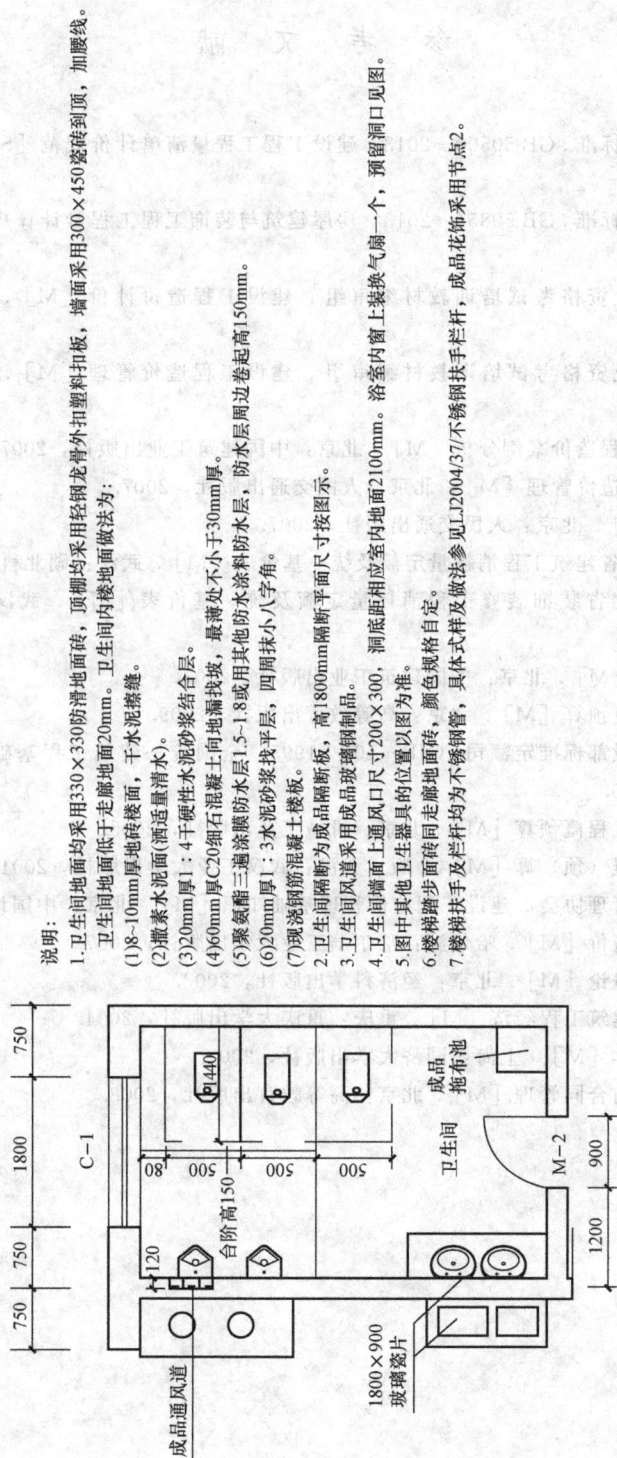

附图23 卫生间布置详图(1:50)

参 考 文 献

[1] 中华人民共和国国家标准. GB 50500—2013　建设工程工程量清单计价规范 [S]. 北京：中国计划出版社，2013.

[2] 中华人民共和国国家标准. GB 50854—2013　房屋建筑与装饰工程工程量计算规范 [S]. 北京：中国计划出版社，2013.

[3] 全国造价工程师执业资格考试培训教材编审组. 建设工程造价计价 [M]. 北京：中国计划出版社，2014.

[4] 全国造价工程师执业资格考试培训教材编审组. 建设工程造价管理 [M]. 北京：中国计划出版社，2014.

[5] 郭树荣，王红平. 工程造价案例分析 [M]. 北京：中国建筑工业出版社，2007.

[6] 吴怀俊，马楠. 工程造价管理 [M]. 北京：人民交通出版社，2007.

[7] 马楠. 工程估价 [M]. 北京：人民交通出版社，2007.

[8] 湖北省建设厅. 湖北省建筑工程消耗量定额及统一基价表 [M]. 武汉：湖北科学技术出版社，2003.

[9] 湖北省建设厅. 湖北省装饰装修工程消耗量定额及统一基价表 [M]. 武汉：湖北科学技术出版社，2003.

[10] 谭大璐. 工程估价 [M]. 北京：中国建筑工业出版社，2003.

[11] 张守建. 土木工程概预算 [M]. 北京：高等教育出版社，2009.

[12] 中华人民共和国建设部标准定额司. GJD—101—1995　全国统一建筑工程基础定额 [S]. 北京：中国计划出版社，1995.

[13] 李玉芬，等. 建筑工程概预算 [M]. 北京：机械工业出版社，2005.

[14] 刘长滨. 土木工程概（预）算 [M]. 2版. 武汉：武汉工业大学出版社，2004.

[15] 中国建设工程造价管理协会. 建设工程造价管理基础知识 [M]. 北京：中国计划出版社，2007.

[16] 王艳玉. 建筑工程造价 [M]. 哈尔滨：哈尔滨工业大学出版社，2007.

[17] 邱元拔. 工程造价概论 [M]. 北京：经济科学出版社，2003.

[18] 吴全利，陈建保. 建筑工程经济 [M]. 重庆：重庆大学出版社，2004.

[19] 黄如宝. 建筑经济学 [M]. 上海：同济大学出版社，2002.

[20] 刘钦. 工程招投标与合同管理 [M]. 北京：高等教育出版社，2008.

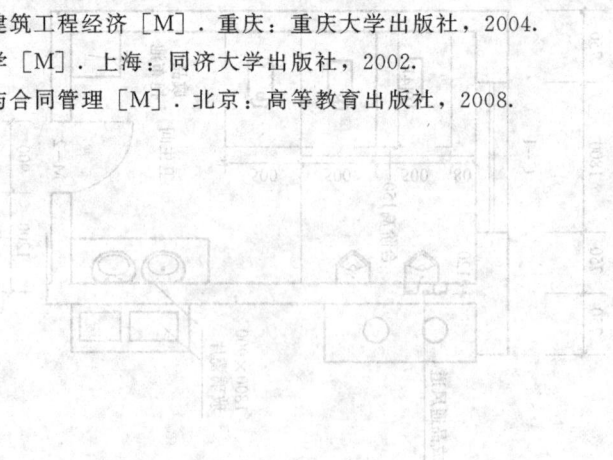